Kyoto University Press

# 平沼騏一郎と近代日本

## 官僚の国家主義と太平洋戦争への道

Premiere Collection

萩原 淳
Atsushi Hagihara

京都大学学術出版会

目次

# 序論——官僚系政治家の国家主義を問い直す

## (一) 今、なぜ平沼騏一郎を問題にするのか

本書の目的は、大正・昭和戦前期にかけて法相・首相・重臣などを歴任し、政界に影響力を持った平沼騏一郎の政治的生涯を通じて、官僚系政治家の国家主義とそれらが太平洋戦争への道に与えた政治的影響を明らかにすることである。

国家主義とは一般的に国家を第一義的に考える思想であるが、近代日本においては天皇への忠誠や天皇中心の政治体制(いわゆる「一君万民」、「天皇親政」、「国体」)、伝統的価値観を強調する点に共通項があった。近代日本の国家主義運動は在野を中心に展開し、その多くが内政外交の現状に対する批判と結びついたものであったが、運動の様相は時代によって変化した。明治期における国家主義運動は、主に欧化政策への反動としての「国粋主義」(「国粋保存主義」)と中国への進出を特徴としたが、第一次世界大戦後には、大川周明・北一輝・高畠素之ら国家社会主義の実現を目指す勢力が生まれた。そして、昭和初期には、テロ・クーデタによる現状打破へと傾斜したこ

とは広く知られている。

これまで国家主義の政治的影響については、丸山真男氏の研究を端緒として、主に思想史の立場から、「日本ファシズム」（あるいは「超国家主義」）を中心に議論が行われてきた。しかし、政治史の立場からはほとんど分析されてこなかった。それは、近代日本の国家主義運動の指導者は言論人・思想家が多く、実際の政治指導にほとんど関与しなかったためである。戦後、太田耕造（第一次国本社設立者）や進藤一馬（玄洋社社長）、葛生能久（黒龍会主幹）、大川周明（猶存社・行地会の設立者）らは、GHQ（General Headquarters）により、「超国家主義」的結社や「愛国的秘密結社」の枢要な会員として逮捕されたが、結果として、起訴された者は大川のみであった。その大川も極東国際軍事裁判（東京裁判）の審理中、精神病と診断され、裁判から除外された。こうした中で、平沼は国家主義運動の指導者であると同時に、有力な官僚系政治家であったという点で、きわめてユニークな位置を占めている。

平沼は司法官僚として台頭し[1]、検事総長、大審院長、法相という司法部の最高職を歴任した。とりわけ、一九一二（大正元）年から約一〇年間、検事総長に在任し、鈴木喜三郎とともに司法省・検察の実権を掌握した。一九二六年には、枢密院副議長に就任し、この前後から政界の一部では首相候補の一人として挙げられるようになり、官僚系の政治家として政界に隠然たる勢力を持つに至った。そして、一九三六（昭和一一）年、枢密院議長に昇格し、一九三九年には首相に就任した。首相辞任後も、第二次近衛文麿内閣内相や枢密院議長などの要職を歴任し、敗戦に至るまで重臣として活動した。他方で、平沼は一九二〇年頃から民間の国家主義者との交流を深め、一九二四年から一九三六年まで国本社会長として、国家主義を鼓吹した。また、戦後はA級戦犯として、終身禁固刑となったことでも知られている。

つまり、一貫して司法官僚出身の官僚系政治家としての生涯を送り、国家主義運動の指導者であったのにもかかわらず、政党政治の発展期から敗戦に至るまで政治的影響力を維持し、現実の政治に関与し続けたところに、平沼の政治的生涯の特徴がある。

したがって、平沼の政治的生涯を分析することは、官僚系政治家の国家主義とそれらが太平洋戦争への道に与えた政治的影響を分析する上で、好個の事例であると同時に、官僚出身の政治家による政治指導の課題を考える上でも興味深い対象である。また、現在の世界においても、政治経済のグローバル化や科学技術の飛躍的発展などにより、行政における官僚の専門性への依存は、ますます高まっている。そのような状況において、政治家が官僚の専門性をどのように活かしていくのか。そして、どのような点に官僚の専門性の限界があるのかを考える上でも、示唆を含むものである。

## （二）平沼騏一郎はどのように論じられてきたのか——問い直すべき課題

これまで、平沼は太平洋戦争への道を考える上で、どのように論じられてきたのだろうか。現在のところ、平沼の政治的生涯全体を本格的に論じた単行本・論文は存在しない。

現在の平沼に関する評価に大きな影響を与えたのは、一九四八年、東京裁判の判決で提起されたイメージである。裁判の判決文では、平沼が一九二八年から四五年にかけて「必要とあれば、武力によっても日本が東アジアと南方を支配するという政策の支持者であったばかりではなく、共同謀議の指導者の一人であり、その政策を推進することについて、積極的な参加者であった」[2]と指摘した。また、平沼が枢密院副議長として九カ国条約に違反した政策を承認したことや軍閥の最も有力な分子から指導者として仰がれたことなど、反英米的、親軍的な政治姿勢も指摘した。

以上のような理解は、一九二八年以後の平沼の行動が一貫して太平洋戦争への道に政治的責任を有するとの立場である。当然ながら、東京裁判の判決は歴史的実証に基づくものではないが、平沼に関する体系的な研究が存在しないため、A級戦犯というイメージが現在においても根強い。

戦後の平沼に関する実証研究の端緒となったのは、一九六〇年代後半に発表された伊藤隆氏の研究である。伊藤氏は分析概念としての「日本ファシズム」を否定し、第一次世界大戦後からロンドン海軍軍縮条約問題までの「平沼系」の動向を先駆的に分析した。そして、平沼が「国体」を基本的価値として近代化のあり方を批判し（「復古」）、司法部や陸海軍首脳部と提携して、元老西園寺公望に代わる「天皇親政論的な元老」を目指したことを明らかにした。また、ロンドン条約問題後は、軍部など現状をラディカルに変革しようとする勢力と共同していくとの見通しを示した（「復古—革新」）[3]。その後の研究では、①平沼内閣の際、親英米派に接近し、明治維新以降の既存の成果を維持・漸進しようとする勢力（「現状維持」）へと転換したこと[4]、②「復古—革新」派はやがて「復古」色の強い「精神右翼」と「革新」色の強い「革新右翼」に分裂し、後者のラインで太平洋戦争への道を歩み、終戦工作は「精神右翼」と「現状維持」派のラインで行われたこと[5]、などを指摘した。

すなわち、伊藤氏は「復古」的思想を有し、時期によって政治的立場を変え、平沼内閣以後には親英米派に接近する平沼像を提示した。伊藤氏は太平洋戦争への道に与えた政治的影響について直接的には評価していないが、少なくとも、平沼内閣以後の政治行動については太平洋戦争への道に結びつかないとの立場である。

その後、平沼の司法官僚・枢密院副議長・首相・重臣時代の実証研究も進んだ。

まず、司法官僚時代に関しては、一九七〇年代末、三谷太一郎氏の研究が発表された。三谷氏は陪審制の導入と原敬の政治指導に焦点を当て、「倉富勇三郎日記」などを先駆的に用いて、明治末期・大正期の政治と司法の関係を論じ、①立憲政友会において、原敬と松田正久が「平沼・鈴木ライン」を登用・培養し、②平沼・鈴木は当初、陪審制に消極的だったが、原に追随したこと、を明らかにした。また、③陪審法成立により、司法部と政友会との関係が好転するとともに、平沼ら陪審法推進派が元老山県有朋没後の枢密院の主導権を握っていくという見通しを示した。[6]とりわけ、政党の司法部への影響力が強まる中で、平沼が政党の方針に柔軟に対処する姿勢を持っていたとの指摘は、本書の視角と共通しており、きわめて重要である。

次に、枢密院副議長時代についても、一九七〇年代後半の佐々木隆氏の研究[7]以降、「倉富勇三郎日記」を用いた研究が発表された。佐々木氏は平沼と斎藤実内閣との関係及び、斎藤内閣期の平沼の政治運動を分析し、平沼と斎藤内閣との政策の親和性や平沼が軍部を統御し得る文官政治家として政権の座を狙ったことを指摘した。一九九〇年代に入ると、増田知子氏により平沼内閣運動における森恪との協調や平沼の観念性を強調した研究が発表された。[8]また、瀧口剛氏は満州事変期の平沼の行動を明らかにし、彼の「権威主義」的な態度や軍部との密接な関係を指摘した。[9]

その後、堀田慎一郎氏[10]、伊藤之雄氏[11]、手嶋泰伸氏[12]により、平沼には、官僚系の政治家として現実的な政治構想・政治的判断力が一定程度あったことを指摘する研究が発表され、観念的な国家主義者という側面を過度に強調する評価は修正されつつある。

さらに、首相・重臣時代の平沼についても、一定の再評価がなされた。加藤陽子氏は平沼内閣期の外交政策を分析し、平沼が一定の外交手腕を有し、親英米的な側面を持っていたと指摘した。[13]また、高橋勝浩氏は太平洋戦争中の平沼が近衛文麿と基本的に行動をともにし、早期和平を意図したと指摘した。[14]

他方、思想史でも、いくつかの論文で平沼を取り上げている。クリストファー・スピルマン氏は主に『平沼騏一郎回顧録』の分析を通じて、平沼は伝統的・保守的な思想を持ち、あらゆる問題を皇室への影響という観点から判断したと総括した。その一方で、「平沼は本当に自ら主張していたような『純粋な国体論者』であったのか」については今後検証されるべき課題であると問題提起した。[15]また、松井慎一郎氏は平沼が思想問題に関する事件に黒幕として関与していた可能性が高く、それらは枢密院における平沼の地位向上に貢献したと指摘した。[16]

これらの研究は特定の時期の実証として、きわめて貴重な成果であるが、現在においてもなお、伊藤隆氏が提示した枠組みが通説的な位置を維持していると思われる。

しかし、以上の東京裁判の判決も含めた平沼に関する評価には、いくつかの問題点がある。

まず、東京裁判の判決は、後に明らかにするように、「共同謀議」の論理を平沼への追及の基本方針とし、公職の職務を重視した。そのため、枢密院会議への出席という形式的な行動や必ずしも主体的な行動ではなかった首相在任時の日中戦争の遂行・国家総動員政策を主な起訴事項とした。その一方で、一九二〇年代の政治行動・ロンドン条約問題への対応・平沼内閣運動などについては全く言及されなかった。その結果、平沼が政党政治や英米協調外交、日本の統治構造にどのような影響を与えたのか、などの本質的な点が明らかにされなかった。

伊藤隆氏の提示したイメージにも問題点がある。それは特定の時期の分析にとどまり、司法官僚時代から敗戦に至るまでの政治行動を統一した形で解釈・評価していないことである。その結果、第一に、「現状維持」などの概念は分析概念としては曖昧なままである。例えば、「現状維持」派に接近したのにもかかわらず、なぜA級戦犯になったのかが明らかではなく、諸政治勢力との関係を十分に実証した上で、具体的に位置付ける必要性がある。第二に、平沼の行動・思想の基盤として、国本社などでの国家主義的言説を強調している。[17]これに反し、平沼が約三六年間、司法行政や治安維持を担ったことやそれらの経験が平沼の政治観形成に与えた影響を十分に考慮していない。

平沼が国本社会長に就任したのは、還暦間近の五八歳であり、それ以前の司法官僚時代は、政界において存在感を増すと同時に、政治家としての政治基盤・思想形成の場となった。そして、それら専門官僚として形成された政治観は、政治外交経済への多角的理解や国際感覚の不足を招き、政治家としての限界をもたらす要因ともなるのである。そのため、司法官僚時代は平沼の政治的生涯を体系的に理解する上でも重要な意義を有している。

また、平沼にとって国家主義的言説は、自らの信念にとどまらず、政治的目標を達成するための政治的手段としての側面があったことについても、十分に検討されていない。

近年の研究では、平沼は若い昭和天皇に不安を抱いており、心底ではその権威をほとんど認めておらず、田中首相叱責事件での昭和天皇の行動を批判したことが指摘され、[18]平沼は「天皇親政」や「祭政一致」などの観念的な国家主義的言説を口にはするものの、実際には天皇を神格化していなかったことが明らかになっている。

同時代の官僚・政治家も、平沼を権力志向の強い人物ととらえ、文字通り観念的な天皇親政論者とみなしていない。例えば、一九二五年一月二七日、倉富勇三郎は西園寺八郎との会話で、平沼と伊東巳代治が親しく、伊東が平沼を内大臣候補としていることを問題視し、「平沼は忠君愛国の代表者の如く人も之を信じ居れとも、第一伊東に服従し居ることか難問なり。其他にも山本唯三郎、又は飯野吉三郎と接し居る様なり政治家とならは致方なきもことにはあるへきも、表面の言と行とは必しも一致せさる様なり」と述べた。これに対し、西園寺も「左様なる人か入り来りては困る。制度審議会抔にて平沼の言ふことは余り有り難過きることあり、全体此節の人は言と行とは一致せさること多し」[19]と答えている。また、一九三九年、平沼が首相として、行き詰った日独防共協定強化交渉について自ら判断を下さず、内閣の延命をはかったことついて、元老西園寺は「やはり平沼といふ男は非常にずるい」[20]との印象を述べている。さらに、昭和天皇も戦後の回想で、平沼は「陸軍に巧言、美辞を並べながら、陸軍から攻撃される不思議な人だ。結局二股をかけた人物というべきである」[21]と評価している。

すなわち、平沼の評価はこれら同時代の「ずるい」観の内実を抉り、国家主義が官僚系の政治家にとって政治的にどのような意味を持ったのかという側面を踏まえた上で、行う必要がある。

以上の先行研究の問題点を踏まえ、本書では、これまで十分に分析されてこなかった五つの視角から考察を行う。第一に、なぜ平沼は司法官僚として台頭できたのか。そして、それらの経験を通じてどのような政治観を形成したのかを明らかにする。第二に、政治家としての政治構想・政策の展開とそれらが太平洋戦争への道に与えた影響・政治的責任を明らかにする。第三に、平沼は政治権力が政党から軍へと移行する中で、どのような政治手法により、政治権力を獲得・維持したのかを明らかにする。第四に、平沼の国家主義は政治運動・政治指導との関係において、どのように位置付けられるのかを明らかにする。第五に、東京裁判において、平沼はいかなる点を問題視されたのか。そして、平沼は巣鴨プリズンにおいて、自らの戦争責任とどのように向き合ったのかを明らかにする。

本書はこれらの点を体系的に解明し、平沼の官僚・政治家としての像を実証的に明らかにする。そして、それらを通じて、国家主義を掲げた官僚系政治家の政治行動・政治指導が太平洋戦争への道を考える上で、どのような問題があったのかを明らかにする。

第Ⅰ部では、平沼の政治的台頭と政治指導を彼の政治的生涯に沿って論じる。また、第Ⅱ部第一章では、近代日本における司法部の最大派閥であった「平沼閥」と平沼との関係、第Ⅱ部第二章では、国本社の政治思想と平沼との関係に焦点を当てて分析を行い、平沼をめぐる人脈と組織の実態解明の手がかりとする。

## (三) 平沼騏一郎に関する史料について

本書は分析の際、関係者の日記や回顧録、帝国議会の議事録、新聞の談話などを積極的に使用したが、ここで、本書において特に重要な意義を持つ二つの史料の特質を述べておきたい。

まず、『平沼騏一郎回顧録』[22]についてである。

『平沼騏一郎回顧録』は、主に「機外会館談話録」と「巣鴨獄中談話録」から構成されている。「機外会館談話録」とは、一九四二年二月一〇日から一九四三年七月六日までの間、二四回にわたって平沼が行った談話であり、側近の田辺治通、太田耕造らを相手として談話がなされた。また、「巣鴨獄中談話録」とは、平沼が一九五二年四月二四日から同年七月二八日にかけて、巣鴨プリズンで一八回にわたり行った談話を収録したものである。これらは平沼自身のまとまった談話としてきわめて重要であるが、主に二つの問題点がある。

第一に、自らの政治的野心や政治運動、政治的挫折についてほとんど述べていないことである。例えば、枢密院時代では、帝室制度審議会での審議などには触れているものの、①政権獲得や将来の宮中入りを望み、政治運動していたことについては一切言及がない。また、②国本社での活動、③首相時代の政治指導、についても、ほとんど触れていない。

第二に、戦時中の談話と戦後の談話では、民主主義などへの態度が異なることである。戦時中の談話では、維新直後、明治天皇が「祭政一致」の精神を基礎とすべきという思召を示したが、一八七二年の学制以後、何でも西洋を模倣するようになったと述べるなど、民主主義のみならず、外来思想そのものを厳しく批判している。一方、戦後の談話では、西洋崇拝や個人主義への批判は随所に見られるものの、戦前のように正面から批判することなく、①明治天皇が開国進取の国是を決めたこと、②民主主義は戦後になってから起きたものではないこと、など戦後の民主主義と親和的な側面も指摘している。

これらの背景としては、一九二〇年代後半以降、元老西園寺から嫌われ、自らの政治的栄達を阻害されたことや自らの政権獲得運動が十分な成果を挙げず挫折に終わったことなどが影響したと思われる。また、戦後の談話については、戦後の民主主義的風潮に合わせたものであろう。

すなわち、『平沼騏一郎回顧録』は、必ずしも平沼が当時の政治思想や政治行動を率直に語ったものではないことに留意する必要がある。

ただ、談話の中には、当時の政治状況及び同時代の一次史料と比較し、検討しても矛盾のない箇所も多くあるので、本書では以上の史料的特質を踏まえ、史料批判の上で使用する。

次に、「倉富勇三郎日記」についてである。倉富とは、法制局長官などを歴任した後、一九二六年四月から一九三四年五月まで枢密院議長を務め、同時期に枢密院副議長であった平沼と親しい関係にあった人物である。「倉富勇三郎日記」は国立国会図書館憲政資料室の冊子複製版で八七冊（一冊は約三〇〇頁）にも及ぶ、きわめて長大かつ詳細な日記であり、日本近代史研究者の間では、日記の重要性と倉富の手書き文字の読みにくさは広く知られている。現在のところ、翻刻されているのは一九一九年から一九二四年までのみであり、[23] 大部分は翻刻されていない。

当該期の政治史では、『木戸幸一日記』と『西園寺公と政局』がよく引用されるが、木戸幸一と『西園寺公と政局』の著者原田熊雄は、平沼内閣期を除くと、平沼と直接会うことは稀であった。また、原田は平沼に強い反感を持っており、同書の平沼に関する記述の多くは、原田が他者から聞いた話を解釈して述べたものである。これに対し、「倉富勇三郎日記」には、とりわけ、平沼の枢密院副議長就任から倉富の枢密院議長辞任までの倉富と平沼との会話がきわめて詳細に記述されており、平沼自身の考えがある程度率直に披瀝されている点に特徴がある。

平沼に焦点を当てた研究では、佐々木氏の研究を端緒として、「倉富勇三郎日記」を使用した研究が登場している。しかし、最も長い期間、「倉富勇三郎日記」を用いた堀田氏の研究でも、その期間は約四年間にとどまっている。[24]これに対し、本書では「倉富勇三郎日記」を一九一九年から一九三四年五月まで、本格的に使用して分析した。

なお、史料引用に際しては、原則として適宜句読点を付し、旧漢字・異体字は当用漢字に、片仮名・変体仮名は平仮名に改めた。また、中華民国については「中国」、中国東北地方の「満洲」は満州と表記し、「北支」など現在においては不適切な呼称も、史料引用及び固有名詞の場合はそのまま用いた。

# 第Ⅰ部

## 平沼騏一郎の政治的台頭と政治指導

# 第一章――司法省における権力確立と立憲政友会

本章では、平沼騏一郎の生い立ちから一九一三（大正二）年の司法部改革までを分析する。

現在のところ、司法官僚時代の平沼を本格的に分析した研究は存在しない。従来、司法官僚時代の平沼について言及した研究の多くは、治安政策との関連であり、平沼は思想問題に強硬な対応を取り、治安維持法の先鞭をつけたという評価が定着している(1)。この点については筆者も同意する。ただ、司法部において思想問題が主要な政治課題となったのは第一次世界大戦以降であり、司法官僚としての平沼の活動の一部分に過ぎない。

この中で、明治末期・大正期の政治と司法の関係を論じた三谷太一郎氏の先駆的研究(2)によって提示されたイメージは、現在でも通説的な位置を占めている。三谷氏は「倉富勇三郎日記(3)」などを先駆的に使用し、①政友会において原敬と松田正久が「平沼・鈴木ライン」を登用・培養し、政友会の路線に引き入れ、政友会にとって望ましい改革を実行させようとしたこと、②平沼が原と松田の政治的庇護を受けて台頭し、当初は陪審制に消極的だったが、原に追随したこと、などを指摘した。その後、明治二〇年代から明治三〇年代の司法部と司法権運用の実態を分析した楠精一郎氏の研究(4)、近代日本の行政改革が裁判所に与えた政治的影響を分析した前山亮吉氏の研究(5)が発表され、司法省の実証研究は進展したが、分析範囲は限定されており、三谷氏の研究の大枠を変えるまでには至らなかったと思われる。

筆者も平沼と政友会が協力的な関係であったとする点については、三谷氏に同意する。しかし、三谷氏の研究は陪審制導入を主要な問題関心とし、原の政治指導に焦点を置いている。そのため、司法省側の動向や陪審制以外の政策分析が不十分である。史料面でも、「倉富勇三郎日記」を使用している時期が限定的である。また、司法省側の動向を知る上で重要な「平沼騏一郎文書」（国立国会図書館憲政資料室所蔵。以下、「平沼騏一郎文書」）も、憲政資料室に譲渡されたのが一九九〇年になってからであるという理由もあり、使用していない。さらに、司法省・検察に関する史料の残存状況が良いとはいえない中で、重要な史料的価値を有する衆議院・貴族院の議事録や同時代の新聞も十分には使用していない。

以上を踏まえ、本章では、これまで本格的には分析されてこなかった平沼の司法官増俸要求事件や新刑法の運用、人事改革など司法行政への対応及び、それらの政策決定における政友会・山県系との関係を分析し、平沼の司法省における権力確立過程を明らかにする。また、史料的制約はあるが、後の政治家としての平沼の政治観形成及び行動様式との関連についても、可能な限り分析する。

## 一　司法官増俸要求事件——出世の契機

### (一)　大学入学以前

本論に入る前に、平沼の生い立ちについて簡潔に述べる。

平沼は、一八六七（慶応三）年九月二八日、作州津山（現在の岡山県津山市）の藩士、平沼晋の二男として生まれた。兄は後に早稲田大学学長となる平沼淑郎であり、騏一郎より三つ年上であった。晋は家禄五〇石扶持で、藩儒や藩の外交官である周旋方などを務めた。

津山藩では、歴代の藩主が文武を奨励したことから、教育が盛んであった。とりわけ八代目藩主松平康哉は、文武に秀でた者を広く天下に求め、教育に力を入れる藩風の土壌を作り、江戸時代には、洋学を先駆的に研究した宇田川家・箕作家を輩出した。藩の青少年の間では、宇田川家・箕作家の存在は誇りであり、両家に続き、立身出世を果たそうという雰囲気があったという(6)。

一方、津山藩は後醍醐天皇及び、勤王家として名高い児島高徳（備前の豪族）とも縁があった。後醍醐天皇は一三三一（元弘元）年、鎌倉幕府の打倒に失敗し、翌年、北条高時により、隠岐の島へ流されたが、美作国院庄（現在の岡山県津山市）は配流の経路にあった。児島は天皇が隠岐へ向かう途中で、天皇を奪い、勤王の義兵を挙げようと計画したが、いずれも失敗に終わった。児島の実在そのものも史実として確かではないが、当時の社会においては、この故事は広く信じられており、一八六八年、道家大門（平田篤胤派の国学者）ら一三名の津山藩士は、後醍醐天皇と児島高徳を祭神とする神社の創建を申し出、翌年に作楽神社の社殿が完成している。また、時期は後になるが、一九一四（大正三）年には、「児島高徳」という文部省小学唱歌も作成され、児島の故事は全国的にも知られた(7)。

以上のような藩風のもと、騏一郎は幼少の頃から、教育に力を入れて育てられた。騏一郎は数え年五歳になると、兄淑郎とともに、藩の漢学者斎藤淡堂のもとで、漢学を学んだ。騏一郎が六歳の時、旧藩主の松平康倫が徳川家達の後見人となり、東京に常住することになった。そのため、松平家の家扶をしていた父晋は、一家で東京に移住することにした。

騏一郎は東京に移住した後、宇田川興斎のもとで漢学を修業した。その後間もなく、箕作院甫の婿養子の箕作秋坪が洋行から帰朝し、三叉学舎を設立したので、騏一郎は三叉学舎に移り、六歳から一一歳まで在籍した。三叉学舎では、英語、漢学、算術を学んだ。[8] 騏一郎は後年、当時は文明開化の影響を受け、何でも西洋流にやらなければならないという風潮があり、三叉学舎では、「漢学もやつたが、大体西洋流の学問」だったと回想している。[9]

一方、騏一郎は家庭内において、儒教や敬神思想など伝統的な価値観を学んだ。家庭での教育の中心となった母と祖母は、旧態依然とした非常に厳格な武士気質の教育を行い、騏一郎は祖母から「非常によく教育」を受け、唐詩選を教わり、毎晩、五言絶句、七言絶句を読んで聞かされたという。[10] 父晋は、どちらかというと子供の教育については放任主義の姿勢を取っていたが、平沼兄弟に勉強部屋を用意し、家庭で学習する環境を整えた。そして、平沼兄弟が三叉学舎で『十八史略』、『皇朝史略』などを学んでいたことから、それらの知識を補足させるために、大衆的な歴史本である『漢楚軍談』、『三国誌』、『源平盛衰記』、『太平記』を買い与えた。その中で、騏一郎が特に興味を持ったのが『太平記』の中に出てくる児島高徳であった。[11]

なお、兄淑郎は一九三二（昭和七）年と一九三六年に幼少期の騏一郎について、次のように回想している。[12] まず、漢学・国学の学習について、騏一郎にとって「国漢学は精神の糧で、現在把握している日本精神も東洋観もここから出発している。大義を重んじ、条理を踏んで一歩も動かない、その厳格な態度も、その躬から来ているのである。彼には幼少の頃から理想と実生活の区別はなかつた。理想即実践であつた」と回想し、幼少期、漢学・国学を学習したことが後の精神形成に重要な役割を果たしたと指摘している。

淑郎は幼少期から現在まで一貫している騏一郎の性格にも言及している。その最大の特徴は、「意志が強固」なことであり、「父親が折檻のために押入の中にへし込めても、何時までもジツと耐え泣きもしない」ような子ども

写真１　明治五年の騏一郎（左から二人目）と淑郎（右から二人目）。
※知新館（旧平沼騏一郎別邸）所蔵

写真２　騏一郎は幼少の頃から勤皇思想、敬神思想に強く影響された教育を受けた。後に、勤皇家として名高い児島高徳を祀った作楽神社の保存会の委員長にもなっている。写真は現在の作楽神社。
※著者撮影

であったという。そして、「なかなか一つ思い出すと、それを仕遂げることに熱誠」であった。これは「すべて遊戯の上に於ても」現れ、「普通の人が何か一つの仕事をすると、うはすべりするものが多いが、騏一郎は幼少時代から今日に至るまで、すべて徹底的に研究してから」取り組んだという。また、騏一郎は書道・囲碁・謡曲などを趣味としたが、いずれもよく研究した。例えば、書道は巧みというわけではないが、よく練習し、行書は研究が足りないという理由で、楷書のみを書いた。「しかも楷書は一字一画苛くもせぬという風」であった。また、囲碁もよく研究し、その技倆は犬養毅と伯仲であり、司法畑で最も強いとされた横田秀雄に対しても、定先（棋力の差がわずかに劣る際のハンディキャップ）位の腕前であったという。

淑郎によると、このような姿勢は人間関係にも共通しており、騏一郎は無口だが、「やはりそこにも研究心というものが籠つて」おり、「余程考へた後でないと、口を開かない」。そのため、人が寄りつきにくく、「真意を知らない人は冷酷」と思うが、「情愛」のある人間だと述べている。その例として、①幼少期、淑郎がいじめられて泣いていると、わざわざ柿を持ってきて慰めたこと、②天皇からの下賜品を自家で保存が必要なもの以外は、淑郎などに「出来得る限り天恩」を分けたこと、などを挙げた。

淑郎の回想からは、生真面目で我慢強く、研究熱心で慎重な性格がうかがえるのではないだろうか。これは一貫して司法部に属し、最先端の法知識を習得した上で、判例や社会秩序などを踏まえ、粘り強く捜査を行うことを可能にする資質の一つであったと思われる。

一八七八（明治一一）年、騏一郎は東京大学予備門を受験し、合格して給費生となった。[13] 前年には、淑郎も予備門に合格していた。騏一郎は、予備門では基礎教育を学び、一八八三年に卒業した。続いて、翌年、東京大学法学部（一八八六年に帝国大学法科大学に改組）へ進学した。

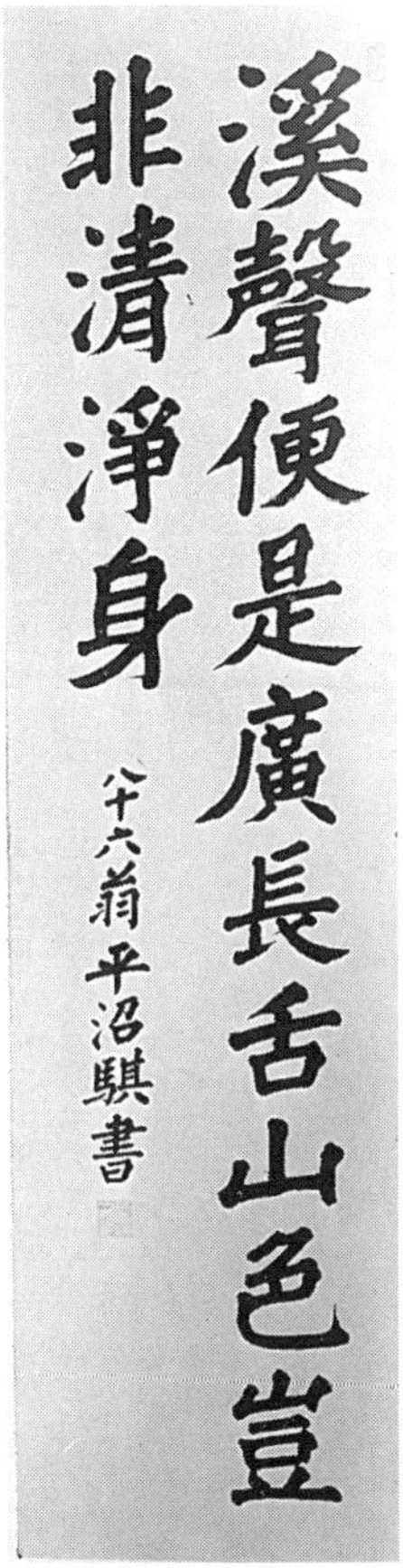


写真３　平沼は書を好み、『国本新聞』などにもしばしば直筆の書を載せた。それらは淑郎の指摘した通り、全て楷書であり、かつ一点一画もゆるがせにせずに書かれている。写真は平沼直筆の書。

※右 平沼騏一郎回顧録編纂委員会編『平沼騏一郎回顧録』（平沼騏一郎回顧録編纂委員会、1955年）

※左『国本新聞』1927年1月10日

なお、淑郎は騏一郎と入れかわりで東京大学を卒業し、郷里岡山の保守党忠愛社に入り、機関紙『明治日報』の編集に従事したが、新聞記者は不向きだと悟り、二年後に教育界に転じた。その後、岡山師範学校教諭などを経て、早稲田大学第三代学長を務めることになる。(14)

## (二) 大学時代

平沼は、大学の授業では入学初年度から受講していた穂積陳重の授業に二つの点で感銘を受けた。

第一に、平沼は、それまで大学の講義は原著を用い、外国人の講師がたいてい英語で行っていたが、穂積はおそらく日本で初めて日本語で講義を行ったと回想し、穂積を評価した。(15)

第二に、平沼は穂積の授業では、法学通論・羅馬法・法理学を受講し、後に学問を進める上で大きな助けとなったと評価した。法学通論とは法学の初学者向けの授業で、法学の基礎的な知識を身に付けることを目的としたものであるが、平沼は、穂積の授業は通論といってもなかなか詳しく、分析法学・比較法学などの概念を習得させるために、歴史と比較の両方の点から論じたもので、「私は法学の概念は穂積先生の法学通論に依て得た」(16)と述べた。また、羅馬法の授業は原著を用いたが、穂積は原文以外にいろいろ法律全般に関わることを論じ、平沼が専攻していたイギリス法の中には羅馬法がかなり入っているので、後の学問の発展の基礎となったと述べた。さらに、法理学では、分析法理学と沿革法理学を学び、大体法律のことがわかった最終学年で受講したので、非常に利益があったと述べた。(17)

すなわち、平沼は当時の法学教育の最先端であった穂積の授業を積極的に受容し、評価した。このことは、後に平沼が司法省で、法学の知識においてもリードしていく基礎となった。また、平沼は穂積から学問以外のことでは、司法権の尊厳を保つという事を「もっとも注意された」[18]という。これは平沼が司法省入省後、一貫して司法権の強化を図る要因の一つともなったと考えられる。

ただ、穂積陳重から受けた影響は司法の限られた範囲においてのみであったと思われる。例えば、憲法解釈において、穂積は弟穂積八束の「国体」論と対立する発展論的な見方を示していたが[19]、後述するように、平沼は一九一二年から翌年にかけて行われた上杉慎吉と美濃部達吉との「天皇機関説論争」で、上杉を支持した。平沼は講義以外では、各国の歴史を勉強した。特にフランス革命を最も注意して研究し、日本で同様の事態が発生することへの懸念から、日本の古代史にも注意を向けるようになったという[20]。平沼はこの頃から革命や急進主義に対する嫌悪と天皇制護持の観念を持っていたと考えられる。

平沼は回想で、大学の授業が西洋の学問ばかりであったことに違和感を覚えたと述べている。

私共学生の頃は大宝律令とか貞永式目などを教はつたが、殆ど附属物で、西洋のものが土台であつた……私共は大学で制度などを習つたが、然し日本固有の原理原則は習はなかつた、大学では西洋人が西洋語で教へた。日本人の先生も英語で教へた。だから学生の頃は西洋人と話も出来、外国文も書けた。その代り漢学や国文は出来なかつた。課程として国語漢文に属するものは極く僅かしかなかつたので、之は独学した。今私が知つている国語漢文は大概独学したものである[21]。

このこともあってか、平沼は大学時代から、今北洪川（鎌倉円覚寺管長）のもとに弟子入りし、今北が一八九二（明治二五）年一月に死去するまでの間、禅の修行をした。平沼は禅を学ぼうと思った動機について、「当時は今日の若い者と心理状態も異なり、今のやうな知識がない……昔の英雄豪傑は如何に修養していたか。それは大抵単に書物を読み、武装する丈けでなく、精神の修養をしていたに違いない。そのうち、中世には日本は仏教が流行し、武士階級は大抵禅学をしていた……そこで年は若く思慮は浅いが自分らも禅をやると云ふ気分を起した」[22]と述べている。このことから、平沼がこの頃から精神修養を重視し、かつ日本の伝統的価値観に即した禅に興味を持ったのは、西洋の学問にあきたらない感情があったのだろうと思われる。また、大学入学当初から英雄豪傑の存在を意識しており、立志出世を果たしたいという思いも持っていたのであろう。

平沼にとって、禅の修行は後の人脈形成にも寄与した。同時期、円覚寺には、早川千吉郎（後に三井財閥重役）、織田小覚（後に前田公爵家学事顧問）、北條時敬（後に学習院長）、河村善益（後に東京控訴院検事長）らも出入りしていた。彼らは平沼と後年に至るまで交流を続け、第一次世界大戦を契機とする外来思想の流入に対し、漢学など日本の伝統的価値観の復興を主張する勢力となる。平沼は青年期の禅の修行を通じて、後年、日本の伝統的価値観への傾倒や精神修養を重視する土台を形成していったのではないかと考えられる。後年、兄淑郎も、「弟の修養は国漢学に負ふところが甚だ多い。それに青年の時代に禅学をも修めたから、その方面の感化も無論加つている。従ってその風格が東洋味が帯びていることは勿論」[23]であると指摘している。

すなわち、平沼は西洋の学問に適応し、当時としては最も優等とされたコースを歩み、大学では、当時の法学教育の最先端であった穂積の授業を積極的に受容した。しかしその一方で、家庭では古風な教育を受け、大学予備門に入学するまでに漢学などの素養を身に付けたことにより、大学教育での行き過ぎた西洋化に対する違和感も覚えていたと考えられる。平沼は司法省に入省した後、過度の西洋化に対抗して、日本の文化・伝統に適合した司法制度を探求し、第一次世界大戦後の思想問題の悪化を受けて、日本の伝統的な価値観への傾倒を深めることになる。

た。

### （三）山県系官僚を中心とする司法行政の展開

一八八八（明治二一）年、平沼は帝国大学法科大学英法科を首席で卒業し、司法省に入った。平沼は内務省に入ることを望んでいたが、司法省から給費を受けていたため、不本意ながら司法省に入ったと回想している[24]。

司法省に入った後、平沼は一八八九年までの約一一年間、一貫して判事を務めた。一八九〇年に京橋区裁判所判事に就任した後、一八九八年には東京控訴院部長にまで昇格した。その後、検事に転じ、東京控訴院検事に就任した。

平沼は職務の傍ら、明治二〇年代後半から明治三〇年代にかけて、東京専門学校（後の早稲田大学）・日本大学・英吉利法律学校（後の中央大学）などで、刑法・民法・保証法・債権法などの講師も務めた[25]。

また、平沼は大学時代、イギリス法を学んでいたが、その後、ドイツ法の影響が強まったことを受け、ドイツ語の教師を雇ってドイツ語を勉強し、二、三カ月でドイツ語の原著を読めるようになったと回想している。また、大学などで講義する時も、「大体独逸流であつた」と述べており[26]、ドイツ法への変化の潮流に対応したと考えられる。

他方、私生活では、平沼は二六、七歳の頃、陸軍省法官部長などを務めた岡村隆徳の娘と結婚したが、間もなく離婚した。離婚の原因は性格の相違であったようである。兄淑郎によると、その後、平沼は肺結核にかかり、医者から妻帯を禁じるよう助言を受けた。平沼はその教えを守り続け、病気が完治した際には、老境にさしかかっていたため、結局、再婚の機を逸した[27]。なお、その後の家政は、「禅学修行の際、相識の白石喜舞と云ふ婦人が女房役を勤め[28]」たという。また、子どもについても、植月俊雄（故郷津山の平沼の後援会「平沼会」常任理事）によると、平沼は「常に僕に子供の必要はない、平沼家は兄が嗣いで居るから絶家する事はな」く、「父の世話をして呉れるものさえあればよい[29]」と言っていたという。

時期は後になるが、一九一五（大正四）年四月、淑郎は『中央公論』の論説で、病気から快復した弟が再婚することを望んでいた[30]。しかし、平沼は独身を通し、周囲に結婚及び離婚した事実を話すこともなかった。婚期の問題もあるが、おそらく結婚生活の失敗から、自らの意思で再婚しようとしなかったのだろう。

しかし、当時の社会において政府高官が独身であることは珍しく、後に白柳秀湖（小説家・評論家）が指摘したように、平沼の「独身主義」は、「世間の噂に上り、それが何程でも彼の人物を怪奇なもの[31]」にするという影響をもたらすことになった。

平沼が司法省に入った後、司法省で主導権を握ったのは、清浦奎吾と横田国臣を中心とする山県系官僚である。そのきっかけは山県有朋の第二次伊藤博文内閣法相への就任であった。山県は腹心の清浦を次官に起用し、清浦は盟友である横田を新設の民刑局長に登用した[32]。清浦と横田は元老山県の権力を背景に、強い影響力を持ち、第一次桂太郎内閣に至るまで山県系官僚が次官・民刑局長など司法省内の要職を占めた。

清浦らが直面した政治的課題は、一八九〇年に施行された裁判所構成法をめぐる問題である。構成法は「司法権の独立」にとって不可欠のものであったが、特に判事の身分保障規定の存在は、人事の停滞の要因ともなった。法相は裁判所・判事に対し、人事権・監督権などの強い権限を有していたものの、身分保障規定により、不適格な判事であっても罷免や降格などを自由に行うことは出来なかった。当時、近代的な法知識を有していない裁判官が多く、条約改正や法典の実施を控えていた司法省は人事改革の必要性に迫られていた[33]。

明治後期において司法省が行った唯一の大改革は、一八九八年、第三次伊藤博文内閣崩壊間近に行われた人事改革である。改革において中心的な役割を果たしたのは、横田次官と高木豊三民刑局長、倉富参事官ら司法省法学校出身者であった。この時期に改革が断行されたのは、山県系が主導権を握る司法省において、憲政党により人事改革が行われ、政党の政治的影響力が司法部に及ぶことへの懸念があったためであると指摘されている。人事改革の結果、横田は検事総長に昇格した。また、高木は次官、倉富は民刑局長に昇格し、司法省法学校出身者の出世の契機ともなった。しかし、横田は退職に追い込まれた司法官（以下、司法官とは、判事と検事の双方を示すものとする）から非難を浴び、これを受けた大東義徹法相（第一次大隈重信内閣）は横田を懲戒免職処分に追い込んだ。その後、横田は第二次山県有朋内閣の下で、特旨により懲戒処分は免ぜられ、東京控訴院検事長に復帰した後、検事総長に再任した。この経過からも、横田が山県系と深い関係にあったことは明らかであった。[34]

では、平沼は山県系が主導する司法省においてどのような位置にいたのであろうか。現在のところ、この時期の平沼と山県系官僚との関係を示す同時代の一次史料は見当たらない。

ただ、一八九八年、第二次山県内閣の下で清浦法相が「英俊敏腕の聞へ高き司法官」を「特撰」[35]したとされた九名の遺外法官（遺外法官制度とは、司法省が司法官数名を選抜し、海外で司法制度を調査させる制度）の中に入っていないことは、平沼が山県系でなかったことを傍証するものである。ちなみに、大正初期、平沼とともに司法行政の中枢を担うことになる鈴木喜三郎東京地裁判事、小山温東京地裁判事も選出されなかった。

遺外法官に選出された九名の役職と学歴は表1の通りである。

平沼は一八八八年、小山は一八九〇年、鈴木は一八九一年に帝国大学法科大学を卒業しており、平沼と鈴木は首席であった。経歴的には、平沼らが遺外法官に選出されても不思議ではなく、清浦と横田が山県系の影響下にある人物を優先的に選んだ可能性もある。例えば、平沼の大学の同級生であった長森藤吉郎は、横田により法相秘書官から東京地裁検事正に抜擢されていた。

なお、平沼は後に、①当時の司法部は力がなく、藩閥・財閥、後には政党の力により、「段々萎縮して来た」が、

表1　遣外法官選出者の役職と学歴（遣外法官選出時）

| 氏名 | 役職 | 学歴 |
|---|---|---|
| 仲小路廉 | 司法省参議官兼行政裁判所評定官 | 開成学校1882年卒 |
| 香坂駒太郎 | 横浜地裁検事正 | 東京大学1884年卒 |
| 馬場愿治 | 大審院判事 | 東京大学1885年卒 |
| 長森藤吉郎 | 東京地裁検事正 | 帝国大学法科大学1888年卒 |
| 棚橋愛七 | 東京控訴院検事 | 帝国大学法科大学1888年卒 |
| 斎藤十一郎 | 東京控訴院判事 | 帝国大学法科大学1891年卒 |
| 小宮三保松 | 大審院検事 | 司法省法学校正則科２期生 |
| 清水一郎 | 大審院判事 | 司法省法学校正則科２期生 |
| 河村善益 | 大阪地方裁判所長 | 司法省法学校正則科２期生 |

※帝国法曹大観編纂会編纂『帝国法曹大観』第１巻（ゆまに書房、1995年）、司法省編『司法沿革誌』（原書房、1979年）を参照。なお、斎藤十一郎については、『帝国法曹大観』で年月が特定されていないが、判事であったことから推定した。また、小宮三保松については、七戸克彦「ロー・アングル 現行民法典を創った人びと(26) 組織再編後の委員(3) 小宮三保松(4) 西源四郎 外伝(21) 閨閥」(『法学セミナー』2011年6月) を参照。

※東京大学は1886年、帝国大学に改組された。また、開成学校は東京大学の前身にあたる。

「司法部には之に対抗する者がなく、皆藩閥、或は財閥に迎合し、後には政党に入る者が多かつた」、②実業家や官僚などの犯罪を取り締まろうとしたが、「自分は無力」であり、「時の大官に良い友達はないかと言つたが、言つても駄目だと言はれた」[36]、③「一番最初に手を着けたのは日糖事件だった」[37]、と回想している。すなわち、当時、平沼は財閥・藩閥・政党に批判的であったが、司法部に対抗する人物がなく、他の政府高官とのつながりもないため、自らの権力では実業家などの犯罪を取り締まることが出来なかったと述べており、山県系との関係がなかったことをうかがわせている。

しかし、結果として、遣外法官に選ばれなかったことが後に平沼の出世の契機をもたらすことになった。

## （四）司法官増俸要求事件への対応

一九〇〇（明治三三）年四月、欧米から帰国した遺外法官は、連名で意見書を公表し、①欧米と比較すると、日本の司法官は待遇が悪く、威信もないこと、②司法官の俸給が低いため、良い人材を得られないこと、を問題視した[38]。そして、早急に増俸が必要であると運動を始めた。遺外法官は金子堅太郎法相（第四次伊藤博文内閣）の同意を得たが、増俸案は衆議院委員会において星亨を中心とする政友会の反対により削除修正を受け、修正案は衆議院本会議で可決された。

司法官はこれに抗議し、増俸運動はさらに拡大した。当時、星は東京参事会の収賄事件で告発されたが、起訴を免れた。しかし、貴族院などの排斥運動により、第四次伊藤内閣逓相を辞任することを余儀なくされ、東京地裁の検事は星の辞職後も、捜査を断念していなかった。このような状況の下で、星が増俸案を削除したのは、検事に報復するためであったとの見方が広がったのである。ここで、仲小路廉参事官・長森東京地裁検事正を中心とする六名の遺外法官は増俸案復活を求めて活動し、増俸運動は全国の裁判所に波及した。その後、伊藤内閣への山県系の反感が背景となり、貴族院で増俸案が復活したが、両院協議会で増俸案が再び否決されると、司法官の運動は過激さを増し、全国各地の裁判所で連袂辞表を提出するなどの騒動へと発展した[39]。

しかし、当初より全国紙では、司法官の増俸要求運動を支持していなかった[40]。そして、もはや増俸案復活の見込みがなくなったのにもかかわらず、過激な行動に出た司法官に対しては、増俸の必要性を認め、司法当局を批判していた『法律新聞』でさえ批判的であった[41]。

ここで、増俸運動の収束に中心的な役割を果したのが平沼である。平沼の回想によると、金子法相、野崎啓造検事総長は曖昧な態度をとり、横田国臣東京控訴院検事長は病気であった。そのため、東京控訴院次席検事であった平沼が検事長代理として、事態の収拾に当ることになったようである。平沼は東京控訴院の事務を平常に戻した後、長森を呼び、運動を止めるよう説得したが、応じなかった。そこで、地方の検事正を東京に集め、各々の所属する裁判所の秩序を回復するよう指示し、彼らが司法省へ陳情することを許さなかったという(42)。

その後、司法省は強硬な態度を見せていた東京の判検事一六名の辞表を受理し、依願免官とした。ただ、同時期に辞表を提出した仲小路と長森については、辞職理由を部下に対する監督責任としていたため、司法省は監督責任であれば、最終的な監督責任は法相にも及ぶという理由で辞表の受理を拒んだ。司法省の判断の背景には、仲小路と長森が山県系と連携していたことも影響していた。結局、司法省は仲小路と長森に病気を辞職理由とした辞表を提出させ、両名は東京の判検事の辞表が受理されてから約二〇日後に依願免官となった。なお、司法省を去った仲小路と長森は、第一次桂内閣の下で、それぞれ、局長級の逓信省官房長、大蔵省官房長に登用された(43)。ただ、大臣官房の権限は第二次山県内閣の下で大きく縮小されており、官房長の実権はほとんどなかった(44)。そのため、この登用は栄転というよりも、とりあえず他の省庁に入れ、救済することを意図したと考えられる。

同時代の一次史料において、平沼の具体的な行動を確認することはできない。ただ、一九〇一年三月、仲小路は司法省の訓令に応じ、「弁明書」を提出しており、その宛先は「東京控訴院検事長代理平沼騏一郎殿(45)」となっている。このことからも平沼が事態の収拾に重要な役割を負っていたのは事実であると考えられる。

以上のような、政友会と山県系との政治的対立を含んだ司法部の大騒動は、平沼の出世に二つの面で大きな影響を与えた。

一つには、有力な若手の司法官の失脚により、出世の糸口をつかんだことである。事件の被処分者は一五一名に及んだが、依願免官となり司法省を去ったのは、仲小路・長森及び、エリートコースを歩んでいた東京地方裁判所・区裁判所に所属する司法官であった。彼らの失脚によって、平沼は出世の機会を得ることになった。事件から約一年半後の一九〇二年一〇月、平沼は司法省参事官に就任し、司法省内において頭角を現すようになった。一九〇二年九月には、『法律新聞』の異動評で「若手司法官連中出世の早き方として同僚より常に羨まれ居る果報者の一人なり」[46]と評されている。

もう一つには、後に政友会により重用される要因の一つとなったことである。当初から司法官の増俸運動は、清浦の操縦に基づくものであるという推測が弁護士や政友会の間に広がっており[47]、清浦ら山県系は、増俸問題を利用して政友会を背景とした第四次伊藤内閣を攻撃しようとしたとみなされていた。そのため、当時の政治状況において、平沼の行動は山県系の攻撃から政友会内閣を助けるという意味合いを持つことにもなったのである。平沼の行動の意図は、史料的に明らかではない。ただ、平沼は政党・藩閥の有力者との人的関係を有しておらず、司法部の秩序を乱すストライキなどの急進的な手段により改革を実現しようとする姿勢に批判的であった。そのため、平沼の行動は政友会を助ける意図ではなく、司法官の手法に共感しなかったためであると考えられる。また、平沼より先に出世していた長森らを追い落とす意図もあったのかもしれない。

## 二　欧州における司法制度調査の経験

### （一）日比谷焼打事件への対応

一九〇二（明治三五）年一〇月、司法省参事官に就任した平沼は、第一次桂内閣において、信託に関する日本初の単独立法である、担保付社債信託法の立案を主導した。金融史では、法案の目的は国内外の資金調達の円滑化にあり、その背景には、当時の日本経済において、鉄道資本を筆頭に、資金調達手段として外債発行（外資導入）を強く要請されていたことがあったと指摘されている(48)。

平沼の回想によると、当時、民間会社では資金を必要としたが、株式を発行することが出来ないため、社債で資金を調達しなければならないが、株式と違い、社債は出資者への返済が必要である。したがって担保が必要であった。桂太郎はこの状況を「大変心配」し、「大蔵大臣もそうで、なんとかして社債に担保を付ける工夫をしなければならんとの議」になった。そこで平沼は、イギリスの法律にある信託という制度を採用すべきことを提案し、政府より法案の作成を任されたという。

平沼は第二一議会（一九〇四年一一月三〇日～一九〇五年二月二七日）に間に合わせるため、平沼と同じく東京帝国大学でイギリス法を専攻した池田寅二郎（司法官試補・後に大審院長）と二人で大急ぎで法案を作成した(49)。議会において、平沼は政府委員として、一人で答弁した。法案は議会の審議で、ほとんど紛糾することなく、二月一五日、貴族院において原案が可決された。また、衆議院では、社債権者集会の議決方法について修正を行ったものの、軽微なものであり、再度貴族院に回付されたが、二五日、可決され、法案が成立した(50)。

一九〇六年一月八日、松田正久法相（第一次西園寺公望内閣）の下で、平沼は民刑局長に昇格し、同時に河村譲三郎民刑局長も次官に昇格した。民刑局長から次官への昇格は順当なものであるが(51)、参事官から民刑局長への昇格は、必ずしも固定化されていたわけではない。当時の司法部をめぐる政治的な状況を考えると、平沼の官僚としての学識と手腕だけでなく、前節で述べたように、平沼が山県系官僚に接近しておらず、政治色がなかったことが影響した可能性がある。また、原敬内相は学士官僚を抜擢し、内務省の改革を進めたが(52)、平沼の起用もこの方針に合致するものであった。

第一次西園寺内閣成立後、司法省・検察は日比谷焼打事件の裁判への対応を迫られた。この事件は一九〇五年九月五日、日比谷公園で開催された日露戦争の講和交渉に反対する国民大会を契機に、東京全域におよぶ暴動が発生し、七百名余りが検挙、三百名余りが起訴されたことを指す。検察は国民大会の主催者であった河野広中（衆議院議員）、小川平吉（政友会所属衆議院議員）らも検挙していたが、第一次西園寺内閣の成立により、河野らが無罪となる可能性が高くなった。

ここで大きな役割を果たしたのが横田国臣検事総長であり、その行動は政治的であった。横田は大赦を行うことで第一次桂内閣と検事局の失態を隠蔽しようとし、大赦の実施を桂前首相と第一次桂内閣で法相を務めた清浦・波多野敬直に提案し、同意を得た。そして、波多野より松田に大赦の相談を行い、松田は内閣で大赦を提議した。しかし、閣議では同意を得られず、失敗に終わった。続いて、一九〇六年二月、公判において検事が誘導による自白を基に起訴したことが発覚し、弁護士は倉富東京控訴院検事長らの罷免を要求し、弾劾運動を行った。運動の高まりを受け、横田と波多野は倉富の転任を松田に持ちかけた。松田は倉富の検事総長への昇格については反対したが、実質的に左遷を意味する長崎控訴院長への転任は容認した。しかし、倉富は辞職のみならず、一切の転任を拒否したため、松田と倉富の関係は険悪化した(53)。

以上の二つの工作は、横田を中心とした山県系官僚によって進められたものであったが、現在のところ、平沼が工作に関与したことを示す史料は存在せず、山県系官僚との特別な関係はなかったと推測される。

一九〇六年四月、河野らに無罪判決が下ると、横田は、清浦・波多野の同意を取り付けた上で、検察に一任するという従来の方針を一転し、率先して控訴すべきでないと主張した。横田の行動の背景には、控訴しても有罪となる見込みは少ないという理由だけではなく、検察は内閣の敵ではないことを松田らにアピールするという政治的意図があった。[54]一方、平沼は控訴すべきとの意見であったが、内閣で控訴しないことが決定すると、それに従った。[55]

一九〇六年七月、日比谷焼打事件の後に、横田は検事総長から大審院長に昇格した。しかし、弁護士の間では長谷川喬東京控訴院長が最有力視されており、横田の昇格は司法省法学校出身者により擁立されたためであるとの見方が広がった。[56]この背後には、日比谷焼打事件の判決で非控訴を主張したことも影響しているのかもしれない。そもそも、横田は判事の経験がないだけでなく、検事としても実務を執ったことがないと評されており、[57]十分な経歴を持っているとは言い難かった。しかし、一九一三年の司法部改革後、横田は「平沼閥」に対抗する存在として、判事や弁護士の一部から支持され、一五年間、大審院長に在任し続けることになる。

## (二) 新刑法制定への貢献と遣外法官への選出

第一次西園寺内閣において、松田と司法省は、現在でも、大枠において継続して施行されている新刑法の制定に尽力した。[58]旧刑法は一八八二年に施行されたが、間もなく増加する犯罪に対処できないなどの批判を浴びるようになった。司法省においても、施行直後から改正作業が進められ、一八九一年から一九〇二年にかけて、四度、改正案が議会に提出されたが、いずれも審議未了で廃案となっていた。法案が成立しなかった理由の一つは、弁護士の反対運動である。彼らは刑の範囲を拡大し、司法官の裁量を増大させるのは人権侵害につながるという理由だけでなく、改正案が弁護士や国民の意見を聞かずに作成されたことにも反発していた。

松田は以上の経緯を踏まえ、一九〇六年六月に法律取調委員会を設置した際、司法部の官吏だけでなく、改正反対派の衆貴両院の議員も委員に任命し、法案の通過に努めた。[59]

法律取調委員に任命された平沼は、主査委員・起草委員にも選ばれ、倉富らとともに司法省官吏として法案の調査・起草に当たった。起草委員一〇名の中で、司法省の官吏は、倉富・平沼・常松英吉の三人であり[60]、刑法改正の審議では、倉富と平沼が司法省側で中心的な役割を果たした。平沼は弁護士の提案について、倉富と事前に方針を協議しており[61]、両者は協力して法案の成立に努めたと考えられる。

新刑法は、一八九七年に横田のイニシアティブのもと、倉富らが中心となり起草した刑法草案を基礎としたものであった。彼らは一八八〇年代より欧州において台頭した、リスト（Franz Eduard von Liszt）らいわゆる「近代学派」の影響を受け、社会を多様化・増加する犯罪から防衛するという観点を刑法に取り入れた。その主な特徴としては、①刑の範囲を拡張し、犯罪の成立と量刑について裁判官に広い裁量を与え、②再犯加重や刑の執行猶予の規定を取りいれたこと、が挙げられる[62]。

平沼も同様に、リストの刑法理論に強い影響を受けた。平沼は回想で、「日本で刑法を改正するには、リストの書いたものを参考にした……私もいろいろリストのものを読んで、日本の刑法は自分の考えているような点を採用していた」と述べている。また、時期は少し後になるが、平沼は遣外法官としてドイツに滞在した際、リストを訪問した。その際、平沼は、ドイツ語は読めるが話せなかったため、リストと英語で会話し、リストは日本の新しい刑法を「大変賞賛」していたという[63]。

一九〇六年一二月、起草委員会での審議が終了し、一九〇七年二月に改正案は議会に提出された。衆貴両院では、政府委員として平沼と倉富が答弁し、貴族院では倉富、衆議院では平沼が中心となり答弁した[64]。法案は両院とも修正可決され、三月二三日の両院協議会で修正項目の譲歩・妥協が成立した。

法案成立後の四月、平沼と鈴木東京控訴院部長は遣外法官の任務で渡欧した。その一方で、倉富は日比谷焼打事件の責任を認めず、一切の転任を拒否したことで、松田の信用を失っており、国内での転任先がなくなった結果、九月に韓国統監府司法次官に転出することになった(65)。

以上のように、平沼と倉富は、新刑法制定の必要性については一致していたが、倉富は山県系官僚であり、日比谷焼打事件への対応から松田の反感を買い、韓国統監府司法次官に転出させられた。その一方で、平沼は非山県系の学士官僚であり、日比谷焼打事件などでも政治的な動きをしなかったため、松田の信頼を得たと考えられる。

平沼は出発前、新聞の談話で、遣外法官としての視察事項の要点は、過渡期にある司法制度を改革し、その運用の手続と形式をなるべく簡略にして、文明社会に適応する方法を探ることにあると語っている(66)。ただ、司法省内のナンバースリーである民刑局長が遣外法官に選出されるのは、前例のないことであり、平沼には以前選ばれなかった遣外法官となり、海外経験を積むことで自らの権力基盤を強化するという思惑もあったのであろう。

また、既に指摘されているように、新刑法はその後の犯罪捜査で検察が主導権を握る土台となるものであり(67)、平沼は新刑法成立に重要な役割を果たし、欧州での調査を認めた松田を信頼するようになる。そして、松田を通じて、司法部改革を行い、司法権を強化するとともに、自らの権力基盤を固めていくことになる。

### (三)　司法制度調査の経験とその政治的影響

一九〇七年四月、平沼と鈴木は欧州へ出発した。現地では、平沼は主に刑事制度の調査、鈴木は民事と司法行政に関する調査を担当し、一九〇八年二月に帰国した。

実際の調査期間は半年程度に過ぎなかったが、結果として、遣外法官の経験は、次の三つの点で平沼に影響を与えた。

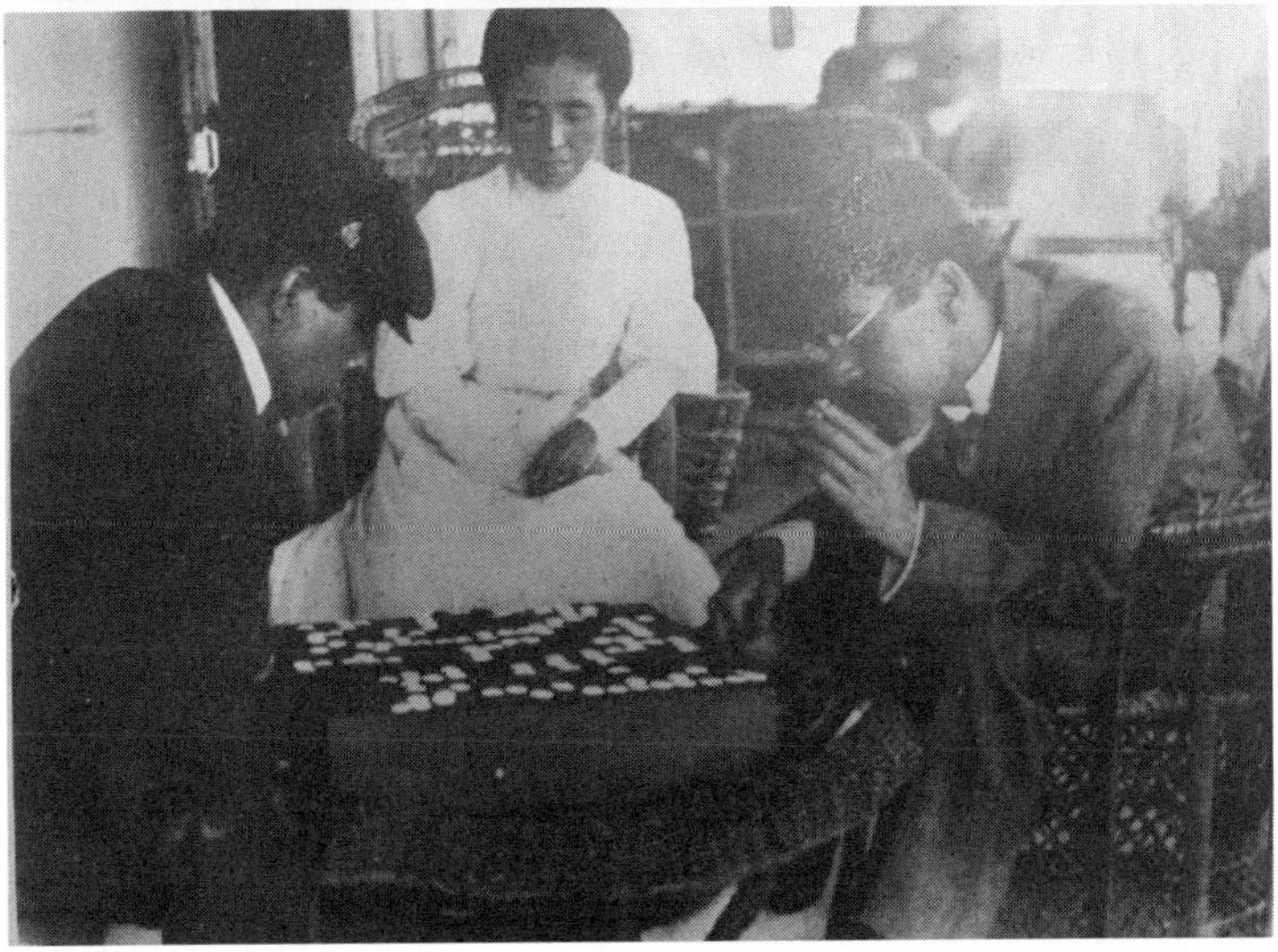

写真４　平沼は遣外法官として、鈴木とともに欧州各地で調査を行った。平沼は後に遣外法官時代について、鈴木と「一緒に仲よく各地を見学して廻り、途中一度だつて喧嘩したことなく、いつも気持が宜かつた」と回想している。写真は遣外法官当時の平沼と鈴木であり、下の写真は平沼が鈴木と趣味の囲碁を打っているところを撮影したものである。

※鈴木喜三郎先生伝記編纂会『鈴木喜三郎』（鈴木喜三郎先生伝記編纂会、1955年）

第一に、平沼は司法に関する調査を通じて、イギリスの制度を高く評価し、その後の司法制度改革の手がかりを得た。

帰国後の一九〇八年二月、平沼は演説で、日本と欧州諸国とは、富の程度、生活の状態、風俗、習慣などが異なるため、ある国の制度を直ちに採用することは、「最も慎重なる考慮を要すべき」であり、長所を採り、短所を補って、「自国の国状に適応する所の制度を設くる事の至当」[68]だとした。その前提の上で、一九〇八年半ばの演説では、イギリスの制度を主に二つの点を高く評価した。

まず、イギリスとドイツ・フランスの刑事裁判制度を比較し、前者を高く評価した。平沼は、近代の法思想では、①裁判を公衆が傍聴できる状態で行う公開主義、②当事者である原告と被告が証拠調べなどについて、主導権をとる当事者訴訟主義、③弁論や証拠調べを口頭で行い、裁判所がこれに基づいて審理する口頭審理主義、が刑事訴訟の大原則となっているが、日本の予審制度はこれに沿ったものではない。これは、①予審判事が原告・被告・判事三者の役割を兼ね、証拠の収集、公判への移行を独占し、非常に大きな権限を有していること、②公判は予審の調書を基礎していること、に問題がある。そこで、予審制度を大幅に改正し、予審判事の職務を、検事・弁護人・裁判所の三つに分けることで、前二者の権限を高める必要があると主張した。そして、刑事訴訟法の改正については研究が必要であるが、イギリスのように純然たる当事者主義の国の制度は大いに参考にできる点があると述べた[69]。

すなわち、平沼はイギリスの制度を参考に、日本の刑事訴訟制度を近代法思想の原則に適合していく必要性を感じた。ただ、それは当時、被告人尋問や証拠集収において大きな役割を果たしていた予審判事の権限を縮小し、検事の権限を拡大強化するための有効な論理として、利用する意図もあったと考えられる[70]。

次に、平沼は司法の運用についても、イギリスとドイツ・フランスを比較し、前者を高く評価した。平沼は、イギリスでは、刑事訴訟の進行が遅いことなど欠点を抱えつつも、「裁判所に対する一般民衆の信用は概して厚」く、下級裁判所では、素人が刑事事件を裁判するが、「かなり信用がある」。一方、大陸では、裁判官は「立派な法律を学んだ実務に経歴のある人」だが、「悪口をいふ人が多い」。これは、イギリスでは品性が重要であり、品性の高い紳士に対しては法律を知らずとも尊敬するのが「一般の風」であり、この点は「能く日本でも考へなければならない。そして、日本でも品性の高潔ということを第一にする必要があり、裁判官は「実務が上手という丈では決して裁判上の信用を維持して行くことは出来ない」[71]と述べた。

すなわち、裁判官は、法律の知識や経験だけでは国民の信用を維持することが出来ず、裁判官の質を改善していく必要があると感じたのである。

遣外法官の経験が平沼に与えた影響の第二の点は、当時、欧州において問題となっていたストライキや無政府主義が日本でも起こることを懸念し、その対策の必要性を認識したことである。

ストライキについては、一九〇八年二月の演説で、欧州では一般の経済が所得の低い人でも生活が容易に出来る仕組みがあり、その一例として、日用品は日本よりも安く、贅沢品は日本よりも高価である。しかし、それにもかかわらず、「同盟罷行続々行われつつ」あり、日本においても、「今の時に於て資本家が大に反省し、労働者に向つては慈悲心を以て対し、彼等をして妻子を教養したる上、多少の貯蓄をなさしめ得る位の待遇を與へざるべからず」[72]と主張した。

平沼は回想でも、ストライキについて触れている。そこでは、欧州でストライキについて調査し、帰国後、実業家に、①フランスではストライキが盛んであり、日本でも現在のような状況ならば、ストライキが起こるが、それは法律で防ぐことが出来ず、労資協調が必要である、②「共産主義とか社会主義とか巧みな理屈をつけてあるが、これは或る一部のものが利益を壟断すると起る。或は何かの為に理屈の方からしている者もあるかも知れぬ。又は資本家を倒す為もあるかも知れぬ。日本人は西洋人と違つて盲従しない。ある程度堪へるが、堪へ切れないやうになると暴動を起す。その時になつてどうにかして呉れと言はれても出来ませぬ」[73]と伝えたという。

以上のように、平沼はストライキが日本でも起こることを危惧し、労使協調による防止を訴えた。平沼が暴動に言及したことは、日比谷焼打事件での経験も影響していた可能性が高い。ただ、後述のように、平沼は大逆事件の捜査など検事としての経験を経て、第一次世界大戦後には、ストライキへの対応として、社会政策よりも教育・教化の必要性を訴えるようになる。

無政府主義については、平沼は回想で、フランスの警視庁に行き、無政府主義者の取締りについて調べ、「火をつけはする、破壊はする、人殺しはやる、暗殺はやる、これには当時の大陸の政治家は余程頭を使つていた」。無政府主義者は自らの信念を実現するため、現状を破壊しようとし、「一番有力なことは帝王を葬る、金持を殺す、施設を毀つ」ことなどであり、フランスでは取締りに非常に力を入れていたと述べている。[74]

この経験は後述の無政府主義者に対する強硬な対応に影響したと考えられる。

遣外法官の経験が平沼に与えた影響の第三の点は、平沼が司法省において権威を高め、権力基盤を強化することに寄与したことである。

平沼は渡欧中、担保付社債信託法制定の功績により法学博士号を取得した。これは大学時代の恩師穂積の推薦によるものであったようである。[75]また、帰朝後の一九〇八年一〇月、平沼は犯罪捜査の画期となる指紋法を成立させた。指紋法の調査は渡欧の目的の一つでもあり、平沼はイギリスで得た知見をもとに、一九〇八年七月、「個人識別法取調会」に参加し、約一カ月で調査結果を報告した。そして、一〇月には訓令として具体化させたのである。[76]

平沼は帰国後の人物評で、「兎に角、君は学者である。学問は広い方だ……勿論法律学の範囲内である、民刑法いづれも御得意で其他法律一般に関してよく研究が届いて居る。この点は他の儕輩に一頭地を抜いて居る」[77]と評されており、法学の知識においても司法省をリードする存在とみなされていた。

他方、平沼は遣外法官を通じて鈴木との親交を深め、このことは後に権力基盤を固める上で大きな意味を持った。以前より二人は日本大学の監事を務めており、交流はあったと思われるが、渡欧中により一層親交を深めた[78]。鈴木は一貫して判事畑を歩んでおり、司法行政に関与した形跡はないが、後に平沼は鈴木を登用し、司法行政をともに担うことになる。

しかし、平沼が欧州滞在中に政治外交に関する調査研究を行った形跡はなく、後年の政治家としての見識を養う機会とはならなかった。それは調査期間が限定されていただけでなく、平沼自身の政治観が影響していたと考えられる。

平沼は回想で、イギリスの養老院を訪れた際、社会的地位の高い人でも親を養老院に入れることに疑問を持ち、養老院の院長に対し、日本の家族制度では、社会的地位や収入がある人は親を養う責任があると説明したところ、院長は「個人主義が行き過ぎた」と言っていたというエピソードを述べ、個人主義に批判的な印象を持ったことを示唆している[79]。

また、平沼はイギリス滞在中、小村寿太郎（駐英公使）と会い、小村から、西欧諸国が条約改正の際、日本の法律を西洋流にすることを要求し、「屈辱の状態を脱する為、欧州各般のものを取入れた。これはよくないが止むを得なかつた。今度君は帰つたら、条約改正をしたのだからかまふことはない、ドシドシ日本流に直してよい」と言われ、「兎に角見識があつた人」[80]であると高く評価している。すなわち、平沼は、西洋法の導入は条約改正のためであり、それらが達成された後は、日本の固有法を模索してよいという主張に共鳴する姿勢を持っていたのである。[81]当時の日本の司法制度整備は、不十分なものであったことから、平沼は帰国後も、しばらくはドイツ・イギリスをモデルとした司法制度改革を推進するものの、後述のように、遅くとも一九一五年には、日本の伝統的価値観への傾倒を深めることになる。

結果として、遣外法官は平沼の生涯において唯一の海外留学となった。この留学は平沼を司法官として台頭させることには役立ったが、法律を中心に学び、政治外交に関する見識を広げなかったことから、視野の広い大物政治家として成長させる機会とはならなかったのである。

## 三　新刑法の施行と検察権台頭の波紋

### （一）日糖事件・大逆事件の捜査と司法省の意図

遣外法官の任務を終えた平沼は、政治的疑獄事件への介入を通じて、司法権の強化に乗り出した。既に指摘されているように、その契機となったのは、一九〇九（明治四二）年の日糖事件である。これは大日本製糖株式会社が議員に贈賄した政治的疑獄事件であった。日糖事件以前は、司法警察官と予審判事が捜査・取調べの主導権を握っており、検事の地位は低かった。しかし、日糖事件では、小林芳郎東京地裁検事正の指揮の下、初めて検事局主導で捜査が行われ、平沼も大蔵省から機密費を調達するなど捜査の支援を行った。[82]捜査の過程で、内外石油株式会社も議員に贈賄したという証拠が見つかったが、松室致検事総長は桂首相の要望を容れ、捜査を中止する意向であった。しかし、小林は辞職をほのめかし、強硬な態度を見せた。そこで、平沼は桂と交渉し、内外石油株式会社の疑惑については不問にすることで妥協し、小林を説得させることに成功したという[83]。

『日本弁護士協会録事』では、新聞九紙の日糖事件に関する論調を紹介しているが、いずれも検事の活動を支持しており[84]、事件を機に検事の存在は世に知られるようになった。

続いて、一九一〇年五月に大逆事件が発覚した。当初、捜査は事件に直接関係したと思われる者について行っていたが、捜査の途中で大審院検事局はこの機に全国の無政府主義者を撲滅する方針に転換し、捜査の網は全国に広げられた[85]。元老山県有朋は社会主義思想・社会主義運動の根絶を主張しており、第二次桂太郎内閣も社会主義の取締りを強化していたことを踏まえると、山県及び桂内閣の意向もあった可能性が高い。

ただ、司法部が捜査方針の転換に際して、不満を持った形跡はない。それは司法部でも、既に一九〇〇年代から社会主義運動に対し、厳格な取締りを行っており[86]、無政府主義への脅威という点で、両者の認識にそれほど差はなかったためであろう。その一例として、一九〇八年六月に起こった赤旗事件での対応が挙げられる。この事件は大杉栄ら無政府主義的な傾向を持った社会主義者が赤旗を掲げ、それを警官が奪おうとしたところ、大杉らが抵抗したという些細な事件であった。しかし、立会検事の古賀行倫は、論告において、「是を捨て置く時は、現代の社会に一大害悪を流すの恐れ」があり、「厳罰を加へ、法律の許す限りの極刑」を希望している[87]。

平沼も欧州で司法制度を調査した際、無政府主義に脅威を感じており、内閣の方針に積極的に賛同した。大逆事件では、松室検事総長が病気になったため、途中から平沼が捜査を指揮することになった。平沼は毎朝桂首相に事件の報告を行ったと回想している[88]。

事件の裁判は異例の早さで進められ、平沼らは幸徳秋水ら二六名全員に死刑を求刑した。大審院特別刑事部でも、平沼が指揮して作成させた予審調書を基本的に踏襲し、天皇や皇太后、皇后、皇太子などに危害を加えるか、加えようとした者は死刑にすると定めた刑法第七三条の解釈を示さず、被告の行動を予備罪・陰謀罪のいずれに該当するかも明らかにせずに、二四名に死刑、他の二名に懲役刑を言い渡した。その後、死刑判決の一二名は恩赦により終身禁固刑に減刑された。大審院の判断の背景には、新刑法施行後、著名な刑法学者でもあった泉二新熊（司法省参事官）や大場茂馬（東京地裁検事）が第七三条を拡大解釈し、予備・陰謀・勧誘も該当する見解をとっていたことが指摘されている。[89]

以上の二つの事件において、平沼は小林を通じて、東京地裁の検事を中心に捜査に当たらせ、検事権力の強化に成功した。東京地裁において小林の指導を受けた検事の中には、小山松吉・小原直・塩野季彦ら後に法相となる人材がおり、彼らは平沼により登用され、後に「平沼閥」の中核となる（第Ⅱ部第一章一）。

また、大逆事件は平沼の政治観にも大きな影響を与えた。平沼は回想で、幸徳はフランスに行った際、無政府主義を学んだが、その一方で、「幸徳は親孝行であつた。親孝行は自分の主義実行に困るので、親不孝になりたいと思つたが、出来ぬと言つていた。陛下の御聖徳は知つているが、倒さねばならぬとひどいことを言つていたが、後には倒さなくとも主義さへ通ればいいと言つていた……私はあの事件でも考へた。どうしても教育が大切である。幸徳は漢学が出来、国学が出来、仏蘭西語、英語が出来た。漢学丈けで終つていたらああ云ふこともなかつたであらう」[90]と指摘している。

この回想はやや雑駁であるが、要するに、平沼は幸徳がフランス語、英語を習得していたことによって無政府主義に触れたのであり、漢学のみであれば事件は起こらなかったとみなし、教育の重要性について考えた。このことは、従来から持っていた西洋化への不信感を強める契機となるとともに、後に、漢学など伝統的価値観の振興及び教育・教化により、第一次世界大戦後の外来思想の流入に対処しようとするきっかけの一つとなったといえよう。

他方、日糖事件・大逆事件は、原にも大きな衝撃を与えた。既に指摘されているように、原は日糖事件の捜査で、検事が誘導的な手段により訊問したことに憤慨し、陪審制導入を決意した。また、原は社会主義を強硬に弾圧することにも反対し、大逆事件の判決を受け、陪審制導入の必要性をさらに痛感した。[91]

原がこれほど不信感を持ったのは、二つの事件の捜査が第二次桂内閣の下で行われたことも影響していた。原は桂に対し、選挙の取締りでも、「地方官中にも司法官中にも特に政友会を目指して検挙をなすの形跡」[92]があると不満を述べており、検察が山県系と共謀して政党を攻撃している可能性があると考えていた。

しかし、既に述べたように、大逆事件において、平沼は無政府主義への対応で山県系と共通の認識を持っていたものの、必ずしも山県系に接近し、その意向に従って活動したわけではない。また、日糖事件では、検察が犯罪捜査を主導することで、司法権を強化するというかねてからの思惑があったのである。

## （二）新刑法の施行と日糖事件・大逆事件への対応

新刑法の施行と日糖事件・大逆事件の結果、検察権は大きく拡大した。しかし、その反面、捜査を主導するようになった検事は、人権問題の矢面に立たされることになった。前述のように、新刑法の特徴は、①刑の範囲の拡大、②裁判官の裁量の拡大、③再犯者に対する厳罰化、にあった。しかし、実際の運用においては、少なからず混乱が生じ、収監者は大幅に増加した。司法省の内部調査によると、その原因は、①最も犯罪の多い詐欺・窃盗などを厳罰化し、②裁判官が新刑法の「積極的厳罰の方面のみに着眼し、消極的緩和の方面は之を等閑視」したこと、[93]にあった。

以上の人権問題を受け、弁護士は人権問題を提起し、議会においても問題となった。司法省及び平沼は、人権問題について、刑法の運用を改善していくことにより対応しようとした。

衆議院では、卜部喜太郎（又新会）や松田源治（政友会）ら弁護士出身の議員により、微罪については、警察官が裁判を経ずに即決で違犯者を処分することを定めた違警罪即決例の廃止が提議された。しかし、政府委員として答弁に当たった平沼は、年間四〇～五〇万件もの違警罪を三一一カ所の区裁判所で処理することは不可能であるという理由で応じなかった。(94)

ただ、平沼は司法官に対し、問題視されていた違警罪即決処分の犯罪捜査への利用をやめることは、「今日に於ては最も必要」(95)であると演説している。

また、平沼は刑の厳罰化に対する批判についても、「刑法の運用が余りに一般社会に於ける民衆の観念を背馳しないやうに」する必要があり、「処分が世態人情と離隔」すると、「却つて、其目的を達することができない結果」となると演説し(96)、司法官に注意を促した。

さらに、論説においては、前科によって犯人の性質を考えることが最も大切であるが、「此点に就て実務家の注意の足らぬ」所があり、前科が多いという理由だけで厳罰にするのは誤りである、と量刑の問題点を認めた。(97)

その後、第二八議会（一九一一年一二月二七日～一九一二年三月二五日）において、平沼は司法省の方針について、①仮出獄は今後も出来る限り許す方針であること、②免囚保護事業を進めること、③未決拘留日数の減少についても民間の希望を容れ、検事総長よりなるべく拘留せず、拘禁した後でも保釈責付を許すよう訓令を出したこと、④在監人を減少させる点は非常に苦心しているが、急激なる減少は害をもたらすので、緩和していくこと(98)、を表明した。また、平沼は新聞の談話で、執行猶予についても成果を挙げていることから、拡張する方針であると述べた。[99]

以上より、新刑法施行の結果、厳罰化などの問題を生じたことは事実であったが、それは司法省及び平沼が人権を軽視した結果というよりも、適切な運用方法を模索している段階であったためであったと考えてよいだろう。

## 四　一九一三年司法部改革の政治過程

### （一）第二次西園寺内閣に至るまでの司法部改革の試み

一九一一（明治四四）年九月六日、第二次西園寺公望内閣（松田正久法相）の下で、平沼は次官に就任した。河村譲三郎前次官は在職五年に及んでおり、『日本弁護士協会録事』では、「抑々過去に於ける平沼氏の精鋭なる手腕は彼の温厚篤実なる司法次官の上に優越」しており、「更迭は何等意味を有す」るものではないと評していた。その反面、平沼が検事万能を醸成した頭首であるという「風論」があるとも述べ、[100]検事勢力の増大に対する警戒感を滲ませた。

前述のように、日糖事件と大逆事件の捜査は、原に不信感を抱かせた。ただ、松田は原のような不信感を持っていなかったと思われる。松田は第一次西園寺内閣法相時代に司法部の内情を把握しており、日糖事件の捜査を指揮した小林とは同じ佐賀出身で親しい仲であった。また、平沼の回想によると、疑獄事件についても、平沼が東京市会の汚職について報告した際、「君が今概括的に言ったが……もっとひどいことをやっとる」[101]と同調したという。

第二次西園寺内閣において司法省の最大の課題となったのは、内閣が打ち出した行政整理方針への対応である。

時期はさかのぼるが、ここで、第二次山県内閣以後の司法部改革の沿革を簡潔に述べておきたい。

一八九八年の人事改革後、第二次山県内閣において、清浦法相は一五名の判事を名誉進級させた後、退職させるなどの人事改革を進めた[102]。弁護士界も明治三〇年代初頭から、老年で能力の劣る不適格な裁判官を退職させる必要があると主張し、司法省による裁判所・裁判官の監督強化を積極的に支持していた[103]。しかし、その後の大規模な司法部改革の試みは悉く失敗に終わった。

第四次伊藤内閣は、行政・財政整理路線を打ち出したが、内閣は短命に終わった[104]。

第一次桂内閣でも、奥田義人法制局長官らは画期的な司法部改革を構想しており、清浦法相も裁判所構成法の改正を待たずに判検事を約一五〇人削減して、増俸のための財源にしようという考えを持っていたが、司法省の強い反対を受けた。一方、桂は財政・行政整理を実施する意向を示したが、実際はアメリカからの外債導入による財源難の解決を考えていたため、ほとんど実施せず、司法部改革は失敗に終わった[105]。その後、桂は一九〇四年度予算において、大規模な司法部改革を試みたが、議会の解散により法案は未成立に終わり、失敗した[106]。

なお、この間、司法省でも地裁支部の廃止や控訴院の統廃合によって経費削減することを計画したが、既得権を有する地元住民や弁護士による反対運動の結果、挫折した[107]。

第一次西園寺内閣では、緊縮財政路線が打ち出されたが、衆議院においては日露戦争中に廃停処分を受けた地裁支部の復旧を要望する声が上がり、司法省は交通の非常に不便な地方の支部のみ復旧を行った[108]。

第二次桂内閣でも、緊縮財政路線は財政整理を主とするもので、行政整理は事実上、政治日程から外された[109]。

以上のように、第二次西園寺内閣に至るまで、人事は停滞しがちであり、大規模な司法部改革は行われなかった。改革を阻んだのは政権交代や財政状況だけでなく、①人事改革における司法官の反対、②裁判所の統廃合・裁判所構成法改正に際しての地方住民や弁護士の反対運動、も大きな要因となった。すなわち、大規模な改革を実行するには政治のリーダーシップと司法官の協力の両方が必要であったのである。また、長期にわたり改革がなされなかったことで、司法部改革の気運は高まっていたといえる。

## (二) 行政整理調査と行政整理案の提出

平沼は松田に、第二次西園寺内閣の行政整理方針への対応について、次のように述べたと回想している[110]。

殊に閣下はこの内閣の俗に副総理であられるんですから、最も有効な整理をやらんければいけないと思います……各省大臣が自分の頭で考えて一々やることにはゆきませんから、属僚がやらんければならんことになります……行政整理をやる場合に、属僚が他の省のやることを見較べて、成るべく自分の省の人数を減らすことを少くしよう、とこういうことをやるもんです……自分の所は成るべく遅く出す、というやり方をします。で、司法省だけは、あなたの現内閣に於ける地位から考えても、そういうやり方をなされてはいかんと思います……一番先にやりなさい。これは閣下の現内閣の地位を考えても、そうなさる必要があります。

すなわち、平沼は、官僚は行政整理に際して、予算や人員の維持を図るという一般的傾向を挙げるとともに、松田を副総理格と呼び、内閣での立場からも、各省に先駆けて積極的な行政整理を行う必要性を説いた。平沼の回想によると、松田もこの提案に同意し、平沼に整理案の作成を一任するとともに、行政整理について「始終相談」したという[111]。

ただ、①松田は政友会最高幹部であるものの、第二次西園寺内閣の副総理格は原内相であったこと、②後述のように、平沼は司法部改革を通じて、司法省内における権力基盤を確立したこと、を踏まえると、平沼は官僚側の論理を逆手に取ると同時に、松田を持ち上げることで、改革の主導権を握ったと考えられる。

松田と平沼が司法部刷新を決意した理由は、司法部をめぐる政治状況を踏まえると、国民や政党から理解を得て、司法権の強化を図るという意図もあった。

まず、松田と平沼は、司法部への批判が高まる中で、国民の感覚と時勢の進展に適応した司法が必要であると認識していた。松田は新刑法施行をめぐる問題について、司法官が二言目には「司法権神聖」を口にし、「憲法政治」の点で国民と「没交渉」であると批判し[112]、司法官が国民の感覚に適合するよう求めた。

一方、平沼も新刑法施行をめぐる問題で、一九一四年五月、司法官に対し、「能く世態の変動を審かにし、人心の趨向を審かにし……独り自ら高こうして社会の実際と相背馳[113]」しないよう注意するなど、国民の感覚との一致を説いていた。

ただ、平沼はあくまでも司法部が国民からの信用を失うことで、権威を失墜する恐れがあるという官僚組織の擁護の点から、国民の感覚との一致を主張したのであり、政党政治の実現を目指す松田とは動機が異なっていた。

次に、司法部の権威の増大について、国民や政党から理解を得られない状況であったことも、松田と平沼に司法部刷新を決意させる要因であったと考えられる。松田は第一次西園寺内閣法相時代、閣議で司法官増俸を提議したが、原内相は司法官のみが薄給ではなく、司法官は終身官であるため、上官の地位に留まるので、下官の給与が薄給となると指摘した。結果として、閣議では、「薄給者」のみ増俸が認められた[114]。原は松田がしきりに増俸の必要性を訴えたことについて、属僚の小人望を得ることに熱中していると冷笑したが[115]、これは、弁護士の一部を除いて、増俸の必要性が十分に認識されていなかったことを示す一例である。このような状況のため、松田は司法部の刷新により国民の理解を得た上で、増俸を行うことを主張し[116]、老年で仕事の能力が劣る不適格者の退職にも熱心であったと思われる。

一方、平沼は検察権の拡大を通じて司法部の威信を増大させたものの、司法部改革は停滞しており、新刑法の施行により司法部に対する不満は高まっていた。また、司法官の裁量が増した新刑法を運用する上でも、老年の不適格な司法官を退職させる必要があった。以上の状況から、平沼は、①司法省が率先して行政整理を実行することで、政友会と国民の司法部への理解を得るとともに、②自ら改革の主導権を握ることで、司法省内における権力を確立しようとした、と考えられる。

松田は司法部改革の方針について、「行政整理は幾度も試みられたるも、多くは失敗」したので、「予め大方針を立てて、整理に従事するのみならず、先づ委員の手許に於て十分な調査を遂げ[117]」ると表明した。

司法省での調査について、具体的な議論などを記した史料は、現在のところ存在しないが、「平沼騏一郎文書」の中には、この時期に作成されたと考えられる裁判所構成法改正案の原案と統廃合する裁判所の一覧が残されている。

まず、原案の「第一案[118]」は、その要点として、①法相は裁判事務上、必要な場合は大審院の決議により転所を命じることができること、②裁判所の合議人員を、大審院は七人から五人、控訴院は五人から三人に減らすこと、③法律の施行に際し、法相は判検事の休職を命じることができること、④休職を命じられた判検事には現俸の三分の一を支給すること、⑤法相は区裁判所出張所の設置を命じることができること、などが記されている。

これに対し、原案の「第二案[119]」では、⑤の点について、「交通不便なるか為至当と認むるとき」に地方裁判所の支部開設を命じることができること、に変更され、③、④の点については削除されている。

すなわち、第一案は、政府案（成立案）とほぼ同一の内容であるが、第一案の方が退職する判検事に対する俸給を低く設定しており、退職する判検事にとって過酷な内容であった。第二案は、人事改革について、判検事を退職させるための関連法が組み込まれず、あくまで判事統制と裁判事務の迅速化に主眼を置いたものであった。結果として、前者が採用されたわけである。

次に、廃止すべき区裁判所と新管轄区裁判所の里程表[120]と廃合裁判所の一覧[121]が作成されており、海路・陸路・汽車のそれぞれにおいて、どのくらい離れているかを詳細に調べている。

現存する史料は以上であるが、最も重要な問題である人事についても一定の方針を決め、調査していたはずであり、多くの時間を要したと考えられる。

一九一二年七月には、原と松田が行政整理案を整理しており[122]、かなりの程度進捗していたと思われる。九月二一日、松田は新聞の談話で、司法省の行政整理について、官吏の定員は法律規則に基づくものなので、関係法律案を次期議会に提出する必要があるが、予算と同時かは明言出来ないと述べ[123]、次期議会での法案提出を検討していた。しかし、この頃から陸軍の二個師団増設要求が問題となり、第二次西園寺内閣は陸軍の要求を拒否したことにより、総辞職に追い込まれた。

この間、新聞などでは、司法省は削減の余地があまりなく、整理案は「極めて僅少の削減」に留まると予想されていた[124]。また、河村前次官も、議会などの反対により、大規模な改革を行うことは困難であると諦観していた[125]。

一二月二一日、第三次桂太郎内閣が成立し、平沼は検事総長に昇格した。平沼は検事総長就任後も、継続して行政整理を担当した[126]。桂は行政整理を継続する意向を示していたが[127]、憲政擁護運動により約二カ月で退陣した。

一九一三年二月二〇日、再び政友会を与党とした第一次山本権兵衛内閣が成立した。山本権兵衛は第二次西園寺内閣の財政計画を踏襲し、その遺策である整理案を実行する方針を定めた[128]。これを受け、司法省は各省の中で最も早く、内閣発足後わずか三週間あまりで次のような画期的な行政整理案を発表した[129]。

まず、裁判所構成法の改正により、①裁判所の合議人員の削減、②区裁判所の権限の強化、を行い、裁判事務の簡捷化を行った。また、③法相は判事の意向にかかわらず、控訴院または大審院の決議によって、判事に転所を命じることを可能とし、判事への統制強化を図った。

次に、関連四法案において、①判検事二二九人の休職、②全体の四〇％にあたる二二八カ所の区裁判所の廃止、を断行しようとした。ただし、廃止される区裁判所の内、三三カ所は既に裁判事務を停止しており、登記事務のみを扱っていた。また、廃止する裁判所には登記事務の機能を残し、遠隔地には定期的に巡回裁判を行う方針であった[130]。

以上の改正により、司法省は裁判事務の簡捷化を通じて区裁判所・地裁支部を整理し、それらの裁判所に所属する、老年で不適格な司法官を退職させ、その代わりに、若く学識ある司法官を採用することで人事の刷新を実現しようとした。すなわち、司法省は経費節減を改革の大前提とし、その上で、裁判事務と人事の刷新という従来からの懸案を同時に達成しようとしたのである。

従来の改革が司法省の積極的な協力を得られずに失敗したことも多かったことを考えると、平沼の協力が法案作成を可能にしたといえるだろう。また、松田法相が平沼を信頼したことも大きな要因であった。平沼は回想で、裁判所、検事局、監獄について、第一案から第三案まで作成し、松田に第一案が適当であると相談したところ、松田は、「いや、あなたが作られたもので、第一案が適当と御考えになれば、第二案、第三案は考えるには及びません」と了承した。その結果、司法省の整理案が一番先に出たと述べている[131]。

### （三）一九一三年司法部改革の成立・実施過程

司法省の行政整理は小規模なものに留まると報道されていたため、司法省の整理案は法曹関係者に大きな衝撃を与えた。『法律新聞』では、「幾多行政方面の整理、未だ其内容を知らざる今日に於いて」、「兎に角に世人をして意外に驚かしめたる[132]」と報じた。そして、「地方裁判所判事の平均四〇歳なるに比して区判事の平均四十四歳なるが如き、如何に区裁判所判事に老朽者多きかを想像に絶する」もので、「当局者の果断」と「其精神の存するところ[133]」を評価した。また、弁護士の有力者の間でも、花井卓蔵・原嘉道・磯部四郎は全面的に賛成し、卜部は区裁判所判事に優秀な人材を選定することを条件に、賛成した[134]。

政府案は三月七日、衆議院に上程された。衆議院委員会において、司法省は区裁判所廃止の理由として、①権限を強化した区裁判所に熟練の判事を補充することで、適切かつ敏速な裁判事務を行うことを目的とするが、②現在のところ、すべての裁判所に適材の判事を得られないため、事件数の少ない区裁判所は廃止する、と説明した。これに対し、事務の渋滞を不安視する意見が出されたが、司法省側は適材の判事を任命し、迅速に事務を行うことにより事務の渋滞を防ぐと答弁した[135]。法案に対しては、衆議院第二党の立憲同志会に所属する花井も、「二〇年来院内に現れて居るものが法案になった」と評価し、「全部賛成」を表明した。結果として、政府案は与党政友会と同志会の賛成により可決された[136]。

続いて、衆議院本会議では、高木益太郎（国民党・『法律新聞』主幹）が、区裁判所の権限拡張などに反対し、修正案を提出したが、政友会と同志会の反対により否決され、政府案が通過した[137]。

貴族院委員会でも、区裁判所を廃止してまで改革を行う必要性を疑問視する質問も出たが、行政整理の模範として通過させるべきとの議論が多く、政府案は可決された。

最後の関門は、貴族院本会議であった。法案が衆議院本会議で可決された後、廃止の対象となる地方では、町村長・町村会議員・弁護士を中心として区裁判所廃止反対期成同盟会が設立され、反対運動が行われた。山県系が主導権を握る幸倶楽部の幹部であった田健治郎のもとにも、山田正隆（福井県小浜町長）らが訪れ、法案への反対を求めた。これを受け、田は松田に反対運動が盛んなことを告げ、相当の処置を取る必要があると忠告した(138)。

幸倶楽部では、三月一九日、予算問題及び裁判所構成法改正案附属法案の可否を協議し、「区裁判所廃止案亦其の中に在り、地方人反対運動頗る激しと雖も、行政整理の断行上止むを得ざる(139)」との理由で、政府案に賛成することを決定した。

一方、貴族院の最大会派である研究会内の議論は紛糾した。三月二二日の総会では、反対意見が続出し、幹部は決議を延期したが、三月二四日、自由問題とすることで決着した。同日、本会議にて一九四対四五で政府案は可決された(140)。原は日記に「行政整理の結果、多数の区裁判所の廃合を行ふ事を始め、数多の改正成立せしなり(141)」と記し、その画期性を評価した。

政府案がいくつかの問題点を指摘されつつも、修正なしに可決されたのは、政府の行政整理の先鞭となるものであったとともに、沈滞していた司法部を刷新するという意図が評価されたためである。松田が強調したのもこの点であり、改革の目的は、「余剰金を獲んとする単一なる目的の為」ではなく、「宿弊を除くと同時に固陋の思想を一新せさるへからす」、「寧ろ主として其の精神の改善を図ることに努めさるへからす(142)」と訓示していた。

小山温次官は、「減員は審級の上下を問はず、凡て無能なるもの又は、老朽者を淘汰」し、休職の手続きについては、依願休職を命じる方針を明らかにした(143)。司法省は、四月二一日より人事の異動を開始し、二五日には高級司法官の退職を完了した。続いて、主に下級司法官を対象とした異動を行った(144)。退職する判検事への説得は、検事については平沼、判事については松田が担当したという[145]。

異動に着手した小山次官は、改革の実施について、今までのところは「本省の諭旨に対し一人も反抗なかりしことにして……大審院の総会を開く必要なきに至れり[146]」と述べていた。その後も新聞の報道を見る限りでは、大審院の総会を開くような事態は起こらず、順調に異動を実施できたようである。

では、具体的にどのような司法官が対象となったのであろうか。司法省は改革前（四月四日）と改革後（六月一五日）の年齢別退職者数と出身別退職者数を調査している[147]。

この調査から判明することは、まず、年齢別退職者数では、四〇歳代が一三％、五〇歳代が五三％、六〇歳代が五九％、七〇歳代が一〇〇％、であり五〇歳以上を主な対象とした、老年の裁判官を退職させることを目指した改革であったことがわかる。

次に、出身別退職者数では、法学士と法学博士は九％、判検事登用試験及第者は六％、とほとんど退職の対象となっていない。一方、出仕生徒の試験及第者の中で五〇％、判事登用試験及第者の中で五七％、その他（自由任用）の中で九二％、が退職しており、旧試験及第者と無資格の者を主な退職の対象としたものであることがわかる。

つまり、老年で近代的な法知識を持たない不適格な裁判官を中心に退職させたことが確認できるのである。

その後、第一次山本内閣では、大審院長を親任官、検事総長を親補官とすることを要点とした裁判所構成法案の改正も成立し、司法部の権威を強化することに成功した。

### （四）司法部改革の政治的影響

一連の司法部改革は平沼に主に二つの面で政治的影響を与えた。

まず、改革を通じて、平沼及び司法省と政友会との距離はある程度接近した。一九一三年の司法部改革の後、小山温が次官在任中に、松田と原の紹介により政友会に入党した[148]。また、松田は平沼に全幅の信頼を置くようになり、後任法相候補者に政友会員を差し置いて、平沼の名を挙げた。ただ、原は松田ほど平沼を信用していなかった。それは、日糖事件での検事と山県系との結びつきを依然として疑っており[149]、司法部の社会主義者・無政府主義者への強硬な取締りに対しても批判的であったためである。

原と司法省・松田の意見の差異は、松田の後任法相人事において顕在化した[150]。松田は病気により辞意を表明した際、原に対し、後任に平沼を起用したいが、政友会内の反発が考えられるため、暫定的に政友会員を後任とした後、平沼を起用することを提案した。これに対し、原は奥田文相を法相に転任させるべきと提案し、この時点での平沼の起用に反対した。松田と原は、協議の末、平沼をいずれなんらかの方法で法相に起用することを決めた[151]。

その後、原と山本は会談で、大岡育造を法相に選定した。その際、山本は、司法省の意向により法相を左右されるのは危険であり、司法省が拒否すれば司法省改革の決心をすべきである、と述べ、原も同意した。しかし、司法省側は、大岡が日糖事件で収賄しており、検事の統制が困難なことを理由に強く反対し[152]、松田も大岡でなく、長谷場純孝にするよう頼んだ[153]。その結果、後任の決定は先送りになった[154]。松田が死去すると、原と山本はシーメンス事件に忙殺されていたため、奥田を法相に転任させることを決定した[155]。

以上のように、原は松田ほど平沼を信用しておらず、司法省の法相人事への介入を好ましく思っていなかった。原が検察を公平であるとみなすようになるのは、第二次大隈重信内閣以後である。

次に、一連の司法部改革は、平沼にとって司法部における権力基盤を確立するとともに、「平沼閥[156]」批判を生む契機ともなった。その主な要因は、①平沼にとって都合の悪い古参の有力判事を退職させるとともに、司法省による裁判所統制が強化されたこと、②平沼及び、小林の部下であった検事の多くが栄転し、司法省・検察における平沼の影響力が著しく増大したとみなされたこと、にあった。なお、マスメディアでは、「平沼閥」を検事権力との関連でとらえていた。その後、一九一四年四月、鈴木が小山の後任として次官に昇格すると、平沼と鈴木が長期にわたり司法省と検察の実権を掌握する体制が形成された（第Ⅱ部第一章一）。

人事異動の後、当初、改革を支持していた『法律新聞』でも人事に対する不満が高まり、平沼を強く批判した。この背景には主に二つ問題が存在した。

一つには、検事権力が急激に増大したことへの危惧があった。日糖事件以来、検事権力については問題となっていたが、改革において、司法省高等官を兼職している検事が判事に退職を命じ、平沼と親しい検事が昇進したことで、不満が一気に噴出することになった。

もう一つには、帝国大学法科出身者の台頭への不満があった。私学出身者は以前より法学士との待遇の差に不満を募らせていた[157]。また、司法省法学校出身者は一八九八年の人事改革の結果、司法部の要職を占めたが、徐々に帝大出身者に要職を追われる形勢となっていた。

その後、一九二〇年までに廃止裁判所の約七割が復活したことも、弁護士や判事勢力による平沼への批判を高める要因の一つとなったと考えられる。司法部改革後、区裁判所の事件数は、司法省の予想に反して大幅な増加を見せ、一部の区裁判所で事務の渋滞が生じ、地方議員などによる裁判所復活運動が活発となった。司法省は改革で人事と裁判事務を刷新することに成功したものの、事件数の増加に関する見通しには甘い部分があったのである[158]。その後、第一次世界大戦により日本経済が好転し、緊縮財政から解放されたことも廃止裁判所の復活に大きく影響した[159]。第二次大隈内閣と寺内正毅内閣は、廃止裁判所を復活させる方針を取り、司法省も改革の実施により不都合が生じれば、区裁判所を復活させてもよいとの立場であったため、内閣の方針に協力した[160]。その結果、司法省は廃止された区裁判所のうち、一九一七年に四六カ所、一九一八年に一八カ所、一九一九年に三一カ所を復活させたのである。

以上のように、平沼は改革を通じて、司法省において権力基盤を確立する一方、司法省以外の判事や弁護士の間で批判勢力を抱え込む結果ともなった。判事や弁護士の一部は、検事に対抗する存在として、横田国臣大審院長を支持するようになった。横田自身も大審院長の権限を拡大し、全国の裁判官を監督するという改革を構想しており、あえて大審院長のポストに在任し続けることを望んだ[161]。その結果、横田は一九一三年の時点で在任七年に及んでいたが、判事勢力の代弁者となり、平沼を中心とする検事勢力に対抗することで、異例の長期間、大審院長の座を維持することになる[162]。

# 第二章——検事総長期の政治戦略と政治観

前章で述べたように、一九一二年一二月、平沼騏一郎は検事総長に就任するが、本章では、その検事総長時代の平沼の権力維持の様相と政治観の形成に焦点を当てる。具体的には、第一に、平沼が行った検察権運用とそれらが立憲政友会・山県系に与えた政治的影響の分析である。それらを通じて、疑獄事件をめぐる政友会と山県系の政治的対抗関係の中で、平沼が検事総長としてどのような政治戦略を持ち、権力を維持しようとしたのかを明らかにする。なお、この時期の検察権の運用に焦点を当てた先行研究は存在しないが、シーメンス事件及び大浦事件の政治過程については既に明らかにされているので、[1]本章では検察の活動を中心に分析する。

第二に、政治観の形成については、第一次世界大戦により顕在化した思想問題への対応を検事総長就任以前及び後の政治家時代との関係を踏まえて、分析する。現在のところ、平沼の政治観の形成過程を本格的に分析した研究も存在しない。しかし、第一次世界大戦により顕在化した思想問題は、検事総長として秩序維持を担っていた平沼に大きな衝撃を与え、それは法律観・憲法観のみならず、後の政治家としての政治観にも大きな影響を与えることになる。すなわち、この時期は、後の政治家時代の政治観との関連を見る上でも重要な時期であるといってよいのである。

## 一　シーメンス事件・大浦事件での検察権運用

### (一) 検察権運用の変化

一九一二（大正元）年一二月二一日、第三次桂太郎内閣成立の当日、平沼は検事総長に就任し、政治的疑獄事件の捜査の総指揮を執る立場となった。第三次桂内閣法相には松室致が起用されたことから、平沼の昇格についても大逆事件での貢献が影響した可能性がある。ただ、平沼は回想で、就任を自ら希望し、それは「本当に司法権を活用するには、自分がやつた方が一番よいと思つたから[2]」であると述べている。

また、平沼は検事総長の職について、「私がでしやばると困ると見えるが、さりとて私が裁判関係におるので出すことが出来ぬ。検事総長は免職することが出来ぬから安泰である。他なら出されたであらう[3]」とも回想している。

すなわち、平沼は、検事総長が「司法権の独立」を旗印として、諸政治勢力から相対的自立を維持し得る立場であることを自覚していたのである。当時、官僚の党派化が進展しており、とりわけ、一九一三年八月、次官を自由任用とする改正文官任用令の公布に伴い、床次竹二郎鉄道院総裁らが政友会に入党した。また、前述のように、司法省からも小山温次官が政友会に入党した。しかし、平沼は検事総長に就任したことで、官僚の党派化から一定の距離を置き、検察権の運用を行うことが可能となったのである。

平沼は検察の権力を強化した後、政治家の汚職疑惑については、社会や司法部に与える影響などを踏まえ、柔軟に対応する方針を示し、政党及び山県系と巧妙に距離を取り、司法権の強化と自らの権力の維持・強化を図った。

少し時期はさかのぼるが、第二次西園寺公望内閣において、平沼は松田正久法相に対し、東京市会の腐敗に対処する必要があるが、刑事責任を問う司法処分にすると内閣の存続に影響するので、松田より議員に対し、矯正しなければ司法処分にすると警告を出すよう提案した。松田は平沼の提案に同意し、直ちに実行した。その結果、大きな効果があったという。平沼は松田の行動を「誠心誠意でやられた」[4]と高く評価した。

第一次山本権兵衛内閣では、一九一三年七月、周布公平枢密顧問官が神奈川県知事時代に官有の屏風などを自ら払い下げたことが問題となった。芳川顕正枢密院副議長は山本権兵衛首相に対し、屏風の買い戻し、あるいは献納により内済する方法を提案した。原敬内相は山本の意を受け、大島久満次神奈川県知事に事情を尋ねたが、献納が困難な情勢であると聞かされた[5]。その後、山本は松田と対応を協議し、松田は周布が爵位などを返上しなくても、辞職し、「責めて隠居にてもなさば、検事は責任を以て起訴せざるべし」[6]との見通しを述べた。松田の見通しは概ね正確なものであった。七月三一日、周布は顧問官を辞職し、家督を嗣子に譲って隠居した結果[7]、起訴を免れた。

続いて、一九一四年には、渡辺千秋宮相・田中光顕元宮相らが、西本願寺から武庫離宮予定地を買い上げる際、収賄したという疑惑が発覚した。結果として、渡辺は辞職、田中は前官礼遇を辞退することで起訴を免れた。事件後、奥田義人法相は原への内話で、「検事局より申出あり、最初は行政処分にて済さんとせしも行はれず、遂に起訴する事」[8]になったが、山本より伏見宮貞愛王（陸軍大将）に報告し、伏見宮より直接、渡辺と田中に注意し、引退させたと述べている。また、後に、原が鈴木喜三郎から聞いた話によると、関係者の陳述で渡辺らの収賄が明らかになったが、「検事は単に聞取りたるに止め」、取調べはしなかったという[9]。ここでも、検察が当初から起訴猶予の方針であったことがわかる。

もっとも、当然ながら検察がすべての疑獄事件を起訴猶予としたわけではない。例えば、広東紙幣偽造問題では古賀廉造（第二次西園寺内閣内務省警保局長）、遊郭移転問題では深野一三（貴族院議員）を起訴している。

以上のように、平沼は社会的影響などを踏まえ、場合によっては、司法処分によらずに処理する方針を取った。このような起訴便宜主義は明治三〇年代から励行され、起訴猶予処分は一九〇七年頃には既に慣行となっていたものであった。[10]またこの方針は、犯罪がもたらす社会的影響を重視した新刑法の理念とも合致するものであり、疑獄事件での党員検挙に危機感を持っていた政友会との協力を可能にする条件ともなったと考えられる。

## (二) シーメンス事件での検察権運用

検事総長に就任した平沼が直面した最大の問題は、内閣の崩壊のきっかけとなったシーメンス事件と大浦事件という二つの政治的疑獄事件への対応である。

シーメンス事件は、一九一四年一月、新聞でカール・リヒテル（シーメンス社東京支店社員）が、ドイツの刑事法廷で日本の海軍高官に対して贈賄したと証言したことが報じられ、それを島田三郎（立憲同志会）が議会で大々的に取り上げたことが発端となった。海軍の汚職事件に世上は騒然となり、海軍への非難が高まった。そのため、一月二九日、海軍は査問委員会を設置するに至った。[11]

しかし、検察の動きは慎重であった。平沼は回想で、疑獄事件の際には背後に政治勢力が介在していないかを考慮し、シーメンス事件の際には、①議会での質問は、元老山県有朋が政府を攻撃する意図で島田に行わせたと認識しており、②事件が海軍拡張予算を提出した時にドイツによって暴露されたことから、山本を失脚させようとするヴィルヘルム二世の陰謀であったとの説を聞かされた、という。また、③平沼は強大な政治権力を有する海軍を捜査対象とするので、「司法部が海軍に倒される」ことがないか調査した、[12]と述べている。

検察は海軍査問委員会の設置まで事態の推移を見守っており、新聞では「一向活動せる模様も見えざる」[13]と報じられていた。一月二九日、検察はようやく活動を始め、アンドルー・プーレー（新聞通信員）とヴィクトル・ヘルマン（シーメンス社東京支店の責任者）を裁判所に召喚し、両者を収監した。両者の取調べには平沼も立ち会った。[14]二月二日、平沼は新聞の談話で、プーレーの犯罪は明白であるが、どのような捜査を行うかはプーレーの予審決定書を待つのみであると述べた。[15]

同日、平沼は安楽兼道警視総監に対し、プーレーの審理は速やかに進めることもできるが、どのように進行するか尋ねた。安楽はこの話を原内相に告げたところ、原は国民大会などを開かせた後の方がよく、「急ぎたりとて何の効能もなかるべし」[16]と答えた。平沼が原の意見に従ったかどうかは不明であるが、事件が拡大したことから、検察によるプーレーとヘルマンの取調べは長引き、検察は両者の再三の保釈要求を拒否して、二月二八日にようやくヘルマンが保釈された。[17]

また、平沼は政友会員で、山本と同じく薩摩出身の床次と話し合った結果、もし山本が巨万の富を有していたならば、疑惑を解くことは困難なので、「処決する方」がよいという考えで一致した。そして、床次は山本に面会したが、山本は心配するような財産はないと否定した。[18]平沼は山本が収賄していたとすれば事態を乗り切ることは困難と考え、予め確認しておいたのであろう。

原は予算の成立を優先すべき課題としており、大衆運動の激化などを受け、奥田法相に海軍軍法会議の判決は議会後、あるいは議会の終盤にするよう希望した。[19]二月一二日、政府は衆議院で予算案を通過させたものの、山県系が主導権を握る貴族院では政府に対する反発が強まり、情勢は混沌としていた。

検察はこの間、二月六日にシーメンス社の代理人で、海軍省を担当していた吉田収吉を起訴した。また、シーメンス社や東海銀行など関係先を捜索し、積極的に証拠の押収に努め、証拠書類の一部を海軍側へ送致した。[20]二月一六日には、海軍査問委員会の決定により、藤井光五郎少将（艦政本部第四部長）と沢崎寛猛大佐（艦政本部第一部員）が軍法会議に移された。査問委員会による決定の多くは、検察側からの証拠によるものと報じられた[21]。

同日、検察は収賄の容疑で、事件当時、艦政本部長であり、戦艦の注文を担当した松本和中将（呉鎮守府司令長官）らの家宅捜索を行い、いよいよ海軍関係者への直接的な捜査を決行した。平沼の回想によると、この捜査には、検察が海軍の政治的圧力に屈せず、公平な捜査を行っていることを世上に知らしめるという意図があった[22]。

検察の活動について、『法律新聞』は「司法権の活動は、聊か吾人の意を得たり……遂に一少将一大佐を軍法会議に附するの止むなきに至らしめたる[23]」と評価した。

原は貴族院の形勢を見て、「要するに官僚系は此問題により内閣を倒さんと企てたる悪策[24]」があると分析していたが、検察が山県系の指示によって動いていたとは考えておらず、直接的に不満を述べていない。

その後、貴族院は海軍予算を大幅に削り、両院協議会での成案も否決したことで、内閣は総辞職した。検察の活動は第一次山本内閣崩壊後も続いた。それはシーメンス事件の捜査を通じて、三井物産の贈賄が明らかになったからであり、山本条太郎ら三井物産重役が起訴される事態となった。五月二日、平沼は新聞の談話で、三井物産についての捜査も、一段落したと述べ[25]、一連の疑獄事件の捜査は終了した[26]。

### （三）大浦事件での検察権運用

次に発覚した政治的疑獄事件は、第二次大隈重信内閣における大浦事件である。この事件は村野常右衛門（政友会所属衆議院議員）が大浦兼武を、政友会所属の衆議院議員におこなった買収工作と解散総選挙における選挙干渉の件で告発したことが発端となった。

一九一四年一二月、第二次大隈内閣は衆議院に陸軍二個師団増師案を提出したが、政友会は反対した。しかし、政友会内にも増師賛成論者がおり、大浦農商相は林田亀太郎（衆議院書記官長）を通じて、買収工作を行った。買収工作の情報は原のもとにも入っており、原は政府が刑事問題をもって政友会員を威嚇するとともに、政府を攻撃した『毎夕新聞』の木村政次郎を陥れようとしていることから、「憲政上由々しき事」と考え、床次を通じて平沼にその情報を伝えた[27]。

結局、増師案は否決され、政府は議会を解散したが、総選挙において内相に転じた大浦は選挙干渉を行い、結果は政友会の大敗に終わった。この選挙干渉は相当激しいものであり、原は、政友会が大敗した最大の原因は選挙干渉であったと分析し[28]、政府の対応に強い不満を示した。検事局も、この選挙に際して、選挙違反摘発のために独自の体制を組み、検挙に意欲を見せていたが、結果として干渉を防げず、警察に対して不満を持った[29]。原はこの干渉について、「司法部に於ては公平ならん事を努めたるものの如くなるも警察官は總て政府与党の便宜を計りて……司法部に報告するものは反対党の行動のみ[30]」であると日記に記した。すなわち、司法部は公平であり、干渉は専ら政府と警察によって引き起こされたものであると分析したのである。日糖事件以後、原は司法省・検察に不信感を持っていたが、この頃には検察を公平とみなすようになっていることがわかる。

なお、『中央公論』一九一五年四月号では、「平沼検事総長論」という特集が組まれており、平沼はシーメンス事件以降、世上で注目されるようになったことがわかる。この記事では、七名が平沼に関する論評を載せているが、「彼は理想的の裁判官である。司法行政官としても抜群の手腕を示したことは、今日、其社会の定論と云つていい」（某法学博士）、「理想的の検事総長」（牧野英一東京帝国大学法科大学教授[31]）、など概ね好意的な評価であった。弱小だった司法部の権力を強化するとともに、司法部における自らの権力を確立するという目標を達成しつつあった平沼にとって、検事総長の仕事は充実したものであったと思われる。

五月二五日、検事局は村野の告発を受理し、捜査に着手した。捜査の結果、前議会で大浦が政友会所属の衆議院議員を買収し、脱党させたことが発覚した。そして、六月二七日に白川友一（衆議院議員）と板倉中（衆議院議員）が買収容疑で、収監された。平沼は新聞の談話で、事件について、捜査の進展は取調べの結果次第であるとの見解を示した。[32]

この間、平沼は政府に対し、「処決して平穏を計りては如何」と勧告し、[33]大浦の政界引退による幕引きをはかった。平沼の判断の背景には、①現職の国務大臣を起訴することは国家の体面に関わること、②起訴すれば山県系や同志会からの攻撃を受け、司法部の存立を危うくすること、があったと考えられる。

しかし、大浦は何らやましいことはないとこれを拒否したため、[34]検察は捜査を進めたが、主に三つの方面から妨害を受けた。

第一に、警察との対立があった。大浦は検事の強硬な姿勢に対抗するため、内務省の官僚と連携し、平沼・鈴木・中川一介東京地裁検事正の免職を画策した。[35]また、松田源治（政友会）は、議会で、①検事が司法警察官からの協力を得ることができず、②政府が捜査の中心となった中川に探偵をつけたことは、「明らかなる事実」である、と指摘した。[36]

第二に、山県系官僚の干渉があった。六月二六日の時点で、山県は平沼を呼んで事情を聞取ったという情報が小山温（前司法次官・政友会員）から原のもとに寄せられた。[37]もっとも、平沼の回想によると、山県は平沼に電話をかけたが、平沼は訪問を断り、その後、事件が済んでから訪問すると、山県は側近の平田東助（第二次桂太郎内閣内相などを歴任）らに頼んで対策を講じようとしたが断られ、「実は大変弱つた」と述べたという。[38]

山県系の干渉が成功しなかった要因として、山県と大浦が事態の重大さを十分に認識していなかったことが挙げられる。西園寺公望によると、七月一四日、山県は山本達雄（第一次山本内閣農商相・政友会員）と会見した際、「大浦に関することは一言も」なかったという。この話を聞いた原は、検察の捜査は大分進んでいるが、「山県等には極めて楽観的に吹き込み居るならんとも思はる[39]」と分析した。また、大浦は自身の行動を問題視しておらず、辞職に追い込まれるという事態を想定していなかった[40]。

第三に、山県系官僚や政府により、検察は政友会の利益のために活動しているという宣伝がなされた[41]。これは政友会を主体とした第一次山本内閣がシーメンス事件の結果、崩壊したことから、説得力のあるものではなかったが、山県は事件後も、検察の活動は「政友会と司法部と結託」であると考えていたようである[42]。また、同志会は、大浦事件により平沼らを「敵的な存在[43]」とみなすようになった。

七月末になると、捜査は大詰めを迎えた。七月二四日以後、平沼・鈴木が密議する様子が報じられ[44]、七月二八日、検察は林田の起訴に踏み切った。

七月二九日、林田の起訴を受けて大浦は辞表を提出した。これを受け、第二次大隈内閣は事件の責任を取り、一旦、総辞職することを決定したが、その後、元老の工作による大正天皇の慰留を受け、内閣改造を行った上で留任した。検察は当初の方針通り、大浦が政界を引退することを条件として、起訴猶予とした。

前述のように、平沼は政治家の汚職については、社会的影響などを踏まえ、引退などにより解決するという方針を打ち出していた。しかし、日糖事件以降、検察は苛酷な捜査を行い、罪状が明白になれば、必ず起訴するというイメージが定着していた。そのため、起訴猶予処分の決定は政府が検察に指示したためであるという見方が一般的であった。『法律新聞』では、「平沼総長は大浦氏起訴の初志を翻して、之を放免したるもの也。是れ司法権の威信を傷つくるものにあらざるか[45]」と批判した。その後、大浦の予審調書が公開されると、大浦の不起訴は、政府の指示によるものであるという見方がますます広がった[46]。

一一月二二日、小山は原への内話で、平沼が世論の批判を受け、尾崎行雄法相と大隈重信首相に、ともに引責辞職することを提案し、尾崎もそれに同意したが、大隈が両者を慰留したと伝えた。原は「平沼は真意ならんも尾崎が真に辞職するが如き意思ありし様にも思はれざる[47]」と分析し、平沼の行動を職務への忠実さによるものであると考えた。

## 二　第一次世界大戦期における思想問題への対応

### (一) 伝統的価値観への傾倒と法律観・憲法観の形成

前述のように、平沼は司法省に入るまでに、漢学など伝統的な価値観を学び、急進主義に対する嫌悪と天皇制護持の必要性を認識しており、急激な西洋化には違和感を持っていた。そのため、司法省に入った後、ドイツ・イギリスの司法制度を取り入れ、時代の進展に適合した司法を推進したものの、遅くとも一九一五（大正四）年には、より日本の道徳・思想に根ざした法律に改正していく必要を感じるようになった。

一九一五年一月、平沼は新聞の談話で、「外国の模倣も時には必要だが、筋道は何うしても日本固有の道徳、思想……に適応した法律の発達をさして行きたい[48]」と述べている。一九一五年春には、平沼を中心として、国学・儒学などの振興を目的とした無窮会が設立された。

無窮会の設立は、井上頼圀（国学者・宮中顧問官）の死後、井上の門下生の藤巻正之（後に伏見稲荷大社宮司）が平沼に、井上の全蔵書が散逸する恐れがあると助けを求めたことがきっかけとなった。平沼は久原房之助（久原鉱業社長）の援助を受け、井上の全蔵書を購入した。そして、それらを所蔵するため、専門図書館と関連組織を作り、無窮会が設立された。会長には秋月左都夫（一九一四年六月まで駐墺大使、同年一〇月より宮内省御用掛）、会計監督には早川千吉郎（三井財閥理事）、相談役には織田小覚（漢学者・前田公爵家学事顧問）、河村善益（東京控訴院検事長）らが就任した。平沼は検事総長であったため、相談役に回った。(49)

前述のように、平沼は以前から趣味の禅を通じて、大学時代から北條・織田・早川・河村と親しく交流しており、大正期になっても関係を継続していた。当時、平沼の家は大久保（現在の東京都新宿区）にあったが、河村の家は平沼の家の隣にあったという。彼らは漢学などの勉強会をしばしば開催した。神野亮二（元石川県七尾市市長）の回想によると、時期は正確にわからないが、大正期、平沼がプロデューサー役となり、三宅少太郎（元広島高等師範学校教授）らを講師として、平沼邸で定期的に漢籍学習の会を開催していた。随時参加していたのは、秋月・清水澄（憲法学者・後に枢密院議長）・二木謙三（医学者・後に東京帝国大学教授）・小倉正恒（住友財閥）・荒木貞夫（陸軍軍人・後に陸相）らだったという。(50) 彼らの多くは無窮会の設立、あるいは臨時教育会議に提出された「人心の帰向統一に関する建議案」に関わっていることから、平沼と儒学など日本の伝統的な価値観を尊重しようとする点や教育・教化を重視するという点において、共通の認識を持っていたのだろう。

以上の動きは、平沼が法の運用などにおいて、西洋を模倣するよりも、日本の伝統的な価値観を取り入れる必要性を強く認識するようになったことを示すものであるといえる。

平沼が日本の伝統的な価値観、とりわけ道徳への傾倒を深める契機となったのは、司法官僚としての経験も影響したと考えられる。

前述のように、平沼は、イギリスでの司法制度調査の際、小村寿太郎が西洋法の導入は条約改正のためであると言ったことに共感し、大逆事件では、漢学など伝統的価値観の振興及び教育・教化の重要性を痛感した。

また、疑獄事件の捜査を通じて、犯罪を防止するには、法の厳罰化などでは不十分であり、道徳の涵養が必要だと考えるようになった。時期は後になるが、一九三〇（昭和五）年、服部宇之吉（中国哲学者・東京帝国大学文学部長などを歴任）は、『国本』の中で、徳治主義が日本で注目されるようになった歴史的な過程を次のように述べている。(51)

日本は不平等条約、治外法権を撤廃する為に、先づ法治国たらんとした……かくして法治主義の実現があつた。然し法治主義がその全能を発揮する様になつて、又次にその弊害が生じて来た……法治主義の弊をさける為に現はれたのが、法律の道徳化、裁判官の情宜裁判の叫が之である……然もこの情宜、道徳的裁判の叫も……欧米諸国から輸入されたものであつた。そこに徳治主義の効能がみとめられるようになつた……徳治主義は、凡て徳のみを以て治めねばならぬといふのではない。法律のみで国家を治めんとすることに反対するものである。法律は必要である。然し之を運用して行くためには、仁君の力を要す……其の徳如何に高く広くとも、天子一人にては、国家を安全に統治して行くことは出来ない。政治に自分が徳を以て他の人格者を作り、之らに分担せしめて、天下に徳政を布いたのであつた。政治教化はかくしてのみ広められる。之が儒教が唱道した徳治主義の根本原則であつた。

この説明は抽象的な点が多いが、司法制度改革の歴史に沿って考えると、日本は不平等条約、治外法権を撤廃するため、フランス法をもとに旧刑法を制定したが、間もなく罪刑法定主義への批判が高まり、ドイツの「近代学派」

の影響を受けた新刑法が制定された。これは裁判官・検事の裁量を取り入れ、罪刑法定主義から起訴便宜主義への転換を意味したが、同時代においては、法治主義の弊害を避けるため、儒教に由来する徳治主義を取り入れていくことの必要性を認識させるものでもあったようである。

平沼は自らの刑事政策に対する姿勢の変化について何も語っていないが、このような認識は、新刑法の制定や検察権の運用に中心的な役割を果たしてきた平沼にとっても同様であったと考えられる。平沼はとりわけ大浦事件以後、疑獄事件が続発する背景には、権謀術数や道徳心の麻痺があると認識するようになった。

平沼は大浦事件後の新聞談話で、政治が「権謀術数のみが主になつて正道を忘れ、政治はペテンの掛合ひであるかに見ゆるものである。過渡の時代にはかう云ふ事は有勝ちであらうが、漸次に下級の政治機関に至る迄に斯る状態が波及して行くのは黙視する訳には行かぬ[52]」と述べ、政治勢力間の手段を選ばない政争を批判し、それらが「下級の政治機関」にまで広がることを憂慮した。また、時期は少し後になるが、一九二一年六月、満鉄事件で不起訴を決定した際、新聞の談話で、犯罪者には公平な制裁が必要であるが、犯罪に手を染めても、制裁を受けない人間が多いのは、「社会環境の道徳心が麻痺」しているためであると述べ[53]、疑獄の続発の背景には社会の道徳心の欠如があるとみなした。

一般的に、検事、とりわけ検事総長の職務は法を運用し、捜査や公判を通じて秩序を維持することにある。長年、検察の中心にあった平沼は、犯罪の増加と秩序の動揺の責任を痛感していたはずである。おそらく、平沼はこれまでドイツ・イギリスの法を取り入れ、刑法・刑事政策を運用してきたが、犯罪は減らず、社会秩序が動揺していく事態を憂慮した。そして、その要因が外国の制度を模倣することに終始してきたためであるとみなし、日本の伝統的な価値観、とりわけ儒教に依拠する道徳の涵養を打ち出すことにより、犯罪の抑止と秩序の維持を考えるようになったと思われる。

以上のように平沼が伝統的な価値観への傾倒を深める中で、平沼と原との憲法観や新たな政治秩序への認識の差が顕在化しつつあった。

平沼は回顧録で、一九一二年から翌年にかけて行われた上杉慎吉（一九一二年八月より東京帝国大学法科大学教授）と美濃部達吉（東京帝国大学法科大学教授）との「天皇機関説論争」について、省内の若手は美濃部の天皇機関説を支持したが、平沼は天皇を機関というのは不敬であると部下を叱ったと述べており、この当時から天皇主権説を支持していたようである。[54]

平沼の憲法観は、時期は後になるが、一九三五年二月、国体明徴運動の最中、真崎甚三郎と行った会話でもうかがい知ることができる。平沼は美濃部の貴族院での弁明について、「彼は大権の体と用とを誤あり、権利などの言を使用すべきものにあらず」[55]と批判している。平沼の発言の前半部分は、明治憲法第四条の「天皇ハ国ノ元首ニシテ統治権ヲ総攬シ此ノ憲法ノ条規ニ依リ之ヲ行フ」についての『憲法義解』の見解を引用したものと考えられる。すなわち、「統治権を総攬するは主権の体なり、憲法の条規に依り之を行ふは主権の用なり。体ありて用無ければ之を専制に失ふ。用有りて体無ければ之散漫に失ふ」[56]との文言である。

しかし、既に指摘されているように、憲法草案を起草した伊藤博文は、君主権が行政権や議会の権限で制約される君主機関説的な憲法を構想し、第四条の核心も憲法による君主権の制約にあった。[57]

すなわち、平沼の解釈は彼自身も認めているように、[58]主権は天皇にあり、主権行使の機関が分立するという穂積八束の天皇主権説とほぼ同様であった。また、平沼は、日本はフランスのように、革命により人民が君主から権利を得た国とは異なるので、わざわざ欧米の法理論に当てはめる必要がないと考えており、日本の歴史的・文化的な独自性を強調し、欧米からどのように理解されるのかという視点を欠いていた。

なお、既に指摘されているように、穂積の権力分立論の趣旨は、立法権と行政権を衆議院の多数党が支配する政党内閣制の否定にあり、天皇主権説には官僚を擁護し、政党の政治的台頭に対抗する政治的イデオロギーとしての側面もあった(59)。後述のように、平沼は現実の政治においては、天皇が政治介入することに批判的であった。また、一九二四年に国本社会長に就任した後は、政党内閣に対抗し、官僚の権限を維持すべく政治運動を展開している。このことを踏まえると、平沼が天皇主権説を支持した背景にも、同様の政治的意図があった可能性が高い。

第一次世界大戦の影響により外来思想が国内に流入すると、新たな政治秩序を模索する動きが現れた。内政では、一九一六年一月、吉野作造（東京帝国大学法科大学教授）らが世論に基づく政治や衆議院の多数党による内閣の必要性などを訴え、デモクラシー思想を鼓吹した。また、一九一七年に起きたロシア革命の影響を受け、社会運動の機運が高まった。一方、外交においても、一九一八年一月、ウィルソン（Thomas Woodrow Wilson）米大統領は秘密外交の廃止、軍備縮小、国際平和機構の設立など戦後国際秩序の方針を提起し、国内の政治指導者は新たな国際秩序に対応した外交方針を構築する必要に迫られた。

平沼は第一次世界大戦期、山県と会談し、戦後の国際秩序の見通しを次のように述べたと回想している。

私は山県公に言つたことがある。英独は学ばねばならぬが、結局人種が違ふから白人種は挙つて対抗することがある。だから実力を有つていなければならぬ。西洋人もお世辞を言ひ、汽車の中などで黒人などと違ふ待遇をしている。然し結局は白人と融和することは出来ぬ。斯様なことを標榜することは外交上出来ぬが、腹がなければならぬと言ふと、山県公は君と同意見だと言はれた(60)。

すなわち、平沼はこの頃から人種的見地から西洋に不信感を持っており、外交上、人種論を持ち出すことは得策ではないが、白人に対抗する心構えと実力が必要との考えを持っていた。

また、平沼は第一次世界大戦を契機とした外来思想の国内への流入について、明治維新に次ぐ危機であったとも回想している。(61) すなわち、天皇制を否定する共産主義への危機感をさらに強めるのみならず、民主主義についても、天皇主権と反する外来思想として警戒したのである。

## (二)外来思想への思想的対抗としての忠孝・敬神

第一次世界大戦期、平沼は外来思想の国内への流入に対し、臨時教育会議や検事総長訓示などにおいて、忠孝や敬神の重要性を訴えるようになった。

まず、一九一七年一一月、平沼は臨時教育会議の委員に就任し、教育政策の提言に関わった。この会議は寺内正毅内閣が一九一七年九月に設置したものであり、第一次世界大戦後の日本が直面する難局に対し、教育の振興により対処することを目的としていた。(62)

平沼が臨時教育会議で最も尽力したのは、人心統一のための建議案を可決させることであった。(63) 一九一八年一〇月二五日、臨時教育会議(総会)において、平沼は早川・北條とともに「人心の帰向統一に関する建議案」を提出し、自ら建議案の趣旨を説明した。

平沼は建議案を提出した主な動機として、①「皇道」を振起し、国運の進展を期するには、「国民一致協力」が必要であり、外交・軍事・経済に関する事は特に努力が必要だが、学問の考究もゆるがせにすることは出来ない、②日本では「臣民各々其業を勤んで皇猷を翼賛し奉ると云ふことは、恰も一家の内に於て子孫父祖を奉戴」するという態度が「国体」の真髄である、③建議案は教育勅語の趣旨を順守することにあり、これは文政の当局者、教職者のみの責任にとどまるものではない、④「殊に生存競争が段々激しく」なり、「所謂物質偏重の弊」が社会に横溢する趨勢にあり、外来思想の流入については、咀嚼消化できていない状態なので、注意が必要である、と述べた。[64]

そして、人心を統一するための実行方法として、①敬神崇祖の念を普及させること、②法律制度の中で、日本の風俗に副わないものは改正すること、③官紀の振粛をはかること、④宗教界を刷新し、国家に貢献させること、⑤日本固有の淳風美俗を維持するための施設を必要とすること、⑥奢侈を禁じ、質実剛健の気風を養わせること、⑦各階級間の融和を図ること、⑧言論の自由には限界があることを世間に明らかにすること、⑨新異を競う弊風を打破すること、⑩良書の刊行を奨励し、出版物の取締りに厳密な注意を怠らないようにすること、[65]を提示した。

この建議案に対して、複数の委員から、賛成するが、重大な内容なので、主査委員会を設置すべきとの意見が出された。他方、阪谷芳郎（貴族院議員）は、建議案の内容は教育制度の範囲を超えており、これが議会に提出されれば、両院で政争が起こる可能性があると懸念を示した。これに対し、平沼は教育といっても範囲が広く、効果を挙げるためには、各方面の一致協力が必要であり、権限の範囲内であると反論した。結局、建議案については主査委員会で議論されることが決定され、平沼を含め、一五名の委員が選定された。[66]

主査委員会では、建議案の趣旨に賛成する意見が多数であったものの、成瀬仁蔵（日本女子大学校長）からは、保守的で、かえって国民の反抗心を引き起こす可能性があり、人心の統一は必要だが、異なる意見を戦わすことも国運の発展を促す力になる、と批判的な意見も出された。しかし、平沼はここでも、①主に私法範囲について政府は調査機関を設ける必要があること、②民主主義については、十分研究の上で、「国体」に抵触しないよう善導すべきであること、③外来思想に対しては、「今日は我国の忠孝の根本」を示すことで対抗すべきであること、[67]などを主張し、建議の必要性を訴えた。結局、建議案の趣旨は同様であるが、「教育の効果を全たからしむる一般施設に関する建議案」と改称され、文面においても一部修正が加えられた[68]。

一二月二四日、臨時教育会議（総会）において、委員会の答申が報告された。この答申に対しても、例えば、水野錬太郎（内務次官）は、建議案は悲観的であり、現在の状況は本当に「人心の乱調」なのか慎重に検討する必要があると主張したが、平沼は「人心の乱調」が「国内全体に弥蔓」しているわけではないが、「今此弊の大ならざるに当つて、之を救はぬければならぬと云うのが我々の精神」であると反論した[69]。委員の大半は建議案の答申を支持しており、翌年一月一七日、細かな字句の修正の上、多数決により可決された。

一九一八年に入ると、平沼の演説にも変化が見られるようになった。

一九一八年四月二〇日、平沼は検事総長訓示において、それまでの訓示とは異なり、第一世界大戦の思想的影響への対応及び、敬神と法治との関係について言及した。すなわち、物質的文明の「余毒」は精神の弛緩・放縦を誘起しており、社会の道徳の退廃により罪を犯し、幸いに免れて恥なき者がおり、社会的制裁も「疎漫」である。そのため、「司法の権威に頼り非違を糾正すること極めて厳切」なものでなければ、人心は「敗壊」すると警告した。また、「国体」と神社との関係が不離の関係にあり、国家に奉ずる者は敬神の趣旨を民心に広めることに努め、「神威を涜し或は信仰を害する」ものについては厳格に検察・糾弾すべきである[70]、と注意を喚起した。一九一九年七月五日には日本橋区教育会で講演を行い、第一次世界大戦の影響による進歩の必要性を認めながらも、それは天皇制の維持を前提としたものであることが必要であり、君民一体の家族制度が国家組織の維持に有効であると主張した[71]。

以上のように、平沼は第一次世界大戦の影響を受けた外来思想の流入が人心の分裂を招くことを恐れた。そして、それらへの対抗として西洋文明の長採補短の必要性だけでなく、敬神や忠孝などの観念を打ち出し、天皇を基軸として人心を統一することを狙ったのである。なお、この時期に至り、あえて公的な場で敬神や神社の重要性を指摘したのは、それらを宗教的に崇拝していたというよりも、外来思想の流入に対して国民精神の基軸となり得るものは天皇しかないという政治的判断があったためであろう。

他方、平沼は一九一八年、故郷津山において再興された作楽神社保存会の会長に就任し、社殿改築事業の中心的な役割を担った。[72]また、時期は少し後になるが、植月俊雄（故郷津山の平沼の後援会「平沼会」常任理事）によると、平沼は一九二一年以降、毎年津山に帰るようになり、帰津した際には旧藩主らへの墓参りを欠かさなかったという。[73]平沼の行動の変化については、史料的に明らかではないが、五〇歳を過ぎ、伝統的価値観への傾斜を強めるなかで、それらの土台を育んだ故郷に愛着を感じ、望郷の念に駆られるようになったためではないかと思われるのである。

### （三）皇室制度の整備の推進とその要因

次に、一九一六年一一月、平沼は帝室制度審議会の委員に就任し、皇室制度の整備を推進した。審議会の目的は、①朝鮮王世子と梨本宮方子の婚姻問題を機に、王公族の軌儀を定め、法的な位置付けを明確にすること、②帝室制度調査局において起草・上奏されたのにもかかわらず、制定に至らなかった皇室令などの法案を制定すること、にあった。平沼は伊東巳代治総裁・岡野敬次郎委員と同様、皇室制度整備を早急に進めるべきとの立場であった。委員会において、平沼は李王家関係の諸案・皇室裁判令などの成案の作成に関わった。

まず、最大の問題であった王公族の軌範について、平沼は伊東・岡野らと同様、王公族が皇族に準ずるものと扱い、皇室令の制定が必要であると主張した。一方、枢密院主流派の一木喜徳郎ら山県系官僚は朝鮮独立運動が盛り上がる可能性を低くみて、王公族を皇族に準ずるものと認めなかった。また、枢密院主流派は朝鮮王世子と梨本宮方子の婚姻についても、皇室典範には、皇族あるいは華族への婚嫁しか規定されていない以上、王公族との婚姻を実現するためには皇室典範を増補すべきとの意見であった[74]。一九一八年五月一四日、王公族軌範案は枢密院に諮詢されたが、枢密院側の強硬な反対により暗礁に乗り上げた。

次に、皇室裁判令案では、平沼は法案の作成に中心的な役割を担い、一九一七年一二月二〇日、帝室制度審議会より宮内大臣を経て、寺内内閣に提出された。しかし、諮詢を受けた枢密院では、山県系官僚を中心に反対論が広がり、通過は困難な情勢となった[75]。

平沼が皇室制度整備を進めた意図は、主観的には今後起こる戦争などによる変動に対し、皇室の安寧を保つことにあった。平沼は回想で、「平沼は八釜しく言ふと云ふが、八釜しく言はざるを得ぬ。今の役人は目先丈けのことを言ふ。百年後、二百年後に大乱が起る場合があるかも知れぬ。それを防いでおかねばならぬ[76]」と述べている。また、王公族軌範については、伊東との会話で、王公族を皇族に準ずるものと扱う理由として、一般臣民と同様に扱えば韓国併合条約と明治天皇の詔勅に反し、韓国統治にも動揺をきたすことも挙げている[77]。

なお、平沼が皇室令の制定を通じて、皇族を法の下に置き、制限を加えようとしたことは、天皇主権説を支持する彼の思想と矛盾する動きに見えるかもしれない。しかし、それは既に指摘されているように、皇室令においては、天皇と皇族は明確に区別されており、皇室令が天皇を対象としていなかったためであった[78]。平沼は回想で、皇族を裁判するのは不敬だという批判に対して、「上御一人に対しては皇族と雖も臣下」であり、「皇族が陛下の下に於て裁判を免れることは不都合」だと主張したと述べている[79]。すなわち、いわゆる「一君万民」の観点から皇室裁判令の制定を進めたのである。

これまで述べてきた第一次世界大戦期の平沼の政治観は、原とは大きく異なり、山県系とある程度共通点がある。原は公正な選挙により、二大政党が政権交代を行うことのできる体制のもと、選挙で選ばれた衆議院の指導者が首相となり、内閣、軍、宮中を掌握して政治を行うことを目指した。また、第一次世界大戦後の国際秩序への対応として、外交ではアメリカを中心とする列強との協調外交を推進するとともに、中国への内政干渉を抑制する姿勢を見せた。内政では、列強間の経済競争が激化することを予測し、産業の振興と国力の発展を図るという構想を展開した[80]。これに対し、山県は専門家集団としての藩閥官僚を信頼し、君主権の保持を考えた[81]。また、欧米の圧迫と人種戦争の勃発を恐れ、ロシア革命により日露両国が東アジアでの権益を相互に認め合い、中国が日露両国に敵対的な国に支配されることを防止することなどを定めた第四次日露協約が破たんしたことで、憂慮を深め、国防を最も重視した[82]。

平沼の外来思想流入への対応も、寺内内閣の政策と共通点が多い。寺内内閣は民衆支配の動揺に対して、①言論弾圧、②慈恵主義的な社会政策、③国民教化政策、を打ち出しており、臨時教育会議を設置した目的も精神主義により危機に対応しようとしたものであった[83]。一方、原・政友会は、原敬内閣成立当初においては、教育によって国民思想の統合強化を目指すという発想は希薄であった[84]。

すなわち、原は国際秩序の変化に対し、対米協調や中国への内政不干渉、政党内閣による分権的体制の克服という高い先見性を持った政策体系を示した。一方、平沼は欧米による圧迫や外来思想の流入による国内秩序の動揺の防止をなによりも重視した保守的な対応であり[85]、狭い範囲内における国益の利害計算にとどまっていたのである。

では、この時期の平沼と山県系との関係はどのようなものであったのだろうか。前述のように、平沼は山県系官僚ではなかったが、平沼の回想によると、この頃から山県との交流はあったようである。平沼は一九一四年五月、東宮御学問所が設置された際、織田が起草した意見書を各方面に送ったが、見たのは山県一人であった。そして、その際、山県とは、「それまで会議の時など話したことはあるが、深くは知らぬ間柄」だったのにもかかわらず、山県に呼ばれ、「是非この通りやらせよ」と言われたという。また、前述のように、第一次世界大戦期、平沼が人種論の立場から欧米に批判的な意見を述べたことについても、山県は共鳴したという。[86]

しかしその一方で、平沼は山県と「懇意でない」[87]とも述べており、前述のように、大浦事件の際には、山県の訪問要請を拒否して、山県の側近である大浦を政界引退に追い込んでいる。また、山県も大浦事件において、平沼が政友会と結託したのではないかという疑いを持ち続けた。西園寺が原に話したところによると、寺内内閣成立の際、寺内正毅は平沼を法相にすることを検討したものの、実現できなかったのは、「山県の不同意に基因」するものであったという。[88]

以上を踏まえると、平沼は自身の君側輔導の方針や対外認識に理解を示す山県に好感を持っていたものの、政友会との関係から、一定の距離を取り、特別な政治的関係を持つことはなかったのであろう。すなわち、平沼は政友会と山県系の対立という政治状況を踏まえ、政治観の近い山県系に接近せず、司法部及び自らの権力を維持しようとしたのである。

また、この間、平沼が民間の国家主義者や対外硬派と交流を持ったという史料は、現在のところ存在せず、噂なども見当たらない。とりわけ、日露戦後の対外硬運動は民衆運動と深く結びついており、議員やジャーナリスト、民間の国家主義者、弁護士など様々な政治勢力が参加した。[89]しかし、これらの運動に対して、平沼は社会秩序を乱すものとみなし、厳しく取り締まる立場にあったのである。このことから、平沼は第一次世界大戦期においては、伝統的価値観の振興や政府機関における政策提言などにより外来思想に対抗しようとしていたのであろう。

# 第三章――原敬内閣との協調と思想問題への危惧

本章では、平沼騏一郎と原敬内閣との関係及び第一次世界大戦後の思想問題への対応を分析する。原内閣期の原敬と平沼の関係については、三谷太一郎氏の先駆的研究が存在する。(1) 三谷氏は平沼・鈴木喜三郎が当初、陪審制に賛成ではなかったが、原に追随し、協力的な態度を取ったことを指摘した。しかし、三谷氏の分析は陪審制の導入と原の政治指導に焦点を当てているため、平沼がどのような意図を持ち、陪審制成立に協力したのかについては、十分に明らかにされていない。また、陪審制以外の司法行政への認識と対応についても十分に分析していない。そのため、これらの視点を踏まえ、両者の関係について再検討する必要性がある。

以上を踏まえ、本章では平沼の司法行政への対応を分析し、原との政策・理念の共通点及び相違点を明らかにする。また、前章に引き続き、平沼の第一次世界大戦後の思想問題への対応を分析し、政治観の形成過程を明らかにする。

## 一　人権問題への認識と対応

一九一八（大正七）年九月二九日、原内閣が成立した。大命が下った九月二九日、原首相は平沼検事総長に法相就任を打診したが、平沼は辞退した。平沼が辞退した主な理由は、政党内閣に入るのを嫌ったためだと考えられる。(2)『読売新聞』では、平沼が法相に就任しなかった理由として、「平沼氏は事実上司法大臣同様の地位に立つて居り」、政党内閣に入り、政友会系と見られるのは経歴上得策ではないことを挙げた。(3)

平沼が固持した結果、原は自ら法相を兼任し、他日専任を決めることにした。ただ、原のみるところでは、平沼と鈴木次官は、原を「好感を以て迎」えており、原は「何れに決定するも彼等に異論」はないと分析した。(4)このことから、平沼と原は、内閣発足当時から良好な関係であったと考えられる。

原内閣の発足後間もない一一月、原と司法省はいわゆる「京都豚箱事件」への対応に迫られた。これは一九一六年当時、京都府知事であった木内重四郎及び京都府当局が、女子師範学校移転を盛り込んだ議案の府会通過のために、府会議員の一部を買収したという嫌疑によって、木内及び当時の府当局者、府会議員ら三八名が検挙されたことに端を発する事件である。捜査・予審の段階では一名を除き、全員が容疑を認めたが、公判では、自白した被告は一転して無罪を主張し、被告全員が無罪となった。その過程で、捜査・予審段階における担当検事による「人権侵害」が発覚した。その中でも、取り調べの際、既決囚を待機させる際に用いる板製の囲いに長時間、多いものでは数十回にわたって入れたことが問題となった。被告の一人がこの囲いを「豚箱」と呼んだことから、「豚箱事件」と呼ばれるようになり、日本弁護士協会や新聞、議会は検事局による「人権侵害」を強く非難した。(5)

時期はさかのぼるが、ここで、一九一三年の司法部改革以後の人権問題に対する平沼の反応を簡潔に紹介したい。平沼は一九一三年の司法部改革などを通じて、司法官の質の改善を目指した。しかし、その後も検事や司法警察官による「人権蹂躙」はなくならず、既に分析されているように、一九一四年から一九二一年にかけて、議会において「人権擁護」のための様々な立法措置が提案され、論議となった(6)。

一連の人権問題と司法部への批判に対し、平沼は新聞の談話で、「当局者として真に申訳が無い」と事実を率直に認め、「何に制度ばかり良くしても之れを運用する人物が悪ければ何んにもならん……有罪の証拠許りを挙げやうとする弊は断然打破しなければならぬ……実に恐るべき現象と思ふ。百人の有罪者を罰しても一人の冤罪者を出しては何んにもならぬ(7)」と述べ、捜査の手法と司法官の質を改善していくことが必要と考えた。また、警察部長との打ち合わせ会における訓示でも、不正な取調べを止めるよう注意し、特に自白の強要については、「証拠の信用力を滅却して延いて司法機関の全体の信用を失する(8)」と強い懸念を示した。

平沼は検事権力を増大させたが、このような人権問題の続発が国民の司法部への信頼を損なう事態となることを憂慮していたのである。

以上のように、人権問題への批判が高まる中で発生したのが「京都豚箱事件」であった。一九一八年一一月一八日、人権問題が発覚したことを受けて原嘉道（弁護士）らは原を訪問し、小林芳郎大阪控訴院検事長と担当の検事を処分したほうがよいと好意的に内話した。原も「司法部内の積弊何とか除きたきものなり(9)」と同感であった。

一方、平沼もこの事件を重視していた。一一月二四日、平沼は原と面会し、書面での取り調べだけでなく、司法省からも人員を至急派遣し、調査させることを提案した。一方、鈴木は少し後でもよいと主張したが、原は公明正大な処置を取る必要があり、早く派遣するのもよいとの意見であり、平沼の意見を採用した。

一一月二六日、今村力三郎ら東京弁護士会の代表者が原を訪問し、陳情を行った。原は平沼と鈴木を予め官邸に呼び寄せ、同席させた。原は今村らに対し、司法省より大審院検事を派遣して取り調べをさせるとともに、弁護士会の調査委員にもできるだけ便宜を与えると返答した[10]。これを受けて、弁護士会は調査委員を京都へ派遣し、実地調査を行った[11]。

一方、司法省も小山松吉大審院次席検事を京都に派遣し、調査した。司法省は調査の結果、担当検事が予審判事の承諾なく被告と接見し、手続きにおいて禁じられている被告と他人との接見及び書類の授受を行ったことを認定し、一九二〇年七月、文官懲戒令により、担当の検事四人を譴責処分とした。また、小林検事長は監督責任を取り、依願免官となった[12]。

一九二〇年一二月、「京都豚箱事件」の判決を受けて、鈴木は原に対し、木内前京都府知事ら数人の判決が妥当ではないので、控訴が必要であると主張したが、原は大局より検討する必要があり、平沼検事総長に異議がなければ控訴しないようにすべきと述べた。その後、原は平沼と相談し、平沼も控訴しないことに同意したので、控訴しないことに決定した[13]。

一九一九年一二月二四日、「京都豚箱事件」をきっかけとして、司法省内に検察事務調査委員会が設置された。これは「世上検事に対する怨嗟の声聞くこと少からす……以て顧慮を費す」必要があり、検事の事務を調査して見直すことを目的としたもので、検事批判への対策の一つであった。委員長には平沼が就任し、委員には豊島直通司法省刑事局長ら有力者が就任した。一九二〇年一月一六日、第一回委員総会が開かれ、四月二二日には議事を終え、五月一四日、調査報告が原法相に提出された。その内容は多岐にわたるが、①調査機関の設置、②検事局職員の増置、③司法警察機関の改善、などが提言されている[14]。これらの提言は、大正期の議員立法や弁護士界の主張と類似するものであった[15]。

以上のように、原は人権問題を「司法部の積弊」としつつも、平沼と鈴木の協力を得て事態の収拾に当たった。一方、平沼も以前から人権問題の続発が司法部の信頼を損なう事態となることを憂慮しており、この点においては、両者は協力して問題に対処出来たのである。

「京都豚箱事件」の処分の後、大木遠吉法相の失言問題（いわゆる「司法官化石問題」）が起こった。これは、七月七日、二カ月前に法相に就任した大木が「司法官は化石の如し……多年の悪慣性に依りかかる事を徒らに立身出世の途なりと考へて居る」[16]と発言し、それが新聞に掲載された結果、司法官の反発を招いた事件である。

東京地裁の検事は大木の発言に憤激し、「該記事が新聞に出た即日関係の司法記者連を検事局に呼寄せ手厳しく取調を為し」[17]た。そして、平沼と鈴木に「之を新聞に登載したる以上は秩序紊乱として処罰すべきものなるに因り一面には新聞に取消を命じ、一面には之を起訴すべしと云ふ相談」[18]を行うなど、きわめて強硬な姿勢を見せた。

七月九日、平沼と鈴木はこの件について原に相談し、指揮を求めた。原は起訴するとかえって事態を紛糾させると考え、「大体穏便の処置を取らしめ」、新聞記事の取り消しと大木の談話を掲載させることを提案した。平沼は談話があれば、「部下に其写を送付して諒解せしむべし」[19]と述べ、事態の収拾に当った。

七月一三日、平沼は新聞の談話で、検事局が犯罪事件として取り調べたことを否定した。また、太田黒英記東京地裁検事正も「犯罪として起訴すれば却つて公安を害するやうな恐れがあると見れば起訴しない」と述べ、起訴に否定的な見解を示した。そして、七月二〇日には、検事局は当初の強硬姿勢を一変し、起訴などの手段に出ることなく、事件を処理するようだと報じられ[20]、そのまま事件は収拾された。

なお、失言した大木は就任早々、司法官からの信用を失い、司法省での平沼・鈴木の影響力がさらに強まった[21]。

## 二　司法部改革への積極的協力とその背景

### （一）陪審制導入と臨時法制審議会設置の背景

続いて、原内閣期の司法部改革について分析する[22]。原は以前から陪審制導入を構想しており、原内閣発足の三週間後、平沼らに陪審制の立法化を打診した。これに対し、平沼らは陪審制を刑事訴訟法改正案中に織り込むことが得策であると進言した。以前、政友会で建議された案も刑事訴訟法改正案の一環として立法化する方針を決めており、特別法として陪審法を制定する構想は熟していなかった。そのため、原は提議を一旦見送った[23]。

一九一九（大正八）年五月二三日、原は特別法として陪審制を立法化することを決め、陪審制の導入と民法改正を法律取調委員会に附議するよう、横田千之助法制局長官と鈴木に命じた。鈴木は大問題であるので「今暫く勘考したし」とやや慎重であった。五月三〇日、原は平沼にも同様に立法化の意向を伝えたところ、平沼は賛成し、①法律取調委員会では何事も決定できないこと、②どちらも「公法上の問題」であること、を理由に内閣に委員会を作る方が得策であると述べた[24]。

原は平沼の提案を採用し、六月二八日、臨時法制審議会が設置され、同会で民法と陪審制を審議することが決定された。委員の選任は平沼・鈴木・横田千之助・鵜澤総明（政友会所属衆議院議員）が内議の上で決定し[25]、七月九日、平沼は副総裁、穂積陳重は総裁に就任した。

以上のように、平沼は陪審制導入に積極的に協力し、審議会の設置は平沼の提案によるものであった。

平沼が陪審制導入を推進した要因としては、まず、前述のように、平沼はイギリスで司法制度調査を行った際、素人の裁判でもかなり信用があると好意的に紹介しており、陪審制導入に必ずしも否定的ではなかった。また、『回顧録』では、陪審員が行為を判断し、口頭審理で完結するので、裁判官は「責任遁れ」できると指摘しており、[26]陪審制により司法部への批判を回避できるという利点があると考えていた。さらに、「天皇の名に於いて」行われる裁判に国民が参加することは、「建国精神」や「君民一体」を強固なものにするという論理で正当化できた。時期は後になるが、一九二八年六月、平沼と親しく、陪審制導入に重要な役割を果たした林頼三郎（後に広田弘毅内閣法相）は、国本社講演会での演説で、陪審制は「建国精神を如実に裁判の上にまで徹底」しようとするもので、「君民一体の政治国体観念」を高調するという意義があり、「天皇の名に於て為す司法に陪審制度を設けて君民一体となつて裁判することは西洋と全く異なる」[27]と述べている。現在のところ、平沼自身が陪審制と天皇制との関連に触れた史料は存在しないが、林の見解と大きく異なるものではなかったと推測される。他方、「民法中我古来の風習に反する主義を改むる」ために政府が委員会を作ることは、平沼が「人心の帰向統一に関する建議案」で主張したことと同様であり、この点においても審議会を設置するメリットがあった。

以上を踏まえると、平沼は司法部への批判が高まっているが、裁判官の誤判は構造的に避けられないものであり、いずれ陪審制を導入せざるを得なくなる。しかし、批判勢力からの圧力により制定に踏み切るのは好ましくなく、むしろ司法部が主導権を握り、司法部にとって望ましい形で制定しようとしたのであろう。

一方、原が陪審制導入を推進するきっかけとなったのは、前述のように、日糖事件と大逆事件における司法部の過酷な捜査・判決であった。原の狙いは司法部による人権侵害が政党員にも及び、政党政治の発展が阻害される事態を防止することにあった。

すなわち、平沼と原は、陪審制導入を推進した政治的意図は異なっていたが、陪審制導入の必要性については一致し、協力できたのである。

穂積は臨時法制審議会の総裁に就任することを受諾したものの、一九二一年一〇月には辞任を申し出た。そこで、平沼は原の希望通り、「総会丈けに臨席」するという内意によって留任させた[28]。その結果、副総裁である平沼の影響力が強まった。また、陪審法の成立後、穂積は再び総裁辞任の意向を示したが、政党や平沼らの慰留により撤回した。その後、審議会の事務は平沼が担当し、実質的に平沼により運用されるようになった[29]。

陪審法成立後も審議会は存続し、後に普通選挙法などの重要法案が同会で審議されることになる。結果として、審議会は法律専門家としての平沼の権威を高める役割をも果たすことになったのである。

## (二) 司法官定年制導入の政治過程

一九一三年の司法部改革は第二次大隈重信内閣と寺内内閣により修正され、その間、大規模な司法部改革は行われなかった。原は首相就任後、以前から構想していた司法官定年制[30]（一九二一年裁判所構成法改正）の立法化に着手した。

原は以前より、司法官にも定年を設け、若く学識ある司法官を抜擢する必要があると考えていた[31]。一方、司法省においても、以前から定年制の導入を検討していた。鈴木は遣外法官（遣外法官制度とは、司法省が司法官数名を選抜し、海外で司法制度を調査させる制度）として渡欧した際、既にベルギーの定年制に注目しており[32]、司法省においては、一九一七、一九一八年頃には定年制を導入することが最も適当であると考え、調査を進めていた[33]。鈴木は政府委員を務めるなど定年制導入に中心的な役割を果たした。鈴木との関係及び従来から司法省で検討されていたことを踏まえると、平沼も定年制導入に同意していたことは間違いない。ただ、平沼が同意した背景には、後述のように、①司法省法学校出身者を退職させることで、権力基盤をさらに強固にする、②裁判所構成法の改正を通じて、検事総長を親補官から親任官に昇格させる、という意図もあったのであろう。

政府は裁判所構成法改正案を第四二議会（一九一九年一二月二六日〜一九二〇年二月二六日）に提出予定だったが、解散総選挙のために中止となった。その後、一九二〇年六月、政府は法制局の修正案を採用し、検事総長の親任官待遇への昇格については、司法省の要望を容れることに決定した[34]。

七月二日、原内閣は裁判所構成法改正案を枢密院に緊急案件として諮詢し、修正可決された。枢密院では、①検事長・大審院部長だけでなく、他の司法官の定年も六三歳にすること、②定年延長に年限（五年）を設け、判事の定年延長は法相ではなく、大審院・控訴院の決議で決定すること、の二点を修正し、法相の権限拡大を抑制し、定年となる年齢を引き上げた。

なお、政府案の作成及び枢密院への諮詢は、新聞などに情報を漏らさずに決定されており[35]、定年制の導入は、専ら政府と司法省のイニシアティブによるものであった。

政府が裁判所構成法改正案を議会に提出することが明らかになると、定年制により、司法省法学校出身者はほとんど定年となることから、『法律新聞』では、「平沼・鈴木閥」の「勢力助長策に過ぎない[36]」などの反対意見が出た。しかし、定年制の導入は日糖事件以来の原の構想でもあった。

七月九日、政府は貴族院に裁判所構成法改正案を提出したが、貴族院委員会では山県系官僚の仲小路廉を中心に違憲論が続出した。

貴族院会派の中で、政友会系の会派は研究会（一四〇名）と交友倶楽部（三九名）であった。しかし、最大会派の研究会においても反対論があり、自由投票の見通しとなったため[37]、法案の可決は不透明な状況となった。そのため、委員会で法案は審議未了で廃案となった。

原内閣は次の議会での法案成立を目指したが、この間、判事を中心として、法案成立阻止のための運動が行われた。横田国臣大審院長は、元老山県有朋に法案反対を訴えた。また、富谷鉎太郎東京控訴院長らは、原を訪問し、強制でなく依願退職とすべきであると申し出た。しかし、原は取り合わず、山県も具体的に行動しようとしなかったため、横田大審院長らの運動は失敗に終わった。(38)

一九二一年二月七日、原内閣は再度、裁判所構成法改正案を貴族院本会議に上程した。貴族院では仲小路の質問のみで委員会付託となった。(39)委員会では、①定年延長を五年から三年に短縮すること、②判事定年延長の決議における法相の認定権を削除すること、を修正点とした修正案が成立した。(40)

枢密院と貴族院で法案が修正された結果、政府は、①定年となる年齢、②定年延長規定、③法相による判事の監督権、について妥協した。しかし、原は「些少修正」(41)で通過したと満足しており、政府の意図はあくまで定年制の導入そのものにあった。

定年制の導入により、既に高齢となっていた司法省法学校出身者は退職に追い込まれ、司法部では、平沼・鈴木及び大学出身者の影響力がさらに強化されることになった。また、裁判所構成法改正の結果、検事総長は親補官から親任官となり、司法部の権威はさらに高まった。

## 三　第一次世界大戦後の思想問題への対応

### (一) 第一次国本社の設立と国家主義運動への関与

前述のように、平沼は第一次世界大戦期における外来思想の流入とそれに伴う秩序の動揺を憂慮した。第一次世界大戦後になると、平沼は民間の国家主義者との交流を開始した。

平沼が民間の国家主義者と接触するきっかけとなったのは、一九一九(大正八)年一月、竹内賀久治(弁護士)との会談である。平沼は竹内と同じ岡山出身の法曹という共通点があったものの、それまでは顔見知り程度の関係であったが、平沼の要望により面会した後、親密な関係となった。

平沼は以前、竹内の特許法に関する論文を読み、高く評価していたが、この時期に自ら面会を求めたのは、竹内が以前から国家主義運動に積極的に参加し、一九一八年一二月に東京帝国大学内で結成された新人会と敵対したことを評価したためであろう。[42] その後、竹内は一九一九年六月に東京帝国大学内で結成された興国同志会に参加した。

一九二〇年一月に発生した森戸事件は、平沼が民間の国家主義者との交流を深める契機となった。これは、森戸辰夫(東京帝国大学経済学部助教授)の発表した論文が無政府主義を宣伝するような内容であると問題となった事件である。興国同志会は森戸の罷免を要求するなど活発に活動した。しかし、この行動には学内から専断的であるなどの批判が高まり、興国同志会では脱退する会員が相次ぎ、その後、同会は自然消滅した。[43]

竹内は興国同志会の動揺を受け、新たに雑誌を発刊して、国家主義を鼓吹しようとした。一月二四日、竹内は平沼に書簡を送り、①森戸事件は新人会の「最初の実際運動」であり、②興国同志会会員の動揺と同会の今後の活動方針、雑誌『戦士日本』の由来などについて、雑誌発行以前に面会したい、と述べている。[44]『戦士日本』は雑誌『国本』の前身と位置付けることができるものであり、国家主義を鼓吹する目的で発刊されたが、創刊号のみで挫折した。なお、四月一五日には、興国同志会員の天野辰夫（弁護士）と立花定が平沼に興国同志会会計決算表を送っていることから、[45]平沼が同会の活動を支援していたことは間違いなく、金銭的な援助を行った可能性もある。

続いて、一九二一年一月、竹内は興国同志会の演説会に参加していた太田耕造（弁護士）とともに第一次国本社（以後、一九二四年の改組前を第一次国本社、改組後を国本社と表記する）を設立し、『国本』を発刊した。[46]発刊の動機は「当時は純真なる国家思想及び国体観念を国民に伝ふべき雑誌は一冊もなかつた現状に対し已み難き憂慮の念にかられ」たことにあったという。発刊にあたっては、興国同志会系の東京帝国大学法学部・文学部教授の援助があり、平沼も後援した。雑誌の経営は主に竹内、綾川武治（東亜経済調査局編輯科）、蓑田胸喜（慶應義塾大学予科教員）、天野らが担当しており、[47]第一次国本社は興国同志会の人脈を基礎としたものであった。ただ、第一次国本社はほとんど注目されておらず、「経営上の大試練」にも直面したという。[48]

第一次国本社は民間の知識人、特に東京帝大関係者を中心とした組織であり、『国本』では、①アメリカへの警戒と反軍縮、②排日移民法への反発、③議会の制度改革、④国家主義の擁護、などが論じられた。これらは大枠において、平沼の問題意識と共通していた。ただ、平沼は『国本』にほとんど投稿しておらず、アジア主義や普選への対応については、平沼と相違点があった（第Ⅱ部第二章一）。

その後、平沼は国本社以外の国家主義者とも交流を深めた。

まず、具体的な経緯は明らかではないが、一九二一年二月、平沼は日比谷大神宮（東京大神宮）で行われた皇太子裕仁親王（後の昭和天皇）の洋行中の安全を祈願する集会に参加している。この集会は洋行反対運動を主導して

写真５　『国本』創刊号の表紙（複製版）

いた頭山満（玄洋社）・杉浦重剛（東宮御学問所御用掛）ら民間の国家主義者が開いたものであり、平沼は頭山・杉浦らと一緒に写真を撮っていることから、少なくとも皇太子の外遊を望まないという点について、彼らと同様の意見であったと推測される[49]。

また、一九二一年四月二四日、『国本』に頻繁に投稿するようになる満川亀太郎は、北一輝とともに平沼を訪問し、「大に天下廓清の途に就き相談した」と日記に記している。この時点で、平沼は満川に三度面会しており、北とは初対面であった[50]。

なお、北と満川は一九一九年に大川周明らとともに、猶存社を結成し、急進的な国家主義運動を開始していた。その中でも、北は社会主義と国家主義を結合させた思想を提示し、昭和初期の青年将校らにも大きな影響を与えた。北が一九一九年に著した

『国家改造案原理大綱』（後に『日本改造法案大綱』と改題）では、①軍のクーデタによる政権奪取、②治安立法の撤廃、③私有財産の制限、④貴族院・枢密院・華族制度の廃止、などの具体策を示した。これらは、伝統的な価値観の維持を重視し、急激な改革に否定的な平沼の思想とは明確に異なっていた。ただ、当時、平沼と北ら猶存社同人の立場の差は明確となっていたわけではなく、皇太子の外遊阻止運動などにおいては、協力出来る関係にあった(51)。

平沼が特に憂慮したのは、共産主義の影響を受けた社会運動が大学などで発生し、大衆を扇動することで、社会秩序の動揺を招くことにあった。時期は後になるが、平沼の民間の国家主義団体に対する認識としては、一九三〇（昭和五）年九月、倉富に語った次の会話が参考になる。

前内閣のときは所謂左傾派の取締に相当厳重に為し、自分（平沼）等は尚ほ不十分なりと思ひ居りたるも、現内閣となりては、所謂右傾派の取締を厳にすることになりたるか、夫れも単に暴力団の取締と云へは宜しきも、皇室中心主義の暴力団抔と云ふに付、左傾派は勢を得ることになる。事、自分（平沼）学校を管理し居り、学生の気風を見るに、一時は左傾学生は余程閉息し居りたるか、此節は非常に気風か変り、勢力を復し居れり(52)。

つまり、田中義一内閣では「左傾」の取締りを厳重にしたが、浜口雄幸内閣では一転して「皇室中心主義の暴力団」まで取締りを行った。その結果、平沼の管理する学校（日本大学）では非常に気風が変わり、「左傾学生」が勢力を回復してきているという話である。このことから、平沼は国家主義勢力と共産主義の影響を受けた勢力が対抗関係にあり、前者を保護することは後者を抑えるための有効な手段であると考えたのであろう。

平沼は以前のように教育の振興などでは共産主義の影響を受けた勢力を抑えきれないという危機意識があり、よ

写真６　皇太子裕仁親王の洋行中の安全を祈願する集会に出席した平沼（前列左から一番目。なお、前列右から二番目が杉浦重剛、三番目が頭山満）

※藤本尚則『国師杉浦重剛先生』（敬愛会、一九五四年）

り実行力のある民間の国家主義者との連携が必要と考えるようになったのではないかと思われる。

すなわち、平沼がこの時期に至り、民間の国家主義者との交流を求めたのは、単に思想的に共鳴したという理由のみではなく、共産主義に対抗し、天皇を中心とする秩序を守るための手段として国家主義勢力を利用するという政治的意図があったのである。

他方で、一九二一年、平沼は陸海軍・外務・司法など各省の中堅官僚と財界の有力者を中心メンバーとした辛酉会を結成した。会員は五七名であり、会員の多くは改組後の国本社にも参加した。例えば、陸軍では荒木貞夫（陸軍大佐）・宇垣一成（陸軍中将）、海軍では加藤寛治（海軍中将）・米内光政（海軍大佐）、外務省では広田弘毅（外務省書記官）、司法省では小原直（司法省参事官）・塩野季彦（東京区裁判所次席検事）、らが会員として名を連ねている。[53] 彼らの多くは一九三〇年代から一九四〇年代にかけて大きな政治的影響力を有するようになった。
ただ、陸海軍の会員を見ると、後年の派閥対立を反映したものではないことがわかる。また、この会の実態については不明である。ただ、会員の構成を踏まえると、思想問題や政党政治に危機感を持つという点では共通していたと考えられる。

## (二) 原敬内閣における思想問題

原は首相就任以前、社会主義者への強硬な取締りには反対であった。一九一八年四月の段階でも、山県が社会主義の流入を心配し、ロシアの社会主義者との通信などを取り締るよう述べたことに対し、原は「差向き切迫したる事情ある様に山県の話の聞ゆるは少々了解しがたき所なり」[54]と日記に記し、切迫した問題とは受け止めていなかった。

しかし、原は首相就任後、思想問題を重視するようになった。この背景には一九一八年夏に起こった米騒動の影響もあるのかもしれない。一九一八年一一月、原は山県に「煽動者」に対しては、相当の処置を行い、社会主義者の「暴挙を未然に止むる」方針を示した。[55]そして、社会主義者に対する直接的な弾圧は行わないが、新聞や教育者の「煽動」に対しては起訴を含む厳しい対応を取った。

まず、一九一八年一二月八日、寺内内閣期において大阪朝日新聞が起こした筆禍問題（白虹事件）の判決があったが、平沼と鈴木は、原に控訴しない方針を伝えた。原はそれを受け入れたが、大阪朝日新聞社の新たな方針について「社長を呼出して其真意を慥か」め、念を押した上で問題を解決させた。[56]

次に、一九二〇年一月、森戸事件が発生した。一月九日、平沼は原を訪問し、事件の指揮を求めた。原は起訴する方針を述べたが、平沼は関係省庁などと相談してからのほうがよいと答えた。一月一二日、平沼は再び原を訪問し、文部省は穏便な処置を望んでいるが、森戸は悔悟している様子もないので起訴すべきと述べた。翌日、原は閣議で森戸だけでなく、雑誌編輯者の大内兵衛（東京帝国大学経済学部助教授）も起訴することに決めた。[57]

以上の二つの事件において、原は平沼と協力して事件に対処した。これ以降も原内閣は「危険思想」については、厳重に取り締まる方針を取った。

その後、原は思想問題への憂慮をさらに深めた。それは一九二〇年代初頭、民主主義の影響を受けた普選運動が激化するとともに、社会主義・サンディカリズムの影響を受けた労働争議が頻発したためだと考えられる。

一九一九年五月、原内閣は衆議院議員選挙法を改正し、大幅に選挙権を拡大させた。しかし、普選運動は収束せず、第四二議会が再開された後には示威運動にまで発展した。原は社会秩序の維持を重視し、漸進的な改革を望んでいた。そのため、普選をこの時点で導入することには反対であった。そこで、原は解散総選挙での局面打開を図り、普選運動を沈静化させた。[58]

しかし、普選運動の挫折と一九二〇年三月以降の反動恐慌は、労働組合運動を急進化させることになった。また、結成当初、民本主義を唱えた新人会も社会主義、サンディカリズムの影響を受けた急進的な思想へと傾斜した。[59]

原が思想問題について本格的に発言するようになるのは、八月二六日の政友会東北大会の頃からである。原が問題視したのは、①外来思想を日本の現状を十分に考えずに日本に取り入れようとする知識人がおり、それに政治家・国民が付和雷同していること、②公共心と自立心のない経済人の意識、③公共事業に過度の期待を抱き、政府に依頼心を持ち過ぎるようになった国民の意識、であった。[60]

一九二一年一月二六日、原は衆議院で思想問題への対策を問われた際、原因は千差万別であるが、①食糧問題の解決により国民生活を安定させること、②高等教育機関の拡充を行い、国民の教育の程度を高めること、が必要であると答弁し[61]、基本的な政策を示した。

その一方で、原は宗教と教育による「思想善導」により思想問題に対処することも模索した[62]。一九一九年五月、床次竹二郎内相は内相官邸に神道・仏教・キリスト教の代表を招いて「三教合同」を開催した。原も各派代表と面会して、「国民精神」に注意することを要望した[63]。また、一九二〇年一〇月、原は大谷光瑞（浄土真宗本願寺派）に、「我国宗教は殆んど滅亡せりと言ふも不可」ない状況である。そのために大本教などが流行するので、教育だけでなく、宗教の力で人心を善導していく必要があると述べ、感化に尽力するよう「切に勧誘」した[64]。

しかしその後、原は宗教による「思想善導」は断念したようである。一九二一年二月一一日、原は久保田譲（枢密顧問官）を訪問し、「今や教育によるの外人心を指導するものなきも、其教育亦精神なし」と述べ、特色を有した師範大学を作ることを提案した[65]。また、山県にも教育者の善導や教育費整理委員会を設ける構想を話した[66]。しかし、思想問題は複合的なものであり、原も有効な対策を見つけられていなかったように思われる。

その後、共産主義者がコミンテルンの指示と援助のもとに運動を行うという事態が発覚し、原内閣は遅くとも一九二一年八月には、過激社会運動取締法案制定の意思を決定するに至った[67]。

以上のように、思想問題についても原と平沼は協力して問題を処理した。ただ、思想問題への対処については相違があり、原が国民生活の安定を基本路線としたのに対し、平沼は国民道徳の涵養といった精神主義的な政策を重視した。

## (三) 疑獄事件への対応

一九二〇年末から一九二一年にかけて、政友会系の議員や官僚などが関与した疑獄事件が相次ぎ、原内閣は野党やマスメディアから激しい批判を浴びた。ここでは、マスメディアで大きく報じられた東京市会疑獄事件・満鉄事件での検察権の運用を簡潔に述べる[68]。

まず、一九二〇年一一月、東京市会において疑獄事件が発生した。この事件では、明治神宮の砂利購入についての不正問題を発端として、ガス・水道・土木の取引をめぐる不正問題にまで拡大し、関係者や市会議員が逮捕された[69]。

大木はまず、検事に事件の範囲を砂利問題に限定し、事件の不必要な拡大を避けるよう訓示を行い、原もこれに同意した[70]。その後、原は大木から阿部浩東京府知事と熊谷巌警視庁部長がガス問題に関与し、熊谷は起訴となるかもしれないと報告を受けた。そこで、原は阿部と熊谷に対し、公職からの引退を勧告した。阿部は勧告を受け入れ、東京府知事と貴族院議員を辞職し、不起訴処分となったが、熊谷は勧告を拒否した。そのため、原と大木は起訴する方針を決定した[71]。この事件では大木が原との折衝に当ったが、大木は処分の方針について、予め平沼と相談していたのであろう。

次に、一九二一年三月、南満州鉄道株式会社（満鉄）が塔連炭鉱を不当な高値で買い上げるとともに、満鉄の子会社大連汽船会社に内田信也（実業家・後に政友会所属衆議院議員）が経営する造船所から、汽船を不当な高値で買い上げさせたという疑惑が浮上した。事件は大きく報道され、政友会系の野村龍太郎社長と中西清一副社長が疑惑の焦点となった。憲政会をはじめとする野党は政友会を激しく攻撃し、衆議院で問責決議案を提出した。また、貴族院の予算総会でも、政府の「官規紊乱」に対する批判が出た[72]。

三月一八日、鈴木は原に対し、憲政会の告訴では到底背任罪にならないとの見通しを述べた。三月二四日には、平沼も原に、これまでのところ背任行為はなく、満鉄を告発した山田潤二（元満鉄社員）の陳述書も「殆んど価値なきものの如し」と報告した[73]。

その後、五月一一日、大木は原に平沼・鈴木ら司法省・検察による会合の結果を報告した。その内容は、政党が関係していないことは明瞭だが、野村社長と中西副社長が実価より高く買い上げたことは事実である。そのため、両名を責任上起訴することが適当であり、政争の具として告訴されているので、裁判で正明を明らかにした方が政府の利益になる[74]、というものであった。

原は満鉄の国際的な信用に関わると考え、野村と中西の不起訴を望んだ。五月一五日、原は平沼と鈴木を呼び、意見交換を行った。その結果、鈴木は原の意向を汲み、不起訴論に転換した。しかし、平沼ら検察は起訴すべきとの主張を変えず、五月一七日、「遂に鈴木の発言にて平沼検事総長と内談の結果、満鉄丸買入の件は不問に附し、塔連炭鉱買入に付ては中西副社長のみを起訴する方針」とした。原は起訴を望んでいなかったが、「強圧する事も不可能」と考え、決定を承諾した[75]。

ただ、原は中西の容疑について、無罪であると考えていた。そのため、検察は不起訴にすれば世間の疑惑が生じ、政府のためにならないと言いながら、現今の捜査は有罪にしようと頻りに尋問していると考え、検察に不満を持った[76]。

平沼の判断の背景には、社会秩序の動揺への憂慮があった。前述のように、平沼は以前から政治的疑獄事件での捜査の経験を通じて、政党をはじめとする政治勢力の腐敗が社会秩序に与える影響を懸念しており、とりわけ一九二一年春頃から人心の悪化に対する憂慮を深めていた[77]。平沼は事件を引き起こした政党に対する不信感を強め、従来のように引退処分のみで済ませれば、国民や政治家の道徳の悪化と社会秩序の動揺をますます促すので、断固とした処置が必要と考えたのであろう。

## （四）大審院長への就任と宮中入りの希望

司法官定年制の導入により横田大審院長の後任が問題となったが、原は大木に「平沼を大審院長となし、鈴木次官を検事総長となすは適当の順序」であり、就任を要請することを依頼した。しかし、平沼と鈴木は就任を固辞し、富谷を推薦した。それは、定年制は横田を追い出し、平沼と鈴木が権力を握るために導入したという批判が強く、富谷は、一九二一年一〇月には定年を迎えることがわかっていたためであり、原も平沼らの意見に同意した。(78)

一九二一年九月一九日、富谷の定年が間近となり、平沼と鈴木の昇格が再び問題となった。平沼は遅くとも一九二一年九月までには、将来、宮中に入りたいと希望しており、そのことが原にも伝わっていた。原は平沼との会談で、平沼の宮中入りについて「尤もの事にも考へらるるも今直に行はるべきに非ず、殊に皇族会議にも列する大審院長とは異り、検事総長にては事情に於ても許さざる事に付其辺の事も内談」し、平沼は大審院長への就任を承諾した。(79)

原が平沼の宮中入りに好意的な発言をしたことについては、平沼の回想と野田卯太郎（政友会幹部）が一九二七年二月、松本剛吉に伝えた話の中にも出てくる。(80)

しかし、既に述べたように、原と平沼は司法行政・司法部改革に関しては、概ね協力して対処したものの、将来の国家像や政治秩序のあり方については大きく異なっていた。また、平沼は森戸事件以降、国家主義者とも交流を深めるようになっていた。さらに、一九二一年半ばには満鉄事件をめぐり、原は平沼を中心とする検察に不満を抱くようになっており、両者の提携関係は動揺していた。

これらを踏まえると、原が宮中入りを本気で検討していたかは疑問であり、むしろ平沼を大審院長に就任させるためのリップサービスであったと解釈する方が自然である。また、野田は原と平沼の連絡役であったわけではなく、原の平沼へのリップサービスを原の本心と誤解した可能性もあり、その証言の正確性については疑問が残る。(81)

『日本弁護士協会録事』によると、憲政会及び『東京日日新聞』を除く新聞は、「阿片、満鉄等の大事件を眼前に控へたる今日」において、「硬骨なる平沼氏を院長に祭り上け」、「準政友会員とも見るべき」鈴木を起用するのは「司法権の独立の為めに危惧」すべきであると反対した。(82)定年制導入は司法省が以前から構想していたものであり、定年制導入により平沼が大審院長となるのは自明の理であったため、この観測は正確ではない。しかし、これは司法官僚としての平沼と鈴木とのイメージの違いを端的に表したものとして興味深い。

鈴木は一八九五（明治二八）年に鳩山一郎（政友会所属衆議院議員）の姉と結婚し、一九二〇年六月には原の推薦により貴族院議員に勅選され、研究会に所属した。鈴木は将来の立身のための選択肢の一つとして、政友会への入党を考慮に入れていたのであろう。その結果、政友会系官僚とのイメージが定着し、公平さに欠けるため、検事総長として不適格であるとみなされたのである。

一方、平沼は、前述のように、日清戦争前後に結婚したが、間もなく離婚し、以後独身を貫いた。また、平沼は政友会と司法行政・司法部改革について協調したものの、将来の国家像や憲法観などについて共有しておらず、検察権の行使において、公平な立場をアピールしたため、特別な関係を持たなかった。以上の経緯を踏まえると、平沼が宮中入りを考えたのも自然であり、世間的にも公平であるというイメージを維持していたといえよう。

以上のように、平沼は一九二一年中頃には、将来的に宮相か内大臣に就任し、宮中政治家として皇太子の輔導などに関わることを希望していた。そのきっかけとなったのは思想問題の悪化であり、社会秩序の維持や天皇制の護持を自己の使命としたのである。

一一月四日、原が暗殺された。平沼は新聞の談話で、「殊に此困難なる政局に処し、得難き人を失ふたるは実に国家の一大損失だ……対外問題の重大なるものを控へ、目前の予算閣議と云ひ、此際どうしても原総理の健在を必要とすることは何人も否まぬ処……今最も寒心に堪へぬことは思想動揺の際、政局の混沌に依つて、益民心の安定を害せんことである」[83]と述べた。すなわち、平沼は原の指導力を評価しており、思想問題が悪化する中、原の死により政局が乱れ、民心がますます動揺することを恐れたのである。

## 四　司法官僚としての一応の成果と迷走の幕開け――小括

これまで司法官僚時代の平沼の権力確立と政治観形成を論じてきた。

まず、平沼が司法省における権力確立を果たした主な要因は、非山県系の学士官僚であり、政友会との協力の上で、司法部改革を主導することに成功したことにあったことを明らかにした。

平沼は司法省入省後、省内で主流だった山県系官僚に登用されなかった。平沼が出世の契機を掴んだのは司法官増俸要求事件である。平沼は山県系官僚が主導したストライキの収束に中心的な役割を果たした。このことは、結果として政友会を助けることにもなった。平沼は松田法相（第一次西園寺内閣）の下で、民刑局長に就任し、新刑法の制定に尽力した。その後、平沼は遣外法官に選出され、その経験を通じて司法部における権力基盤を固め、法学の専門知識においても司法省をリードする存在とみなされるようになった。帰国後、平沼は日糖事件と大逆事件の捜査を通じて、司法部の権威を増大させた。原は両事件の捜査における司法省と山県系の連携を疑ったが、平沼は山県系の意向に従ったわけではなかった。その後、平沼は第二次西園寺内閣の下で次官に昇格した。一九一三年の司法部改革において、平沼は松田に積極的な行政整理の必要性を訴え、改革の主導権を握った。平沼は松田から改革案の作成を一任され、人事改革などを断行した。改革の結果、平沼は一九一四年から鈴木次官とともに司法省・検察の実権を掌握した。

次に、平沼は検事総長時代、政治家の汚職疑惑については、社会や司法部に与える影響などを踏まえ、柔軟に対応する方針を示すとともに、政党及び山県系と巧妙に距離を取り、自らの権力維持と司法権強化を図ったことを明らかにした。

平沼は日糖事件以降、国家の体面や社会、司法部に与える影響などを踏まえ、場合によっては、引退など司法処分によらずに処理する方針を示した。シーメンス事件においては、当初、海軍からの攻撃を受ける可能性や山本が収賄していないかを考慮し、慎重に捜査を進めた。その後、海軍関係者への捜査を決行し、司法部の威信を増大させた。また、大浦事件でも、山県系などの干渉を受けつつも、現職の国務大臣を起訴することは国家の体面に関わり、司法部への影響も大きいことから、政界引退という形で決着させた。原は日糖事件以降、検察が山県系と連携しているのではないかと疑っていたが、第二次大隈内閣時には検察を公平であると認識するに至った。

平沼は原内閣とも、司法部における問題については概ね協力関係を構築した。平沼は法相就任を固辞したが、原と人権問題、思想問題、大木法相失言問題（「司法官化石問題」）などを協力して処理するとともに、原が推進した司法官定年制導入、陪審制導入にも積極的に協力した。ただ、人権問題と陪審制導入については、原が司法部による人権侵害が政党員にも及び、政党政治の発展が阻害される事態を防止することを意図していたのに対し、平沼は司法部の権威の維持を意図した。

他方、平沼が司法官僚としての経験を通じて形成した政治観は、山県有朋と類似したきわめて保守的なものであった。

平沼は幼少期から儒学などを学び、西洋の学問に高い適応能力を示したものの、過度の西洋化に疑問を持っていた。これらの疑問は司法官僚としての経験を通じてより強固なものとなった。遣外法官時代、欧州のストライキや無政府主義の実態を見聞し、それらへの警戒を強めた。また、大逆事件の経験は西洋化への不信感をさらに強め、後に伝統的価値観の振興に乗り出す契機の一つともなった。さらに、「天皇機関説論争」では、実質的に官僚の権限を擁護する役割を担った天皇主権説を支持した。

第一次世界大戦の影響により外来思想が国内に流入すると、思想的対抗として敬神や忠孝などの観念を打ち出し、天皇を基軸として人心を統一することを狙った。また、人種論の立場から欧米に不信感を持ち、欧米が日本を圧迫することを恐れた。その後、思想問題が悪化すると、民間の国家主義者との交流を深めるとともに、政党の汚職への懸念を深めた。

このような平沼の政治観は、司法官僚としての経験に由来したきわめて保守的なものであり、狭い範囲内における国益の利害計算にとどまっていたのである。これらは山県と共通点が多く、原とは大きく異なっていた。ただ、平沼は自身の君側輔導の方針や対外認識に理解を示す山県に好感を持っていたものの、特別な政治的関係を持つことはなかった。それは、政友会と山県系との対立を踏まえ、山県系への接近は自らの権力維持にとって得策ではないと考えたためであろう。

すなわち、平沼は主に政友会との協調により司法省において台頭したことから、自らの政治観と親和性のあった山県系から一定の距離を取り、司法部改革の当面の方向性において共通点があった政友会に巧妙に接近して改革を主導することで、自らの権力と司法権を強化させることに成功したのである。その際、司法部改革では刑法改正や裁判事務の合理化など公的な利益と、自らの権力及び組織の権威の増大という私的な利益とを巧みに融合させた。また、検察権運用では政友会と山県系から一定の距離を取るとともに、柔軟な対応を示し、世間的に公平さをアピールすることで権力維持を図った。このことは平沼が必ずしも自らの政治観に忠実に行動するわけではなく、山県系と政友会との対立という政治構造を踏まえ、官僚として、自己利益や組織の権威増大という目的を合理化・正当化するための柔軟な政治戦略を有していたことを示すものであるといえよう。

ただ、平沼が政治家を志したのは第一次世界大戦後の思想問題の悪化を契機としたものであり、一貫して司法部に所属していたことから、外交や経済などを含めた幅広い見識を養うことができていなかった。これらは政治家時代の迷走の大きな要因となっていく。

# 第四章――政党内閣下における政治構想と政治運動――政治戦略としての国家主義

本章では、平沼騏一郎の大審院長就任から田中義一内閣崩壊までの動向を分析する。一九二〇年代の平沼を本格的に分析しているのは、現在のところ、伊藤隆氏の研究のみである。[1]伊藤氏は『国本』などの分析を通じて、平沼の「復古」性を強調した。また、司法部の人脈を通じて政治的策動を行ったことや陸海軍人との連携により、元老西園寺公望に代わる「天皇親政的な元老」を目指したことなどを指摘した。ただ、「倉富勇三郎日記」が国立国会図書館憲政資料室に寄託されたのは一九七三年であるという時代的制約もあり、伊藤氏は当該期の平沼に関する重要な情報を多く含む「倉富勇三郎日記」を使用していない。そのため、①当該期の政治状況における平沼の位置付け、②国本社の政治的機能とイメージの変化、③平沼の政治手法・政治観・政治構想、などについて十分に実証していない。

以上を踏まえ、本章では、「倉富勇三郎日記」などの一次史料を体系的に用い、①当該期の政治状況における平沼の位置付けとイメージ、②平沼の政治観とそれに基づく政治構想・政策の展開、を明らかにする。

## 一　治安立法・普通選挙法の推進

一九二一（大正一〇）年一〇月五日、平沼は検事総長から大審院長に昇格した。平沼は就任後間もなく判例審査会の設置に着手した。そして、わずか二カ月後の一二月、大審院に審査会が設置され、平沼は自ら会長に就任した。既に指摘されているように、平沼は就任以前から判例審査会を設置しようとしており、内規の起草などそれなりの下準備をしていたとみるべきである。(2)

平沼が審査会を設置した目的は、大審院の判決が法律と同様に重視されているが、過去の判決の中には時代と合致しなくなっているものがあり、それらを審査・整理することにあった。平沼は審査の方針として、法文・法理に拘泥することなく、法律の精神、社会紀律、道徳上の法則、経済上の原則を考量することを強調した。この背景には、第一次世界大戦後の外来思想などの流入に影響を受けた急進的な社会運動に対する取締強化も関連していた。(3)

平沼は審査会について、「大審院自体を権威あるものにしやうと尽力した。部下以下勉強した。始終会議を開いて判例をこしらへた」(4)と回想しており、強い熱意を持って取り組んだことがうかがわれる。

平沼にとって転機となったのが第二次山本権兵衛内閣の成立である。一九二三年八月、山本権兵衛に組閣の大命が下った。九月一日、山本は平沼と会談し、入閣を打診したが、ちょうどその時、関東大震災が発生したため、山本は平沼との交渉を一旦打切った。山本は地震の発生により組閣を急ぐことを決め、九月二日に組閣を完了し、ひとまず田健治郎が農商相兼法相として入閣した。(5)そして、九月六日、田は農商相専任となり、平沼が法相として入閣した。

宮中入りには閣僚を経験した方が有利であることからも、平沼は以前から法相就任を望んでいたと思われるが、政党内閣を嫌い、原敬内閣に入閣しなかった。しかし、第二次山本内閣は非山県系の官僚を主体とした内閣であることから、法相就任を受諾したのであろう。(6)

田及び司法省は、関東大震災後の流言蜚語を取り締まるため、緊急勅令の制定に尽力し、震災からわずか五日後の九月六日、「治安維持に関する件」（治安維持令）が枢密院本会議において全会一致で可決された。治安維持令は高橋是清内閣時に提出され、審議未了に終わった過激社会運動取締法案と多くの共通点をもつものであり、過激社会運動取締法案と治安維持法との中間に位置するものであった。(7)

九月七日、平沼に法相の事務引き継ぎを終えた田は、「法相を兼ねて僅か五日、幸いにも最適任の後継者を獲得し、国家の為慶賀に堪えず(8)」と日記に記した。その後、平沼は田の仕事を受け継ぎ、第四七議会（一九二三年一二月一一日～一二月二三日）での治安維持令の承認に尽力した。平沼は衆議院での答弁で、緊急勅令を維持する理由として、①震災当時と比較すれば、やや平常に復したが、まだ余震もあり、全く平常に復したわけではないこと、②勅令が犯罪減少に効果があったこと、を挙げ、期限については明言をさけた。また、法律の適応範囲が広すぎるとの批判に対しては、法律の範囲を限定せず、自由裁量を与えて犯行の状況に適した処分をする方が当を得た対応であり、無罪の者を検挙することがないよう努めると答弁した。(9)一方、貴族院の答弁では、平時においてもこのような法律が必要であることは政府においても認めており、立法化するかもしれないと本音をのぞかせていた。(10)審議の結果、平沼は議会の最終日に議会の承認を得ることに成功した。

また、第二次山本内閣では、一九二三年一一月一〇日、御名御璽に摂政の名を付して、「国民精神作興に関する詔書」が交付された。これは関東大震災という危機に際し、教育勅語（一八九〇年一〇月三〇日）と戊辰詔書（一九〇八年一〇月一三日）の精神に立ち返り、復興することを呼びかけたものである。山本首相は告諭で、詔書の意図を以下のように述べた。

殊に欧州大戦の齎せる経済界の変調に促されて人心放縦に流れ、節制を失ひ、国情と相容れざる外来思潮と相待ちて、思想詭激に趨かんとするの風あり、今にして反省自覚を以て中正に帰するに非ずむば、社会の頽廃は遂にこれを済ふに由なからむとす……教育の振作、殊に徳育を根底として重を人格の養成におき、弛緩せる風紀の振粛につとめ、浮華を去り、軽佻を斥け、我邦道徳の大本たる忠君愛国の思想を基礎として……官民斉しく奢侈戒め、冗費を節し、性格の安固を図り、経済上の実力を養ひ、進んで力を産業の進暢に尽し、以て国家の興隆を致さざるべからず。(11)

すなわち、詔書の意図は、とりわけ第一次世界大戦の影響による思想の乱れに対し、主に徳育の振興により対処しようとするものであり、平沼の政治観と共通点が多い。詔書の作成過程は史料的に明らかではないが、平沼は閣僚の一員であり、法令と法案作成に精通していたことから、詔書の作成に影響を与えた可能性もある。

他方、第二次山本内閣では普選の実施が焦点となったが、平沼は犬養毅逓相とともに普選の制定を推進する立場を取った。平沼は既に一九二三年七月には、倉富勇三郎・鈴木喜三郎との会話で「納税資格を維持することは最早出来さるならん」(12)との見通しを述べ、普選は不可避な情勢だと考えていた。

平沼の考えは、少し時期は後になるが、一九二五年一月に枢密院審査委員会で行った発言に集約されていると思われる。

富井、倉富両君より政府は已む得すして本案を提出するものと認められる様の意見ありたるが、本邦に於ては強要せられて法律を出したる様の事実なし。本案に付きても選挙権を拡張することか適当と認めて、之を拡張するものと認めることが必要なり。

此点は極めて重要なることと思う。富井君、倉富君の説を不可とするものには非さりしとも、為念一言す。選挙権を拡張することは実際不安あるを免れす。故に之より生ずる弊害を防止する手段は十分に之を講ぜざるへからす。然らされは安して本案を賛成する旨の奉答を為すことを得さる。(13)

つまり、平沼は普選に不安を感じていたが、もはや納税資格の維持は出来ない情勢であることから、普選運動が過熱する前に、政府がイニシアティブを取り、普選の弊害を防止する手段を十分に講じた上で、普選を実施しようとしたのである。

なお、官僚・陸海軍人・無産政党の一部・民間の国家主義団体の中にも普選を推進する勢力があったが、彼らは普選を政党内閣制の確立ではなく、「国家総動員」体制を実現するために必要な前提条件と考えた。(14) 史料的には明らかではないが、後述のように、平沼も国本社などでの演説で軍事力の重要性や国是・国策を挙国一致で遂行する国民精神の復興などを訴えていることから、同様の意図があったと思われる。

一〇月一五日、山本は閣議で閣僚に普選についての意見を尋ね、概ね賛同を得た。翌日には、①納税資格を全廃すること、②被選挙人の年齢を二五歳以上とすること、③女性の参政権を認めないこと、などの方針を決定した。(15)

一〇月二一日、平沼は新聞の談話で、①普選法案を次の議会に提出することに決定したこと、②次回の総選挙から実施可能だが、それは政府の決心次第であること、③実施にあたって、取締りは厳重にする必要があること、などを述べた。(16)

すなわち、平沼は普選の実施については、次の総選挙からでも可能であると積極的な姿勢を見せる一方、実施にあたっては何らかの治安上の方策が必要と考えていた。平沼が早期の普選実施に前向きだった要因は、史料的に明らかではないが、おそらく治安立法の制定により、その弊害をかなりの程度防ぐことが出来ると考えていたためではないかと思われる。

しかしその後、山本は普選尚早論に傾いた。それは薩摩出身の財部彪海相らが衆議院の多数党である政友会の反対により、普選の推進は困難であると主張し、山本もそれに同調したためである。一一月二一日、山本は閣議で「世帯主制限説」を主張したが、平沼・犬養・田は反対した。また、一二月一二日の閣議では、無条件普選を来年五月の総選挙から実施すべきとする平沼・犬養とそれに消極的な山本が対立し、[17]閣内の不一致が明確となりつつあった。その六日後の二七日、虎ノ門事件が発生した。この事件は、第四八議会（一九二三年一二月二七日～一九二四年一月三一日）の開院式に向かう皇太子の車を無政府主義者の難波大助が狙撃し、暗殺しようとしたが、未遂に終わった事件である。第二次山本内閣は事件の責任を取って総辞職した。平沼は法相を辞任した後、一九二四年一月九日、貴族院議員に勅選された。そして、二月二日には、貴族院議員を辞職し、枢密顧問官に就任した。

時期は少し後になるが、ここで、その後の普選法案の展開と平沼との関わりについて簡潔に述べておく。

一九二四年一二月一二日、加藤高明内閣は閣議で普選法案を決定した。その主な内容は、①納税条件を撤廃すること、②選挙権・被選挙権の年齢を五歳引き下げること、③「貧困の為公費の救助を受くる者」を欠格者とすること、であった。政府は枢密院に法案を諮詢し、枢密院側は審査委員長に金子堅太郎、審査委員に平沼ら七名を選定した。[18]

平沼は加藤内閣が山岡萬之助司法省刑事局長を休職に追い込んだことに不満を持ったと考えられるが、[19]枢密院の審議において、政府に宥和的な態度を取ることが多かった。[20]それは平沼が最も重視した普選法と治安維持法を抱き合わせで成立させるという方針において、政府側と一致していたためであろう。

平沼は審査委員会において、政府の危険思想の取締りや教育の改善についての政策を確認し（第一回、第二回、第五回）、普選は国民の要望ではなく、国民が普選を行う能力があるという根拠において、これを与えるべきであることを述べた（第四回）。また、「浮浪人」や公費を受ける者などへの選挙権付与には反対し、被選挙権は現行法を可とした（第五回）。さらに、普選への対策を希望条項として上奏案中に入れることを提議し、賛否があったものの、可決された（第一二回）[21]。

枢密院の修正案に対し、政府と枢密院正副議長が話し合った結果、欠格者は「公私の救恤を受くる者」と変更された。そして、一九二五年二月二〇日の枢密院本会議で可決された。この際、平沼も賛成しており、欠格条件などについて、政府と大きな意見の差はなかったのであろう。

以上のように、平沼は法相就任以降、治安対策を条件として普選を推進し、加藤内閣期の枢密院の審議でも政府に宥和的な態度を取った。そのため、後述のように、平沼は法相辞任後、政治運動を開始していたのにもかかわらず、台湾銀行救済緊急勅令問題までは、世間的には諸政治勢力から中立的な法律専門家というイメージでとらえられた。このことが平沼の枢密院副議長への就任に際して、第一次若槻礼次郎内閣が反対しなかった要因となる。

## 二　政治家への転身にあたっての政治戦略

### （一）皇室制度整備における伊東巳代治との協調

ここでは、まず、平沼の皇室制度整備への関与を述べる。次に、国本社での活動と政治運動を分析し、官僚から政治家への転身にあたっての政治戦略を明らかにする。以上の分析を通じて、当該期の平沼の政治行動と政治構想を総合的に位置付ける。

平沼は検事総長時代から引き続き、帝室制度審議会委員として、皇室制度整備に関与した。時期は少しさかのぼるが、寺内正毅内閣は、王公族軌範案と皇室裁判令案の枢密院通過が困難な情勢であることから、一九一八（大正七）年九月に法案を撤回した。また、皇室典範増補案については、一一月一日に枢密院で可決された。この間、一九一九年一〇月、平沼は典範を改正しようとする内閣・宮内省の動きに反発し、伊東巳代治と相談の上、岡野敬次郎・鈴木喜三郎ら五名とともに辞表を提出したが、後に撤回した[22]。

以上のように、皇室をめぐる問題において、平沼が伊東と協調して行動したことにより、宮中や枢密院の一部では、平沼と伊東との密接な関係が知られるようになった。例えば、一九一九年五月九日、皇室令の制定に批判的であった倉富は、横田国臣大審院長との会話で、①岡野・平沼らが王公家軌範案のような議論を主張するは「実に解し難」い、②岡野が伊東の子分であることは誰も承知していることだが、平沼や鈴木らが子分になったことは少しも知らなかった、③しかし、「今日にては平沼も立派なる子分なり[23]」、と述べている。

その後、帝室制度審議会では、決定に至る案はほとんどなかった。それは枢密院及び牧野伸顕宮相ら宮内省首脳が皇室令の制定に積極的ではなかったためである。一九二二年八月三〇日、浜尾新枢密院議長は倉富に対し、牧野は帝室制度審議会で編成した皇室裁判令案、王公族軌範案について、枢密院の審議を望んでいるようだが、枢密院の意向は既に先年明らかになっているので、提出するならば、よほど考慮が必要だと述べた。浜尾はとりわけ、皇室裁判令案について、言語道断であり、平沼は平素、徳義のことを主張しながらこのような案を出すのは矛盾していると批判した(24)。

宮内省も伊東らによる働きかけに積極的に対応しなかったようであり、一九二二年七月二六日、小原駩吉（貴族院議員・元宮内省内匠頭）は倉富との会話で、①「伊東巳代治、岡野敬次郎、平沼騏一郎等は非常に関屋貞三郎を恨」んでいる、②その理由は種々のことを約束しておきながら、「何一つことを実行せす、其侭に打捨て置き、審議会を廃することを会より申出つことを待ち居る模様」だと判断したことにあったようである、③皇族就学案の会議のときは「宮内省より出席したる委員、御用掛は予め申合せ全部反対せりとて、大に怒」っていた、と述べた(25)。

一九二一年五月二七日、伊東は皇統譜令案の審議を阻んでいた要因である天皇の歴代数を含めた史実確定を行うため、牧野に歴代史実考査会の設置を働きかけた。しかし、考査会は設置されず、皇室令の審議が遅延していたことから、一九二二年七月一九日、伊東は牧野に対し、辞表を提出した(26)。平沼もこれに同調する動きを見せた。一九二三年二月二八日、倉富は関屋貞三郎宮内次官との会話で、「平沼（騏一郎）も此ことに付ては非常に熱心にて是か出来されは審議会委員を辞する考を有し居る様なり(27)」と述べている。

なお、伊東は考査会設置の目的として、皇統譜令案の審議の進展とともに、「早く決定せされは教科書も区々となり居り、国民の思想にも影響する旨を主張(28)」していたが、これは平沼も同様であったと考えられる。

牧野は当初、皇室制度整備及び、天皇の歴代史実調査に消極的であったが、大正天皇の崩御が迫っており、新帝を迎えるための制度の準備が必要であることから、これらを推進することに決めた。また、天皇の歴代史実調査についても、牧野は諮問事項を限定し、学者の意見の一致が得られるとの見通しの上で、一九二四年三月、臨時御歴代史実考査委員会の設置に踏み切り、(29)伊東は委員長、平沼は委員に就任した。

平沼は考査委員会において、三上参次（東京帝国大学文学部長）、黒板勝美（東京帝国大学文学部教授）とともに、諮問事項の神功皇后を天皇と数えるのか否か、について、「神功皇后は皇代に列せさるへからす」とする理由書案を起草した。平沼らが作成した理由書案は、『日本書紀』の記述に依拠したものであり、大義名分を重視したものであった。

しかし、七月四日の考査委員会では、『日本書紀』の記述の矛盾や解釈について意見が出された。三浦周行（京都帝国大学文学部教授）は、原案は『日本書紀』に皇后を天皇のように記載した箇所について、一つも説明を加えておらず、「単に摂政元年と為すという文字のみを論拠とするは尽くささる旨」を主張した。一方、辻善之助（東京帝国大学文学部教授）は、『日本書紀』の「書き方は甚た困る。然し、試みに始末を合わせ見んと思ふて書紀は其時代の考にて書きたるものなり」と述べた。また、倉富も「始末合はされは、合はさる所にて何れにか決するより致方な」く、応神天皇についても、胎中天皇と皇太子という二つの記述があり、「始末合はさる」ことになっていると述べた。結局、平沼、三上、黒板にて理由書を改作した上、更に会議を開くことになった。(30)

そもそも『日本書紀』では、建国以来の年数を決めて、歴代の天皇に割り当てるという形式をとったため、矛盾がある。例えば、古い年代の天皇の年齢は、一〇〇歳を超える場合があり、在位年数も長すぎるといった問題があり、古い年代の天皇は実在すら定かではない。(31)このような『日本書紀』の性質については、考査委員会でも広く認識されていた。平沼も演説などにおいて、天皇の徳治を強調するものの、当然、それらは歴史的事実ではなく、考証することも不可能であると認識していたと考えられる。[32]

## （二）国本社会長への就任と国本社改組に伴う変化

前述のように、一九二三年一一月一〇日、「国民精神作興に関する詔書」が出されたが、そのわずか一カ月半後、虎ノ門事件が発生した。大逆事件では計画の段階で検挙されたが、今回は実際に摂政を狙撃するまでに至ったのである。平沼が大きな衝撃を受けたことは間違いない。

平沼は法相辞任後、第一次国本社の組織を社団法人に改組し、自ら会長に就任した。平沼は改組にあたり、興国同志会を中心とした第一次国本社時代の体制からの脱却をはかった。

第一に、組織の活動目的を再定義した。前述のように、第一次国本社の活動目的は「国家主義の高唱」にあった。しかし、改組後の国本社は、「国民精神作興に関する詔書」の精神に全面的に依拠し、国民に道徳観念を広めることを目的とする、いわゆる教化団体であることを示し、具体的な政治目標を打ち出すことはなかった。例えば、「国本社々則」には、活動の目的として「国本を固くし国体の清華を顕揚するを以て目的とす[33]」としか書かれていない。

他方、第一次国本社の活動は、実質的に雑誌『国本』の発行のみであったが、改組後の国本社では、『国本』の発行を継続するとともに、全国に支部を設立し、各地での講演活動に重点を置いた。平沼も、『国本』への投稿は「年頭所感」が中心であったが、後述のように、講演活動には非常に積極的であり、各地の国本社支部の発会式において、数多く演説を行った。

第二に、興国同志会が中心となっていた第一次国本社の体制を一新し、役員に政官の有力者を就任させた。現在のところ、国本社役員についての唯一の体系的な史料である、一九二六（大正一五）年一一月付の「国本社役員名簿」[34]を詳細に検討すると、本部では、従来指摘されてきたように、司法省・内務省の高級官僚や陸海軍人が多くを占め、彼らの多くは辛酉会に参加していた。しかし、地方支部では、幅広い有力者が参加していたことが確認できる。その中でも、衆議院議員は二七名参加していることが確認できる。党派を調べると、立憲政友会八名、憲政会七名、政友本党四名、革新倶楽部三名、無所属その他五名となっており、党派に偏りがないことがわかる。なお、当時の第一次若槻内閣からも、若槻礼次郎首相、岡田良平文相、安達謙蔵逓相が参加している。地方支部では、地方自治体首長や地方議会の議員・議長が多数参加しており、支部全四六カ所中、一三カ所が県庁・市役所内、九カ所が学校や図書館などの公共施設内に設置されている。

これらを踏まえると、一九二六年一一月段階では、国本社は特定の党派の利害を代弁している、あるいは、政党内閣に否定的であるといったイメージが持たれていたとは考えにくい。また、地方においては、一定の公益性を有する事業として認識されていた可能性がある。

なお、国本社発足の際、保守的な論調の『読売新聞』は国本社を「右傾、左傾の両思想の中間を取つて国民善導を標榜」した団体であると紹介していた[35]。

以上を踏まえると、国本社は第一次国本社の体制を脱却し、教化団体として認識させるという目的をある程度達成したといえるだろう。

また、注目すべきは、国本社の役員に検事のみならず、判事・弁護士も多く就任したことである。組織の中核である国本社本部理事には、鈴木喜三郎、小山松吉、山岡、小原直、原嘉道、和仁貞吉の六名が就任した。彼らは「平沼閥」とそれに連なる司法官である。ただ、本部評議員には、判事五名、検事六名、弁護士二名、国本社支部役員には、判事七〇名、検事五九名、弁護士一二四名が参加しており、この時期には国本社を通じた平沼の人脈は、判

表2　国本社本部顧問・理事一覧

| 役職 | 氏名 | 肩書 |
|---|---|---|
| 顧問 | 井上良馨 | 海軍元帥 |
| | 斎藤実 | 朝鮮総督・元海相 |
| | 山川健次郎 | 枢密顧問官・元東京帝国大学総長 |
| 理事 | 荒木貞夫 | 陸軍少将 |
| | 宇垣一成 | 陸相 |
| | 岡田忠彦 | 前内務省警保局長 |
| | 加藤寛治 | 海軍中将 |
| | 樺山資英 | 元内閣書記官長 |
| | 小橋一太 | 元内務次官・憲政会幹部 |
| | 後藤文夫 | 元内務省警保局長 |
| | 小山松吉 | 大審院検事 |
| | 斎藤七五郎 | 海軍中将 |
| | 宿利英治 | 弁護士 |
| | 四王天延孝 | 陸軍大佐 |
| | 白岩龍平 | 東亜同文会理事長 |
| | 鈴木喜三郎 | 元検事総長 |
| | 竹内賀久治 | 弁護士 |
| | 田辺治通 | 逓信官僚 |
| | 中田錦吉 | 住友総本店理事 |
| | 中松盛雄 | 弁護士 |
| | 原嘉道 | 弁護士 |
| | 平松市蔵 | 弁護士 |
| | 山岡萬之助 | 元司法省刑事局長 |
| | 山口勝 | 不明 |

※「国本社役員名簿」(「平沼騏一郎文書」1489) をもとに作成。

**表３　国本社支部役員の主な職業（現職のみ）**

| | | | | |
|---|---|---|---|---|
| 貴族院議員 | | 19 | 地方自治体首長 | 178 |
| 衆議院議員 | | 27 | 地方自治体正副議長 | 46 |
| 司法関係者 | 弁護士 | 124 | 地方自治体議員 | 169 |
| | 判事 | 70 | 地方自治体職員 | 281 |
| | 検事 | 59 | 学校長 | 182 |
| 陸軍関係者 | 将官 | 3 | 高等学校・大学教授 | 10 |
| | 佐官 | 117 | 在郷軍人会 | 42 |
| | その他 | 62 | 商業会議所 | 44 |
| 海軍関係者 | 将官 | 9 | 銀行 | 79 |
| | 佐官 | 11 | 民間企業 | 80 |
| | その他 | 4 | 新聞社 | 40 |

※「国本社役員名簿」（「平沼騏一郎文書」1489）をもとに作成。

※弁護士は資格保持者ではなく、専任の者のみを対象とした。

※複数の肩書が記載されている場合は、より公共性の高い機関の方を選択した（例えば、県会議員と新聞社社長であれば、前者）。

**表５　国本社支部事務所所在地**

| | |
|---|---|
| 大学・高等学校 | 2 |
| 市役所 | 10 |
| 公立図書館 | 2 |
| 県教育会 | 2 |
| 商業会議所 | 1 |
| 在郷軍人会事務所 | 1 |
| 県庁 | 2 |
| 裁判所 | 3 |
| 高等学校 | 2 |
| 個人・その他 | 21 |

※「国本社役員名簿」（「平沼騏一郎文書」1489）をもとに作成。

**表４　国本社支部支部長の主な職業（現職のみ）**

| | | | |
|---|---|---|---|
| 学校長 | 7 | 海軍 | 2 |
| 銀行 | 1 | 陸軍 | 5 |
| 地方自治体首長 | 11 | 商業会議所 | 2 |
| 地方自治体職員 | 1 | 民間企業 | 1 |
| 弁護士 | 3 | 華族 | 1 |
| 判事 | 2 | 貴族院議員 | 2 |
| 検事 | 1 | | |

※「国本社役員名簿」（「平沼騏一郎文書」1489）をもとに作成。

事・弁護士の間にも広まっていた（第Ⅱ部第一章三）。

### （三）政治的イデオロギーとしての徳治

一九二六年以降、平沼は国本社での演説や『国本』などの論説において、儒教的道徳や徳治の重要性を度々訴えた。その要点は主に次の二点である。

第一に、平沼は論説において、道徳を基礎とした法秩序の必要性を訴えた。

平沼は、国家は「人類の親和共同性」によって建設されており、国家の目的は、「万民一物も其の所を得さるものがないやうにする」ことにある。そして、国家建設の目的は、ヨーロッパの学者が主張するように、人類の闘争状態を平和にするのではなく、「徳化礼治」でなければならない。「人の性を矯めること」を目的とすれば、結局、強制や高圧が政治の内容となる。中国では、唐虞三代は「徳化礼治」だったが、その後、「法

表6　平沼が『国本』に投稿した論説一覧

| 年月 | タイトル |
|---|---|
| 1922年４月号 | 「英国皇儲殿下奉迎の辞」 |
| 1923年１月号 | 「尚武の弁」 |
| 1925年１月号 | 「年頭所感」 |
| 1925年６月号 | 「我国に於ける法治」 |
| 1925年９月号 | 「徳治」 |
| 1926年１月号 | 「年頭所感」 |
| 1927年11月号 | 「明治節を迎ふ」 |
| 1928年１月号 | 「年頭所感」 |
| 1928年11月号 | 「即位大礼の頌」 |
| 1929年１月号 | 「昭和維新の意義」 |
| 1930年１月号 | 「朋党の弊」 |
| 1931年１月号 | 「国家主義と国際主義」 |
| 1932年１月号 | 「日本帝国の使命」 |
| 1932年５月号 | 「日本の革新運動」 |
| 1933年１月号 | 「道義の実行と背後の実力」 |
| 1934年11月号 | 「明治維新の回顧」 |
| 1935年１月号 | 「皇猷輔翼の道」 |
| 1936年１月号 | 「国策実行の急務」 |

律と道徳とが全く分離」した。しかし、日本の建国は「天地の大道」に基礎を置いており、「政治を論すれば、皇室は徳を以て君臨せられ、万民は皇室を戴て天業を輔翼する」ことにあると主張した[36]。

また、「大和民族の国家は事実上皇室中心の一大家族として極めて自然に発展」してきたことは疑いなく、「治者対被治者の葛藤なく、支配者対被支配者の闘争なく、況んや、君、君たらずば、臣、臣たらずと云ふが如き冷かなる関係の起り来る筈はない」。これは立国の基礎が力でなく、徳にあることを示す証左であり、「中世藤原氏の全盛を極めたりし後次第に武門の跋扈を来し、覇道行はるるに至りしも、此等は一時の変体」であると論じた。その上で、平沼は条約改正のため、西洋法を模倣する必要があったが、徹頭徹尾西洋を模倣したため、現在の人心の悪化を招いており、それらを是正するため道徳を基礎とした法制へ改正していく必要があると主張した[37]。

ただ、平沼は武力及び法の強制力を軽視していたわけではなく、次のように、徳治を完成させるためにそれらが必要だが、あくまでも人道に基づく必要があることを強調した。

平沼によると、徳治を完成させるには、「力を得ざれば其目的を達し得」ず、「力を欠かんか、国家の秩序立たず盗賊横行して民其生に安んぜざる」ことは明らかである。特に、外国による侵攻の際、「若し武力を欠かば奈何して我の徳治を発揮することを得やう」。日本は「古来尚武の国」であり、「尚武は力を以て徳を完うする」もので、「武は仁愛と相通じ、全く不可分」である。そのため、「法制の必要も徳と力との関係に重を置て論ぜねばならぬ。法の本来の意義は人を責むるにあらず、其の基く所は人道に在る[38]」と論じた。

第二に、平沼は論説において、政治についても法の延長線上で論じ、徳治に基づく必要性を訴えた。

平沼は近来、「知識階級」が「唯物思想に基く僻説邪教に心酔して能事了れり」としていると批判し、「仁愛に主力」をかけるべきとした。また、政客が修養は教化に属し、政治に関係しないとみなしていることについて、「大謬想」であると批判し、「一身を修め得ず、一家を齊ふるを得ずして奈何にして天下国家を治むることを得やう。教化こそ実に政治の主要なるものの一」[39]であると主張した。

以上の論説の特徴は、明治以来、日本が進めてきた急激な西洋化を批判し、それらへの反省から儒教的道徳に全面的に依拠した秩序の構築を説いていることにある。

しかし、当然ながら、平沼の説く徳治はあくまでも理想に過ぎない。平沼自身も、「徳化礼治」が実現したのは歴史上、唐虞三代（尭・舜の統治時代と夏・殷・周の三代）のみであると認めているが、それらは中国古代の伝説である。また、前述のように、平沼は天皇の歴代調査に関与したが、その根拠となった『日本書紀』には、天皇とその近親者の抗争も描かれており、天皇が一貫して徳をもって統治してきたわけではないことは、平沼自身が最も良く分かっていたはずである。

では、なぜこの時期に至り、平沼は儒教的道徳に依拠した秩序の必要性を訴えたのか。それは、少年時代から儒教など伝統的価値観に愛着を持ち、大正期にかけて傾倒を強めただけではなく、それらが秩序を維持するための政治的手段として、最も有効だと考えたためであろう。

前述のように、平沼は検事総長時代、疑獄の続発を憂慮し、秩序維持のため、道徳の必要性を痛感していた。また、臨時教育会議では、外来思想に対して、忠孝などによる対抗を打ち出した。さらに、回想でも、「日本では儒教が皇道の扶翼として、教育の最も重要な部分となつている」[40]と述べている。他方、儒教には、①徳川時代の成功から、効率の高い思想統一機能を持つことが想起される、②儒教の本来の姿は天道を基礎とする普遍主義であるために、その振興が特定の政略的意図に基づくという非難を回避出来る[41]、という特徴があり、それらを利用する意図もあったと考えられる。

すなわち、平沼の徳治論は、外来思想の流入の防止及び秩序維持を達成するための政治的手段としての側面が濃厚であったといえよう。

平沼は以上のような言説を国本社などで展開し、後に首相に就任した際にも、「万民輔翼」、「道義」といったスローガンとして打ち出すことになる。しかし、それらは指導原理としては具体性に欠けていた。そして、このような言説と政治行動とのギャップは、西園寺公望や昭和天皇から「ずるい」といったイメージで捉えられる要因の一つとなる。

## （四）国本社活動の政治的意図

平沼が国本社を改組した意図は、外来思想の流入防止や秩序維持にとどまるものではない。平沼は回想で、「私が国本社など立てて、時弊を匡救し本当の国体精神に還らねばならぬと言つたのは、勿論、政党の気に入らぬ[42]」と述べ、政党に対抗するという政治的目的があったことを認めている。ただ、当時の政治状況を踏まえると、平沼の国本社活動の背景には、さらに二つの政治的な目的があったと考えられる。

第一に、平沼は国本社の活動を通じて、政界における政治的人脈を構築するとともに、民衆の人心を掌握することで、脆弱な政治基盤の強化を狙ったと考えられる。

後述のように、平沼は遅くとも一九二六年までには、首相となり、将来的に宮中入りを果たすという構想を持つようになる。しかし、平沼は一貫して司法官僚であり、首相となるには、司法部以外での政治的人脈及び政治基盤を構築する必要があった。また、一貫して司法部に属し、とりわけ、長年検事として、多くの犯罪捜査の指揮をとったことから、国民との接触はなく、冷たく暗いイメージが定着していた。例えば、平沼が法相に就任した際、

『時事新報』では、平沼について、「峻厳そのもののやうな彼は断乎として処断するに躊躇せぬ男で……それ丈けに非社交的で話も面白くない……矢張りかたい所が多いのと法理的な冷さとがにじみ出ている[43]」との印象を伝えている。

そのため、国本社に多くの地方の有力者を引き込み、地方での講演活動にも積極的に参加することで、その状況を打破しようとしたと考えられる。時期は後になるが、一九三二年三月、枢密院の運営において平沼と協力関係にあった倉富枢密院議長は、二上兵治枢密院書記官長との会話で、「平沼（騏一郎）は憂国の情より国本社、修養団等のことに尽力し居ることは明瞭なるも、平沼が人心の収攬に用ひ居ることも明瞭なり[44]」と指摘している。

第二に、平沼は国本社の活動を通じて、自らの政治構想を広めようとしたと考えられる。平沼は演説などで、抽象的な道徳論・「国体」論にとどまらず、時に政治的な内容にも踏み込み、自らの政治構想を鼓吹しようとした。その主な内容は、次の二点に集約できる。

まず、政党の弊害を強調し、それらへの対抗として、国策を樹立し、強固な基盤を持つ内閣により安定的な行政を行う必要性を訴えた。

平沼は、「政党の健全な発展に依つて、憲政は良く運用されるのであるが、日本の現状は党利第一の弊に陥らんとしている。このことがやがて国政に現はれて、国家に一定不動の大策と云ふものが立たない。これは教育、産業其他各般の国策に就いて然りであるが、殊に外交の大方針に於いて甚しい[45]」と指摘した。また、政治の内容は、「内治外交其他各方面に渉りて一国の国是、国策」を樹立することにあり、経綸抱負を行うための政権争奪は、非難するに当たらない。しかし、「竟に徒らなる政争の激甚にならば、内閣の更迭しばしばに到り」、「一大不幸事を招来」する恐れがある。それを防ぐためには、「先づ内閣の永続して台閣に立つ者をして其経綸抱負を実行」させる必要があり、「内閣の交替屡なれば、施設百般のこと朝令暮改、為めに国民は道途に苦しみて生活の安定を期す」ことはできない。政党政治は、政党員により内閣を組織する事のみを意味するのではなく、「国家本位に立脚して国是、国策を遂行せんとせば、政党は進んで扶け、之が実現」させ、時に矯正、戒飭することが必要だと主張し、「予は政党、政派に関係する所なく、極めて冷静に政局の推移を観察しつつある、然かも近時政界の動揺常なく其動くところ動機の不純なるを思はしむるものあるに想到して深甚の憂なきを得ない」[46]と述べた。

次に、国際主義を批判し、軍事力の重要性と国是・国策を挙国一致で遂行する国民精神の復興を訴えた。

平沼は、第一次世界大戦直後は皆が平和の必要性を考えたが、徐々にその記憶が薄れ、戦禍がもたらした利害の衝突により、いつ戦争が起きてもおかしくない状況である。また、依然として、アメリカなどは戦争や毒ガスの研究を進めており、国際条約で毒ガスなどを規制しても、戦争になれば役に立たない。そのため、国際連盟があれば戦争が起こらないとの意見は、「愚の骨頂」であると批判した。そして、平和と正義・人道のためには、まず軍事力が必要であり、「此武力と云ふものは最も大切であります。日本から武力を取つたら何が誇りでありませうか」とまで述べた。また、平沼は日露戦争の際、日本にはロシアの圧迫、ひいては白色人種の有色人種に対する抑圧に対抗するという国是があり、国内に種々の対立があったが、この大きな目的については挙国一致で奮闘した。このことが、ロシアに物量的に劣っていたのにもかかわらず勝利できた要因であった。しかし、日露戦後、党利党略や個人の利害・打算のための政治、個人的利益のみを追求した経済など、各方面で国家を基礎とする議論が薄れているので、一定の国是のもとに奉公努力する国民精神を取り戻す必要があると主張した[47]。

以上のように、平沼は、個人主義の風潮や政党の党利党略、国際主義を批判し、①日露戦争以前のような国策、国是を挙国一致で遂行する国民精神の復興、②安定した政治基盤を持つ内閣が外交や教育などの国策を樹立し、それを挙国一致で推進する体制の構築、③戦争に備え、軍事力を最も重視する姿勢、を打ち出した。すなわち、平沼は当時の政党政治・国際主義への対抗として、挙国一致・国策・軍事力重視を打ち出し、政党政治・国際主義に不満を持つ政治勢力から幅広く支持を得ようとしたと思われる。また、その際、「政党、政派」に関係していないことを強調したのは、政党に代わる「国家本位」の中立的な官僚系の政治家としての姿勢をアピールし、求心力を得ようとする狙いもあったのであろう。後に、平沼は官僚系の政治家として、これらの政治観をもとに国策調査会の設置などを模索するようになる。

これらは大枠において、司法官僚時代に形成した政治観の延長線上にあった。前述のように、平沼は原敬内閣末期には、既に政党の汚職への懸念を深めており、この時期には、政党の統治能力への不信を明確に示すようになった。それは政党間による政権争奪について、社会秩序を動揺させるのみならず、外交・教育などの国策の一致を妨げるものと考えたためである。外交でも、既に第一次世界大戦期において、人種論の立場から欧米への警戒感を持ち、新たな国際秩序に懐疑的であったが、この時期には大戦直後の平和主義的な風潮が薄れていることから、国際連盟に否定的で、軍事力を最も重視する姿勢を明確にした。

なお、国本社改組後の『国本』の政治的な論説は、改組前と比べると本数は減少したものの、継続して掲載された。その主な論調は、①共産主義などへの思想的対応、②反軍縮、③満蒙権益の維持、④既成政党への失望、などであり、第一次国本社時代と比べて、平沼の問題意識をより反映したものとなった。ただ、ファシズムへの評価については、平沼と大きく異なっており、平沼が『国本』の論説の内容をすべてコントロールしていたわけではなかった（第Ⅱ部第二章二）。その理由は史料的に明らかではないが、あまり議論の幅を限定せず、政党や国際主義に反感を持つ勢力に対し、国本社の存在を広くアピールする意図があったのではないかと思われる。

以上のように、平沼の国本社会長への就任には、道徳の涵養などにとどまらず、政治基盤の構築や政治構想の鼓吹といった政治的意図があった。ただ、教化という政治手法は国民の具体的な利益をくみ上げたものではなく、地方の有力者からは加入者を得るものの、大衆運動とはならず、後に政治団体とのイメージが広がる要因の一つとなっていく。

なお、同時期、平沼が修養団との関わりを深めていることも興味深い。修養団とは、蓮沼門三が一九〇六年に設立した教化団体である。平沼は当初から修養団を支援し、一九二三年九月に監事、一九二四年一〇月には田尻稲次郎（貴族院議員）団長の死去に伴い、第二代団長に就任した。平沼の推薦は主に蓮沼、顧問の渋沢栄一（実業家）によるものであったという(48)。蓮沼は道徳の実践を通じて「総親和、総努力の皇国魂」を全国に広めることを活動の目的とした。修養団は大正期に内務省・文部省、渋沢・森村市左衛門（実業家）等の支持を得たことにより、活動の規模を拡大した。とりわけ、国民精神作興運動と共同して活動を進展させ、昭和戦前期にかけては国家の教化政策の中に取り込まれていくことになる(49)。

平沼が修養団を支援した目的も、共産主義の影響を受けた労働者などに精神修養を行わせることにより、「思想善導」を図るという政治的意図があった。時期は後になるが、一九三〇年三月一二日、平沼は倉富・二上との会話で、①東京市電気局の従業員を修養団において修養させ、今日より更に左傾化した者を修養させることになっている、②一回の修養は三日間だが、初めはなかなか感化せず、二日目の晩頃からやや反省するようである、③「左傾の甚しきものに緩慢なる手段にては効な」く、先日も、電気局長某が自ら率先してしなければ効果がないと言い、自ら率先して水槽に飛び込み、職工一同その通りにさせ、その後裸体で体操をさせた後、講話をすることになっている、④水浴させるのは、「表面教義的のことは云はさるも、其趣意は禊と同様」である、⑤修養団の講話の趣旨は、日本の皇室は他国の帝室と異なり天祖の徳を継承し、天道に従い国民を統治していることを説き聞かすものであり、鉄道省の従業員には余程修養の効を奏したようだ、[50]と述べている。ただ、修養団は政治運動に直接的に関与せず、あくまでも教化団体としての活動に終始しており、政治団体として批判されることはほとんどなかった。

### （五）官僚を首班とする内閣の模索とその限界

平沼は一九二五年から翌年にかけて、国本社や司法官僚時代の人脈を通じて、枢密院の有力者や薩摩系の政治家、政友会に接近した。

まず、枢密院では、田健治郎（旧山県系官僚・第二次山本内閣農商相）との関係を構築した。田は国本社評議員を務めており、一九二五年七月以降、国本社講演会に度々参加した。[51]平沼は第二次山本内閣法相時代に田を高く評価し、田の枢密顧問官就任に尽力した。[52]後述のように、一九二六年には田と共に組閣することを構想するようになる。

また、伊東巳代治（枢密顧問官）とも親しい関係を継続した。前述のように、伊東は皇室制度整備で平沼と協調し、関係を深めていた。伊東は一九二五年一月、平田東助内大臣の辞職が噂された際、その後任に平沼を推薦した。また、一九二五年一二月、岡野枢密院副議長の死去により後任の人選が問題になった際には、穂積陳重枢密院議長に平沼を後任にするよう依頼したようである。[53]一九二四年一二月には、松本剛吉（西園寺公望の私設秘書）は田中義一への書簡で、①伊東は薩摩系の政治家と提携して宮中・府中を掌握しようと画策し、政友会と政友本党の合同を床次に持ちかけており、②伊東は平沼・後藤新平らを参謀としているとの説がある、[54]と報じた。

平沼も、伊東が内大臣や枢密院副議長就任を働きかけたことについて、好感を持っていた可能性が高い。ただ、宮中人事における伊東の影響力は限定的であることから、強い期待は持っていなかったと考えられる。また、後述のように、平沼は枢密院副議長就任以後、一貫して倉富と協力して枢密院の意思決定を行った。さらに、伊東は一九三〇年代初頭の平沼内閣運動についても、批判的であった。(55)これらを踏まえると、伊東との提携関係は皇室制度をめぐる問題が中心であったといえよう。

さらに、国本社などを通じて、薩摩系の軍人・政治家に接近した。まず、平沼は樺山資英（薩摩出身・第二次山本内閣書記官長）を通じて、牧野への接近を図った。平沼は樺山と遅くとも一九二七年一月頃から大東文化学院の事業を通じて交流しており、樺山は国本社本部理事も務めていた。両者は一九二七年二月二〇日に「将来の政治談をなし牧野内府へ会合の事を勧告」した。四月一六日には、平沼は樺山を訪問し、「内外事情を略述して書面とし下園〔佐吉〕氏を通して牧野伯に送」った。(56)次に、平沼は上原勇作（薩摩出身・陸軍元帥）にも接近した。上原は国本社本部の顧問を務めており、一九二五年五月以降、国本社の活動にたびたび参加した。(57)一九二六年八月、岩切重雄（薩摩出身・政友本党所属衆議院議員）は、床次竹二郎と田中は汚職の疑惑があるので、両者には政権が回ってこないとの見方を示し、田あるいは平沼を首班とした内閣を希望した。(58)一〇月には、上原直系の福田雅太郎（予備役陸軍大将）は、「我々軍人は上原元帥を中間内閣首相に担がんと思ふ、平沼は上原の傘下に来る筈、田男は分らず」(59)との見通しを述べている。

最後に、政友会との関係も深めた。そのきっかけとなったのが、一九二六年、弟分である鈴木喜三郎の政友会への入党である。平沼が鈴木の入党に反対した形跡はなく、その後も鈴木と親密な関係を継続した。また、平沼は第二次山本内閣法相時代、陸相であった田中と知り合いであり、具体的な経緯は現在のところ明らかではないが、一九二六年三月二日、西園寺が松本に平沼と田中との関係を尋ねた際、松本は「最も好し」と答えている。(60)後述のように、一九二七年四月、田中内閣成立の際には、平沼は田中とも密接な関係を構築していた。

以上の人脈の中でも、とりわけ司法部に対しては、小山松吉・小原直ら「平沼閥」の司法官との密接な関係を通じて、間接的ではあるが、相当程度影響力を保っていた。少なくとも一九三〇年まで、平沼は彼らを通じて情報を得るとともに、捜査などについて注意を与えていた（第Ⅱ部第一章三・四）。平沼の意向が検察の捜査方針に具体的にどのような影響を与えたのかは、史料的に明らかに出来ないが、諸政治勢力、とりわけ政党にとって汚職や選挙違反の情報を握っている平沼の存在は脅威であり、それは平沼にとっての政治的影響力の源泉ともなったと考えられる。

なお、平沼は一九二六年一〇月二八日に皇室制度整備の功により男爵を授与された。そして、一一月三日に授爵祝賀会が開催され、平沼と縁のある朝野の有力者一〇八名が来会した[61]。その主な内訳は陸軍軍人が二〇名、海軍軍人が一五名、司法官が一一名、弁護士が一二名、内務官僚が七名、財閥関係者が五名、衆議院議員が四名、貴族委員議員が二名となっており、陸海軍人と法曹関係者の割合が相対的に多い。その一方、議会関係者が少なく、第一次国本社の中心となっていた国家主義者もほとんど含まれていないことが特徴である。さらに、来会者の多くは国本社の役員を務めていた。これは平沼の政治的人脈が国本社及び、陸海軍人と法曹関係者を中心とするものであったことを示す一例といえるだろう。

以上のように、平沼は政界に一定の政治的人脈を形成したが、平沼が首相就任あるいは宮中入りを達成するためには、後継内閣推薦及び宮中人事に決定的な影響力を持つ西園寺に接近することが何よりも重要であった。

なお、一九二六年四月、平沼は枢密院副議長、倉富は枢密院議長に就任した。平沼の推挙は主として倉富の意向だったが[62]、若槻内閣が反対することはなかった。『東京朝日新聞』では正副議長の就任により「法制局の上局」になったという見方を示した(63)。また、松田源治（政友本党所属衆議院議員）は「だれが議長になっても政治に影響を及ぼすべきでないから何人がやってもいい」ので議長は適任であり、副議長も「学識経験」ゆえに「適材適所(64)」だと分析した。

このことから、平沼は世間的には、政治的な人物と認識されていなかったと考えられる。

政界の一部において存在感を表し始めた平沼は、いよいよ西園寺との関係の構築に向けて動き出した。その端緒となったのは、三月二五日に行われた松本（西園寺の私設秘書）との会談である。平沼は自ら松本との会談を希望し、この会談において政治家としての自分を売り込んだ。会談後、松本は平沼を首相候補として高く評価するようになるとともに、国本社の活動にも参加するようになった(65)。保守的な政治観を持つ松本は、政党内閣に代わる官僚を首班とした内閣を組閣する資質を持つ官僚系の政治家として、国本社会長であり、司法部や政友会、薩摩系、枢密院有力者とつながりを持つ平沼を見出したのである。その背景には、官僚系の政治家の人材の払底があった。この時期、松本が期待していた官僚系の政治家は岡野と大木遠吉元法相であったが、岡野は一九二五年一二月、大木は一九二六年二月に死去した。また、後藤も第二次山本内閣内相を辞任した後、政界で十分に影響力を発揮できていなかった。

五月一二日、平沼は松本の斡旋により、西園寺と初めて会談した。この会談で、平沼は人心の悪化と宮中問題を中心に話した(66)。六月二五日、西園寺は平沼の宮中問題についての見解に「尤もなり」と述べ、「平沼は田と心を合せ宮中府中の問題を料理することは誠に善いと思ふ(67)」と好意的であった。また、七月一六日、平沼は西園寺と面会した際、「田と共に国策の樹立」の調査を考えていると打ち明けたところ、西園寺は「頗る賛成」した(68)。

しかし、西園寺は平沼を信用していたわけではなく、いわゆる宮内省怪文書事件で牧野が攻撃された際、牧野を助ける姿勢を明確にしていた。宮内省怪文書事件とは、一九二六年五月中旬に西田税（予備役陸軍少尉）らが宮内省御料地の払い下げにあたり、牧野・元老松方正義ら宮中高官が収賄したというパンフレットを関係者に送付し、八月上旬頃からジャーナリズムにも取り上げられ、問題となった事件である。平沼は松本に牧野に関するスキャンダルを伝えており、西園寺の発言は牧野の内大臣辞任を防ぐため、平沼に間接的に圧力をかけるという意味合いでしかなかった。[69]

九月二九日、平沼は松本に電話し、井上哲次郎（大東文化学院総長）が著書の中で三種の神器の一部が既に失われていると記述したことについて（いわゆる「井上哲次郎筆禍事件」）、大逆罪で起訴された朴烈と金子文子の怪写真が政界の要人に配布され、大きな政治問題となった朴烈事件とはまるで比べものにならないほど怪しからぬことであると批判し、この事件を西園寺に伝えるよう依頼した。これを聞いた西園寺は、平沼の態度を「甚だ迂闊千万」であり「何うかして居る」と批判した。[70]そして、一二月二日には「平沼が野心を起し運動するとの説あり……田とは余程政治上に於ける識見は違うと思ふ……未だ少し早きことはなきや」[71]と述べた。すなわち、西園寺は平沼を信用しておらず、宮内省怪文書事件が終わったこの時期には、平沼に好意的な松本にさえも首相候補とみなしていないことを明確にするようになった。

平沼は西園寺の思惑に気付かず、信頼関係があると誤解していた。一二月一四日、第一次若槻内閣の崩壊が噂される中で、平沼は西園寺に対し、①大正天皇が崩御した場合は西園寺の出馬を希望する、②その際は、自分は田とともに西園寺を援助し、「他の閣臣は田さんと相談して若き者を出し、決して老公に心配を掛けぬ」、③田中を推薦する場合は援助してもよいが、山本・伊東らでは賛成出来ない、との意見を伝えた。これは事実上の田・平沼内閣を希望したものであるが、西園寺は「頗る緊張」し、何ら返答しなかった。[72]

以上のように、平沼は政権基盤構築のため、枢密院の有力者や薩摩系の政治家、政友会などに接近し、それらの支持基盤を背景に、西園寺の代理として組閣しようとした。しかし、平沼は、一定の政治的人脈を築くことには成功したものの、西園寺との信頼関係を築き、組閣や将来の宮中入りの足がかりとするという最大の目的を達成することはできなかった。平沼は司法官僚時代、司法部という上意下達の組織の中で、鈴木と盤石の基盤を築いたが、政治家としての政治的駆け引きを行う能力が十分に養われておらず、西園寺の老練な演技を見抜くことが出来なかったのである。

## 三　立憲政友会への協力とその政治的波紋

### (一) 国本社活動への尽力

平沼は枢密院副議長に就任する際、国本社の活動の継続を条件とし、倉富と若槻内閣は承諾した。そのため、平沼は副議長に就任した後も、枢密院の主要な問題や緊急案件以外の事務についてはあまり関与せず、頻繁に全国各地で講演活動を行った。

例えば、一九二六（大正一五）年四月には、香川（六日）、徳島（七日）、三島（二五日）、五月には津山（七日）、倉敷（九日）、上越（一五日）、新潟（一七日）、盛岡（二九日）に赴き、各地での支部設立式で講演を行った。また、六月には、沼津（五日）、銚子（一九日）、京都・神戸（二六日）での支部設立式で講演を行い、その後、七月二日まで京都・神戸・京都・静岡などで、支部設立推進のため、講演活動を行った。

写真７　神戸支部発会式で講演を行う平沼。この発会式には約2000人が参加し、盛況であったという。これは国本社活動が順調であったことを示す一例といえるだろう。なお、この日の講演のタイトルは、服部一三（貴族院議員・支部長）「我国本と新思想」、鈴木壮六大将（参謀総長）「世界の大勢と国民の覚悟」、原嘉道（弁護士）「我公権の本質」、本多熊太郎（前駐独大使）「大戦後の世界」、平沼「我国の精神と国本社の使命」となっており、国本社の活動が詔書に基づく思想啓蒙にとどまらず、平沼及び彼と協調する官僚・政治家の政治観を鼓吹することにあったことは明らかであろう。

※『国本新聞』1926年7月10日

当時の交通事情などを考えると、かなり頻繁に東京を離れていたことが想像され、国本社の活動を重視していたことがわかる。このような平沼の行動に対しては、一九二六年八月、副議長就任から四カ月経たずして、倉富と二上から次のような不満が出た。

二上　平沼か度々旅行して其の関係し居る会の主義を宣伝することに付ても大分非難の声もあり、未た新聞には出てさるも、自分（二上）も如何と思ひ居る。

倉富　此ことは平沼の就任の時、予め条件として副議長となりたるものに付、予より之を止める訳には行かす。尤も、予は此の如く頻繁に出張することは思ひ居らさり

表7　枢密院副議長就任以後の国本社活動

| 年 | 月 | 日と活動内容 |
|---|---|---|
| 1926年 | 4月 | 香川（6日）、徳島（7日）、三島（25日）での支部設立式で講演。 |
| | 5月 | 津山（7日）、倉敷（9日）、上越（15日）、新潟（17日）、盛岡（29日）での支部設立式で講演。 |
| | 6月 | 沼津（5日）、銚子（19日）、京都・神戸（26日）での支部設立式で講演。京都・神戸・京都・静岡などで、支部設立推進の為、講演（25日～7月2日）。 |
| | 7月 | 水戸（11日）での支部設立式で講演。学生夏季懇談会で講演（28日～8月2日）。 |
| | 9月 | 金沢（23日）、富山（24日）での支部設立式で講演。 |
| | 10月 | 栃木（10日）、福岡（22日）、宮崎（24日）での支部設立式で講演。日大支部設立委員会に出席（15日）。 |
| | 11月 | 青森（6日）での支部設立式で講演。 |
| | 12月 | 日本大学（4日）、浦和（5日）での支部設立式で講演。 |
| 1927年 | 3月 | 松山（18日）での支部設立式で講演。 |
| | 5月 | 熊谷（28日）での支部設立式で講演。 |
| | 6月 | 中央大学（12日）、尾道（24日）、福山（25日）での支部設立式で講演。 |
| | 8月 | 函館（6日）、小樽（7日）、札幌（10日）、彦根（19日）での支部設立式で講演。 |
| | 10月 | 湘南（9日）飯田（15日）、伊那（16日）、上諏訪（17日）、平町（23日）での支部設立式で講演。 |
| | 11月 | 鳥取（5日）、松江（6日）での支部設立式にて講演予定も、体調不良で旅行中止。 |
| 1928年 | 3月 | 3日大分支部設立式で講演。 |
| | 4月 | 津山支部役員会に出席。各地で講演（21日～25日）。 |
| | 5月 | 山口での支部設立式で講演（17日）。 |
| | 6月 | 長崎での支部設立式で講演（30日）。長崎・福岡などで講演（6月30日～7月6日）。 |
| | 7月 | 大牟田（2日）、岐阜（7日）支部設立式で講演。 |
| | 9月 | 若松での支部設立式で講演（15日）、郡山支部（16日）で講演。 |
| | 10月 | 賀茂（16日）、稲取・松崎（17日）での支部設立式で講演。 |

| 年 | 月 | 日と活動内容 |
|---|---|---|
| 1929年 | 3月 | 新田での支部設立式で講演（17日）。 |
| | 4月 | 福井（7日）、敦賀（8日）での支部設立式で講演。 |
| | 7月 | 佐賀での支部設立式で講演（28日）。 |
| | 9月 | 長岡での支部設立式で講演（14日）。 |
| | 11月 | 7～14日まで東北地方で遊説。 |
| | 12月 | 熊本での支部設立式で講演（15日）。 |
| 1930年 | 3月 | 鹿児島での支部設立式で講演（27日）、中国・九州地方で遊説（3月27日～4月7日）。 |
| | 4月 | 水戸支部総会で講演（29日）、土浦町で講演（30日）。 |
| 1931年 | 6月 | 静岡支部で講演（6日）、沼津支部で講演（7日）。 |
| 1932年 | 1月 | 清水での支部設立式に出席（31日）。 |
| | 2月 | 近畿時局講演会で講演（21日）、京都での時局講演会に出席（22日）。 |
| | 3月 | 姫路での支部設立式で講演（19日）。 |
| | 4月 | 大阪（21日）、京都（22日）、神戸（23日）、奈良（25日）で講演。 |
| | 5月 | 浦和支部で講演（7日）。 |
| | 11月 | 高知での支部設立式で講演（26日）。 |

※『国本新聞』、「倉富勇三郎日記」、『松本剛吉日誌』などを参考に作成。

※なお、榎本勝己「国本社試論」（日本現代史研究会編『1920年代の日本の政治』大月書店、1985年）でも「国本新聞」などを渉猟して、「国本社支部設立状況および関係活動年表」を作成しているが、この表は主な活動に限られており、平沼との関連でみると、抜け落ちている箇所がある。

※平沼は支部設立の際の記念講演会で講演することを原則としていたようであり、平沼の旅行日程に合わせて支部設立式が行われていた。平沼の旅行中止により、支部設立が延期になったこともある。平沼が枢密院の職務の合間を縫って旅行していたのは、この要因も大きい。

※大正天皇の大喪の第一期（1926年12月25日～1927年3月）までは旅行を中止。

しなり。本人の自省を待つより外に致方なく、塚本清治抔は初め平沼より条件として提出したるとき政府としては政府より依頼も致し度位のことなりとまて云ひたる様のことなり。
二上　平沼自身にも世評のあることを分り居る模様にて、自分（平沼）のことを彼此云ふ人ありとの話を為し居りたることあり。(73)

すなわち、倉富と二上は平沼が予想以上に頻繁に出張していることを懸念しており、平沼への世評が出て来ているが、平沼もそれを承知して活動を続けたことがわかる。

平沼がこの時期、国本社の活動に尽力した理由としては、主に二つ挙げられる。

第一に、平沼が将来の進路として、首相に就任し、将来的には宮中に入ることを希望していたことである。そのため、平沼は枢密院の運営よりも、国本社の活動を通じて政治基盤を獲得することに関心があったと考えられる。

第二に、国本社の活動が順調であったことである。国本社支部は改組後、わずか一年で四〇カ所に及び、一九二九（昭和四）年七月には全県に支部を設立するまでにいたった。国本社の支部には、地方の名士が多く加入した。例えば、『国本新聞』の報道によると、金沢支部の発足時には、「有識者殆どが委員と成り、長知事、伊丹師団長以下幕僚全部、相良市長、須藤医大学長以下教授、判検事全部、各中等学校長、廣瀬弁護士会長以下会員全部等各階級を網羅し、すでに百数十名に達し(74)」たという。国本社の組織が急激に拡大できた要因としては、会員から豊富な活動資金を得ていたことも大きい。一九二七年九月、平沼は倉富との会話で、「国本会の会員に資産家あるに付、必要なる金は会員より支出し呉、役員も手当てを取らす、下の方の執務に従事する人だけに小額の手当を給する位に付、此会は都合宜し(75)」と述べている。また、同年八月、松本重敏（弁護士・国本社会員）は倉富との会話で、「国

写真８　写真は国本社の新社屋。麹町区（現在の東京都千代田区）にあり、敷地は250坪、建坪は160坪余りで、桃山時代風の純日本式の建物であったという。

※『国本新聞』1930年10月20日

本社の収入は社員よりの出金」であり、「一ヶ月の収入六千円もある」ことを平沼より直接に聞いたと述べている[76]。

時期は少し後になるが、一九三〇年九月には国本社の新社屋が完成している。同年一一月七日、国本社会員でもあった二上は、倉富との会話で、国本社の新社屋に行った時の印象を次のように語っている[77]。

二上　平沼（騏一郎）は常に国本社に行き居るか、国本社の建築は実に気持ちよきものなり。材料は台湾材とのことなるか、立派なるものなり。平沼は之を自己のものと思ひ居る様にて帖物其他の装飾物等は大概平沼の所有物なる由。先日も立派なる帖物かありたる故、之を譽めたる処、是は平沼の所有と云ふことなりし。国本社には免職せられたる地方官等幾人もごろごろし居れり。免職せられたる様の人てなけれは、多忙なる人にては世話は出来す。
倉富　国本社は平沼か創立したるものなるへきや。修養団の方には後援会も資金もあるへきか、国本社の方は社員の出金にて支弁するものなるへきや。
二上　此方にも寄付金多かるへし。地方にては国本社は余程広まり居れり。

すなわち、二上は、①国本社の建築や装飾品は立派であり、平沼はそれらを自分の所有物と考えている、②平沼は常に国本社に行っており、国本社には免職された地方官などが集まっている、③寄付金も多く、国本社は地方にも広まっている、と指摘した。これらは国本社の資金が潤沢であり、日常の活動の中心となっていたのは比較的時間に余裕のある免職された地方官などであったことをうかがわせるものといえよう。

以上の状況を踏まえると、平沼は国本社の活動に手応えを感じていたと思われる。

しかし、平沼が国本社の用事で頻繁に旅行した結果、平沼と親しい伊東ですらも疑念を持つに至った。一九二七年七月二九日、二上と倉富は次のような話をした(78)。

二上　平沼（騏一郎）の旅行は随分永く、八月は殆んと全く旅行なり。旅費も掛かるへきか、身体の労も大概のことに非す。
倉富　旅費は之を支弁する所あるならん。
二上　伊東は頻りに平沼の旅費は何処より出すやと云ふか、自分（二上）は平沼の旅行は国本会の為なる故、其方より出すならんと云ひたるに、伊東は其方より出しても自身も相応に出ささるを得さるならんと云ひ居りたり。

すなわち、伊東は平沼の旅行の費用の出所に疑念を持ち、二上は旅行による身体への負担を懸念した。二上の指摘通り、各地への旅行は平沼の身体に負担をかけたようである。少し時期は後になるが、平沼は一九二九年一月に旅行から帰った後、「激烈なる盲腸炎を病し、一時は生命を危む位」となり、二月からは金沢の別荘に転地して療養した。(79) そのため、約三カ月にわたり枢密院に勤務できなかった。また、平沼は後述の治安維持法改正緊急勅令問題で批判を浴びた際、倉富と二上に、審査委員会の議論がことごとく新聞に漏えいしたことの責任を取るため、副議長を辞職したいとの意向を示し、その際、「兼て自分（平沼）は国本会の事に全力を尽くし度希望を有し居るに付、其方の為にも此際辞職し度」(80) と述べている（なお、その後まもなく倉富と二上に慰留され、辞意を翻した）。このことからも、平沼が国本社の活動に熱心に取り組んでいたことが確認できる。

## （二）第一次若槻内閣への反感と台湾銀行救済緊急勅令問題の政治的影響

平沼は第一次若槻内閣の下で枢密院副議長に就任したものの、間もなく若槻内閣の政権運営に不満を募らせた。まず、平沼は若槻内閣が枢密院への諮詢を避けていることに不満を持った。枢密院は諮詢事項を整理し、重要問題を新たに諮問事項に取り入れることを望んでいた。しかし、若槻内閣は枢密院の要望を受け入れず、諮詢を避ける方針を取った。(81) これに対し、一九二六年六月九日、平沼は二上に対し、「いつの内閣も只今の如く枢密院に諮問せらるることを嫌ふや」と尋ね、二上は「然らず。現内閣に至りて最も甚し」と答えた。その後、倉富が一概に大所高所で判断するわけにもいかないと述べたことに対し、平沼も「殊に政府の案か欠陥なるもの多し。行政整理の結果に因る成文の案は、別けて不都合なるもの多からん……枢密院は御諮詢かなければ何とも致方なき訳に付困る」(82) と同意し、若槻内閣の対応を批判した。

また、平沼は若槻内閣の司法行政にも強い不満を持った。まず、一九二六年七月、大逆罪で起訴された朴と金子の怪写真を掲載した怪文書が政界の要人に配布され、大きな政治問題となった。いわゆる朴烈事件である。朴と金子は死刑判決を受けたが、若槻内閣は減刑することを決め、両者は恩赦により無期懲役となった[83]。平沼は恩赦に反対であり[84]、九月一五日、倉富らとの会談で、司法省が朴と金子に対し、「裁判所監獄にて差別待遇を為したる事までは否認する訳に行かす。又、司法省より発したる声明書は何人ても之を信する訳に行かす[85]」と述べ、不信感を募らせた。続いて、一九二七年三月一〇日、若槻内閣が一九二六年夏に大審院長・検事総長に対し特賜金を出し、年末には司法省から大審院長などに従来の通り慰労金を出したことについても、平沼は特賜金を出せば枢密顧問官との権衡が取れず、「江木（翼）か人気取りに為したることは疑なし」と批判した[86]。さらに、二月二五日に成立した憲本提携について、平沼は倉富との会話で、政友本党が憲政会内閣に対する不信任案を出した際、提携することは困難であるといいながら、たちまち提携するのは不都合である。人民も大分自覚してきたので、このようなことでは承知しないと述べ[87]、理念の伴わない党略的行動であると冷ややかに見ていた。

以上のように、平沼が若槻内閣への反感を募らせる中で、一九二七年四月、若槻内閣は台湾銀行救済緊急勅令案を枢密院に諮詢した。これは一九二七年三月に発生した金融恐慌の影響を受け、休業した台湾銀行を財政上の緊急処分により救済しようとしたものである。具体的には、①憲法第八条（法律的緊急勅令）により、日本銀行が台銀に対し、一九二八年五月末日まで無担保で特別融通すること、②憲法第七〇条（財政的緊急勅令）により、日銀が台銀に担保を融通した結果生じた損害については、二億円を限度に補償すること、を規定しようとした。

平沼は倉富の依頼により審査委員長に就任した。審査委員会において、政府は緊急勅令案の趣旨説明を行ったが、田の日記によると、顧問官から「疑問百出」し、政府は「弁解苦答[88]」という有様であった。とりわけ、若槻が議会を召集することは可能だが、議会での言論により財界が不安を持つおそれがあるため、緊急勅令としたと説明したことについて、顧問官は議会軽視と反発し、態度を硬化させた[89]。第七〇条の適用は議会の予算審議権と抵触し、かつ法律のように議会否決後の復元を行うことが困難であるため、第八条よりも慎重な運用が求められており[90]、委員会では伊東の主張する違憲説に松室致顧問官以外の全委員が賛成し、最終的には松室も違憲説に同意した。

委員会閉会後、倉富は若槻に対し、委員会の通過は困難であると告げ、憲法第八条に基づき、ひとまず財政上の処分の伴わない支払猶予令を発した後、すぐに臨時議会を召集し、議会で台銀救済のための法案を通過させる案を提示した。しかし、若槻はこれを拒否し、勅令案の撤回にも応じなかった。枢密院は内閣側の譲歩がない限り、否決やむなしとの態度を固めた。政府側も本会議での多数を得られるとの見込みもあり、原案を維持し、枢密院と対決することを決めた[91]。

本会議までの間、平沼は松本から「政府切崩しの情報」を受け、二上に各顧問官を歴訪させ[92]、本会議には病気の有松英義顧問官も出席させるようにするなど[93]、政府案否決のための多数派工作を行った。

本会議において、緊急勅令案は全顧問官の反対により否決され、第一次若槻内閣は対抗上奏することなく、四月二〇日に総辞職した。なお、若槻が対抗上奏せず、総辞職を決断した要因として、若槻は指導力に欠け、議会対策・内閣改造・党内統制に失敗し、解散回避や三党首会談などにより内閣の求心力が低下していたことから、政権運営の意欲と自信を喪失していたことが指摘されている[94]。

後継の田中義一内閣は、枢密院側が求めていた支払猶予案により対処することを決め、枢密院側の同意を得た。四月二一日、平沼は審査委員長に就任し、翌日、倉富の依頼により、当初、反対姿勢を見せていた伊東を説得した。同日、委員会と本会議が開かれ、支払猶予案は枢密院を通過し[95]、即日施行された。

結果として、平沼は若槻内閣の崩壊に大きな役割を果たした。[96]そのため、憲政会やその後身の立憲民政党の関係者（六月一日、憲政会と政友本党の合同により民政党結成）から批判を浴びることになった。五月七日、衆議院において中野正剛は、四月一五日、平沼が鈴木に電報を打ったことを暴露した。平沼はこれに憤慨し、新聞の談話で、審査委員会で否決された政府案が本会議で否決されることは、誰でもわかることであり、そのようなことをわざわざ電報で送るはずがない、[97]と中野を批判した。

憲政会関係者はこの問題を機に国本社を離れ、[98]結果として、国本社は政友会と官僚を中心とした団体へと変化した。一九二八年一〇月、倉富・伊東・二上は、国本社と平沼について、次のように語っている。

伊東　只今の如き国本社のことに関係するは宜しからす。自分（伊東）は枢密院に居る間は一切政治に関する意見を発表せさる積りなり。平沼も之を止むる方宜し。

倉富　国本社の雑誌等見たることなきか、政治に関係する様のことを記載し居るへきや。

二上　平沼自身は政治論を為ささるへきも、同行者には政党員、殊に政友会関係の人多く、地方にては主として政友会員か歓迎する様のことある故、反対党は之を敵視する様のこととなる訳なり。[99]

以上のように、伊東は、平沼が国本社で政治的意見を発表することは枢密院の職務上、不適切であると批判した。また、二上は、平沼自身は政治的意見を述べていないが、同行者には政党員、特に政友会員が多く、反対党から敵視されているようだと述べ、国本社と政友会とのつながりが強いことが政治的イメージを生む要因であるとの認識を示した。すなわち、伊東は平沼が国本社で政治的主張を行っているとみなしており、二上によると、政治的とみなされる要因は平沼が政友会とのつながりを強めたことにあった。

少し時期は後になるが、枢密院の運営において平沼と協力関係にあった倉富も、一九二八年九月一七日の小原駐吉との会話で、「平沼か国本会に力を尽し居ることも目的ありてのことなるへく、枢密院にて身を終る積りには非さるへきも、其目的の何処に在るやは分らす[100]」と述べ、国本社活動の背景には、平沼自身の政治的栄達という目的があるのではないかとの見方を示した。

他方、原田熊雄（西園寺公望の私設秘書・加藤高明内閣首相秘書官）は、第一次若槻内閣崩壊後、平沼を警戒するようになり、一九二七年七月二九日に河井弥八内大臣府秘書官長、八月七日には牧野に平沼の情報を伝え[101]、平沼が宮中入りの野心を持っていることを広めた。一九二九年九月一七日には、小原が倉富との会話で、「平沼は時に不用意の中に宮内大臣となることの希望を云ひ出すことありとの話[102]」があると述べるなど、この頃には、宮中関係者の間に平沼が宮中入りを狙っているという噂はある程度広まっていたと考えられる。

その後、原田は一九二九年四月、メモに国本社が海軍軍人を誘惑しており、「国体論を中心として、社会的思想的に動いて、いつでも政治的に活動し得る様に準備しつゝある[103]」と記した。また、西園寺も七月一五日の内田康哉との会話で、①「平沼は自ら組閣するなどの覚悟はなき由なるも」、国本社を基礎とし、寄付金を盛んに募集しているようである、②「彼の希望は内大臣府を有力にし、君主独〔親〕裁の実」を挙げることにあるようだ、と述べ[104]、警戒した。

以上のように、台湾銀行救済緊急勅令問題は、平沼及び国本社の政治的イメージの変化に大きな影響を与えることになったのである。

## (三)　田中内閣との政策的類似性と協調

一九二七年四月、田中に大命が降下すると、平沼は松本を通じて、田中に枢密院が前内閣を倒閣させる結果となったことから、自身の入閣を予め断り、原嘉道を法相、鈴木喜三郎をその他の大臣に就任させることを希望した。これに対し、田中は原を法相、鈴木を内相に起用する方針を示した[105]。結果として、田中内閣には国本社役員が四名(鈴木内相・原法相は理事、白川義則陸相・小川平吉鉄相は評議員を務めていた)入閣した[106]。

なお、田中は貴族院研究会からの入閣を断り、山本を中心とする薩摩系の政治家とそれと連携した後藤、伊東の入閣についても取り合わなかった。田中は党外勢力では平沼のみに政治的配慮を行った[107]。

組閣後も、平沼は松本を通じて田中に対し、出兵など五項目について注意を与え、関東長官及び枢密顧問官補充人事にも意見を伝えるなど、内閣の政策・人事に介入した[108]。

このように、組閣当初から平沼と田中は密接な関係であった。鈴木が入党したとはいえ、平沼が短期間の内に田中と密接な関係を築くことが出来たのは、両者が治安対策の強化や満蒙権益の維持・強化など内政外交の基本的な政策に一致点が多かったためだと考えられる。まず、内政面での両者の関係と平沼の政治認識を民政党綱領問題・水野文相優諚問題・治安維持法改正緊急勅令問題・国策調査会設置問題を通じて考察したい。

一九二八年二月二〇日、鈴木内相は声明で、民政党の綱領にある「議会中心主義」を「国体」と相容れないと批判し、内閣の成立は天皇大権の発動によるもので、政党員の多少をもって成立するものではないとの見解を示した。いわゆる民政党綱領問題である。これに対し、新聞では、鈴木の声明は「議会中心主義」を否定した論であると批判し、総選挙の当日に発表したことから、鈴木の魂胆は総選挙で政友会が敗北しても総辞職しないことにあるのではないかと分析した[109]。

二月二二日、平沼は倉富との会話で、鈴木の声明について、趣旨においては賛成するが、「時期適当ならす。寧ろ選挙の済みたる後にすれは」よかったと述べ、選挙戦略として用いることは不適当だと感じていた。ただ、平沼は一度主張した以上、どこまでも貫徹すべきであると考え、二九日、鈴木に強硬に主張するよう伝えた[110]。

三月七日、政府与党は鈴木の声明に連帯責任を負い、訂正しないことを決めた。そして、民政党の綱領を排撃し、政友会は「皇室中心主義に立脚」する方針を決めた[111]。

三月一六日、国家主義者の橋本徹馬（紫雲荘主幹）は平沼に対し、田中が浜口雄幸民政党総裁に綱領の改正を要求すべきと提案したが、平沼は「民政党にては田中か困りて右の如き申出を為したりと解釈するならん[112]」と述べ、田中の立場をより悪くする恐れがあることから、反対した。

その後、鈴木内相は二月の総選挙における選挙干渉の責任を追求され、田中内閣は鈴木内相の辞職に極力対抗したが、五月三日、鈴木内相は党内外の情勢により、自ら辞職することを決断し、山岡警保局長も連帯責任を負い、辞職した[113]。

鈴木内相の後任人事をめぐり、政友会内で対立が発生した。田中は望月圭介逓相を内相に転任させ、逓相には入党したばかりの久原房之助を起用した。水野錬太郎文相は久原の逓相就任に強く反対し、五月二〇日に一旦辞表を提出した。しかしその後、水野は昭和天皇の優諚により留任したとの発表を行った。これに対して、民政党などは天皇を政治的に利用したと批判し、水野は二五日に文相を辞任した。以上の経過は水野文相優諚問題と呼ばれた。平沼はこの問題について、倉富との会話で、田中が「水野に引掛けられたるならん[114]」と述べ、問題にしなかった。

続いて発生したのは、治安維持法改正緊急勅令問題である。三月一五日、田中内閣は共産主義者を治安維持法違反容疑により一斉検挙した（三・一五事件）。四月一〇日には、新聞記事の解禁と同時に、労農党など三団体の結社を禁止する処分を行った[115]。そして、四月二七日、田中内閣は第五五特別議会（四月二三日～五月六日）に治安維持法改正案を提出した。改正の要点は、①刑を重くし、「国体」の変革を目的として結社を組織した者、指導した者に最高で死刑を科すこと、②目的遂行罪を新たに設け、日本共産党に入っていない者でも、宣伝など党の目的に寄与する行為を行った者を罰すること、にあった。内閣で法案を主導したのは、原法相である。原は小川の意見を参考にし、省内の反対を押し切り、厳罰主義による法案の作成を命じた[116]。

しかし、議会の会期が迫り、民政党・中立系・無産政党が法案握りつぶしや反対の態度をとったことにより、審議未了で廃案となった。そこで、田中内閣は議会の会期延長や臨時議会の召集といった手段を取らず、憲法第八条を根拠として緊急勅令で法案を成立させることに決定した[117]。

前述のように、五月三日、鈴木は内相を辞職した。しかし、平沼は三・一五事件を重視し、その後、不戦条約批准問題で田中内閣に反感を持つこともあったものの、概ね田中内閣に協調的な態度を取った[118]。

五月七日、平沼は原法相が訪問した際、「刑を重くすることも必要なるへきも、現行法に漏し居る事柄あるならは、之を補ふ為め、緊急勅令を出す理由あるならん[119]」と述べ、賛成した。

しかし、新聞では反対論が広がり、政友会内でも反対論が出た。六月一二日に至り、政府はようやく枢密院に緊急勅令案を諮詢したが、既に議会閉会から三〇日以上経過しており、緊急勅令案の正当性はより一層低下していた。平沼は倉富の依頼により委員長に就任し、一四日に審査委員会が開かれた。委員会において、久保田譲ら四顧問官は緊急勅令案に強く反対したが、平沼は政府に再考を求める動議を認めず、政府案は多数決により可決された[120]。

新聞は審査委員会の紛糾を大きく報じ、枢密院を批判した[121]。『東京朝日新聞』では、反対派顧問官は平沼が最初から原案を通そうとする態度を取ったことに不満を有しており、このことが審査の難局を招いていると報じた[122]。

六月二七日の本会議でも激論が交わされたが、政府案は多数決にて可決された。

その後、八月一日、床次が民政党を脱党し、新党倶楽部を結成した。平沼は新党倶楽部の動向をしきりに気にかけていたが[123]、これは床次が事後承認に賛成するよう望んでいたことも一因だと考えられる。結局、第五六議会（一九二八年一二月二六日～一九二九年三月二五日）において、緊急勅令は政友会と新党倶楽部の賛成により承認された。また、貴族院でも大多数により承認された。

平沼は新聞から批判を浴びたが、緊急勅令そのものの必要性を疑わず、一九二八年九月四日、倉富との会話で、原の功績を高く評価するとともに、治安維持法改正により共産党の取締りに大きな効果を挙げたと述べた[124]。

しかし、平沼が緊急勅令成立のために払った代償は大きなものであった。審査委員会の段階で、二上が倉富との会話で指摘したように、新聞などの報道により「政府と通牒したる巨魁[125]」というイメージが成立した。例えば、『都新聞』では、「吾等は平沼副議長の皇室中心主義者たり、熱烈なる憂国者なるを知る、然れども其行動は常に准政友会員たるの観あり。政治に干与すべからざる枢府に入りたる後も、政友会と一脈の気の通ずるものあるは十目の視十指の指す所である……今後を戒慎するか、否ずんば公然政界に打つて出るを可とする[126]」と批判した。

他方、第五五議会終了後には、国策調査会の設置が問題となった。前述のように、平沼は外交や教育などの重要問題については、一定の国策のもとで運用することにより、政党政治の弊害を是正するよう訴えていた。田中内閣が成立すると、平沼は田中に野党を含め、「国策の大方針は権威ある委員会を組織して決定」するよう要求した。これに対し、田中は当初、平沼に「内閣の上に更に最高機関を設くることは困る[127]」と述べ、否定的であったが、第五五議会終了後には、国策調査会の設置に動き出した。その要因の一つとしては、三月の総選挙で政友会は過半数を獲得できず、内閣の議会運営が不安定になったことがあった[128]。

しかし、この構想には、浜口が参加しなければ機能しないという根本的な問題点があった。また、倉富と二上は平沼から国策調査会の構想を聞かされておらず、二上は、①調査会の委員を国務大臣礼遇とすると、枢密院で中々面倒な事態となること、②委員に後藤や伊東が入る内約があること、を懸念した[129]。また、政府与党内でも反対意見が出された。例えば、水野は反対理由として、①臨時外交調査会のように調査会が政府の施政に介入し、厄介な事態となること、②思想問題は十人十色の意見があり、収拾困難になること、などを挙げた[130]。他方、新聞でも「責任内閣」の下で国策調査機関は必要ないと反対意見が出た[131]。

七月一三日の閣議では、中橋徳五郎商工相が調査会の設置に正面から反対し、論争となったが、結局首相一任となった[132]。八月四日、田中は床次が民政党を脱党したことを受けて、浜口と会談したが、浜口は応じなかった[133]。枢密院でも、倉富は国策調査会官制が緊急勅令より一層面倒であり、枢密院の通過が困難な事態が予想されると述べ[134]、実質的に反対の意向を表明した。以後、国策調査会設置問題は自然消滅に終わった。

以上のように、平沼は国策調査会設置を通じて、官僚を含めた諸政治勢力の一致による政策決定を模索した。しかし、この時期には政党内閣が政策の統合機能を果たすことにより、明治憲法の分権的体制を克服しようとしており、衆議院の多数党による内閣が行政を取り仕切り、かつそれに責任を負う体制を理想とする民政党や新聞の反発を招き、挫折したのである。

### (四) 田中内閣の対中政策と張作霖爆殺事件の処理への対応

平沼は対中政策においても、田中内閣の大枠の方針に不満を持つことはなかった。田中内閣は、蒋介石による中国本土の統一は認めるが、満州においては張作霖を通じて権益の維持・拡大を図り、満州に関する懸案を張との交渉により解決しようした。また、日本の権益擁護及び居留民保護のために軍事力を行使することを厭わず、森恪外務政務次官のリーダーシップの下、三次にわたり山東出兵を行った。この背景には、北伐を牽制し、奉天軍閥の決定的な軍事的敗北となる事態を未然に防ぐ意図もあった[135]。しかし、一九二八年五月に起きた済南事件では、日本軍と国民革命軍との間で起きた武力衝突を機に、多数の中国人が殺害された。この事件は、①中国国内の排外運動の標的を日本に向ける契機となり、②蒋介石が日本軍の行動に対して憤慨し、日本に警戒心を持つようになった、という点で、日中関係の転換点の一つともなった[136]。

しかし、平沼は五月一六日に開かれた枢密院での済南事件に関する政府報告を国本社の用事で欠席した[137]。また、八月一日に枢密院で開かれた対中政策に関する政府報告においても、会議終了後の倉富との会話で、江木千之枢密顧問官の質問は田中首相の報告よりも長いと述べるのみであり[138]、政府の方針を糺そうとする姿勢を見せず、不満を述べることもなかった。これは平沼が田中内閣の対中方針に大枠において一致していたことを示すものといえる。なお、後述のように、平沼は満州事変において、満蒙権益の維持を理由に関東軍の行動を追認する一方、中国本土への侵攻には懸念を示すが、これも平沼の対中政策が満蒙権益の維持を前提としつつも、中国本土では国民党による統治を容認した田中内閣の方針と通じる点が多かったことを示すものといえよう。

一方、平沼は共産主義の国内への流入については、強い警戒感を示した。一九二八年八月一日、平沼は倉富に、共産党事件を機に日本共産党とソ連大使館との連絡が明らかになったので、ソ連とは、「結局国交断絶まて行かされは致方」ないと述べた[139]。

田中内閣は衆議院で過半数を制すことができず、第五六議会を乗り切れるのかどうか不透明な状況にあったが、平沼は依然として田中内閣の路線が継続されることを望んでいた。九月四日、平沼は議会閉会後、新党倶楽部を率いる床次に政権を譲るという条件で妥協するようなこともあるかもしれず、「田中の為にも其の方か好都合」だろうと述べたが、一〇月二四日には、床次は首相の座を望んでおり、去就は不明であるが、「床次も致し痒しで内閣を授けたらは、田中（義一）か居座ることになるへし」[140]との見通しを述べた。このこともあってか、一一月二六日、平沼は松本に面会し「深く床次氏に同情を表」した[141]。

なお、床次は民政党を脱党する際の声明書において、中国に対する内政不干渉を批判するとともに、満蒙権益擁護の必要性を第一に指摘しているが[142]、これは平沼の対中政策とも、大枠において一致していたと考えられる。

結局、政友会と新党倶楽部の提携は成立せず、第五六議会では、新党倶楽部は両税委譲法案において、野党の立場に立った。それは田中が内政より外交を重視し、床次が外相として入閣することに否定的であったためであった[143]。

このように田中内閣が不安定な政権運営を強いられる中で発覚したのが、一九二八年六月四日に起きた張作霖爆殺事件である。一二月一三日、平沼は松本に、「総て極秘の話」として、①河本大作陸軍大佐らが犯人だということは間違いないようだ、②しかし、それを世間に公表して軍法会議にかければ、将来の列国に対する面目上、「由々敷大事」であり、③田中内閣は「之が為め退かねばなりはせぬか」[144]、と述べた。すなわち、外交上の面目と田中内閣への影響から、事件の公表と軍法会議の開催に反対したのである。なお、直接的には言及していないが、国民党による北伐と利権回収運動が進展する中で、事件を公表すれば、満蒙権益を脅かすものとなるという懸念もあったのであろう。

その後、第五六議会において、中野（民政党）が事件を暴露しようとしたことに対し、平沼は倉富との会話で、「実に言語道断にて政権争奪の手段も此くなりては困りたる」[145]と批判した。

一二月二四日、田中は天皇に事件の犯人は陸軍軍人で証拠が挙がれば軍法会議で処罰すると言上したが、その後、閣僚と陸軍の同意を得ることができなかった[146]。

一九二九年二月五日、平沼は倉富との会話で、「如何なる訳なるへきか」、西園寺が事件の責任者を公表することを主張し、軍務当局者がこれに反対した結果、「田中は板挟みになりて困り居る[147]」と述べ、田中の意図を誤解し、田中を同情的に見ていた。

六月二七日、天皇は田中の上奏について矛盾があると叱責し、田中の説明を聞くことを拒否した。この結果、田中内閣は総辞職した[148]。既に指摘されているように、平沼は事件を牧野内大臣の陰謀とみなし、西園寺は関与していないと信じた。そして、政党の弊害は既にその極に達しているので、西園寺が内閣を作り、一時的でもその弊害を除くことができればよいと考えた[149]。

また、平沼は倉富との会話で、事件の影響により田中に再度、大命降下しないだろうとの見通しを示し、「今てこそ政友会は静にして居るも、事情か一変したらは大層面倒なる事体を惹き起す様のことはなかるへきや。牧野に対する反感は余程烈しき模様なり[150]」と述べ、社会秩序の動揺を懸念した。

さらに、注目すべきは、倉富が、①天皇に政治的に責任を問うことができないのは勿論だが、実際に権力を行使してその責任を全くとらないわけにはいかない、②そのため、今後なるべく田中に行ったような行動は取らないようにする必要がある、と主張したことに対し、平沼も「然り[151]」と同意したことである。すなわち、平沼は天皇主権説を支持し、枢密院においても天皇の権威を損なうような言動や手続きを厳しく追及したが、実際の天皇の政治関与には批判的であったのである。

# 第五章　組閣への自信と平沼内閣運動の誤算

本章では、浜口雄幸内閣から平沼内閣運動が挫折するまでの平沼騏一郎の動向を分析する。ロンドン条約問題についての研究は数多くあるが、枢密院側の対応を分析した代表的な研究として、伊藤隆氏[1]、小林龍夫氏[2]、伊藤之雄氏[3]の研究が挙げられる。特に、伊藤之雄氏は「倉富勇三郎日記」などを本格的に使用し、昭和天皇をめぐる権力や動向との関連で、①ロンドン条約問題における枢密院の対応、②鈴木貫太郎侍従長が加藤寛治軍令部長の条約に反対する上奏を、条約締結指令の回訓の発送前に行うことを阻止した結果、条約反対派を中心に宮中側近への批判が高まったこと、などについて明らかにした。

また、一九三〇年代前半に展開された平沼を首相にしようとする、いわゆる平沼内閣運動についても、佐々木隆氏の研究[4]以降、「倉富勇三郎日記」を用いた研究が蓄積されている。佐々木氏は平沼が元老西園寺公望や宮中側近に対し、軍部を統制し得る文官であるとアピールし、政権を狙ったことを明らかにした。その後、堀田慎一郎氏は平沼内閣運動の分析を通じて、①平沼の政治構想は西園寺と対立するものであったこと、②運動の政治基盤が陸軍皇道派にあったこと、③運動の最盛期は一九三四（昭和九）年初頭であったこと、などを明らかにした[5]。最近では、手嶋泰伸氏が海軍との関係に着目した分析を行い、①平沼は人的なネットワークと皇族の権威により分立的統治構造を克服しようとしたこと、②平沼の周旋によっても海軍における派閥対立は解消されず、海軍艦隊派の脱落により平沼内閣運動そのものが崩壊したこと、③平沼内閣運動が挫折した結果、艦隊派による統帥権の強化という統治構造の更なる分立化が起こったこと、などを指摘した。[6] しかし、①平沼が政党との対抗関係の中で、いかなる構想により官僚的権限を守ろうとしたのか、②当該期の平沼の政策が司法官僚時代からの政治観の展開の上において、どのように位置づけられるか、③平沼内閣運動の政治的影響、④なぜ平沼が首相候補として取り上げられ、いかなる点において期待あるいは警戒されたのか、などについては十分に明らかにされていない。

以上を踏まえ、本章ではこれまで十分に触れられていない、①平沼の政治観、②平沼の政治構想・政策の展開、③平沼をめぐるイメージ、などについて考察する。

## 一　政党内閣への失望とロンドン条約反対の要因

### （一）浜口内閣への反感と政党内閣への失望

一九二九（昭和四）年七月二日、浜口雄幸内閣が成立した。平沼は立憲民政党内閣ができることはやむを得ないと考えていたが、[7] 間もなく浜口内閣の政策に不満を募らせるようになった。

まず、平沼は浜口内閣の思想問題への対処について不満を持った。浜口内閣は田中義一内閣の共産主義思想の影響を受けた社会運動に対する強硬路線を修正しようとした。内務省では非合法の共産主義勢力のみを取締り、学生・青年を寛大に処分する方針を示した。司法省でも思想犯の取り扱いを適正にし、学生・青年に対する目的遂行罪を制限する方針を打ち出した。[8]

九月一一日、平沼は倉富勇三郎枢密院議長との会話で、田中内閣の時でも「左傾派」の取締りは不十分であると考えていたが、浜口内閣は「右傾派」の取り締まりを強化し、それも「単に暴力団の取締と云へは宜しきも、皇室中心主義の暴力団」を対象とすると表明した結果、自分の管理している学校（日本大学）では「左傾派」が再び勢いづいたと批判した(9)。

次に、平沼は浜口内閣成立以降、疑獄事件の続発を憂慮するとともに、二大政党が反対党の疑惑を暴露し合う結果、秩序が維持できなくなることを危惧した。一一月、越後鉄道前社長の久須美東馬（民政党員）が、政府が鉄道の買収を完了するまでの数年間に、数十万円の運動費を政友・民政両内閣の高官に贈り、若槻礼次郎元首相も関与したという疑惑が発覚した。いわゆる越後鉄道疑獄事件である。既に指摘されているように、倉富・平沼ら枢密院の中枢グループは政府が事件をもみ消そうとしたと考え、反感を強めた(10)。

また、この時期には、小川平吉が田中内閣鉄相当時、私鉄の幹部から、鉄道の一部路線の政府買上げや路線延長の許可などをめぐり請託贈賄を受け、収賄したという疑惑も生じていた。いわゆる五私鉄疑獄事件である。平沼は九月二五日、倉富に対し、「政府か政友会を圧迫する為、疑獄を起すに付、政友会にても之に応する為、何事か起す計画を為し居るとのことにて実に困りたる事体」となっている。五私鉄疑獄事件に関与した小川の検挙が近づいており、立憲政友会では「悲鳴を挙げ居るか、同時に復讐と防御策とに付、大層熱し居れり。此くの如き形勢にて推移せは議会解散後の総選挙までには如何なる事体を生すへきや憂慮に堪へす(11)」と述べ、危機感を募らせた。

一一月一〇日には、平沼は倉富に、現内閣が崩壊するとすれば、「綱紀紊乱」によるもので、同一の理由で崩壊した政友会に大命降下する理由はなく、「成る程超然内閣の成立は困難なるも、時勢を其方に進展せしむる必要」があると主張した(12)。

すなわち、平沼は田中内閣崩壊の際、既に政党政治の弊害が深刻化したと考え、政党内閣への懸念を深めていたが、疑獄事件の頻発を受け、政党内閣を見放したのである。このような認識は、西園寺の認識と対照的であった。西園寺は政党内閣期には、二大政党が交互に政権を担当することが政局安定のために最も現実的と考えるようになった。そのため、二大政党制が確立することを期待し、官僚を首班とする内閣を作ることを基本的に考えていなかったのであり[13]、両者の政党政治への認識は明確に異なるものとなったのである。

## (二) ロンドン条約批准反対の背景

「倉富勇三郎日記」などの史料を読む限り、平沼が関心を寄せたのは共産党問題など内政が中心であり、外交に関しての言及は少ない。ただ、前述のように、平沼は第一次世界大戦後の国際秩序を人種論の立場から懐疑的に捉えており、その後も国際認識の基本的枠組みは変わらなかったと考えられる。

少し時期は後になるが、一九二九年四月、平沼は不戦条約批准問題の際、小川に対し、日本はいつも欧米の後塵を拝してきたが、今度こそ独自の立場を取り、「国体」を世界に宣揚することも得策ではないかと提案している[14]。平沼は回想でも、小村寿太郎が桂・ハリマン協定に反対したことや「自主外交をやった[15]」ことを高く評価している。また、西園寺らが行った満州事変以前の外交は「御機嫌取り」であり、「かう云ふ軟弱外交では、満州を失ひ、台湾を失ひ、九州位租借になると考へた。満州は返してもいい、平和に処理してゆく位に考へていた」。日本は第一次世界大戦に参加したのにもかかわらず、イギリスは「後で分け前を呉れぬ。青島を返した。後には日英同盟を廃し、軍備を縮小し、九国会議があつて大陸に手を出せぬやうにした……小村が居ればさうならなかつたらうと思ふ[16]」と述べている。

以上を踏まえると、平沼は英米中心の国際秩序を日本抑圧体制であると捉え、英米に協調的な西園寺らの外交方針に反感を持っていた。そして、それらへの反発から、欧米の意向にとらわれずに外交政策を立案すべきという認識を有していた。また、満蒙権益の維持を重視し、満州にアメリカ資本を導入することにも批判的であった。すなわち、平沼の外交観には、自国の国力を合理的に分析し、欧米を中心とする国際秩序の動向を踏まえて行動するというよりも、欧米への劣等感と対抗という国家主義的な要素が強く現れていたのである。

平沼の外交観形成に影響を与えた要因としては、主に二点挙げられる。

第一に、外交に携わった経験がなく、国際法についても十分に研究していなかったことである。少し後になるが、一九三一年一二月二日、平沼は倉富・二上兵治枢密院書記官長と国際連盟規約と国内法の関係について話し合った。ここでは、国際連盟理事会・総会決議と国内法との関係について話題になったが、平沼は両者の関係について、特に問題ないと主張した。その理由として、連盟規約で決議の効力を定め、それを承知で連盟に加入した以上は、その決議に拘束されるのはやむを得ないことを挙げた。これに対し、二上は決議の効力が勧告にとどまるならば問題ないが、直ちに条約となるようになれば、そのことは国務大臣の専決に任すことになると指摘した。また、倉富も連盟が経済封鎖を決議すれば、それを実行するため、連盟加入国は勧告に従い、出兵する義務があることになっているが、日本の場合は勅令が必要であることなどを指摘した。二人の説明を聞き、平沼は「右の如き場合に決議に拘束せらるるならは連盟に加入することは不利益なり」と意見を変え、二上に対し、「自分（平沼）は連盟規約を研究し居らす、規約の何の部分を研究すれは宜しきや……所謂二十一カ条条約は自分（平沼）は之を詳知せす。枢密院の書類ありや」[17]と尋ねている。

このように、平沼は連盟規約や二十一カ条要求についてよく知らず、国際法を研究し始めたのは、満州事変の発生により連盟問題が浮上してからであることがわかる。

平沼の外交観形成に影響を与えた要因としては、第二に、平沼の政治的人脈が挙げられる。一九二九年五月二二日、平沼は倉富との会話で、外交官の中では、杉村陽太郎国際連盟事務局次長・広田弘毅駐オランダ公使・本多熊太郎元駐独大使を「話の分る人」[18]であると評価しており、特に、本多と親密な関係であった。本多は一九〇一（明治三四）年、小村により外相秘書官に起用され、一九二四（大正一三）年に駐独大使に就任した後、退官した。本多は幣原外交に反感を持っており、退官後、外交評論家としての活動を行う一方[19]、国本社理事を務め、頻繁に国本社の活動に参加した。また、平沼の宮中入りや田中内閣崩壊後の平沼内閣成立を目指し、画策していた[20]。

平沼と親しい荒木貞夫は、平沼は不戦条約批准問題の際、最初は強硬に反対する考えはなかったが、「多分本多等に誤られた」と考えていた[21]。また、吉田茂（田中内閣外務次官）も、ロンドン条約時の平沼の意見について、「本多〔熊太郎〕抔の議論と同様の筆法」[22]であるとみなした。これらを踏まえると、本多はロンドン条約までの平沼の対外認識に影響を与えていたと考えられる。

一九二九年七月に浜口内閣が成立してから間もなく、ロンドン海軍軍縮会議への対応が政治課題となった。平沼がアメリカとの関係に言及するようになるのも、ロンドン海軍軍縮会議開催が迫った一九二九年一〇月末以降である。

太平洋問題調査会第四回京都会議（一〇月二八日～一一月九日）では、満州問題が主要なテーマとなった。一〇月三〇日、平沼は倉富との会話で、京都会議において中国の代表者が公然と日本の悪口を言うことを放置するのは困ったことであり、「多分米国と支那とは内緒にて協議を遂げ居るに相違い」ないと述べ[23]、アメリカが中国と連携して、満蒙権益を維持しようとする日本を攻撃しようとしているのではないかと不信感を募らせた。

一一月二六日、浜口内閣は閣議で、ロンドン会議における日本の方針として、①補助艦総トン数対米七割、②大型巡洋艦対米七割、③潜水艦現有量の維持、の三大原則を決定した。

一九三〇年一月一五日、平沼は倉富との会話で、アメリカでは「公然日本を敵として戦ふ場合の計画を語り、其準備も公表して憚らさる」ようであるが、日本では、アメリカが日本に対して好意を持っていることのみを説き、外務省では、日米戦争は起こらないとを宣伝している。しかし、「対外のことを秘し、国民に日本の主張の必要なる事情を知らしめすしては、国論の統一は望み難」いと述べた。また、平沼が団長を務める修養団のアメリカ支部に所属している人物から聞いた話として、ワシントン会議の時と違い、今回は若槻がアメリカを通過した際、主だった人物が出迎えず、「殆んど意に介せさる状況」である。また、イギリス側も、マクドナルド（James Ramsay MacDonald）首相は別荘地より帰らず、「軽蔑したる体度」であったようだとも述べ[24]、英米の態度の変化に触れ、アメリカに好意的な外務省を批判した。

その後、三月一三日、日米間で協定案が成立し、総括的比率は対米六割九分七厘、対英六割七分九厘であり、ほぼ七割を確保できたが、大型巡洋艦は対米六割二厘にとどまった。政府はこれを受け入れる方針だったが、海軍内の意思決定は難航した。

三月二五日、平沼と倉富は海軍側の抵抗を評価し、外務省の対応を批判した。倉富は、①どこまでも海軍は強硬に主張すべきであり、外務省がなぜ妥協するのかわからない、②フランスでもイタリアでも、自国の利益の為には強硬に主張している、③日本の主張のために会議が決裂してもよいのではないか、と述べた。平沼もこれに同意し、近日、加藤軍令部長と会って詳しく聞くと答えた。また、平沼は外務省辺りでは、決裂すれば建艦競争になり、日本の財政がもたないので、非常に困るという考えだろうと述べた。これに対し、倉富は、アメリカは金を持っているが、むやみに建艦費を支出することは出来ないようであり、仮に建艦するとしても、急速には出来ない。また、「妄りに戦争すること」も出来ないだろうと答えた。

続いて、平沼は倉富に、もし日本がアメリカに譲歩すれば、中国人はいよいよ日本を軽蔑すると述べた。これに対し、倉富も、アメリカは中国における利権を支配下に置こうする考えから行動しているので、日本がアメリカに譲歩すれば、非常な影響があるだろうと答え、平沼もそれに同意した㉕。すなわち、平沼はアメリカの目的が中国利権の拡大にあり、譲歩すれば中国の軽蔑を招き、日本の利権に多大な悪影響をもたらすと考えたのである。

以上のように、平沼が一貫して三大原則の維持を強硬に主張した要因は、①英米中心の国際秩序への反感、②満蒙・中国における権益の維持、③アメリカの行動への不信感、にあった。

平沼の認識は西園寺及び宮中側近の認識と異なるものであった。彼らは列国との協調を何よりも重んじ、それに比べると国内政治問題を重視しないという政治観を持っていた㉖。

西園寺は一月頃から条約を成立させるべきと考え、牧野伸顕内大臣ら宮中側近も同様であった。加藤は依然として条約締結に反対であり、上奏を決意して三月三一日と四月一日、宮内省に都合を聞いたが、鈴木侍従長は日程の都合を名目に上奏を拒否した。四月一日に閣議で決定された全権への回訓案は、浜口首相により天皇に奏上され、直ちにロンドンに向けて電送された。この結果、回訓案を加藤が国防上同意できないと上奏することは、倒閣のみならず、天皇を政争の争点に巻き込むことを意味し、よほどの決意がないと困難なものとなった。結局、四月二日、加藤は天皇に対し、回訓に不同意の旨を上奏したが、その結論はアメリカの提案に同意するときには、一九二三年策定の国防方針に変更を要するというものに過ぎず、天皇に上奏の理由を問われた際にも、ただ聞き置かれたいと述べるのみであった。しかし、この上奏阻止事件は四月下旬頃までに政界や陸海軍、民間の国家主義者の間に広まり、彼らは宮中側近への批判を強め、宮中側近に影響されているとみなされた天皇への不信感が広がった[27]。

四月九日、平沼は倉富に「鈴木貫太郎抔は実に不埒なり。鈴木を顧問官としたることに付ては自分（平沼）も責任あるか、如何にも不都合なり。鈴木か加藤寛治を呼ひて、加藤の諒解を求め、加藤は之をはね附けて帰りたることあるは事実なる趣なり[28]」と述べ、鈴木に強い不満を持った。また、遅くとも四月二三日には、鈴木が加藤の上奏を阻止したという情報を得た[29]。

枢密院側はロンドン条約の批准について諮詢があることを想定して、枢密院の方針を協議した。平沼は、①兵力量の問題は枢密院で判断できず、軍当局の判断によること、②統帥権は諮詢事項ではないが、憲法問題であり、憲法解釈を決定すること、を主張し、倉富の同意を得て枢密院の審査方針となった[30]。

この中で平沼が最も重視したのが統帥権問題である。六月二三日、平沼は倉富に対し、「是は最も主要なることに思ふ。自分（平沼）は決して内閣を攻撃することを目的とするものに非す。統帥権問題の意見も之を上奏となすか、又将来の警告する為の警告と為すか、是等のことに付ては只今定まりたる考なし。将来のことは必す之を確定し置必要あり[31]」と主張し、倉富の同意を得た。統帥権独立制は陸海軍における官僚の「職業的専門性」や「官僚制的合理性」を保証する制度である[32]。平沼が統帥権を重視したのは、前述のように、政党の統治機能を十分には認めておらず、軍を含めた官僚の権限を擁護する意図があったためであろう。

なお、統帥大権の解釈について、平沼は一九二五年三月、塚本清治法制局長官（加藤高明内閣）が花井卓蔵（貴族院議員）の質問に答弁したものが「一番明瞭なり」と述べている[33]。その内容は、①憲法第一一条の統帥大権は憲法第五五条の各大臣輔弼の責任の範囲外になる、②しかし、統帥に関する事項には各大臣の輔弼の責任にあたる事項と密接な関係を有するものがあり、それらについては各大臣が参画して輔弼の責に任ずる、③統帥大権は編制大権を包含していないが、編制大権と統帥大権は密接な関係を有するものであり、統帥大権の影響を受けるものがある、というものである。[34]なお、平沼は戦時編制については、軍の専決で政府は関与できないだろうと考えていた。[35]

すなわち、平沼はロンドン条約のように統帥大権と編制大権が密接である場合は、内閣と統帥部の双方の同意が必要であるとの見解である。これは大枠において参謀本部・軍令部の見解と同様であった。[36]

これに対し、当時の代表的な憲法学者である美濃部達吉（東京帝国大学法学部教授）は、軍の編制についての輔弼の機能は内閣に属する。そのため、内閣は専門家の意見も尊重すべきだが、内閣と軍令部との共同の任務に属するものではないと主張した。[37]

美濃部の解釈は、国民により選出された政党を中心とする内閣が軍の編制においても主導権を握り、決定することを可能とするものであった。一方、平沼の解釈は統帥権の範囲を広げ、軍のセクショナリズムを助長するものであった。

他方、政友会も、四月二五日に衆議院で統帥権問題を提起した。ロンドン条約が政治問題化する中で、枢密院での批准が焦点となり、それに伴い、原田熊雄（西園寺の私設秘書）らの間では平沼がこの問題で内閣を倒そうとしているという噂が流れた。[38]

六月一八日、平沼は倉富との会話で、政府が軍令部と調和出来ないならば、諮詢を奏請せず「退却するならん」[39]との見通しを述べ、七月九日には東郷平八郎（海軍元帥）が「如何にしても承諾せさるへし」[40]と予想した。

しかし、七月二三日に軍事参議官会議で決定された奉答書は、補充さえすれば国防上の支障はほぼないとする内容であった。既に指摘されているように、倉富は奉答書問題で辞表を提出するなどの強硬策を検討した。しかし、平沼は天皇を巻き込み、枢密院に打撃をあたえる恐れがあることから、積極的に賛成しなかった。倉富らは顧問官の賛成が得られるかわからず、浜口内閣も天皇や宮中の支持を得て、強い対応に出たことなどから、条件付きでの批准に賛成するようになった。[41] 結果として、批准案は枢密院において全会一致で可決された。

## 二　平沼内閣運動における政治構想とその問題点

### (一) ロンドン条約反対派陸海軍人との交流と陸海軍統制への危惧

平沼はロンドン条約問題の前後、宮中改革構想と枢密院改革構想に関与した。

まず、宮中改革については、牧野内大臣へ不満を共有する伊東巳代治らとともに、宮中における牧野グループを排斥し、平沼及び平沼に近い者を宮中に入れようとした。[42] 平沼は以前から牧野の輔弼に対する不満が鬱屈しており、依然として宮中入りの機会をうかがっていたのである。[43]

しかし、一九三〇(昭和五)年七月一六日、小原駩吉(貴族院議員・元宮内省内匠頭)が倉富との会談で、伊東が自分の「代表者の如き考」で平沼を推薦すれば、「根本より不成功に終るは明瞭」であり、「西園寺か所詮承諾せす」[44]と述べたように、西園寺が平沼を忌避していることから、この工作が成功する見込みはなかった。

次に、枢密院を改組し、大物を顧問官に加え、枢密院が元老や内大臣を補佐し、宮中問題を含め国家の重要事項のみの諮問機関となることを構想した。一九三一年七月、二上は牧野を訪問し、この構想を伝えたところ、牧野も好意的であった。しかし、これは牧野が平沼らの構想に賛同したのではなく、平沼らの運動を枢密院改組構想に集中させることで、彼らの宮中側近への批判を当面の間、減退させることができると考えたためであった。[45]

平沼の行動は依然として、枢密院を政治的に強化し、官僚勢力を維持することを企図したものであったと考えられる。

他方、平沼はロンドン条約問題後、ロンドン条約反対派の陸海軍人との政治的連携を模索するようになった。特に、国本社を通じて以前から親しい関係にあった加藤・荒木との交流を深めた。また、加藤を通じて東郷と親密な関係にある小笠原長生（予備役海軍中将）への接近をはかった。平沼の行動の背景には、彼らを政権獲得の際の支持基盤とする意図があった。前述のように、平沼は一九二〇年代半ばから首相と宮中入りの両方に野心を持っていた。平沼は政党内閣の展開期において、官僚を中心とする内閣を組閣することは困難であることから、宮中入りを目指すこともあったが、ロンドン条約問題の紛糾により政党政治への信頼が揺らぐと、再び官僚を中心とする内閣が成立する可能性が高くなったと考え、陸海軍を支持基盤とした内閣の首相になることを構想したのであろう。

ロンドン条約問題は内閣と枢密院の間にとどまらず、その後の民間の国家主義者・陸海軍人による国家改造運動の契機ともなった。

時期は少しさかのぼるが、浜口内閣では、①世界恐慌、②中国のナショナリズムを背景に不平等条約改正と税権回復を急進的に実現しようする「革命外交」、への対応にも追われていた。

まず、浜口内閣は旧平価での金解禁を断行したものの、一九二九年一〇月にアメリカで発生した大恐慌が日本に波及した結果、株価・物価は暴落し、特に農村は生糸の暴落などを受け、深刻な打撃を受けた。しかし、浜口内閣は消費節約・緊縮財政・金本位制を維持するのみであり、有効な対応策を取ることができなかった。[46]

また、中国の「革命外交」への対応でも、浜口内閣は米英と中国への対応について足並みを揃えることができなかった。とりわけ、中国による南満州鉄道株式会社（満鉄）競争線の建設は、日本及び中国の日本人居留民に衝撃を与え、マスメディアにおいても満蒙権益の危機が叫ばれるようになった[47]。民間の国家主義者や陸海軍人は、統帥権問題・上奏阻止事件に憤慨するとともに、政党内閣の政治指導に強い危機感を覚え、内政外交における閉塞状況を非合法的な手段により打開しようとした。

一九三〇年一一月一四日、浜口首相は国家主義者の佐郷屋留雄に狙撃され、重傷を負った。浜口の症状は一旦快方に向かったが、一九三一年三月上旬、野党の批判を浴び、やむなく登院した後、再び症状が悪化し、四月一三日に内閣総辞職した。これを受け、若槻が民政党総裁となり、四月一四日、第二次若槻内閣を組織した。また、三月にも、橋本欣五郎陸軍中佐や重藤千秋陸軍大佐らと大川周明ら民間の国家主義者が中心となり、宇垣一成陸相を首班とする軍事政権を樹立しようとしたクーデタ未遂事件が発生した。いわゆる三月事件である。

なお、この頃には、国本社と国家主義者との関係が取りざたされるようになった。一九三〇年八月、原田は平沼が国家主義団体を庇護し、司法省へ手を廻して国家主義団体への取り締まりを徹底しないようにしていると問題視した[48]。また、佐郷屋が『日本及日本人』や国本社の宣言書を読んで刺激を受けたと供述し、それが新聞にも取り上げられたことも、国本社と国家主義者との関係がクローズアップされる契機となった可能性が高い[49]。ただ、現在のところ、平沼は国家主義団体・軍によるテロ・クーデタに関与した形跡はない。それは主に共産主義の影響を受けた社会運動に対抗する勢力として、国家主義団体を擁護したものの、直接行動による秩序の破壊や軍部独裁に批判的であったためであろう。

四月一七日、平沼は荒木・真崎甚三郎らと「陸海壮年将校の憤慨」について話し合い、①対ソ危機を提唱することで少壮軍人の不満をそらし、陸海軍を結束させる、②これらが成功すれば東郷・山本権兵衛を動かして、宮中側近を排斥する、と述べた。[50]

すなわち、平沼は陸海軍の関心をソ連の脅威に向けさせ、暴発を防ごうとしたのである。また、宮中側近を更迭することは、将来における自らの宮中入りを達成することにもつながるものであった。

その後、七月上旬、長春北方の万宝山で、朝鮮人の入植者と中国側の農民の間で紛争が起こり、それに日本の領事館警察と中国の保安隊が介入し、衝突した結果、朝鮮で中国人排斥運動が起こった。また、この間、現地調査の目的で、満州方面で情報収集を行っていた中村震太郎陸軍大尉が、中国軍に捕まり、軍事スパイという理由で銃殺されたことが発覚し、日中間の緊張が高まった。いわゆる中村大尉事件である。中村大尉事件を受け、有力紙の多くは対中強硬姿勢を示した。[51]

九月一六日、平沼は倉富と二上に、「軍人の硬化は之を放任し置きては不可」であり、「之を緩和する手段を講じなければならないが、「宮内省辺にては時勢を何と見居るへきや。牧野（伸顕）抔は鎌倉にて棋を囲ん」で日々を過ごしているだけであると批判した。また、「中村大尉虐殺事件か喧しくなり居るか、此事件位にて戦争を始められては困る」[52]とも話し、中村大尉事件を理由に中国と戦争することに反対した。

九月一八日、関東軍が奉天郊外の満鉄線を爆破し、中国軍を攻撃した。これは柳条湖事件と呼ばれ、満州事変の端緒となった。一九日、若槻内閣は事変の発生を受け、緊急閣議を開き、不拡大方針を決定した。しかし、若槻と昭和天皇・牧野内大臣らは弱気であり、二一日、天皇と牧野は朝鮮軍の統帥権干犯について、問責しない方針を決定し、そのことが若槻に伝えられた。二二日の閣議では、朝鮮軍越境に関する予算の支出を承認し、事後承認を与えた。この結果、事変収拾の主導権を陸軍に明け渡すことになった。[53]

九月二三日、平沼は倉富と事件をどのように終結すべきかについて話し合った。平沼の主張は、①事件の終結について、若槻内閣は諸多の懸案を此際解決する方針を定めたと言っており、その通りにするだろう、②事件は若槻内閣の「平常の優柔不断」によるもので、中国も「兎も角日本軍の強きことは十分に認めた」だろう、③普段、大砲三門は奉天城に向いていて、いつでも発射できる準備はあったが、指揮官は一里も離れた所から指揮し、大砲を発射する者は砲丸がどこに行くのか知らなかったようであり、「陸軍の此節の結果は最も完全に」出来ていたようだ、④幣原喜重郎外相が外交上の関係で、奉天より撤兵することを求めたとしても、陸軍は承知しないだろう、というものである。(54)

すなわち、平沼は事件発生当初、関東軍の策略だと勘付いていたが、事件の発生理由を日本政府の優柔不断によるものと考え、事件を起こした以上は、この機会に満蒙権益に関する懸案を解決すべきという意見であり、関東軍の行動を追認した。

また、平沼は朝鮮軍の独断越境が統帥権干犯であることは明白にもかかわらず、問題視した形跡はない。ここでも、平沼は天皇の権限よりも、満蒙問題の解決という自らの望む政策の遂行を優先したと考えられる。

平沼は関東軍の行動を追認したが、少壮軍人による下克上の機運が高まり、軍の統制が崩壊していることを憂慮した。九月二三日、平沼は荒木・加藤との会談の結果、閑院宮載仁親王（陸軍元帥）、伏見宮博恭王（海軍大将）をそれぞれ参謀総長、軍令部長に擁立し(55)、皇族の権威を利用して、軍の統制を回復しようとした。その後、一二月、閑院宮が参謀総長、一九三二年二月、伏見宮が軍令部長に就任した。

この構想は、平沼の主観としては軍の統制回復のための策であった。(56)しかし、皇族総長に責任を負わせることは出来ないことから、実質的にはより下部に権力が移行する事となり、結果として、軍のセクショナリズムを助長することとなった。(57)

一九三一年一〇月一六日、平沼は倉富との会話で、①軍の規律が弛緩し、実権が佐官以下に移っているが、少壮軍人の中には忠誠心のない者や世論の影響を受けた者もいるので、一度方向を誤ればその害は「実に油々《ママ》しきことなる」、②宇垣らは軍部内で信用を失っており、軍部内に信望があるのは東郷のみである、と述べた。また、「今日にては満州事件は何とか始末附くならん。然し、軍人跋扈の端を啓きては何とも致し方なし。此際は天皇陛下か真実大元帥として軍を統率遊はさるる様にあり度。陛下より東郷に対し御依頼遊はされても宜しきことと思ふ」と述べ、軍の台頭を危惧し、天皇が東郷に軍の統率を命じるべきであると主張した。さらに、「日支の関係は支那人の宣伝にて、外国人は事情を誤解し居る者もあるへきに付、（シュネーブ）にも適当の人を遣はすか宜しきも、是は芳沢謙吉か相当に為し居る様なる故、米国には誰か相当の人を遣はし、事情を諒解せしむる様に為したらは宜しからん」[58]とも述べ、国際関係にも配慮が必要だと主張した。

一〇月一七日には、橋本陸軍中佐を中心とする参謀本部将校が、大川ら民間の国家主義者と共謀し、満州事変の拡大を図るため、首相・閣僚らを殺害するとともに、警視庁、新聞社などを占領し、荒木を首相兼陸相とする内閣を実現させようとするクーデタ未遂事件が発覚した。いわゆる十月事件である。同月二一日、十月事件を知った倉富は、平沼との会話で、先頃来の軍の状況では、満州事変の解決が満足なものでなければ、このような事態が起こらないかと懸念していたが、満州事変の解決を待たずに事件が発生したことは、想像していたよりも早かったと述べ、平沼もこれに同意した。また、平沼は、①「此節の計画の実は非常なることにて一隊を以て宮内省を囲み一隊を以て警視庁を襲ひ、他の一隊を以て目的とする所を襲撃するもの」であり、標的には牧野、一木喜徳郎宮相、若槻らのほか、大資産家や共産党、政党では犬養毅も標的であったようだ、②「満州の方は非常なる意気込にて、殆んと手を着け様なき有様」であり、「満州には独立国を立て、外国か之を承認したる後、軍人は闕下に罪を待つ計画」である、③「藤原か軍人を軽んしたる結果、遂に源平氏を現出したるか、今日は政党か軍人を激せしめて此事体を惹き起」した、と述べた。さらに、平沼は、兵卒は全体の計画について知らされておらず、後に兵卒は欺かれたと恨むことになり、「忽ち共産主義ともなるへく、此くなれは其害は実に諮り難」い[59]、とも述べた。

すなわち、平沼はここにおいても、政党の悪政により軍が硬化したと考えるとともに、共産主義の拡大を危惧した。また、満州事変の解決が不十分であれば、軍によるクーデタもあると考えていたのであり、陸軍へ宥和的態度を取った一因は国内治安への不安にあったことがうかがわれる。

関東軍は一九三一年一〇月から錦州への爆撃を行い、一九三二年一月には錦州に入城した。満州事変発生後、上海では排日運動が激化し、一月一八日には日本人日蓮宗僧侶が中国人に襲撃される事件が発生した。日本人居留民はこの事件を受け、政府に陸海軍の派兵による抗日運動の弾圧を要請し、一月二八日には、日本海軍の陸戦隊と中国軍が衝突するに至った（第一次上海事変）。国際連盟は二月二日に公開理事会を開催したが、理事会の対日感情は、満州事変発生当初よりも悪化し、険悪なものとなっていた[60]。

平沼は相次ぐ軍による軍事行動とそれらが連盟に与える影響を危惧した。一九三二年二月三日、平沼は倉富に「此節の海軍の致し方は穏当ならす。今少し国際関係を考慮して行動する必要」があり、「兎も角急に局を結ふ必要[61]」があると述べた。

その後、連盟では、二月一六日の十二カ国理事会議において、日本にのみ警告的通告を行うに至った[62]。翌日、平沼は倉富との会談で、連盟の空気は「悪しき様」であり、「畢竟陸軍の出兵の後れたることか不利益の原因」であると述べた。二月二四日にも「兎も角上海事件は困りたるものなり。急に局を結ふ必要あり[63]」と述べ、第一次上海事変の解決の遅延と連盟の印象悪化を懸念した。

以上のように、平沼は満州事変発生当初、満蒙権益に関する懸案の解決を望み、関東軍を支持したが、その後、関東軍などが進める中国本土での軍事行動とそれによる国際関係の悪化を危惧した。

それは、平沼が関東軍首脳と総力戦に対する認識を異にしていたためであろう。板垣征四郎関東軍参謀（陸軍大佐）や石原莞爾関東軍参謀（陸軍中佐）らは、事変発生当初より満州を事実上支配し、将来の総力戦遂行のための資源を獲得することを目的としていた。とりわけ、石原は二〇世紀後半に日米間で「世界最終戦争」が起こり、それは航空機を用いた徹底的な殲滅戦となるという独自の信念を持ち、それに備え、満州領有のみならず、中国大陸の資源・税収の掌握を構想していた。[64] 一方、平沼の対中政策は前章で述べたように、田中内閣の外交方針と大枠において一致しており、満蒙権益の維持を重視するが、中国本土での資源収奪については想定していなかったと考えられる。また、平沼は欧米による日本抑圧への不満を持っていたものの、英米などとの総力戦を現実的に想定していた形跡はなく、後述のように、対ソ危機の提唱についても、軍拡の実現及び軍の不満をそらすという政治的意図に基づくものであり、対ソ開戦を望んでいたわけではなかったのである。

他方、国内では一〇月以降、民政党内で「協力内閣」運動が起こった。これは満州事変後の危機に対応するため、政友会と連立内閣を樹立しようとしたものであった。若槻首相は運動を推進していた安達謙蔵内相に運動の中止を要求するが、安達はこれを拒否し、内相辞任も拒否した。そのため、一二月一三日、第二次若槻内閣は閣内不一致により総辞職に追い込まれ、同日、犬養毅内閣が成立した。

なお、平沼は第二次若槻内閣総辞職を知り、倉富に対し、この場合、若槻が天皇に免官を奏請することもでき、必ずしも総辞職しなくてもよいとの判断を示した。[65] これは第一次近衛文麿内閣における杉山元陸相更迭の際も同様であった。平沼はその根拠として、大命降下は首相一人に降下し、首相が閣僚を奏請することを挙げ、首相が方針を決定し、各大臣がそれに従わない場合は罷免できると解釈した[66]。

平沼の解釈は、首相には各大臣の首班として、①閣議を準備し、指揮する権限、②機務を奏宣する権限、があると認め、首相権限を強化する解釈を打ち出していた美濃部や佐々木惣一（京都帝国大学法学部教授）の議論[67]と共通する部分がある。しかしその一方で、平沼はロンドン条約問題において統帥権を拡大解釈し、軍の内閣に対する自立性を容認するなど矛盾した行動を取っている。このことから、平沼の憲法解釈は必ずしも一貫しておらず、政権運営における政策統合のあり方について、明確なイメージを持っていなかったと考えられる。

## （二）平沼内閣運動の展開と平沼をめぐるイメージ

少し時期はさかのぼるが、ロンドン条約問題の紛糾により、政党内閣と英米協調外交が打撃を受け、現状打破の機運が高まったことから、平沼は政界の一部及びマスメディアで首相候補の一人とみなされるようになった。

一九三一年八月、木戸幸一と原田は平沼内閣説について話し合った[68]。また、一一月には、原田は西園寺に、平沼内閣論は鈴木喜三郎一派の策動であるが、これならば軍部・政友会鈴木派・民政党安達派も挙国一致という形で同意する可能性があると報告した[69]。さらに、一九三二年二月一九日、小畑敏四郎参謀本部作戦課長（陸軍大佐）は「強力内閣の首班」として、荒木を修練させるために、まず平沼を首相とすることを希望した[70]。

他方、『中央公論』一九三二年一月号の匿名記事でも、平沼は政界において、「隠然として保守派の中心にやうに見られている。議会と政党の現状に慊らぬもの、世相に憤慨して国事を憂ふる所のある人々は、大部分、平沼に期待している[71]」と記し、この頃には、平沼が議会政治などの現状に不満を持つ人々から期待を集める存在となったことを指摘している。

平沼は危機の続発を受け、ロンドン条約反対派の陸海軍人との交流をさらに深めた。とりわけ、一九三二年一月に海軍軍人が国本社との関係を強めたことが確認できる。すなわち、一月一四日、小笠原は理事就任、一六日、東郷は顧問就任を承諾した。そして、一五日には大角岑生海相も評議員から理事へ昇格した。[72] 陸軍では、前述のように、ロンドン条約問題以後、平沼は荒木・真崎と連携していた。平沼と提携した陸海軍人はロンドン条約問題後、軍内において優位を占め、平沼の最も有力な支持基盤となった。

しかし、平沼と提携した陸海軍人が推進した政策は、軍の統制崩壊及びセクショナリズムの増大を助長する結果となった。陸軍において、犬養内閣陸相となった荒木は少壮軍人と現地軍の統制を期待されていたものの、皇道派人事を断行して陸軍の統制を困難にさせた。また、関東軍の方針を積極的に支持したことで、犬養内閣の時局収拾方針を困難なものとした。[73] 海軍においても、加藤らが統帥権の独立を確保するため、省部事務互渉規定の改定に乗り出し、一九三三年一〇月、軍令部の要求通りに改定された。その結果、海相の権力は低下し、[74] 海軍内の政策統合はより困難になった。

首相就任を目指す平沼にとって大きな打撃となったのは、イギリスの代表的な新聞紙『タイムズ』（*The Times*）の報道である。一九三二年三月二三日付の『タイムズ』は、国本社を日本における「ファッショ」団体の代表として報道した。[75] 報道の後、『東京朝日新聞』も、国本社を「世間一般からファッショの総本部かの如く」[76] 見られていると紹介した。

「ファッショ」と指摘された要因としては第一に、ロンドン条約問題以後、国本社が民間の国家主義者・陸海軍による国家改造運動に関与しているのではないかという疑惑が広まったことが挙げられる。

平沼が陸海軍・民間の国家主義者によるテロ・クーデタなどに関与したことを示す史料は存在しないが、前述のように、既に浜口首相狙撃事件の際には、新聞でも国本社との関係が取りざたされていた。その後も、政界の一部では平沼の関与を疑う意見が出た。例えば、岡田啓介（海軍大将）は原田に、「どうも今度の陸軍の計画には、枢密院の平沼あたりがよほど働いているようだ」との印象を述べている。[77]また、一九三一年一〇月二七日には、小原も、倉富に「此節の軍人の計画には平沼（騏一郎）か関係ありと云ふ人あるか、左様の事情ありや」[78]と尋ねており、平沼が関与しているという噂は政界・宮中にもある程度広まっていたと考えられる。

「ファッショ」と指摘された要因としては第二に、ドイツでヒトラー（Adolf Hitler）の指導のもと、ナチ党（国家社会主義ドイツ労働者党）が台頭し、ファシズムの機運が高まっていたことが挙げられる。ナチ党は、一九二八年五月の国会選挙では、得票率二％の泡沫政党に過ぎなかった。しかしその後、①アメリカの銀行家ヤングがドイツ政府に提示した賠償支払い軽減案（ヤング案）への反発、②世界恐慌による経済状況の悪化、③対立と分裂を繰り返す既成政党への国民の不満、を背景に、①ヴァイマル共和国の議会政治家やユダヤ人への徹底的な批判、②強烈な国家主義、などを打ち出し、一九三〇年九月の国会選挙で得票率一八％をとって第二党に躍進していた。[79]

平沼は国家主義・反政党政治・反国際主義を掲げ、陸海軍人と提携して政治運動を展開していたことから、日本においてドイツと類似した政治体制の実現を狙う勢力と警戒されたと考えられる。

平沼は『タイムズ』の報道に対し、一九三二年四月二〇日、新聞に談話を載せ、国本社は「ファッショ」とは無関係であり、「道徳の遂行」を目指したものであると弁明した。[80]しかしその後、平沼は「ファッショ」であるとのイメージが形成されていくことになる。例えば、『東京朝日新聞』では、五月七日、「ファッショ的傾向」の一つとして軍部を背景とした、国本社を中心とする平沼の政治運動を挙げた。[81]

五月一五日、海軍の青年将校により犬養首相が殺害された。翌日、五・一五事件の発生を受け、平沼は倉富との会話で、①このまま放任すれば、今後、暴動が続発する恐れがあり、適当な処置を講じる必要がある、②牧野内大臣・鈴木貫太郎侍従長・関屋貞三郎宮内次官は、「是非とも更迭の必要」があり、彼らを更迭すれば、結局、一木宮相も更迭となるだろう、③西園寺にこの事をなるべく早く進言する必要がある、と述べた。[82] そして、五月一九日には、倉富との会話で、今朝の新聞に荒木が鈴木喜三郎の首相就任に反対ではないと述べたことに、少壮軍人が憤慨していると書いてあり、「此の如きことになりては、軍人、而かも下級軍人か政治を左右することになり、一時は兎も角後々に大なる禍根を貽すことになり寒心に堪へす」と述べた。[83]

平沼の意図は一貫しており、暴動の続発など治安への憂慮を表明し、宮中側近の更迭を唱えた。また、「下級軍人」が政治を左右することは将来に禍根を残すものとして、懸念した。なお、「下級軍人」とは、おそらく、軍の統制を乱していた主に佐官級・尉官級以下の少壮軍人を指すものと考えられる。後述のように、平沼が交流していたのは、ロンドン条約反対派の陸海軍上層部に留まり、少壮軍人との関係は希薄であったため、彼らを信用していなかったのであろう。

五・一五事件の衝撃は大きく、一部の新聞では平沼を後継首相候補の一人として挙げた。例えば、『東京朝日新聞』は、一六日の段階では鈴木喜三郎の名を挙げたが、二〇日には、政界では後継候補として、鈴木か平沼と噂されていると報じた。[84] また、政界でも大勢を占めたのは斎藤実（元海相・前朝鮮総督）であったが、近衛文麿貴族院副議長や関屋宮内次官は平沼内閣を検討した。さらに、森恪（政友会幹部）も、既に一九三二年二月中旬頃から犬養首相や芳沢謙吉外相への批判を強め、「一国一党」を標榜し、平沼や荒木らの擁立を画策しており、五・一五事件後にも鈴木内閣成立が不可能な情勢となると、次善策として平沼内閣を検討した。[85] もっとも、平沼は森に好感を持っていたものの、大きな期待はかけていない。[86] 平沼の主な政治基盤は、あくまでも陸海軍にあったのである。

平沼は倉富との会話で、自身の内閣実現のために運動しているという噂に対し、「迷惑し居る」[87]と弁明していたが、内心では大命降下を期待していたと思われる。それを傍証する例として、平沼が記者の要請により自分の家に電話機を仮設し、「家の一室を新聞記者の控所として貸し与え」ていたことが挙げられる。この件について、二上は倉富に、「平沼は平常は新聞記者には面会せす、其点は議長（予）以上」であり、「是は平沼の平常には似合はさることなり」[88]と述べ、平沼の行動を怪訝に思った。

西園寺は後継首相について、天皇から「ファッショに近き者は不可なり」との伝言を受けた。この時点で平沼は候補からはずれており、西園寺は斎藤を後継首相に推薦した。[89]

この頃、平沼が陸海軍や国家主義者の一部と提携し、「ファッショ」内閣を成立させようとしているというイメージは、マスメディアでも浸透していた。例えば、斎藤実内閣成立後の七月、野村秀雄（後に朝日新聞代表取締役）は、「非政党主義の軍部の一部と右翼陣営の国本社一党とはあくまで政友会単独内閣を排撃し、国本社理事平沼騏一郎男を擁立してファシズム的超然内閣の出現を願望」[90]していると指摘している。

なお、西園寺は斎藤を奏薦する前に、牧野・東郷・荒木・上原勇作（陸軍元帥）ら九名と面談したが、その中で平沼を推薦したのは東郷のみであった。[91]

平沼は陸海軍の支持を背景に首相に就任することを望んだが、この時点での陸軍における平沼の支持基盤は十分ではなかった。提携する荒木は西園寺との会談で、後継首相候補に平沼の名前を挙げなかった。[92]また、近衛が小畑参謀本部第三部長（陸軍少将）から聞いた話によると、少壮軍人の間では犬養内閣の後継として、平沼でも既に不満であるようだが、小畑らが電話で平沼の人物を説明した結果、ようやく平沼でもよいとの意向を示したという。[93]すなわち、陸軍の少壮軍人は平沼をよく知らず、首相候補として積極的に支持していたわけではなかったのである。

平沼の海軍における支持基盤も十分なものではなかった。既に指摘されているように、平沼は平沼内閣運動において、財部彪元海相・加藤、山本・東郷がそれぞれ感情的対立に陥っている状況を打開するため、薩摩系と艦隊派を和解させようと模索したが、効果を挙げることが出来ず、海軍内においても強固な政策体系は確立できていなかった。[94]

五月二六日、斎藤内閣が成立した。平沼は倉富との会話で、斎藤が内閣を作っても統一は至難であり、年末までに政変があるかもしれないとの見解を示した。[95] ただ、既に指摘されているように、平沼は当面の間、斎藤内閣に協調的な対応を取った。それは政友会内閣の復活を警戒しており、内政外交の大枠の政策にも大きな不満がなかったためである。[96]

平沼は既に三月二六日の時点で、倉富・二上との会話で、「満州を承認せさる様のことなれは軍部は到底承知せす、内閣も維持出来さるならん」[97]と述べ、満州国承認が避けられない情勢であると見ていた。

その後、一九三三年二月、関東軍は満州事変発生当初から、満州国の予定領域としていた熱河省への侵攻を開始した。平沼は当面のところ、熱河作戦は行われないと考えており、作戦により連盟脱退を余儀なくされる事態を憂慮した。二月一二日、平沼は有田八郎外務次官との会談で、天皇と実業家が連盟脱退を懸念しており、満州以外で中国の面目を立て、連盟脱退を避ける方策がないか相談した。ただ、翌日の倉富との会話では、連盟から除名される事態となれば、面目を失い、内乱が起きかねないため、脱退するほかないとの見解を見せた。[98] そのため、平沼は政府が満州国承認と国際連盟脱退について枢密院に諮詢した際、審査委員長として、政府案の可決に尽力した。また、平沼は文官任用令改正についても、政府に妥協的な態度を取ったが、[99] それは一貫して政党政治の弊害を問題視し、官僚の身分保障を強化する必要を感じていたためであろう。

なお、既に指摘されているように、平沼が満州事変後の外交政策で最も重視したのは、満州の支配を固めることにあった。そのため、荒木らの過度な対ソ強硬路線とは異なり、満州が安全ならばソ連との軍事的衝突を望まなかった。また、海軍艦隊派の極端な対米強硬論にも反対であり、仮に海軍軍縮条約が無効化しても、英米などと戦争する意志はなかった。[100]

この間、平沼は斎藤内閣の後継首相の座を狙い、軍部・政友会・牧野・近衛・国民同盟（一九三二年一二月、安達謙蔵・中野正剛らが民政党を脱党し、結成した親軍的な政党）など多様な政治勢力に接触した。

まず、既に指摘されているように、平沼は一九三二年夏頃から、薩摩系の政治家の仲介を経て、牧野への接近を図り、自らの政治姿勢が穏健であり、軍部を制御し得る文官であることをアピールした。[101]

次に、一九三三年一月、平沼は中野の斡旋で近衛と会食し、政権への意欲と軍統制への自信を見せた。具体的には、①「ファッショ」は良くなく、「どこまでも議会政治で行く。但し今日の政党は困る。無論解散は二遍でも三遍でも辞するところではない」、②軍部に政治を委ねれば「国家をどこに持つて行くか判らん。それで、陸軍を抑へることは勿論自分に自信があるし、海軍もまた然り」、③特に財部と末次信正（海軍大将）の間を調停して、「二分されている海軍の勢力を一つに纏めようと思つている」、④対中外交では「南方になんとか手を打たねばならん。吉田大使の話をきいてみたが全然同感である」、⑤陸軍は対ソ戦争、海軍は対米戦争を主張しており、心許ないので「国策の統一を図ること急務」である、と述べた。[102]

なお、国民同盟は党の綱領で、統制経済の確立・極東モンロー主義・日満経済ブロックの建設などを掲げ、日本の政党で初めて黒サージの制服を用いた。この制服はマスメディアから「ファッショ＝ユニホーム」と呼ばれていた。事実、党内をリードしていた中野は、合法的な独裁権の必要性を主張するなどナチ党から強い影響を受けていた[103]。国民同盟内では、一九三二年八月頃には平沼擁立論が出ており、マスメディアでは一九三三年一月から二月にかけて、活発に活動している様子が報じられた[104]。

さらに、一九三三年一〇月、平沼は中野を通じて、陸軍中堅層との接触を図った。政党関係者や近衛ら宮中に近い有力者と交流があった鈴木貞一陸軍中佐は、中野との会話で陸軍の要望を認めるならば平沼が首相でもよいと伝えた。これに対し、平沼は中野を通じて、陸軍の要望を悉く認めることなどを伝え[105]、陸軍と意見の相違がないことをアピールした。

すなわち、自らの明確な政治基盤を持っていなかった平沼は、ロンドン条約反対派の陸海軍上層部のみならず、①西園寺と協調していた牧野、②国家社会主義的思想を持つ陸軍中堅層・国民同盟、などにも積極的なアピールを行い、幅広い勢力から支持を獲得しようとしたのである。同時代の報道や政治状況を踏まえると、平沼が国民同盟などの国家社会主義的傾向を知らなかったとは考えにくい。おそらく、平沼は反政党政治・反英米協調外交という点で共通項のあった勢力を取り込み、政権基盤にしようとしたのであろう。平沼が政権獲得に積極的に動いたのは、一九二〇年代中頃からの首相への野心とともに、陸海軍を統制できるのは陸海軍から支持を得ている自分だけであるという自信があったためである。

以上のような平沼の政治運動もあってか、マスメディアでは斎藤内閣成立後、平沼を宇垣らとともに、「政界の惑星」として度々取り上げた[106]。

一九三二年一二月、御手洗辰雄（政治評論家）は後継首相候補として、「第一にチラリと強く射る光は平沼だ……この数年来、政機動くといへば先づ平沼の名が出る」と指摘した。その要因として、①国本社会長としての影響力、②司法部での基盤、③枢密院において伊東・金子堅太郎とともに実権を掌握したこと、を挙げた。その中でも、最も重視したのが国本社であり、「全国に社員十万と号せられ、各方面の中堅階級を糾合して社会的一大勢力を把握するに至つた……平沼自身、表面何と言明しやうと、その一党は事ある毎にいろんな方面に、盛んな暗躍明躍する……殊に今年に入つてからのそれ等の活躍は物凄まじい[107]」と述べている。

また、一九三三年六月、阿部真之助（東京日日新聞社政治部長）も、平沼が「一個の惑星」であり、「彼の強みは軍部との諒解が、満点であるに存する。軍部の首脳部は、大多数国本運動の帰依者であつて、彼の政界進出に反対しないのみか、寧ろ大に歓迎しているのだ。現に斎藤組閣以前、九分通り大命平沼に降下すべしと期待されたのは、軍部の逍遙預つて力があつたと伝へられる[108]」と指摘した。

一方、政党政治の復活を望んでいた馬場恒吾（政治評論家・後に読売新聞社社長）は、現在の日本の政治体制が「ファッショ独裁に行くか、社会主義独裁に行くか、或は政党政治に復帰する」のかわからない段階にあり[109]、軍部の支持を背景とする平沼内閣が成立すれば、「ファッショ」を加速させると考えた。

一九三二年六月、馬場は、①軍部や森が平沼を擁立しようとしており、世間では「ファッショ」内閣と呼ばれている、②非合法な「ファッショ」を弾圧すること、または「ファッショ」の名前を忌避することは、必ずしも「ファッショ」的精神を捨てるということを意味しない。「社会ファショ《〔ママ〕》の真面目なる分子」は左翼、あるいは右翼の独裁政治により、統制経済を行おうとしている、③平沼は、「有力な方面」に対しては議会主義の尊重を言明しているが、「衆議院を幾度でも解散する。そして今の腐敗した政党をしてまた立つ能はざらしめ、清き、新らしき、強き政党を作ると云ふ理想」を持っており[110]、実質的には議会政治の否認につながりかねないと危惧した。

すなわち、平沼は従来のようにロンドン条約反対派の陸海軍上層部のみならず、国民同盟や陸軍中堅層などとの提携を模索することで、存在感を示した。しかしその一方で、これらの勢力との接近は、統制経済や一党独裁など国家社会主義的な政策にも同調的で、「ファッショ」を促進させる可能性があると警戒されたのである。

また、平沼が「ファッショ」との懸念を招いたのは、彼の説く観念的な国家主義的言説が現実の政治指導において、いかなる意味を持つのか明らかではなかったことも影響していた。例えば、阿部は、「彼の口癖にする国体精神は、道徳談義の範疇にあつて、未だ政治理論のカテゴリーに入らない。政治は方策であり、方策の実行だ。平沼にどんな方策があるか、誰も聞かない。彼も語らない[111]」と指摘している。また、東京日日新聞の記者は平沼の精神を具体的かつ政策的に表現すれば、「余程ファッショ政治に近いものとなつて現はれる」。平沼が自身の主義を実行する人物ならば、「第一に果たさねばならぬ義務は、行き過ぎた資本主義の修正に措て外にない筈だ[112]」と推測した。すなわち、「一君万民」や「王道」の精神が資本主義の修正や格差是正を意味するものと考えたのである。

しかし、平沼は中野らと政党内閣・英米協調外交に不満を持つという点で共通点があったものの、国家社会主義には批判的であった。時期は後になるが、平沼は一九四三年の回想において、「ムッソリーニ、ヒットラーは大体国家社会主義である。西洋は皇室がないからそれで秩序は維持してゆけるであらう。この思想が瀰漫するとソ連の共産主義と大した違ひはない[113]」と述べている。

ただ、平沼の観念的な言説は、独伊をモデルとした国家社会主義による改革を狙う勢力など、現状に不満を持つ幅広い勢力から期待を集めるイデオロギーとして機能したのである。

一九三三年五月、関東軍と北平政務整理委員会との間で、事実上、長城以南に非武装地帯を設定することなどを盛り込んだ塘沽停戦協定が締結され、満州事変は一応終結した。しかし、平沼は依然として危機が収束したと考えておらず、倉富に、五・一五事件の判決で大体の時勢がわかるだろうが、「次第に国難ならんと思ふ[114]」と述べた。また、二上が「海軍の少壮者は余り騒ぎ居る模様なり」と言ったことに対し、平沼は「全く無政府状態なりし[115]」と答え、依然として陸海軍の統制が崩壊し、テロ・クーデタが起きる危険性が高いと考えていた。

一〇月には、平沼は倉富との会話で、五相会議において、国際協調説を主張する広田外相と戦争説を主張する荒木陸相・大角海相が対立しており、「現状にては、荒木が辞職すれば、夫れにては済まざるべしと思はる……幾回位政変を来たすやも計り難く」、「荒木の主張は陸軍全体の意向なるべきに付、之を抜けるは困難[116]」であろうと述べ、予算問題で斎藤内閣が崩壊する可能性が高いと考えた。

しかし、斎藤内閣は荒木陸相が陸軍予算から農村対策に関する費用を拠出したことにより、予算問題を乗り切った。その後、陸軍内では荒木に対する不満が強まると同時に平沼への期待が高まり、一九三四年一月に荒木の後任となった林銑十郎陸相も平沼内閣成立を支持したことで、一九三四年に入ると平沼内閣運動は最も活発になった[117]。

さて、少し話はそれるが、この頃、平沼の生活環境にも変化があった。平沼の身の回りの世話をしていた白石喜舞が一九三一年に死去した。そのため、その後、兄平沼淑郎の孫節子が平沼邸に住み込み、「万事を取賄」うようになったのである。平沼にとって、「遠慮ない、隔意のない肉親の者の方が気楽だと見えて、最近気分が著しく朗らかになつた[118]」ようである。その後、一九三九年に節子の長男赳夫が生まれたことを機に、平沼は節子の夫恭四郎を含め、一家三人を養子とした。平沼は戦後、巣鴨プリズンに収監されるまで節子らと同居を続けた。

他方、故郷津山では、地元の有志が平沼の古稀を祝して旧平沼邸跡を買い戻し、新しく平沼の別邸を建てる計画を進めた。別邸は一九三八年に完成し、平沼に贈呈された。以後、平沼は津山に帰郷した際、この別邸に滞在したという。なお、戦後、平沼別邸は平沼家より津山市に寄贈され、市立津山郷土館として利用された。一九八七年に郷土館としての役目を終え、知新館と改称され、現在に至るまで市民活動の場として利用されている。

写真9　菩提寺安国寺で知己に囲まれた平沼（1936年11月）
※知新館（旧平沼騏一郎別邸）所蔵

写真10　現在の知新館（入口）　※著者撮影

### (三) 政権獲得工作の挫折とその問題点

一九三四年五月、倉富は枢密院議長を辞任する際、天皇に自らの後任として平沼を推薦した。一九一七年、清浦奎吾の副議長就任以降、副議長在任中に死去した岡野敬次郎と副議長から宮相に転任した一木を除き、副議長が議長に昇格していた。しかし、西園寺は平沼の昇格を阻止して、一木を天皇に推薦し、五月三日、一木が議長に任命された。

平沼の昇格阻止の背景には、将来、後継首相推薦の際枢密院議長にも下問することになる可能性があり、その点において、枢密院議長のポストが従来よりも重要性を増していたことも影響したと考えられる。牧野は既に一九三〇年の時点で、後継内閣推薦は枢密院議長にも下問されてしかるべきであり、倉富はその資格に乏しいが、今後、枢密院議長の選任に際しては、その点を考慮に入れるべきであると話していた[119]。おそらく西園寺も同様の認識であり、平沼が後継内閣の推薦に関与する事態となることを恐れた可能性が高い。

平沼は落胆し、一九三四年五月四日、倉富と二上に対し、①修養団員の中には自分を担ぐ者もあり、「一部の人より嫌悪せらるる事由あることは否認する訳に行か」ない、②直ちに辞職することはないが、「修養団は先年来力を尽くし居ることとなる故、今後適当なる時期に官を辞して専ら修養団の為に力を尽くすことにせんと思ひ居る[120]」、とまで述べた。

ここで注目すべきは、辞職の理由として修養団の活動を挙げている点である。前述のように、平沼は国本社の活動に熱心であり、治安維持法改正緊急勅令問題が紛糾した際には、倉富・二上に副議長辞職の意向を示し、その理由として枢密院議事の漏えいとともに、国本社の活動に尽力することを挙げた。修養団は国本社と異なり、教化団体としての活動に終始し、政治運動を行っていなかったのであり、ここで平沼が修養団の話を持ち出したことは不自然である。その理由は史料的に明らかではないが、後述のように、既に国本社活動への熱意を失っていたことが影響していたと考えられる。

平沼は西園寺がいる以上、自分が首相になれる可能性はないと考え、加藤を首相候補として推すことを決め、西園寺に加藤擁立を持ちかけた。平沼は原嘉道（枢密顧問官・元法相）に加藤擁立の理由として、①現在の時勢は「軍人を統制することか何よりも急務」であるが、「自身か政局に当ることは到底任の堪へす」、軍人よりよく出来る人はない、②「荒木貞夫にても不可なり、不十分にても加藤寛治より外になからん」、③加藤は、手腕はないだろうが、「只今は軍人の統制か最大の急務にて是なくして何事も出来」ない、と述べている。すなわち、陸海軍人の統制を最も重視する点から苦肉の策として加藤を候補としたのである。しかし、既に指摘されているように、西園寺にとって加藤は首相候補として問題外であり、岡田啓介内閣の成立により工作は挫折した。[122]

この前後、平沼と提携していた陸海軍人が次々と政治的影響力を失った。

海軍では、東郷が一九三四年五月に死去した。また、同年七月頃には、加藤と末次が政治活動を行ったことで伏見宮から叱責され、伏見宮からの信頼を失った。[123] さらに、翌年一〇月には加藤が予備役に編入された。

陸軍では派閥抗争が激化した。平沼は陸軍統制を憂慮しており、一九三五年二月二六日、真崎は平沼に出馬の決意があるか尋ねたところ、平沼には今の陸軍の状態では「其意なきが如く」[124] 感じたと日記に記している。また、同年二月、貴族院本会議において、菊池武夫貴族院議員が美濃部らの著書が「国体」に反すると指摘したことをきっかけに、議会や国家主義団体などの間で、国体明徴運動が起こったが、二月二六日、平沼は真崎に、この問題を機に陸軍の対立分子を抱き込むべきと提案し、真崎が陸軍をまとめることを期待した。[125] そして、当時、派閥対立を助長していると考えられていた永田鉄山軍務局長（陸軍少将）と小畑陸大幹事（陸軍少将）を罷免するよう要求した。[126]

しかし、一九三五年七月、真崎は青年将校運動に宥和的であったことなどから、更迭された[127]。翌月には、相沢三郎（陸軍中佐）が真崎更迭の首謀者とみなした永田軍務局長を殺害した（相沢事件）。相沢事件を受け、林銑十郎も陸相を辞任した。平沼は陸軍統制について、荒木・真崎・林の「陸軍三人の結束如何に依て異る[128]」と考えており、彼らを通じて陸軍を統制するという構想は破綻した。

以上のように、平沼は、彼の望む人物に期待するあまり、現実の権力関係にうまく対応することが出来なかった。一連の政治運動の失敗は平沼の政治姿勢にも変化を与えた。すなわち、平沼は以後、後継内閣擁立工作から遠ざかるとともに[129]、自ら表立って政治運動を行うことも避けるようになったのである。例えば、平沼は国体明徴運動において、美濃部説に反対だったが、一九三五年一一月、倉富との会話で、清水澄（一九三四年九月より枢密顧問官・後に枢密院議長）が川島義之陸相の招きに応じて、国家法人説を説いたことについて、「此節は迂闊に意見を述ふることは宜しからす……今後相談を受けたらは余程慎重に考慮する必要あり。今後憲法解釈に付、御諮詢ある様のことはなかるへきも、迂闊の意見を述へ置き、憲法問題ても御諮詢でもありては、人に用ることとなるならん[130]」と述べている。すなわち、うかつに自らの見解を述べ、その後、憲法解釈が枢密院に諮詢されることになれば、政治勢力に利用される事態となることを懸念し、自重したのである。この背景には、一木枢密院議長の辞職問題も念頭にあったのだろう。

また、少し時期は後になるが、一九三八年末、平沼は山浦貫一（政治評論家）との会談で、「森恪君のやうな人は行動して成功する種類の人物だが、自分のやうなのは行動したら必ず失敗するから、ぢつとしている方がいい[131]」と述べている。つまり、自ら表立って政治運動することが結果的に不利に働くことを悟ったのである。

一九三六年二月二六日、陸軍青年将校・元将校らに率いられた将兵がクーデタを試み、斎藤内大臣・高橋是清蔵

写真11　平沼邸での平沼と広田の会見（1936年3月12日）
※知新館（旧平沼騏一郎別邸）所蔵

相・渡辺錠太郎教育総監（陸軍大将）を殺害し、鈴木貫太郎侍従長に重傷を負わせた。岡田首相も襲撃を受けたが、襲撃部隊が義弟松尾伝蔵を岡田と勘違いして殺害したため、難を逃れた。二・二六事件を受け、宮中の重要人事に関する西園寺の権威は低下し始めた[132]。一木枢密院議長は既に一九三五年四月から病気のため辞職を希望しており、宮中側近は西園寺が反対しているが、一木の更迭は止むを得ないと考えるようになり、一九三六年三月一三日、平沼は枢密院議長に就任した。そして、同日、国本社会長を辞任した。平沼は枢密院議長就任前、湯浅倉平内大臣と会談した際、自ら国本社などとの関係を断つことを申し出ていた[133]。なお、蓮沼の回想によると、平沼は枢密院議長就任にあたって、天皇に修養団は私立団

表8　1935年12月末の国本社本部理事一覧

| 役職 | 氏名 | 肩書 |
|---|---|---|
| 理事 | 荒木貞夫 | 軍事参議官・元陸相 |
| | 荒木寅三郎 | 学習院長 |
| | 有馬良橘 | 枢密顧問官 |
| | 宇垣一成 | 元陸相 |
| | 大角岑生 | 元海相 |
| | 小笠原長生 | 後備役海軍中将 |
| | 小倉正恒 | 住友本社総理事 |
| | 小原直 | 法相 |
| | 加藤寛治 | 後備役海軍大将 |
| | 加藤敬三郎 | 朝鮮銀行総裁 |
| | 樺山資英 | 元内閣書記官長 |
| | 河田烈 | 貴族院議員 |
| | 河村貞四郎 | 元山形県知事 |
| | 菊池武夫 | 貴族院議員 |
| | 小磯国昭 | 朝鮮軍司令官 |
| | 後藤文夫 | 内相 |
| | 小山松吉 | 元法相 |
| | 佐藤昌介 | 元北海道帝国大学総長 |
| | 澤田牛麿 | 元北海道庁長官 |
| | 塩野季彦 | 名古屋控訴院検事長 |
| | 宿利英治 | 弁護士 |
| | 鈴木喜三郎 | 政友会総裁・元法相 |
| | 末次信正 | 軍事参議官 |
| | 竹内賀久治 | 弁護士 |
| | 田辺治通 | 満州国参議 |
| | 中松盛雄 | 弁護士 |
| | 原嘉道 | 弁護士 |
| | 平松市蔵 | 弁護士 |
| | 本多熊太郎 | 元駐独大使 |
| | 真崎甚三郎 | 軍事参議官 |
| | 山岡萬之助 | 元司法省刑事局長 |
| | 山口勝 | 不明 |
| | 結城豊太郎 | 日本興業銀行総裁 |
| | 和仁貞吉 | 大審院長 |

※内務省警保局保安課『特高外事月報』（内務省警保局保安課、1936年6月）24頁をもとに作成。

体なので団長を辞任すると申し出たところ、天皇は「敬神崇祖の醇風美俗を普及徹底せしめるために仂いている団体」なので、団長を辞任しないで続けるよう伝えたようであるが[134]、結局、平沼は修養団団長を辞任し、三月二〇日に顧問にまわった[135]。

国本社は平沼の辞表を受理したが、後任の会長を決定するに至らず[136]、六月四日、国本社の解散を決定した。これは理事三二名の総意であったという[137]。

国本社が解散に至った要因としては、主に二点挙げられる。

第一に、国本社が「ファッショ」団体とみなされるようになった後、国本社の活動は停滞し、会長の平沼も政治的栄達の障害となることから、国本社の活動に参加しなくなったことである。

前述のように、『タイムズ』の報道を受け、国内で「ファッショ」団体とのイメージが広まった後、国本社の活動は停滞していた。国本社の組織を分析した榎本勝己氏によると、現在まで判明している支部は六六カ所である。そのうち会員数を把握できるのは四一支部で、一支部あたりの平均会員数は約五〇〇名である[138]。すなわち、国本社は組織が最も拡大した時点において、約三三〇〇〇人の会員がいたと推計される。

しかし、特別高等警察（特高）の資料では、一九三五年一二月末の時点で、全国三九支部、会員約一八〇〇〇人と記されており[139]、全盛期に比べると大きく規模が縮小したことがうかがわれる。また、『国本新聞』の記事を分析すると、平沼自身も一九三二年一一月二六日の高知における支部設立式を最後に、国本社の講演活動に参加しなくなったことがわかる。

前述のように、平沼が国本社会長に就任した政治的意図は、①役員に政官の有力者を就任させ、活動を通じて政界での政治的基盤・人脈を構築すること、②自らの政治観を広めるとともに、大衆的基盤を獲得すること、にあっ

写真12　平沼邸にて後継内閣について意見を交わした平沼と湯浅（1937年1月24日）
※知新館（旧平沼騏一郎別邸）所蔵

た。しかし、天皇が犬養内閣の後継首相について、「ファッショ」に近い者は不可であると述べるなど、平沼にとって、国本社の存在は首相及び将来の宮中入りの障害となったのであり、もはや国本社の活動に参加する理由はなくなったのである。

国本社が解散に至った第二の要因は、国本社の主要な目的は共産主義への対抗と政党政治の弊害の是正であったが、この時期にはもはやその使命を終えていたことである。

日本共産党は一九三二年一〇月三〇日、地方代表・中央委員が一斉検挙されたことにより致命的な打撃を受けた。翌年六月には投獄されていた佐野学らが転向声明を出し、以後転向が相次いだ。(140) そのため、この時期には、国家主義運動がより政治的に問題視されるようになっていた。また、政党内閣は犬養内閣崩壊以後、途絶えており、この頃には危機の深刻化により、近い将来において政党内閣が復活する見込みはきわめて少なくなっていたのである。

なお、『国本』では、一九三二年四月の平沼声明の後、ファシズムに共感を示す論説は減少していた。また、紙面構成も、文化や歴史、小説など創作物の割合がさらに増加するとともに、政治的言説は観念的なものが多くを占めるようになり、政治的性格は弱まっていた（第Ⅱ部第二章三）。

平沼は広田弘毅内閣崩壊以後、枢密院議長の資格で、湯浅内大臣から参考として、後継内閣についての意見を問われるようになった。それは湯浅ら宮中側近が平沼の意見を聞くことが望ましいと判断したためである。

一九三七年一月二四日、広田内閣の崩壊を受けて、湯浅は元老西園寺を訪問する前に平沼と面会した。平沼は、後継内閣には近衛貴族院議長のような人物を望むと抽象的に回答したが、西園寺は平沼の意向を積極的に取り入れず、宇垣元陸相を推薦した。平沼は、宇垣の組閣は困難であるとの認識を示し、近衛が不可能ならば、陸軍では林元陸相、海軍では末次が適任であると述べた[141]。

西園寺と湯浅は広田内閣の後継として、宇垣を推薦したが、宇垣は陸軍の反対により組閣できなかった。そこで、西園寺と湯浅は平沼を後継内閣の第一候補としたが、平沼は辞退した。平沼は辞退の理由として思想問題を挙げたが[142]、陸海軍との提携が破綻した後、一貫して首相就任への意欲を見せていないことから、実際の理由は陸海軍を統制できる自信がなかったためであろう。

では、平沼内閣運動にはどのような目的が存在したのか。

これまで述べて来たように、平沼はロンドン条約問題後の陸海軍統制の崩壊・少壮軍人の跋扈・軍内における共産主義の蔓延を一貫して憂慮し、一九三三年には危機を収められるのは自分しかいないという自負心を持っていた。

しかし、平沼の政権構想には主に三つの問題点があった。

第一に、陸海軍内部に協力者を得て、彼らを通じて陸海軍をコントロールすることは、ロンドン条約問題以後、困難な情勢にあったことである。この構想自体は過去の内閣においても採用されてきた。例えば、原敬内閣では田中義一と山県有朋、加藤高明内閣・第一次若槻内閣・浜口内閣では宇垣の協力を得て、陸軍をコントロールしようとした。しかし、これらが可能となったのは、満州事変以前の陸軍が陸相を中心に統制された組織であったことが大きな要因である。[143]ロンドン条約問題以後、陸軍統制は崩壊し、荒木や真崎といった陸軍内の協力者と政策を合意できても、それがそのまま陸軍の統一された見解となり、実行される状況ではなかった。また、提携した荒木らは軍内の統制回復に尽力せず、むしろ統制崩壊を助長する政策を取ったのである。

第二に、少壮軍人を弾圧するのではなく、不満を緩和することにより、危機を沈静化しようとしたことである。平沼は少壮軍人の間で信望を保っていたロンドン条約反対派の陸海軍人と提携し、官僚を主体とする内閣への移行やワシントン・ロンドン条約の無効化、統帥権の強化を支持した。また、統制回復のため、皇族の権威を利用しようとし、皇族総長の擁立を図った。平沼の行動の背景には、ロンドン条約反対派の陸海軍人との提携により首相となる野心もあった。しかし、これらの政策は、結果として軍のセクショナリズムを強化する結果となったのである。

第三に、海軍軍備の平等と対ソ戦を想定した軍備拡張を同時に実現するためには、莫大な予算が必要だが、それらが及ぼす経済的影響を十分に考慮していなかったことである。一九三四年一二月、原田が岡田首相から聞いた話によると、平沼は枢密院本会議でワシントン条約破棄について審査した際、「パリティーになるまで十二年といふのは長過ぎて意味がない。五年くらいでいいぢやないか」[144]と述べたという。また、平沼は回想で、高橋は「八億の公債を作れば国が亡ぶと言つた」が、日本の権威を保つため「当時公債を募り、軍備を充実しておかなければならなかつた」[145]と述べている。以上を踏まえると、平沼は財政規律よりも軍備拡張を優先していたと考えられる。

しかし、財政規律を踏まえない軍備拡張が経済危機を招く結果となることは、馬場鍈一蔵相（広田内閣）の事例を見ても明らかである。一九三七年度予算編成において、馬場及び大蔵省は、陸軍との間で軍備充実六年計画の予算、海軍との間で第三次補充計画の予算を一九三七年度以降、計上することを約束した[146]。その結果、一九三七年度予算は三〇・四億円となり、財政規模は約四割増加し、軍事費は一四億円にのぼった。予算案が発表されると、軍需の増大と為替相場の下落を見越して輸入が激増し、国際収支は危機的状況に陥った。一九三七年一月には、輸入為替許可制が実施され、直接的な経済統制が実施されるに至ったのである[147]。

満州事変及び国家主義勢力・軍の政治的台頭という危機に対し、政党内閣が十分な指導力を発揮できない状況において、どのような形で軍を統御するかはきわめて困難な課題であった。その中で、平沼の構想は、穏健派の斎藤・岡田を首相とし、軍部による変革を抑止しようとした西園寺の構想と比べると、時宜を得たものではなかったのである。

なお、ここで平沼の政治観・政策と同時代のヒトラーとの関連についても、簡単に触れておきたい。それは同時代においても、平沼とヒトラーとの関連が言及されることがあったためである[148]。

前述のように、一九三二年七月の国会選挙で第一党となったナチ党は、翌年一月には政権の座を獲得し、ヒトラーが首相に就任した。既に知られているように、ヒトラーはかねてから、①「民族共同体」の創造とそれに反する議会主義・マルクス主義・自由主義・個人主義などの否定、②統制経済、③人種的な反ユダヤ主義、④東欧での「生存圏」樹立、などの構想を持っていた。そして、一九三六年までに、①共産党の弾圧、②一党独裁体制の確立、③ユダヤ人への迫害、④プロパガンダによる国民統合の強化、⑤ヴェルサイユ条約破棄及び再軍備宣言、⑥ラインライト進駐、などを実行し、ヴァイマル共和政・ヴェルサイユ体制を破壊した。一方で、失業対策やアウトバーン建設などを大規模なプロパガンダとともに展開し、カリスマ的な指導者として国民の支持を得た(149)。

以上を踏まえると、平沼の政策は、①政党政治及び国際協調体制の打破、②共産主義など外来思想への警戒、③国民統合のための国家主義の高揚、という点でヒトラーと類似していたといえる。

ただ、これまで述べてきたように、平沼の政治観はきわめて保守的なものであり、その意図は異なっていた。平沼は政党内閣への対抗として、軍を含めた官僚の政治関与の拡大を企図し、一党独裁や統制経済に反対した。また、国際協調体制への批判についても、満蒙権益の維持や白色人種による侵攻への危機感などに基づくものであり、中国本土への侵略に反対した。さらに、平沼が人種差別主義を訴えたこともなかった。他方、ヒトラーは演説家として類まれな能力を持ち、政党政治家として国民の支持を得て政権を獲得したが、平沼は一貫して官僚系の政治家であり、国本社での活動に尽力したものの、大衆運動とすることに失敗した。しかし、政権獲得のため、国家社会主義に影響を受けた国民同盟や陸軍中堅層などとの提携を模索したことは、「ファッショ」との懸念を招く要因の一つとなったのである。

# 第六章——首相としての政治指導とその限界

本章では、平沼騏一郎自身が首班となった内閣における平沼の政治指導をこれまで論じてきた行動と政治観を踏まえて分析する。

平沼騏一郎内閣期の内政外交についても、先行研究が一定程度蓄積されている。内政については、竹山護夫氏の研究[1]で概括的に論じられているが、平沼のそれまでの思想や動向を十分には踏まえておらず、平沼の政治指導の特質と問題点については、本格的には分析していない。また、日独防共協定強化交渉については、代表的な研究として、大畑篤四郎氏の研究[2]がある。また、対米・対中工作の経過については、加藤陽子氏の研究[3]において、既に明らかにされている。ただ、加藤氏の分析は一九三九（昭和一四）年五月以後に集中しており、平沼の親英米的な側面を強調し過ぎている。

本章では、以上を踏まえ、①平沼の陸軍への対応、②平沼内閣の政治指導の特質、③平沼の対外認識と対米工作の問題点、に焦点を当て、分析する。

## 一　平沼内閣の成立と内政指導

### （一）陸軍への不信と平沼内閣成立の経緯

平沼は平沼内閣運動挫折後、陸軍への不信感を強めていく。その要因の一つは二・二六事件後、荒木貞夫ら陸軍上層部とのつながりを失うとともに、陸軍内で中堅幕僚の影響力が増大したことにあったと考えられる。

二・二六事件直後、武藤章陸軍中佐（陸軍省軍事課高級課員）と石原莞爾陸軍大佐（参謀本部作戦課長）を中心とする中堅幕僚は、宇垣一成内閣成立の阻止と寺内寿一を陸相に擁立する運動を行った。続いて、広田弘毅内閣成立の際には、吉田茂らの入閣に反対するなど、内閣人事に介入した。さらに、寺内を動かし、皇道派の真崎甚三郎・荒木のみならず、林銑十郎・川島義之ら古参の有力将官を予備役に編入させた。その後、一九三六（昭和一一）年五月には、軍部大臣現役武官制を復活させることに成功した。他方、石原は一九三六年八月、自ら組織させた日満財政経済研究会にソ連の社会主義経済をモデルとした「日満五ヶ年計画」を提出させ、工業生産力拡充のための計画を策定した(4)。

前章で述べたように、平沼は英米などとの総力戦を現実的には想定しておらず、満州国の保護育成に専念すべきと考えたため、華北分離工作に強い懸念を示した(5)。また、陸軍が国家統制を強化し、軍需産業の発展などを目指したことに対しても、平沼は共産主義化を招きかねないと警戒した(6)。

平沼の陸軍に対する態度は、林銑十郎内閣後の後継首相推薦において明瞭になった。一九三七年五月三〇日、大橋八郎内閣書記官長は林首相の代理として木戸幸一宗秩寮総裁を訪問し、①平沼と湯浅倉平内大臣は後継首相候補であるが、職務上の関係から困難であり、杉山元陸相が最も適任である、②広田弘毅外相は、海外では林内閣を「将軍林の内閣」と称しているので、万一、後継が文官などから出た場合、陸軍が政党に負けたような印象を与え、中国の「侮日」などに一層拍車をかけるのではないかと懸念している、と伝えた(7)。

これに対し、平沼は湯浅から後継首相について意見を問われた際、近衛文麿貴族院議長を第一候補とし、杉山を否定した。そして、杉山の代わりに松平恒雄宮相を第二候補として推薦した。その理由として、今後の政局は国際関係において、是非イギリスとの提携が必要と信じることを挙げた。また、平沼は近衛内閣の外相に松平を起用し、もし近衛が健康上の理由により、長く首相を続けられない場合は、松平に譲って勇退してもよいのではないかと提案した(8)。

平沼がこの時期に至り、対英協調の重要性を力説した理由は、史料的に明らかではない。ただ、この時期の平沼の主な関心は華北問題・対ソ戦にあり、イギリス・ドイツとの提携の必要を訴えていた。一九三五年七月、平沼は杉山茂丸（政治浪人）に対し、ドイツとイギリスに接近し、中国とソ連が連携しないようにすべきとの意見を述べた(9)。一二月には、真崎に対し、①中国へどのような結果を導くべきなのか、②万一の場合にソ連と戦争可能か、について荒木や海軍などの意見を聞いた上で政策を決定し、ドイツと提携する必要があると述べた(10)。

以上を踏まえると、平沼が対英協調を訴えた主な理由は、反共イデオロギーにあったといえよう。

一九三七年七月七日、盧溝橋事件が発生した。平沼は中国との戦争を望んでおらず、七月末に近衛らとともに、宮崎龍介（宮崎滔天の長男）を南京に送り込み、蔣介石と交渉させようとしたが、陸軍の妨害より失敗に終わった(11)。

第一次近衛文麿内閣は早期講和を模索し、一一月上旬からトラウトマン（Oskar P. Trautmann）駐華独大使を通じて、和平の意図を伝えた。蔣は当初、欧米による対日制裁を期待していたが、実現しなかったため、一二月初めには応じる姿勢を見せた。しかし、第一次近衛内閣は一二月一三日に南京が陥落したことを受けて、講和条件を加重した。また、蒋が条件の詳細を問い合わせたことについて、遷延策と判断し、翌年一月、第一次近衛声明において、「国民政府を対手とせず」と表明し、交渉を打ち切った。この結果、戦争は泥沼化した。

なお、トラウトマン工作をめぐり、戦争不拡大派の石原参謀本部作戦部長らと拡大派の武藤参謀本部作戦課長らが激しく対立したことは広く知られている。石原は一九三六年八月、参謀本部作戦課長に就任した後、ソ連との兵力差が著しく拡大していることに衝撃を受け、ソ連の極東での攻勢を断念させることを最優先の課題とした。そのため、①英米と一時的に親善関係を築く、②欧州戦争に介入しない、③中国のナショナリズムを評価し、華北分離工作を中止する、という方針を定めた。また、中国を全面戦争によって屈服させることは困難であり、対ソ防備のためにも全兵力を投入することは出来ないと考えた。一方、武藤は当初、一撃を加えることで華北の自治化を認めさせる方針であったが、それが困難な状況となると、全面戦争により蒋介石政権を屈服させる方針を立てた。その背景には、次期世界大戦に備えて中国の資源を獲得し、自給自足体制を整備する意図があった。[12] 杉山陸相・梅津美治郎陸軍次官は日中戦争開始当初、「速戦即決」にすら消極的だったが、戦争拡大を止めることが出来なかった。[13] 彼らはトラウトマン工作において武藤らの方針を支持し、石原は一九三七年九月、関東軍参謀副長に左遷された。

平沼がトラウトマン工作について、どのような態度を取っていたのかについては史料的に明らかでない。ただ、前述のように、平沼は英米などとの総力戦を現実的な課題として検討していなかったことから、華北での軍事行動に批判的であった。また、宮崎龍介を介した和平工作に関与し、その後も対蒋和平を模索したことを踏まえると、少なくとも武藤ら拡大派の姿勢とは異なっていたと考えられる。

近衛は日中戦争開始後、軍部が統帥権を理由に戦況を知らせないことに不満を募らせ、一九三七年一一月、大本営政府連絡会議を設けた。しかし、近衛の期待に沿うものではなく、同月には早くも辞意を漏らしていた。木戸文相らは近衛を慰留し続けたが[14]、一方で後継首相候補者の検討を始めた。木戸は一九三八年三月の時点で塩野季彦法相と平沼の出馬について相談していた[15]。

その後、近衛は戦争収拾の糸口を見出すため、以前から不満を持っていた杉山の更迭を考え、平沼も近衛の構想を支持した[16]。五月から六月にかけて、近衛は内閣改造を断行し、杉山に代えて板垣征四郎を陸相とし、外相には宇垣をすえた。しかし、近衛は板垣が期待はずれであることを知り、宇垣外相も興亜院問題の紛糾などを理由に四カ月で辞職した。近衛は無気力になり、武漢三鎮を攻略し、事変が「長期建設」の段階に入ったとして辞職する意向を固めた[17]。一九三八年一二月頃には近衛や宮中側近の間で、平沼が後継内閣の第一候補となった。

近衛と木戸は、英米協調よりも内政秩序の維持を重視する点で、平沼の政治観と共通点があった。近衛は第一次近衛内閣において、相克摩擦の緩和をスローガンとし、テロやクーデタに関与した者に恩赦を与えることを考えた。木戸もとりわけ二・二六事件後は、戦争よりも内乱を恐れる姿勢を見せるようになった[18]。また、近衛と木戸は西園寺のように、英米協調外交や政党内閣を維持しようという意思を持っていなかった。平沼は近衛・木戸（とりわけ近衛）に接近することで政治的影響力を維持していくことになる。

なお、平沼と近衛は一九一七（大正六）年頃から顔を合わせており[19]、平沼の回想によると、近衛は始終、平沼に「好感を有つていた」という[20]。近衛は第一次世界大戦後の国際秩序について、①英米などが不平等な現状を維持するために平和を唱え、各国の生存権が平等に認められていないこと、②国際政治は依然として正義ではなく、力によって動いており、英米などの大国は横暴であること、に不満を抱いており[21]、平沼と第一次世界大戦後の英米中心の国際秩序を懐疑的に捉えるという点においても共通点があった。一九三五年一一月二八日には、平沼は倉富との会話で、「自分（平沼）の信念か西園寺公望等と一致せさることは分り居るも、其の為自己の考を変ふることは出来難し。先頃近衛文麿か面会し度と云ひ……面会したるに近衛は自分（平沼）の考か適当なり。然れとも自分（近衛）は如何にしても西園寺（公望）に背くことは出来難し」と言っていたと述べており[22]、近衛が本心では西園寺よりも平沼の政治観に共鳴していたことをうかがわせている。

ただ、後述のように、平沼が独伊の国家社会主義を共産主義と変わらないと反感を持っていたのに対し、近衛は独伊の影響を受け、一国一党体制を形成しようとする動きに協力的態度を示すこともあり、この点において両者の認識には相違があった。

英米協調を重視する湯浅内大臣や池田成彬（蔵相兼商工相）は、平沼を首相候補とするにあたって、平沼の外交姿勢を懸念したが、平沼内閣運動時と比べると、両者の政策的差異は少なくなり、協力できる部分があった。

前述のように、平沼は華北分離工作と日中戦争に反対し、第一次近衛内閣推薦に際しては対英協調の必要性を力説した。また、一九三八年一一月三〇日、御前会議において政府は「東亜新秩序」を建設し、自給自足可能な経済圏を形成する方針を示したが、平沼は「東亜新秩序」建設に賛成したものの[23]、経済圏の形成については欧米から経済制裁を招く恐れがあるため、実施については慎重を期し、予め対応策を準備するよう注意を促した[24]。平沼は英米などとの総力戦を現実的な課題として検討しておらず、英米などからの経済制裁を受けるリスクを負ってまで自給自足体制を構築する必要があるとは考えていなかったのである。

ただ、池田は平沼が親英米の姿勢に転換したとは考えておらず、平沼に財政経済などの点からも英米を相手にする必要があることを力説し、湯浅も同様に平沼を説得した。その結果、湯浅はまだ不安な点があるが、平沼が大体のところ理解したと考え[25]、平沼を後継首相として推薦することに決めた。一二月二三日と同月二六日、近衛と木戸は平沼に会い、出馬の意を尋ねたところ、平沼はあくまでも近衛内閣の存続を望むが、大命が降下した際にはあえて辞退しないとの意向を示した。平沼が慎重な態度を取った要因としては、①内閣更迭は汪兆銘工作の進展に悪影響を与える恐れがあること、②近衛の辞任が不可避の場合、自らの組閣にあたっては、宮中などの一致した支持を必要としたこと、が挙げられる。

一九三九年一月四日、第一次近衛内閣は総辞職し、湯浅は西園寺の意見を聴取した上で、自身の責任をもって天皇に平沼を後継首相として推薦した。そして、同日、平沼に大命降下した。(26)

## (二) 平沼内閣の組閣

一月五日、平沼は組閣を二〇時間程で完了させた。

組閣の特徴は第一に、近衛・木戸及び英米協調を支持する池田らに配慮した人事を行ったことである。平沼は近衛枢密院議長に汪兆銘工作の継続性の点から無任所相を兼任することを要請し、承諾を得た。閣僚の大部分は第一次近衛内閣からの留任であり、平沼の側近で入閣したのは、田辺治通内閣書記官長と塩野法相（留任）のみであった。

蔵相については、平沼は以前から親しい小倉正恒（住友財閥）に交渉したが断られたため、その後は池田に選任を依頼し、池田の意向通りに行動するとされた石渡壮太郎大蔵次官の昇格が決定した。(27)また、平沼は、内相には木戸の就任を望んだ。木戸は就任の際、内務省の政治問題の対処を任せるという条件を提示したが、平沼はこれを快諾した。(28)

組閣の特徴は第二に、議会を尊重する姿勢を明確にしたことである。組閣の翌日、平沼は新聞の談話で、「日本

写真13　平沼内閣閣僚の集合写真（前列中央に平沼、右に近衛）
※『アサヒグラフ』（第793号、1939年１月）

には憲法政治が行われている……議会がある以上、議会を尊重せねばならない……政党の健全なる発展は私の昔から希望している所である」[29]と述べた。また、政務官をすべて衆議院議員から採用し、各政党の推薦により決定した。さらに、政党側に対し、拓相と逓相を兼任大臣とすることで、後に大臣を政党員からも採用する可能性があると期待を抱かせた[30]。

他方で、平沼は検事総長時代からの冷徹なイメージを払拭することに努めた。平沼は記者団との会見に非常に上機嫌で臨み、愛想よく対応した。記者は「なかなかの上機嫌で大いに笑ふ、とてもおだやかな親しみ深いおぢいさんだ」との感想を記した。また、平沼の家族や執事も新聞の談話で、平沼が冷たい人ではないと述べた[31]。

西園寺は平沼内閣の組閣について、ただ

一言、「エラスティックだからね」と述べた。おそらく一種の皮肉なのだろうが、原田熊雄（西園寺の私設秘書）はこの発言について、「責任の地位につけばさう滅茶なことはできもしないし、やりもしない[32]」という意味であると推測した。原田の指摘するように、西園寺は平沼内閣組閣の経緯を踏まえ、平沼が政権にたどり着く手段として軍部などと提携したが、政権を獲得すれば極端な政策は取らないと考えたのであろう。ただ、西園寺は平沼が英米協調に転換したとは見なしておらず、後述のように、平沼が日独防共協定強化交渉において陸軍に妥協的な態度を取った際、「やはり平沼といふ男は非常にずるい[33]」と批判した。また、平沼が「道義」に立脚した外交を唱えたことについても、「空念仏のようなものだ[34]」と不満を持った。

一方、一月七日、かつての盟友真崎は殖田俊吉（元関東庁財務局長）らとの会談の結果、「平沼党の人心は悉く之を去り離反し彼も短命に終わらんとの結論に帰着[35]」した。二月一一日には、真崎は岩淵辰雄（政治評論家）が「財閥にては平沼に依り軍の意向を緩和し平沼も之に乗らんとする形跡ある」と述べたことに同意し、「我欲の迷人等地獄に落ち込むことを知らず[36]」と批判した。

以上のように、平沼の組閣人事とその後の声明は、西園寺や真崎から権力獲得のための手段といった冷やかな評価を受けた。

平沼が組閣の際、議会や池田等に配慮した第一の要因としては、前述のように、平沼内閣運動時と比べると平沼と英米協調を支持する池田らとの政策的差異が少なくなったことが挙げられる。第二の要因としては、西園寺が分析したように、政治基盤の獲得という実際の政治的要請があったことが挙げられる。平沼内閣運動の開始以後、陸海軍との協調による組閣を目指す平沼と立憲政友会内閣の復活を目指す鈴木喜三郎政友会総裁との構想の相違は明確となった。また、平沼内閣運動挫折後、陸海軍内においても既に協力者を失っており、平沼の政治基盤は脆弱となっていた。そのため、池田ら親英米派や近衛・木戸に接近し、政権基盤を獲得する必要があったのである。

### (三) 内政指導と観念的言説の実態

一月二一日、平沼は再開された第七四議会(一九三八年一二月二六日〜一九三九年三月二五日)で施政方針演説を行ったが、政策の大枠は前内閣の方針を踏襲したものであった。ただ、前内閣で懸案となっていた政治制度・機構の改革については、平沼は組閣当初より消極的姿勢を見せた[37]。その後も、平沼は政治制度・機構の改革に否定的な態度をとり、平沼内閣で成案を見ることはなかった。

平沼がこれらの政策に消極的だった要因としては、①主に陸海軍が改革を推進していたこと[38]、②官僚や議会の権限に関わる改革はセクショナリズムを発生させ、円滑な政権運営を妨げる恐れがあったこと[39]、が挙げられる。また、平沼は、文官任用令改正により政党員の自由任用を拡大させることにはそもそも反対であった。

第七四議会において質問が集中したのは、日中戦争の処理をめぐる諸問題である。議会側は和平条件の具体的な内容についてただし、政府側は「日支新関係調整方針」に含まれる内容を明らかにした。また、議会側は日独防共協定強化問題についても、具体像の提示を要求したが[40]、政府は交渉中の案件であることから答弁を避けた。そのため、議会側の質問は低調なものに終わった。

他方で、議会では、平沼の政治信念についての質問も多く出された。まず、東武(立憲政友会)は議会を尊重する姿勢と全体主義は全く異なるが、「皇道」主義と全体主義はどのように違うのか尋ねた。これに対し平沼は、「皇道」は「全体のことも考へなければならぬし、又個人のことも考へなければ」ならず、「全体の為に個人を犠牲にすると云ふ絶対の考とは全く違ふ[41]」と説明した。次に、出渕勝次(同和会)は、外国の新聞は独伊の全体主義と英米の民主主義との対立という視点でとらえ、日本を独伊と同列とみなしていると指摘した。これに対し平沼は、①「皇道」は独伊の全体主義とは全く異なるもので、「是程の誤解はない」と強く否定し、②日本は民主主義国にも全体主義国にも属さず、日本の「東亜新秩序」建設などが道徳や正義に基づくものであることを認識させる必要がある、と主張した。[42]

しかし、「皇道」などの観念では満州事変以後の日本の軍事行動を正当化できず、英米に対しても説得力を持つものではなかった。例えば、二月、有田八郎外相は、グルー（Joseph Clark Grew）駐日米大使とクレーギー（Sir Robert Craigie）駐日英大使との会談で、防共協定と独伊枢軸とは明確な違いがあると述べた上で、「皇道」という日本のシステムは民主主義国と全体主義国のシステムの中間であると説明した。しかし、英米大使はこの説明に反応せず[43]、この会談は対英米関係に進展をもたらさなかった。

次に、渡邊泰邦（東方会）は、「皇道」という精神をどのように実践するのかという点が明らかではないので、具体的な方法を明示すべきと主張した。これに対し、平沼は「皇道」の精神は、「総ての者をして其の処を得せしむるという云ふ仁愛の精神」であり、各々の職業を通じて実行する必要があると説明した。[44]しかし、平沼はその精神をどのように政策として具体化していくのかという肝心の点について、明示することはなかった。

以上により、「皇道」などの観念的な国家主義的言説は国際的に説得的を持つものではなく、国内においても具体性がなく、スローガン以上の意味がないことが明らかとなったといえよう。

国家総動員法の成立により、議会の立法権は大きく制約されており、政府の予算案と法律案に対する拒否権は有していたものの、政策決定過程における政党の影響力は大きく低下していた。また、政友会では、近衛新党結成に積極的な中島知久平と消極的な鳩山一郎が空席であった総裁の座をめぐって対立を深め、五月には中島派と久原派に分裂するに至った。[45]以上のような背景もあり、予算案は両院において、原案通り全体一致で可決された。また、政府提出案八九件の内、七八件は原案可決、一一件は修正可決された。

平沼は経済財政政策を池田らに任せる方針を取っており、[46]内政において平沼がイニシアティブを発揮したといえるのは、国民精神総動員運動ぐらいである。第一次近衛内閣は日中戦争開始後、精動運動を始めたが、官僚主導であり、強調週間を乱発したことなどから、[47]次第に形式に流れ、低調となっていた。

しかし、平沼は施政方針において、事変及び今後の国際情勢に対処するには、「国民精神の昂揚を期すると共に、教育の刷新を図ることが最も肝要」[48]であるとの認識を示していた。

二月五日、平沼は日比谷公会堂で演説を行い、[49]三月二八日には、政府と民間の一体化を目指し、精動中央連盟の改組拡充を行った。改組後は、首相の管理下に精動委員会を設置し、その指導の下に精動中央連盟が運動を推進する体制へと移行した。委員会総裁に平沼が就任し、委員長には荒木文相が就任した。委員会では、時局認識の徹底・物資活用方策・消費節約を当面の方針とすることに決定した。[50]

しかし、精動運動は依然として上意下達の官製運動にとどまるものであり、国民の積極的な理解と協力を得るに至らなかった。そもそも、「日本精神の昂揚」という指導精神も曖昧で、指導原理として機能していなかった。官民が一体となった運動を展開していくには、国民の意思を汲み上げる政党の力が必要だったが、[51]平沼の姿勢は依然として官僚主導の域を超えるものではなかったのである。

## 二　対米工作と防共外交の迷走

### （一）日独防共協定強化交渉の推進

第一次近衛内閣において、日本をめぐる国際情勢は著しく悪化していた。まず、対米関係では、一九三八（昭和一三）年一一月一八日に有田外相が九カ国条約の中核である門戸開放・機会均等の原則を否定し、日本・中国・満州国による経済ブロックを形成する意向を示したことについて、アメリカは反発し、対日制裁を具体的に検討し始めた。そして、一二月には中国への借款供与に踏み切った。次に、対中関係では、陸軍が主導した汪兆銘工作が進展し、一二月二〇日、汪は重慶を脱出した。その結果、対蔣介石和平はより困難なものとなった。

平沼は既に「東亜新秩序」建設を支持しており、組閣後も前内閣の方針を踏襲した。なお、「東亜新秩序」とは、日本・満州国・中国が互助関係を構築し、「国際正義」、「共同防共」、「経済結合」などの実現を図ろうとするものであり、国民政府についても「人的構成」を変え、新秩序に参加するのであれば、拒否しないとした。近衛が「東亜新秩序」声明を出した意図は、第一次近衛声明を修正するとともに、リシントン体制との関連においては「国際正義」、中国ナショナリズムへの対応においてはアジア主義や防共を打ち出し、大陸政策の矛盾を解決することにあったと指摘されている(52)。

平沼は中国と排他的経済ブロックを形成する必要性を感じていなかったが、防共や欧米中心の国際秩序への反感では一致していた。また、これまで平沼がアジア主義を明確に主張した形跡はなく、前述のように、第一次世界大戦中には、山県有朋に白色人種が連合し、日本を圧迫する可能性があるが、人種論を外交上標榜することは不得策だと語っていた。ただ、いわゆるアジア主義には、様々な形態があったが、その源流はアジアとの交渉とは無関係に、幕末以来の欧米からの圧迫や侵入に対する反発から生じており、西洋文明に対抗し、日本の伝統的価値観への回帰を主張する日本ナショナリズムの異なった表現形態でもあった。[53]そのため、日中戦争解決のため、平沼もあえて「東亜新秩序」に反対しなかったと思われる。

他方、第一次近衛内閣では、一九三八年中頃から日独防共協定強化交渉を開始しており、同年末には陸軍と外務省・海軍との対立が顕在化していた。すなわち、陸軍はドイツと軍事同盟を締結し、同盟の範囲をソ連以外に拡大しようとしたが、外務省・海軍は同盟の範囲をソ連のみにとどめようとしたのである。

以上の対立は平沼内閣にも引き継がれた。日独防共協定を強化する方針は、勅許を経ており、前内閣との連続性からも進めざるを得ない情勢にあったが、後述のように、平沼自身もソ連を対象とした独伊との軍事同盟締結を積極的に推進した。ただ、その意図は専ら反共イデオロギーの観点からであり、ソ連以外の国を対象とした独伊との軍事同盟締結や欧州戦争に巻き込まれることには反対だった。平沼は回想において、首相時代に三国同盟を計画したが、それは「赤の撲滅の為」[54]であると述べている。

しかし、当時、独伊が英米を中心とする国際秩序の打破を目指し、英米と対立している状況において、防共という点であってもドイツとの関係を強化すれば、英米からは独伊側に属したと判断される。この点で、平沼の国際情勢認識は不十分であった。

平沼内閣の最も重要な課題は日中戦争の処理であったが、当時、政府は汪工作についての中国側の動向を十分に把握しておらず、汪兆銘の重慶脱出についても蔣介石との暗黙の了解の下になされたとの見解が有力であった。[55]平沼も小川平吉との会話で、汪と蔣の間に連絡があるに違いなく、対中政策については「暫時傍観の外」ない[56]との見通しを示した。

平沼内閣は成立当初から、日独防共協定強化問題への対処に忙殺された。交渉経過は既に明らかにされているため[57]、ここでは平沼の対応のみに焦点を当て、分析する。

一月六日、ドイツは三国同盟案を正式に提案してきた。有田はソ連以外を同盟の対象とすることに反対だったが、事態を打開するため、陸軍と協議した結果、①英仏も協定の対象とするが、その場合は政治的、経済的援助に限定する、②武力援助はソ連に加担したときのみ、状況による、③外部に対してはあくまでも防共協定の延長であると説明する、という内容で妥協した。そして、一月一九日の五相会議で、この内容を秘密了解事項として加えることが決定され、平沼内閣は三国同盟の推進を決定した[58]。

三月四日、大島浩駐独大使・白鳥敏夫駐伊大使は政府に対し、連名でドイツ側に受諾の見込みがないことを理由に、武力援助義務の留保と対外的には防共協定の延長と説明することを盛り込んだ秘密了解事項の削除を要請した。有田外相は妥協案作成を拒否したが、他の四相は「根本を変へないで、なんとか大島、白鳥から言つて来たことに色をつけ」、妥協案をあわせて訓令すべきとの意見であった[59]。結局、三月二二日の五相会議で、独伊が従来の案を受け入れない場合、原則として武力援助を行うが、当分の間留保するという内容の妥協案で交渉することを決定した。

しかし、外務省は方針変更を危惧した。有田は「色をつければ根本が変つて来る」[60]と考え、平沼が「軟化して来て大勢順応になつている」[61]と不満を漏らした。また、井上庚二郎欧亜局長も平沼に意見書を提出し、①原則として武力援助を行うが、当分の間留保するという文言は日本の行動を縛るもので、協定全期間を通じて適応出来ず、独伊に対する信義を失う、②英仏に対して武力行使すれば、小規模であっても敵対行動となり、大規模な敵対行為となる可能性がある、などの懸念を述べた。[62]

井上の懸念は妥当なものであるが、平沼は武力援助しないと決まった以上、文言においては妥協してもよいと考え、交渉を進めた。平沼は国家社会主義国の独伊を信用していたわけではなかったが、防共を最も重視する姿勢から、武力行使以外の提携強化を支持したのであろう。その際、三国同盟が英米に与える影響を十分に考慮した形跡はない。

なお、天皇は防共協定強化に反対であり、出先大使の独走を懸念していた。そのため、平沼が拝謁した際、①大島・白鳥が訓令に従わない場合の対応、②これ以上協定の内容を変更することはないかどうか、を尋ねた。平沼は前者については召還するか、しかるべき処置を行う。後者については変更するようなことがあれば、交渉打切りも止むを得ないと返答した。天皇は再び陸軍に妥協することのないように釘をさす目的で、政府に対し、以上の点を文書にして提出するよう求め、政府は五相の署名した文書を提出した。[63]

しかし、天皇の懸念は現実となった。出先大使は訓令を無視し、ソ連が参戦しない場合の英仏側への参戦義務を約束してしまった。有田は交渉打ち切りを考えたが、五相会議では両大使の行動を尻拭すべきとの意見が通り、「参戦」の字句を拡大解釈し、武力援助も宣戦布告もない場合があるという訓令を出し、両大使の言明を間接的に取り消そうとした。[64]

この判断の背景には、国内治安への不安があった。民間の国家主義団体は英ソが中国を傀儡化しており、そのことが日中戦争の解決を阻んでいるとみなした。そして、一九三七年一〇月以降、国民政府と密接な関係にあり、国際連盟・九カ国条約締結国の中心的存在とされたイギリスを対象とした排英運動を始めた。この運動には黒龍会・建国会・東方会・大日本生産党・対英同志会（頭山満らが結成）など主要な国家主義団体のほとんどが関与した。

他方、一九三七年九月には日独防共協定強化同志会（頭山・徳富蘇峰・中野正剛らが参加）が結成された。一九三九年四月に入ると、防共協定強化交渉の行き詰まりを受け、軍事同盟締結要求運動が本格的に開始された。この運動には世論を喚起して陸軍を支援する目的があり、同盟締結消極派を「親英派」とみなし、彼らの「撃滅」を主張していた。[65] 木戸は平沼らに対し、三国同盟問題の処理を誤ればロンドン条約問題以上の禍根を残し、重臣などは徹底的に排除されると述べた。[66] 平沼も木戸と同様、国内治安への不安から文言・解釈の点で陸軍側に妥協し、交渉を進めたのであろう。

すなわち、平沼らは天皇への念書の趣旨を踏まえると、大使を召還するなどの措置を行うか、交渉を打切るべきであったが、天皇との約束よりも国内治安への影響を重視したのである。しかし、このような国際関係よりも国内治安を重視する姿勢は、軍部の独断専行を追認する結果をもたらす要因の一つともなったといえよう。

ただ、この頃には、平沼の外交政策と排英運動などに関与した国家主義団体の外交政策は、相違点が多くなっていた。国家主義団体は日中戦争開始後、民間における戦争拡大派の急先鋒となり、中国抗日政権の打倒のみならず、英ソの東アジアからの排除を主張した。一方、平沼は国家主義団体と英米中心の国際秩序に反感を持つ点で一致していたが、日中戦争には反対し、後述のように、英米などを仲介とした日中戦争の解決を構想した。また、独伊との軍事同盟締結を推進したのは、専ら防共の点からであり、英米を対象とすることには反対した。このことは、後に平沼が親独派の国家主義者から襲撃される要因となる。

両者の相違をもたらした要因は、国内治安と総力戦に対する認識にあったと考えられる。平沼は外来思想による国内秩序の悪化や欧米が連合して日本を圧迫する事態となることを恐れるなど、内向きの政治観であった。そのため、中国と総力戦となれば、国力を消耗し、欧米の圧迫に対抗できなくなる。また、戦争に乗じた共産主義の影響を受けた陸軍による国内改革を加速させることになると考えたのではないだろうか。後述のように、平沼は、遅くとも一九四三年には陸軍が意図的に戦争を起こし、それに乗じて共産主義革命の実現を狙ったという陰謀論を信じるようになる。

五月四日、秘密協定事項における日本側の立場を取りいれたガウス（ドイツ外務省条約局長）の私案が提示された。大島は独断で、独伊が第三国と交戦状態になった場合、日本は武力援助を行わない場合でも、交戦状態となることに同意を与えた。

ガウス案について、米内光政海相と有田は日本が無条件参戦を強いられることを懸念し、反対した。しかし、平沼はここでも武力援助しないと決まった以上、文言については妥協しても良いとの立場から、板垣と同じくガウス案に賛成した。(67)

五相会議において、平沼は、中立の立場を取らないことは参戦するということであるが、法理的な問題に過ぎず、好意的中立と同じ立場を取り得る。また、交戦状態といっても、戦争の性質により中立を約束することもあり、やむを得なければ条約を破棄することも出来ると主張した。これに対し、米内は、武力行使を義務付けられることには反対であり、交戦国関係となれば日米間での貿易は出来ず、英仏が日本の商船を拿捕した場合等は海軍で責任を取れないと反論し(68)、会議は平行線をたどった。

当時、日本は石油などの戦略物資の多くをアメリカに依存しており、日本の海軍力も英米両国に対抗出来るものではなかった。これらの状況を踏まえれば、米内の主張は妥当なものである。一方、平沼の主張は日本が交戦状態となった際、通商などの面における影響を考慮できていなかった。

しかし、この時点で陸海軍の対立は顕著となっており、条約が不成立となる公算は高くなった。平沼は自らイニシアティブを取らず、統帥部を含めた陸海軍の意思を完全に一致させることを要求し、事実上の遷延策を取った。陸海軍は協議を重ね、参戦・武力援助について肝要な点を曖昧にした覚書を作成したが、ドイツはこれを拒否し、交渉は完全に行き詰った。[69]

なお、平沼はこの間、英米との関係を改善しようという意思は見せなかった。一月一九日、陸海軍に海南島攻略の命令が発せられ、翌月一〇日、陸海軍は南進政策の拠点となる海南島に上陸したが、平沼が国際関係の悪化を考慮し、これらの行動に反対した形跡はない。有田外相は諸外国に対し、軍事上の目的であり、領土を所有する意図はないと説明した。しかし、各国はこの説明に信を置かず、日本の行動に脅威を覚えた。例えば、アメリカは南進政策の展開であるとみなし、イギリスもボルネオやマレーを経済的自給圏に組み込もうとする計画の一部と分析した。[70]確かに、海南島攻略は前内閣で決定されており、陸海軍への影響力を失っていた平沼がそれを覆すことは不可能に近かったものの、海南島攻略に際し、対英米関係の悪化を食い止めるため、行動を起こすことはなかった。例えば、三月一日、クレーギーは原田に「いくら言つても総理が会つてくれない」[71]と不満を漏らしている。

## (二)　対米工作の実態と防共外交の破たん

平沼がアメリカに接近するのは、防共協定強化交渉が不成立となる公算が高くなった五月以降である。平沼がアメリカに接近したのは、英米独伊による国際会議を開き、中国問題と欧州問題をリンクさせ、世界大戦の回避と日中戦争の解決を実現しようとしたためである。

汪工作は、当初、大量の反蔣派を重慶政権から離脱させ、国民政府の改組を促す役割を期待されたが、二月頃には国民政府の改組が不可能であることが明らかとなった。[72]三月中旬以降、平沼は改めて防共を条件として、蔣と和平を結ぶ外ないと考えるようになった。[73]四月八日には、原田に「蔣介石が非常に困つて和平を希望している」との情報があり、対蔣和平を行い、なるべく早く日中戦争を終局に導きたいと語った。[74]

五月一五日、平沼は有田に対し、ルーズベルト（Franklin Delano Roosevelt）米大統領宛のメッセージを送ることを伝えた。これは欧州戦争勃発を防止するため、国際会議の開催を要請するもので、四月一四日、ルーズベルトが独伊に対して送ったメッセージと同じ趣旨のものであった。以後、平沼は藤井実（元ルーマニア大使）らを通じて、ドゥーマン（Eugene H. Dooman）駐日米参事官やクレーギーらと接触し、メッセージの意図と関係改善の希望を伝えた。

既に指摘されているように、その要点は、①首相在任中に独伊との軍事同盟を結ばない、②世界市場で原料を同等の価格で入手できることが可能ならば、中国との和平条件を緩和する、③国際会議では極東問題も含める用意がある、などである。ドゥーマンは、有田外相が民主主義国家への歩み寄りを見せず、極東の権益維持に熱中し、強硬な態度を崩さないでいると判断し、良い印象を持っていなかった。そのため、平沼の提案を好意的に捉え、平沼を穏健派に属するとみなした。しかし、国務省は日本が威信を傷つけることなく、有利な講和を達成することになれば、アメリカが日中両国の国民から憎悪の対象となることなどを懸念し、平沼のメッセージに回答しないことを決定した。[75]

第一次近衛内閣では、軍事力により中国を屈服させる方針が行き詰まった後、蔣介石の下野を条件に、二国間で和平を行う方針を立て、孔祥熙（行政院長）らとの和平工作を展開し、第三国の介入を排除した。しかし、国民政府は基本的に第三国、あるいは国際連盟を介した和平を望んでおり、蔣も下野するつもりはなかった。[76]そのため、平沼が国際会議による解決を構想したこと自体は、中国側の意向に合致する点があった。また、原料を世界市場で同等の価格で入手出来る体制の構築は、実質的に自由貿易の理念に通じる点があり、総力戦遂行のため、中国本土や東南アジアからの戦略物資の収奪を考えていた陸軍の構想と大きく異なるものであった。

ただ、平沼の構想にも主に二点の問題点があった。

第一に、国内での手続き上の問題である。平沼の構想は、平沼の側近のみで形成されたものであり、外務省だけでなく、講和の際に最大の問題となる陸海軍との合意も全くなされていなかった。[77]また、メッセージの内容も、欧州戦争防止のため、日米が協力すべきといった抽象的なものにとどまっていた。すなわち、この構想は平沼の私的なものに過ぎず、アメリカが具体的に回答しないことを選択した要因の一つもここにあったと考えられる。

第二に、依然として英米を中心とする国際秩序に反感を持ち、ワシントン体制への復帰を考慮していなかったことである。平沼は極秘にクレーギーと会談した際、独伊との軍事同盟を否定し、問題を英米と協力して解決する意向を示した。ただ、その際、日本はアメリカのように、どの列国のグループからも独立し続けることを望むとも述べ、[78]民主主義陣営と全体主義陣営のどちらにも属さないとの立場を堅持した。なお、この説明の背景には、両陣営から距離を取ることで、欧州戦争に巻き込まれる危険を回避する狙いもあったと考えられる。

また、平沼はドゥーマンとの会談で、満州事変が発生した原因として、①イギリスは日本が第一次世界大戦に参戦したのにもかかわらず、日英同盟を破棄したこと、②ワシントン条約・ロンドン条約により日本の行動を制約したこと、を挙げた。そして、日本国民のこれらの行動に対する怒りは強く、日本政府は経済的な安全保障なしに和平を結ぶことは出来ない。また、そのような安全保障は、現在の世相の下では、旧状の回復では得られないと主張した。これに対し、ドゥーマンは、日本自身も独伊が非難されているのと同じ行動を犯しているとみなされている。それに加え、新聞でほぼ毎日、日本人の行動がアメリカの中国権益を侵害していると報道している。そのような時に、アメリカ人が欧州での難局に対し、日本と共同でアプローチすることに賛意を表する可能性があると信じるかと反問し、平沼の説明に同意せずに中国問題の解決が先決との立場を維持した。(79)

すなわち、平沼はワシントン条約・ロンドン条約を満州事変発生の原因とみなし、経済的な安全保障を得られても、ワシントン体制への復帰は不可能と考えていたのである。これに対し、アメリカは一貫して中国の門戸開放・機会均等を原則としており、両者の主張の違いは明白であった。このような状況で、アメリカが自国の政策を放棄し、日本に有利な国際秩序の建設に応じる可能性はほとんどなかったと考えられる。

七月二六日、アメリカは一九一一年に締結された日米通商航海条約の破棄を通告した。この通告は、日本側では突然の措置だと考えられた。しかし、アメリカ政府は盧溝橋事件以降、対日制裁を検討しており、一九三九年に入ると議会・世論においても対日制裁を望む声が高まっていた。アメリカ政府は一月に航空機及び部品に関する道義的禁輸、二月に対日借款の禁止を表明するなど、通商条約に反しない範囲での経済制裁を実施した。そして、有田・クレーギー協定でイギリスが日本に妥協したことを受け、対日経済制裁の障害となっていた通商航海条約の破棄を決めたのである。(80)

この前後、イギリス・ソ連との間にも深刻な外交危機が顕在化した。

まず、六月一四日、主に華北に駐屯していた北支那方面軍は、外務省に相談せず、天津の英仏租界封鎖を行い、日英関係は日中戦争開始後、最悪となった。クレーギー駐日英大使は、本国の承認を得て、東京で天津問題解決のための会談を行うことを有田に提案し、同意を得た。平沼は東京での会談で、有田と同様、「東亜新秩序」建設についてイギリスの譲歩を引き出す狙いだった。(81)

平沼は六月二〇日以降、藤井を通じてクレーギーに接触した。七月一日、クレーギーがハリファックス（Lord

E Wood Halifax）外相に報告したところによると、平沼の提案はグルーに行ったものと同様であった。すなわち、①首相在任中は独伊と軍事同盟を結ばない、②日本の中国との紛争の根底に経済的要素があり、もし、中国での拡大した市場及び、中国からの原料の供給に完全に依存する日本の現状を低減させる方法を見つければ、平和の基礎を見つけることは非常に容易だろう、③顕著な困難をアメリカだけでなく、イギリスとともに解決する何らかの手段を全力で見つける決心である、[82]などと述べた。

しかしその一方で、平沼は有田・クレーギー会談（七月一五日～八月二一日）にあわせて、陸軍が民間の国家主義団体と連携して行った排英運動の取締りには消極的であり、天皇が取締りも求めても、それに従うことはなかった。

有田・クレーギー会談の結果、イギリスが中国における戦争状態の進行を確認し、日本軍の妨害となる行為を控制するという協定が成立した。これを機に、平沼は談話で、排英運動を取り締まると発表した。[83]

以上のように、平沼は排英運動を利用してイギリスからの譲歩を引き出そうとしており、親英的ではなかった。ただ、対日宥和を希望するクレーギーは、平沼の発言を好意的に受け止め、平沼への期待を持ち続けた。八月二日、クレーギーはハリファックスに対し、①平沼が英米との関係改善を真剣に望んでおり、中国との即時和平よりも欧州戦争の勃発を防ぐことを目的としていることは疑いない、②平沼の命題は、競合する列国のグループの局外に立つことを望む一方で、それにもかかわらず、その他の二つの強大な太平洋の列国と特別な友好関係を築くことにより、世界戦争を避ける努力をすべきというものである、③平沼は高尚な理想を持ち、私がここで今まで会った政治集団よりも広い視野の幅を持った人物である、[84]などと報告した。

また、親日的なピゴット英国駐日大使館付陸軍武官（F.S.G. Piggott）も、回顧録において、①平沼は天津危機の際、軍の完全な支配下にある天津を遠く離れて、東京で会議を開くことが日英両国の体面を傷付けることなく、事件を解決出来る唯一の道であると確信し、早急に事を運ぶ必要性を痛感していたこと、②平沼が正式に外務省を通じてイギリス大使に打診すれば、事前に軍部の知るところとなるため、仲介者を通じてイギリス大使に接近したこと、を指摘した。その上で、東京で会談を行うことの出来たことについての功の半分は、平沼に帰すべきであると評価した。[85]

すなわち、対米接近工作及び東京会談での平沼の政治指導は、問題点を有していたが、当時の政治状況において、駐日英米大使館の親日的な外交官は平沼の政治指導を好意的に評価したのである。

一方、ソ連との間には、五月一二日、ノモンハン事件が勃発した。これは満州西北部のノモンハン付近で起こった満州国軍警備隊と外蒙軍の衝突をきっかけに、関東軍とソ連・モンゴル軍が国境線をめぐり、大規模な軍事衝突を起こした事件である。

陸軍中央は、当初からソ連と国境線をめぐって争う意志を持っていなかった。しかし、関東軍はきわめて強硬な態度を取り、七月二日には、第二三師団による攻撃を行うが、ソ連の反撃を受け、苦境に立たされた。陸軍中央は、①冬期到来前に撤退する、②好機をとらえ外交交渉により解決する、という方針を定め、七月一八日の五相会議で「ノモンハン事件処理要綱」が決定された。[86]この間、平沼は板垣陸相が五相会議で提起した不拡大方針を支持したが、[87]当時、陸軍は統帥権を理由に内閣からの自立性を強めており、文官出身の平沼は板垣との個人的な信頼関係もなかった。また、陸軍部内においても、陸軍中央と関東軍が対立している状況にあって、平沼が指導力を発揮できる余地はほとんどなかった。

その後、八月に入ると日独防共協定強化問題は佳境を迎えた。陸軍は焦燥感を強め、留保なしの軍事同盟締結を主張し始めた。ここに至り、平沼は陸軍の変節を責め、米内・有田の意見に賛同した[88]。平沼は武力援助をしないならば、文言においては妥協したが、留保なしの軍事同盟となれば、五相会議での合意と全く異なると反対したのである。八月二一日、平沼は参内し、天皇に「陸軍が横車を押し時局を紛糾せしめあり、今が外交上手を打つに最好適の時機なりと大に陸軍を攻撃」する内容の内奏を行い、陸軍の出方を待つ方針を取った[89]。湯浅内大臣は、天皇は平沼が「実際の事態を非常に正しく認識できたようで、まことに喜ばしい」と言っており、政変が起きると「総崩れの基をなす虞」があるため、「万難を排してこのままでやらせたい」意向だった[90]。

しかし、八月二三日、独ソ不可侵条約の締結が突如発表された。これを受け、平沼は欧州において「複雑怪奇なる新情勢」が生じたため、既定方針を変更し、再度外交政策を形成しなければならないとの声明を発表し、内閣総辞職した。なお、この声明を起草したのは側近の太田耕造内閣書記官長であるが、平沼もそれを添削した上で発表したことは間違いなく、平沼自身の考えでもあったのであろう。後継の阿部信行内閣は欧州戦争からの中立を表明し、防共協定問題は終結した。

平沼は英米を中心とする国際秩序に反感を持っていたが、ドイツのように英米などとの戦争を賭して、軍事力による世界の再分割に乗り出す意図はなく、国際的な防共ネットワークを形成し、共産主義の拡大を阻止することを重視した。しかし、ドイツはポーランド侵攻のため、反共イデオロギーよりもソ連との妥協を選択したのである。このことは当時の国際政治が反共イデオロギーというよりも、国家の利害と権力関係を中心に動いていることを改めて示すものであり、平沼の防共を主軸とする外交の破たんをも意味していた。ただ、平沼自身も、日独防共協定強化交渉及び日中戦争解決の構想が失敗に終わっていた中で、もはや政権を維持しようとする意志はなかったのであろう。

## 三　国家主義を掲げた政治勢力の統合と政治指導の限界――小括

以上、官僚から政治家へ転身した平沼が、どのような政治構想・政策を持ち、政治運動・政治指導を展開したのかを論じてきた。

まず、平沼の一九二〇年代の政治構想は、政党の党利党略・国際主義への対抗として、国策・挙国一致・軍事力重視といった国家を重視する政策を打ち出し、幅広い政治勢力と提携することで、官僚を首班とする内閣の成立を狙うものであったことを明らかにした。

既に述べたように、平沼は司法官僚時代、政友会・山県系から巧妙に距離を取った。そして、法相時代も政治運動を行わず、治安対策を条件として普選を推進したため、政界の一部を除き、政治的に中立的なイメージを維持した。このことが第一次若槻内閣での枢密院副議長への就任につながった。

平沼は法相辞任後、国本社会長に就任したが、その背景には、①役員に政官の有力者を就任させ、政界での人脈を形成する、②演説では観念的な言説だけでなく、自らの政治観をも鼓吹することで大衆的基盤の獲得を狙う、という政治的意図があった。

この時期、平沼は国本社の演説などで反共のみならず、個人主義の風潮や党利党略、国際主義を批判するとともに、国民精神の復興や国策を挙国一致で推進する体制の構築など国家の重要性を打ち出し、自らが政党政治を是正出来る中立的な官僚系政治家であることをアピールした。また、国本社や司法官僚時代の人脈を通じて、政友会・薩摩系・枢密院の有力者との関係を構築するとともに、元老西園寺に接近を図り、官僚を主班とする内閣の成立を狙った。しかし、西園寺は平沼の国家主義的言動などを懸念し、首相候補とはみなさなかった。

平沼は枢密院副議長就任後、第一次若槻内閣が枢密院の権限を軽視したことなどに反感を持ち、台湾銀行救済緊急勅令問題での政府案否決に重要な役割を担った。その結果、平沼が政友会系であり、国本社が政治団体であるというイメージが広まった。一方、田中内閣には、治安政策の強化や満蒙権益の維持などの政策で一致していたこともあり、大枠において協調的な姿勢を取った。また、田中に国策調査会の設置を働きかけ、官僚勢力の権力維持を図るとともに、政党の弊害を防止しようとした。しかし、この時期は政党が政策の統合機能を果たしており、民政党や新聞の反対を受け、失敗に終わった。その後、平沼は浜口内閣時の疑獄事件を機に、政党内閣を見放した。

次に、一九三〇年代前半、平沼は陸海軍と提携するとともに、多様な政治勢力からの支持を得て組閣し、危機を収束させようとしたが、ロンドン条約問題以後、軍の官僚的権限を擁護したことは軍のセクショナリズムを助長する結果となったことを明らかにした。

平沼はロンドン条約問題では、統帥権問題で軍の官僚的権限を擁護した。また、ロンドン条約問題の前後にも、枢密院の改組により、官僚の権限を維持しようとした。

その後、平沼は満蒙権益に関する懸案の解決を望み、満州事変を追認した。そして、満州国建国についても支持した。しかし、英米などとの総力戦を現実には想定しておらず、中国本土での軍事行動には批判的であった。また、ロンドン条約問題以後、顕在化した陸海軍統制の崩壊を憂慮した。そこで、平沼は提携相手をロンドン条約反対派の陸海軍人に変え、政権獲得運動に乗り出した。その背景には、首相への野心だけでなく、陸海軍統制崩壊の危機を収束できるのは陸海軍から支持を受けている自分だけであるという自負心があった。平沼は政権基盤を確立するため、西園寺と協調していた牧野に軍部を抑え得る文官であるとアピールすると同時に、陸軍中堅層・国民同盟など国家社会主義に傾倒していた勢力にも宥和的態度を見せた。

しかし、マスメディアの一部は平沼を後継候補として度々取り上げるとともに、平沼内閣による「ファッショ」化を危惧した。それは、平沼の国家主義的言説が現実の政治指導においていかなる意味を持つのか明らかではなかったことも影響していた。すなわち、平沼の国家主義的言説は現状に不満を持つ幅広い勢力を集約する政治的イデオロギーとして機能すると同時に、警戒を招く要因ともなったのである。また、平沼及び平沼と提携した陸海軍人が推進した皇族総長の就任などの政策は、軍のセクショナリズムを助長し、政策統合機能を弱める結果ともなった。

平沼は明確な政治基盤を持っておらず、首相として政権運営を行うためには諸政治勢力と協調するとともに、コントロールする必要があった。そのためには、官僚や陸海軍のセクショナリズムを抑制するとともに、首相がリーダーシップを発揮し、内閣が国政全体を統御する体制を構築することが必要であった。しかし、平沼は陸海軍人との人的関係にとらわれ、結果として、軍の政治的自立とセクショナリズムを助長することになったのである。その背景には、あまりにも長い期間、上意下達の司法部に所属したことから、政治家としての政権運営のあり方についてのイメージが不十分で、政治的駆け引きを見抜く力も備わっていなかったことも影響したと思われる。

平沼が政治的生涯において最も影響力を有したのは、陸海軍と提携した一九三一年から一九三四年にかけてであった。提携する陸海軍人が各々の部内において権力を失うと、陸海軍統制の見通しを失い、政権獲得構想を放棄するに至ったのである。

最後に、平沼内閣における政治指導を分析し、平沼の政策は一貫して、反共と国内秩序の維持を主軸としたものであったことを明らかにした。

平沼は陸海軍内の人的基盤を喪失した後、近衛・木戸に接近した。また、陸軍が進める国家統制の強化などを批判した。既に有力な文官の政治家は払底しており、この頃には親英米派との政策の相違が少なくなっていたことから、平沼は湯浅らに外交姿勢を懸念されつつも、首相の座にたどり着いた。平沼は政権基盤が脆弱であったため、平沼内閣成立に際して、近衛・木戸及び、英米協調を重視する池田らに配慮した閣僚人事を行うとともに、議会を重視する姿勢を見せた。また、陸軍中堅層の進める国家統制による共産主義化を懸念し、彼らが進める政治制度・機構の改革を否定した。その一方で、平沼がこれまで進めてきた国家主義的言説は、実際の政策として還元出来ず、あくまでもスローガンに過ぎないことが明らかとなった。

外交では、平沼は欧米からの圧迫に対する恐怖は持っていたものの、英米などとの総力戦が現実に起こるとは想定していなかった。そのため、華北などでの物資獲得を必須のものとは考えず、中国の共産主義化を危惧し、華北分離工作に反対した。また、日中戦争にも反対し、対蔣和平を企図した。その背景には、中国との総力戦による膨大な人命・物資の消耗や国内秩序の悪化への懸念もあったのであろう。

しかし、首相として展開した政策は、依然として反共と国内秩序の維持を主軸とするもので、英米協調ではなかった。平沼は日独防共協定強化交渉において、反共の点からソ連を対象とする軍事同盟には賛成し、それが国際政治で持つ意味を十分に考慮していなかった。また、国内秩序を重視する姿勢から、外交上の表現で陸軍に妥協し、軍事同盟締結を推進した。防共協定強化交渉が行き詰った後、平沼は日中戦争解決と欧州戦争防止のきっかけを掴むため、対米接近を企図した。第三国を仲介した和平構想は、中国側の意向と一致する側面があった。また、原料を世界市場で同等の価格で入手出来る体制の構築は、実質的に自由貿易の理念に通じる点があった。しかし、平沼のメッセージは国内での合意形成が全くなされていない抽象的な内容であり、平沼自身も経済的な安全保障が得られてもワシントン条約・ロンドン条約への復帰は不可能と考えるなど、構想自体の問題もあり、挫折した。

なお、平沼は演説などで天皇の権威を強調するが、満州事変時の朝鮮軍の独断越境を問題視しなかった。また、実際の政治指導においても、排英運動の取締りや防共協定強化交渉の際の出先大使への対応などで天皇個人の意思よりも、自らの望む政策を優先したのである。

以上のように、平沼は政党・国際主義に代わる政治原理として国策や軍事力重視、曖昧な国家主義的言説などを打ち出し、一九二〇年代半ばには政党の弊害を是正する中立的な官僚、一九三〇年代前半には危機を終息できる唯一の文官を標榜し、現状に不満を持つ勢力から首相候補者として期待を集め続けた。しかし、必ずしも時局をリードする具体的な政策体系を有しているわけではなかったのである。

その後、平沼は重臣として日米戦争回避を模索するが、これまで述べてきた国際感覚の不足から戦争への道に歯止めをかけるに至らず、時に混乱を招く要因ともなっていく。

# 第七章——重臣としての活動と太平洋戦争

本章では、平沼騏一郎の首相辞任後から敗戦までの動向を分析する。現在のところ、平沼騏一郎内閣崩壊後から太平洋戦争開戦までの時期の平沼の動向に焦点を当てた研究は存在しないが、太平洋戦争中の動向については高橋勝浩氏の研究[1]がある。高橋氏がこの時期の平沼の動向を国内の史料を渉猟し、初めて本格的に分析した意義はきわめて大きいが、戦時中、平沼は国内の共産主義化を憂慮し、近衛文麿と意見を同じくして、基本的には行動をともにしたと評価し、早期和平を企図していた近衛との提携を強調している[2]。しかし、戦時中の政治過程において、最も重要であったポツダム宣言受諾をめぐる平沼の行動については、踏み込んで分析していない。また、平沼の行動が近衛ら早期和平派と同様であるならば、なぜ、昭和天皇から「陸軍に巧言、美辞を並べながら、陸軍から攻撃される不思議な人だ。結局二股をかけた人物というべきである[3]」と批判されるのか、という点も十分に明らかにされていない。

以上を踏まえ、本章では、まず、平沼内閣崩壊後の後継首相人事と日米交渉を、平沼と親英米派・陸軍・近衛等との関係に着目して考察し、当該期における平沼の政策と政治的影響力を明らかにする。次に、ポツダム宣言受諾への対応を中心に戦時中の動向を再検討する。

# 一　共産主義への対抗と対米交渉の誤算

## （一）後継首相推薦と近衛への期待

一九三九（昭和一四）年九月六日、平沼は前官礼遇を受けた。前述のように、平沼は広田弘毅内閣崩壊以後、枢密院議長として後継首相推薦に関与していたが、その後も、引き続き重臣として関与することになる。

平沼は首相を辞任した際、湯浅倉平内大臣と会い、後継内閣について、湯浅が挙げた広田弘毅元首相に異存はないとしつつも、他の候補者として、小林躋造台湾総督（予備役海軍大将）・林銑十郎元首相の名を挙げた。なお、南次郎元陸相は耳が遠く、宇垣一成元陸相では「相当摩擦があることを覚悟しなければならない」と否定的な意見を述べた[4]。その後、近衛文麿枢密院議長とも協議し、広田を第一候補とすることに決めた。しかし、陸軍は阿部信行か林を希望し、昭和天皇が湯浅に阿部の名前を内密に示した結果、阿部信行内閣が成立した[5]。

一九四〇年一月一四日、阿部内閣総辞職を受け、平沼の構想は木戸幸一との会談で、後継首相候補として近衛を挙げたが、木戸は近衛が出馬する見込みはないことを説明し、協議の末、畑俊六陸相か荒木貞夫元陸相を候補とすることで一致した[6]。しかし、天皇は三国同盟締結を抑止するため、自らの意思で、後継首相として米内光政海軍大将を選定し、任命した[7]。

七月一七日、陸軍は独伊への接近及び、近衛内閣成立を推進するため、畑陸相に単独で辞表を提出させた結果、米内光政内閣は崩壊した。同日の重臣会議では後継首相候補として、近衛を選定した。その際、平沼は陸相の辞職による内閣崩壊について、「悪例なり、今往々にして如斯ことあるは遺憾なり」と批判し、近衛の他に「適任者はなき次第なれば、是非蹶起を願ふ外なし」と主張した[8]。

以上のように、平沼は阿部内閣から米内内閣にかけての後継首相推薦に関与したが、平沼の意見は、後継首相選定に大きな影響を与えなかった。平沼が後継首相候補として念頭に置いていたのは、国民から期待を集め、宮中や陸軍に影響力を持つ近衛であった。近衛以外では、広田・林・荒木・畑・小林を挙げたが、その意向を貫徹しようと行動した形跡はない。おそらく、平沼は人材が払底していたことから、候補者を消極的に挙げたに過ぎず、明確な構想はなかったのであろう。

なお、米内内閣のもとでは、内大臣と枢密院議長の更迭が行われたが、それらの後任人事の決定過程は、当該期の平沼の人的関係を見る上で重要である。

五月、湯浅内大臣の後任が問題となったが、近衛・岡田啓介らの意見は木戸が一番無難であるとの意見であった。五月八日、木戸は原田熊雄（西園寺公望の私設秘書）から西園寺の意見として、内大臣への就任を打診されたが、「余としては内大臣に近衛公、枢府議長には平沼男こそ可然との意見」を述べて固辞した。五月二九日にも「余は近衛公にあらざれば、平沼男の外なかるべし」[9]と答えたが、結局就任を受諾し、六月一日に内大臣に就任した。木戸の発言には、内大臣就任を見越して、支持の拡大を図る意図があったのであろう。ただ、木戸が枢密院議長の第一候補、内大臣の第二候補として平沼の名前を挙げたことは、平沼に対し、西園寺のような拒否感を持っていなかったことを示すものであるといえよう。

一方、六月二四日、近衛も近衛新党を作り、それを背景に第二次近衛内閣を作る運動（新体制運動）に邁進することを理由に、枢密院議長を辞職した[10]。これらの動きを受け、米内首相は近衛の後任として、有力視されていた平沼ではなく、原嘉道枢密院副議長を昇格させた。確かに、枢密院副議長から議長への昇格は順当ではあるが、必ずしも固定化されていたわけではなく、米内の判断の背景には、①平沼内閣海相時代、平沼の政治指導に不満を持ち、[11]②平沼が新体制運動で近衛・木戸と連携していると考え、それらに対抗しようとした可能性がある。[12]近衛は平沼を後任とすることが当然と考えており、意外であるとの反応を示した。[13]

以上のように、米内は平沼を枢密院議長に就任させなかったが、近衛・木戸は平沼を枢密院議長の最有力候補に挙げた。このことは平沼にとって近衛・木戸、とりわけ近衛との関係が政治的影響力を維持する上で、重要であったことを示す事例であるといえよう。ただ、平沼は近衛が国民的な政党を作ること自体には賛成したが、後述のように、ドイツやソ連などをモデルとした一国一党体制には強く反対したのであり、この点において、近衛と連携していたわけではなかったのである。

## (二) 新体制運動の清算と松岡との対立

一九四〇（昭和一五）年七月二二日、第二次近衛文麿内閣が成立した。近衛は新体制運動をあくまで民間運動として盛りたてようとしており、首相就任時には新体制運動への熱意を失っていた。[14]矢部貞治（東京帝国大学法学部教授）は当初、多少憲法を無視して一国一党路線をとるよう進言したが、近衛はこれを拒否したため、結局、大政翼賛会方式をとることになった。その後、九月二七日、近衛は閣議で大政翼賛会規約および最高人事を決定した。しかし、一〇月一二日、近衛は大政翼賛会発会式での演説で、綱領と宣言を発表しないと述べ、新体制運動の支持者を失望させた。[15]

近衛が運動への意欲を無くしたのは、翼賛会が財界や民間の国家主義者などから「アカ」、「幕府」などと批判されたことも要因であった。[16]平沼も翼賛会について満州事変以降、軍部が進めていた国内改革の一環であり、「翼賛会の天下となれば皇室は廃止になる」と考え、[17] 批判的であった。また、前述のように、平沼の天皇主権説は主権行使の機関が分立し、各々が天皇を輔弼するというものであり、翼賛会により一国一党体制となれば、憲法の輔弼の範囲を超えるものであった。平沼の立場は、この時期には新体制運動推進派に対抗する「護憲派」としての意味も持つようになったのである。

近衛は新体制運動をもてあまし、内閣改造により新体制運動推進派の閣僚を更迭し、反対派の平沼を内相か無任所相に入れ、新体制運動を終結させようとした。近衛は内閣官制を変更して無任所相を設け、一一月三一日、平沼に副総理格として就任するよう要請し、一二月六日、平沼は無任所相に就任した。

この間の経緯について、平沼は回想で、近衛は軍部の陰謀に乗ぜられたが、後に気付いて困り、平沼に翼賛会の副総裁に就任するよう依頼した。平沼はこの依頼を断ったが、このまま推移してはいけないため、入閣することになったと述べている。[18]

一二月中旬、近衛は平沼・東條英機陸相と会談し、「赤の粛清が急務」であるとの判断から、新体制運動を推進していた安井英二内相と風見章法相を更迭し、新体制運動に批判的な田辺治通（平沼の側近・元逓相）と柳川平助（予備役陸軍中将）を起用することを検討したが、田辺は病気のため、勝田主計元蔵相を起用しようとした。しかし、天皇は勝田を好まないようであったので、近衛は平沼を内相に転任させることにした。一二月二一日、平沼は内相、柳川は法相に就任した。[19] 近衛は平沼を厚遇し、内相でありながら大本営政府連絡懇談会（一九四〇年一一月、大本営政府連絡会議から大本営政府連絡懇談会に改称）に出席させた。現在のところ、一二月二七日の第三回大本営政府連絡懇談会から参加していることが確認できる。

平沼は内相就任後、新体制運動を幕引きさせることに尽力した。まず、内相就任の翌日、地方官の異動を行い、新体制運動推進派の官僚を休職処分とした[20]。また、第七六議会（一九四〇年一二月二六日～一九四一年三月二五日）では、平沼は大政翼賛会について、公事結社であり、公事結社とは衛生組合に類するものと答弁することで、大政翼賛会が政事結社ではないことを明確にした[21]。一九四一年四月、大政翼賛会は公事結社と規定されたことを受けて、改組された。これを機に、新体制運動推進派の有馬頼寧事務局長らは辞職し、新体制運動は挫折した。

他方、第二次近衛内閣は外交政策において、日独関係強化・対ソ国交調整・南進を打ち出した。これらの政策を主導したのは松岡洋右外相である。松岡は自らの主導で対英米軍事同盟案を作成し、それらをもとに一九四〇年九月二七日、日独伊三国同盟が締結された[22]。また、松岡及び陸軍は「時局処理要綱」に基づき、フランス領インドシナ（仏印）政府と進駐に関する交渉を進め、九月二三日に北部仏印進駐が実施された。その後、松岡は対ソ国交調整に乗り出し、翌年四月一三日に日ソ中立条約が調印された。

松岡が三国同盟締結を主導した主な目的は、ソ連を自らの陣営に取り込み、日独伊ソの連合により、アメリカの参戦を防止することにあったとされている[23]。一方、陸軍中央も松岡に賛同したが、それは日独伊ソの連合によるアメリカの参戦防止だけでなく、英米などとの総力戦に備え、南方を支配し、自給自足体制を確立するという意図があった[24]。

平沼が内相に就任したのは一九四〇年一二月二一日であり、第二次近衛内閣による外交政策の転換に関与していなかった。ただ、前述のように、平沼は反共を主軸とする国際政治観を持ち、英米などを対象とする独伊との軍事同盟には反対しており[25]、ソ連と連合して英米などと対抗するという松岡の意図とは異なっていた。平沼は戦後、重光葵との会話で、松岡の外相起用に反対し、池田成彬も近衛に松岡起用を諫止しようとしたが、容れられなかったと述べている[26]。

日本の三国同盟締結と北部仏印進駐を受け、アメリカは態度を更に硬化させた。アメリカは対抗措置として、九月二五日、中国に二五〇〇万ドルの借款供与を行い、一〇月一六日からは屑鉄の全面禁輸を実施した。

一九四〇年一一月末から翌年春にかけて、日米関係改善を模索する動きが現れた。一一月二九日、ウォルシュ司教とドラウト神父は来日し、井川忠雄（中央金庫理事）との会談で、日米国交調整に関する提案を行い、帰国した。その後、井川は渡米し、ウォーカー（Frank Comerford Walker）米郵政長官の支持を取り付けたドラウトとともに案を練った。その後、野村吉三郎駐米大使の了解も得て、一九四一年三月には、①三国同盟の空文化、②アメリカによる中国への和平勧告、③日本は武力による南進を中止し、アメリカは必要な資源を供給すること、などを骨子とした「日米諒解案」を作成した。

これに対し、ハル（Cordell Hull）国務長官は、領土及び主権の尊重など四原則をアメリカ側の基本的態度として提示し、その上で、この案を基礎として交渉することに同意した。しかし、野村は東京に「日米諒解案」のみを伝達し、ハルの四原則には触れなかった。また、日本側もこれをアメリカ側の原案であると誤解した[27]。

この間、平沼も藤井実（元ルーマニア大使）を通じて、アメリカ大使館との接触を再開した。一月二七日、藤井は大使館側に、①我々が数カ月前、最後に会った時から日本国内の政治状況と傾向が完全に変化し、日本国民がすべての犠牲を払って、日本にとって必要不可欠な東アジアでの指導という国家の現在の計画を進めることを決定した、②しかし、平沼は関係改善の望みを放棄したわけではなく、ドゥーマン駐日米参事官となるべく早く会うことを希望している、と伝えた[28]。

平沼がアメリカとの関係改善を模索した要因としては、①平沼内閣時の構想と同様、アメリカの仲介による日中戦争解決を望んだこと、②対米関係の悪化による経済制裁の結果、日中戦争の解決がますます困難になる事態を恐れたこと、が挙げられる。

第二次近衛内閣は、「日米諒解案」を基礎に交渉を進める方針だった。しかし、四月二二日、日ソ中立条約調印を終え、帰国した松岡は自ら渡米して日米間の懸案を一挙に解決する構想を持っており、留守中に交渉が進められたことにも不満であったため、まともに取り合わず[29]、日本側の絶対条件として、①アメリカが中国から手を引くこと、②三国同盟条約の厳守、③アメリカの欧州戦争参戦の阻止、の三原則を挙げた。そして、五月三日、大本営政府連絡会議において修正案を提出し、承諾させたが、その内容は実質的に「日米諒解案」を否定するものであった[30]。

他方、松岡は日ソ中立条約締結の立役者として自信を深め、五月には牧野伸顕に対し、首相への野心を見せた[31]。また、外交政策では、①独ソ開戦の際には、三国同盟を優先し、ソ連を攻撃すること、②年内にドイツがイギリスを破るとの予測のもと、シンガポールを奇襲攻略すること、を主張した[32]。

松岡の帰国後間もなく、政治的影響力を増す松岡に平沼が対抗しているという情報が流れるようになった。四月、海軍内の極秘情報として、「松岡外相の政治的擡頭を正面より反対しつつあるは平沼内相系」であり、これに柳川法相と橋本清吉内務省警保局長・平沼系司法省官吏らが傾倒しているとの情報が流れた。五月には、松平康昌内大臣秘書官長が高木惣吉に対し、「平沼内相、松岡外相両者の取巻き連中は互いに相手方を誹謗し、或は相手方の後立と目するものを傷つけ勢力を争ひ手段とする嫌[33]」があると述べた。

なお、五月一三日、グルー駐日米大使も、日本の支配的な勢力はアメリカとの戦争に躊躇し、日本を三国同盟条約第三条の相互援助義務から解き放つ解釈を見出すあらゆる努力を行うという見方を取り、その勢力の中に、天皇、近衛、海軍などとともに平沼を含め[34]、平沼を松岡と対立する勢力と位置付けていた。

以上のような平沼と松岡の対立は、主に外交政策の相違によるものと考えられる。前述のように、平沼は国家社会主義国である独伊と防共を目的としない軍事同盟を締結することに反対し、日中戦争解決のため、日米関係改善を望んでいた。また、史料的には明らかでないが、平沼は一貫してソ連を嫌悪していたことから、日ソ中立条約にも反対だったことは間違いないだろう。

他方、近衛も松岡への不信感を強めた。近衛が松岡を外相に抜擢したのは、軍部を抑え、外交政策を主導し得る人物として期待したためであったが、この頃には過激な南進論と対米強硬策を主張する松岡をもてあますようになった。

独ソ開戦直前の六月二一日、平沼と近衛は、木戸と会い、①独ソ戦が開始された場合は内閣が責任を取るほかない、②最近の松岡の言説には、真意を理解し難い点があり、内閣不統一を惹起する恐れがある、と伝えた。これに対し、木戸は平沼内閣の時と状況が異なるため、独ソが開戦しても総辞職の必要はないと述べた。翌日、木戸は近衛らとの会談の内容を天皇に報告し、独ソ開戦の際の松岡外相の意見は首相と一致しないように思われるので、松岡が拝謁した際、その点を協議すべきと指示するよう依頼した。その後、天皇は木戸に対し、松岡の意見では南方・北方の両方に積極的に進出する結果になると懸念を述べ、木戸はそれを近衛・平沼に伝えた[35]。

以上のように、平沼は近衛・木戸と連携して、独ソ開戦後の国際情勢の変化を協議し、松岡に対抗しようとした。六月二五日、独ソ開戦を受け、大本営政府連絡懇談会が開催された。松岡は南部仏印進駐に反対する一方、即時対ソ開戦を強硬に主張した。しかし、陸海軍は反対し、南部仏印進駐の実施が決定された。平沼もこの会議において、即時対ソ開戦論については準備がないことを理由に反対したが[36]、南部仏印進駐に反対した形跡はない。

なお、平沼は南部仏印進駐以前から、軍の南進策に賛成していた。少し時期はさかのぼるが、一月三〇日、大本営政府連絡懇談会において、タイ及び仏印に対してやむを得なければ、武力行使することが決定されたが、その際、陸軍は政策実施の期日について、三月末を目標とすることを求めた。しかし、松岡は英米を刺激する恐れがあることから反対した。この席で、平沼は三月末という文言を入れた方がよいと陸軍寄りの発言を行った。結局、この会議では松岡の反対により、政策実施の期日を設定しないことに決まった[37]。

当然ながら、平沼の陸海軍の南進を容認する姿勢は、一月末以降、自ら進めていた日米関係改善の動きと矛盾するものである。平沼が南進を容認したのは、陸海軍と進出の目的と見通しについて、一致する点があったためである。陸海軍は南進の根拠として、援蒋ルート遮断による重慶政府の屈服や戦略物資の獲得を挙げたが、平沼も日中戦争の早期解決と戦略物資の獲得による国力の強化を主張していた[38]。また、アメリカは、英独戦の帰趨が明らかになるまで太平洋では防衛策を取ったため、日本の三国同盟締結及び北部仏印進駐後も、日本に低オクタン・ガソリンなどの供給を続けていたことから[39]、平沼は陸海軍と同様、南部仏印進駐が日米交渉に与える影響を低く見積もっていたのであろう。ただ、前述のように、平沼の構想は英米などとの総力戦のため、中国本土や南方の資源の獲得を必須とする陸海軍の構想とは異なり、日中戦争の解決を最も重視したものであったと考えられる。

なお、この間、グルーは国務省に対し、独ソ開戦を受けての日本の政策決定会議では、大きな混乱が起きており、それは穏健な思想の集団を代表する平沼と最も扇動的な性質を持つという噂が付随している松岡との紛争に帰着すると言われていると報告した[40]。

七月一二日の大本営政府連絡会議では、アメリカ側の修正案とハルのオーラルステートメントについて議論が行われた。アメリカ側の修正案は、日本の要求に触れず、原則論のみであった。オーラルステートメントは名指しこそしていないものの、松岡をドイツの侵略政策の支持者として批判し、内閣改造を要求するものだった。松岡はオーラルステートメントの取り消しと日米交渉の打ち切りを提議した。しかし、陸海軍からも反対意見が出され、結局、アメリカ側の修正案を松岡修正案近くまで戻した再修正案を決定した[41]。平沼もこの会議で、なんとしてもアメリカを参戦させないことが大事で、本来であれば、日米が共同で戦争を打ち切ることがよいが、現在の状態では、「物を取り国力をつける必要」があると述べた[42]。

松岡はアメリカ側への回答について、まず、オーラルステートメントの取り消し要求を訓令すべきと主張した。しかし、近衛は再修正案と同時でなければ、アメリカは交渉を打切る可能性があると危惧した。外務省は近衛の意を体して、松岡に無断で同時に提出した。一連の紛糾を受け、近衛は総辞職による松岡の更迭を決意した[43]。

七月一八日、第三次近衛文麿内閣が成立した。近衛は外相に豊田貞次郎商工相（予備役海軍大将）を起用した。平沼は内相から無任所相兼内閣参議に転じたが、側近の田辺を内相としたことで、むしろ内閣への政治的影響力を強めた。また、平沼は大本営政府連絡会議にも引き続き参加することが決定した[44]。

しかし、内閣総辞職による松岡の更迭は、親独派の国家主義者の間で、三国同盟と南進に反対する平沼が企てた陰謀であるとの説が流れた。八月一四日、平沼は自宅を訪ねてきた西山直（岡山県出身の神主・勤皇まことむすびの会員）に狙撃された。平沼は銃弾を五発受け、重傷を負ったものの、一命を取り留めた。西山は警察の取調べで、事件の動機として、①平沼が三国同盟と南進にことごとく反対したこと、②第三次近衛内閣の成立は全く平沼の陰謀であり、平沼が財界の意を体して、松岡の更迭により南進を阻止し、北進しようとしたこと、を挙げた[45]。

前述のように、平沼は仏印進駐については陸海軍に同調している。また、対ソ開戦ついても準備が整っていないことを理由に反対したのであり、これらの点について、西山は平沼の意図を誤解していた。

事件により平沼は無任所相兼内閣参議を辞任し、治療に専念することになった。そのため、大本営政府連絡会議と第三次近衛内閣崩壊後の重臣会議に出席できなかった。なお、平沼は一一月、傷が全快したため、津山に帰り、神社に札参りした㊻。

## 二　太平洋戦争中の政治工作と和平をめぐる混乱

### （一）日米開戦への対応と東條内閣倒閣に至る経緯

豊田外相は、松岡の方針を建前上は維持しながらも、実質的には骨抜きにし、三国同盟の空文化を図った。しかし、アメリカは新内閣に期待をかけず、日本の南部仏印進駐への対抗措置として、在米日本資産の凍結と石油・屑鉄の禁輸を発表した。八月、近衛はルーズベルト（Franklin Delano Roosevelt）米大統領との首脳会談で一気に状況を打開しようとしたが、アメリカ側の拒否により挫折した。その後、第三次近衛内閣は東條が中国及び仏印からの撤兵を拒否したため総辞職し、一九四一（昭和一六）年一〇月一八日、東條英機内閣が成立した。

東條は組閣後、天皇の意向に従い日米国交調整に努めた。東條内閣では、交渉の最終段階における妥協案として、「甲案」と「乙案」が作成された。前者は、①三国同盟の参戦義務については、日本側の自主的な判断によること、②通商無差別原則は、全世界に適用することを条件に認めること、③中国における駐兵は蒙疆・華北・海南島に限定し、駐兵期間は二五年を目途とすること、などを定めた。後者は日本が南部仏印から撤兵する代わりに、日米関係を在米日本資産凍結以前に戻し、アメリカは日本に石油を供給するとともに、オランダ領東インド（蘭印）における戦略物資の獲得に協力する、というものであった。この中で、最重要の懸案となったのは、駐兵問題である。東郷茂徳外相は中国からの全面撤兵を主旨とし、特定地域のみ期限付きで駐兵することを主張したが、杉山元参謀総長らは期限付き駐兵に強く反対した。結局、両者は二五年を目途とすることで妥協した。

平沼は閣僚辞任後、日米交渉に関与していないが、①近衛らとともに、日米交渉を推進し、対米戦争を回避しようとしていたこと、②満州問題で強硬な姿勢を取る一方、英米などとの総力戦を現実的に想定した形跡はなく、華北での軍事行動に反対したこと、③南進に賛成したが、それは英米などとの総力戦に必要な自給自足体制を確立するためではなく、日中戦争遂行のためであったこと、を踏まえると、中国本土の駐兵では妥協し、満州国の承認を条件にアメリカと折り合う可能性があったと推測される。

しかし、一一月二六日、アメリカは日本の最終的な妥協案である「乙案」への回答として、ハル・ノートを提示した。これは中国・仏印からの無条件撤兵・汪兆銘政権の否認など非妥協的な内容であり、東條内閣は交渉打切りと開戦を決定した。[47]

一一月二九日、東條は重臣を宮中に集め、開戦に関して説明し、諒解を求めた。この会合には平沼も出席した。平沼の開戦についての態度に関する記述は、史料によって差異がある。『木戸幸一日記』では、「更に長期の戦となれば困苦欠乏に堪へなければなりませんので、民心を引締て行きます点については充分の施策と努力が必要」[48]だと述べたと記し、開戦賛成派と位置付けている。一方、昭和天皇と陸軍参謀本部戦争指導班は、平沼を開戦反対派と位置付けている。昭和天皇は、平沼は開戦に反対したが、「開戦となると、思想が混乱するから、面白くない」と思想問題を理由とし、「抽象的」であったと回顧した。[49]また、『機密戦争日誌』では、「非戦論少なからす、独り阿部、林、広田は首相の決意を諒と」したと記し、「若槻、平沼連の老衰者に皇国永遠の生命を託する能はず」[50]と批判した。

この中で最も信頼性の高い史料は『木戸幸一日記』であるが、他の史料を踏まえると、開戦への賛否については、どちらとも取れるような曖昧な意見であったと考えられる。おそらく、平沼は内心反対であったが、陸海軍だけでなく、内閣も開戦に同意していることから、明確に意思を表明しなかったのであろう。

一二月八日、日本は真珠湾を奇襲攻撃し、太平洋戦争に突入した。日本は緒戦においては優勢であったが、一九四二年六月のミッドウェー海戦での敗北を機に形勢は逆転し始めた。

一九四二年九月、平沼は汪兆銘（南京国民政府主席）に対する答訪使節に選ばれ、有田八郎元外相らとともに中国に渡った。

九月二五日、二六日、平沼は汪・陳公博（南京国民政府立法院長）らと会談し、日本の汪政権強化方針や日中経済提携が全く実行されておらず、南京政府が危機的な状況にあることを認識させられた(51)。この訪問はミッドウェー海戦から三カ月後のことであり、一般的には、戦況はまだ日本に有利であると思われていた。しかし、南京政府の現状を聞かされた平沼は、暗たんたる気分に襲われたことだろう。

その後、一九四三年二月、日本軍はガタルカナル島から撤退し、五月にはアッツ島で守備隊が全滅した。これを受け、九月、政府は拡大した戦線を縮小し、「絶対国防圏」を設定した。一方、同盟国のドイツは二月、スターリングラード攻防戦でソ連に敗れ、イタリアは九月八日、連合国に降伏した。

開戦後、重臣の中でいち早く終戦工作に動いたのは近衛だった。近衛は開戦当初から戦争に悲観的な見通しを持ち、既に指摘されているように、一九四二年一〇月頃から、東條と対立する真崎・宇垣による連立内閣擁立を目指して運動を行った。しかし、平沼は宇垣擁立について、困難であり、テロも起りかねないことを理由に反対した。また、木戸も宇垣擁立に反対したため、この構想は、一九四三年三月頃には失敗に終わった(52)。

平沼はこの時期、東條首相の戦争指導をある程度評価しており、東條内閣更迭に動いた形跡はない。平沼は東條が共産主義の影響を受けた国内改革を自らは意識していると考え、信用していなかった。[53]しかし、一九四三年一月末、木戸らは東條の病気により、万一政変が起こった場合を想定し、後継首相候補について検討した際、木戸から意見を求められた平沼は、現役軍人から首相を選ぶのはやむを得ないが、「海軍から出て貰ひたし。海軍なれば山本五十六ならんか……陸軍なれば寺内、梅津、畑の順」となるが、戦争指導は「人に動かさるる人物」ではよくなく、「其点、東條首相は傑出せる人物として敬意を表す」[54]と述べている。

なお、この間、平沼は側近らに対し、満州事変及びその後の情勢について、次のような認識を語っていた。すなわち、①「今日かう云ふ事態となつたのはいいことでない……これは西園寺が政府を有つていた時の外交の失敗だと思ふ。かう云ふ軟弱外交では、満州を失ひ、台湾を失ひ、九州位租借になると考へた……故に陸軍の一部の者が、それではいかぬから俺達丈けでやらうと言つてやつたのが満州事変」であった、[55]②しかし、満州事変を起した軍人の思想は「我輩と反対」であり、彼らはこれを契機に国内改革を引き起そうとした、[56]③「自由主義はいかぬ、英米崇拝はいかぬ」と言ったが、政治家は皆、自由主義、資本主義、英米崇拝で、後には「平沼は逆臣」だとさえ言ったが、今日は「反対に強くなった。私に罪があるかもしれぬが、自由主義だつた政治家にもある」[57]、と述べた。

すなわち、西園寺が「軟弱外交」を行ったために、陸軍が満州事変を起こしたが、陸軍軍人は共産主義革命を起こす意図があり、より悪い状況になったと認識した。また、このような状況を招いたのは、自らの責任だけでなく、自由主義の政治家にもあると指摘している。後述のように、以上の認識の大枠は、敗戦後も変わることはなかった。

平沼が東條内閣更迭を模索するきっかけとなったのは、一九四三年八月、岡田からの働きかけであった。岡田は長男の岡田貞外茂海軍中佐や義弟松尾伝蔵の女婿である瀬島龍三陸軍中佐から情報を得ており、戦争の実情をかなり正確に把握していた。そして、ソロモン諸島の戦いにより勝敗はついたと判断し、重臣から木戸に働きかけ、東條内閣を倒し、機を見て戦争を終結させようとしたのである。岡田は近衛と平沼に対し、重臣が慰労の名目で東條を招待し、その席で率直に意見を述べることを提案した。近衛と平沼も岡田の提案に同意し、一〇月以後、月一回、重臣と東條内閣との間で懇談会が行われるようになった[58]。

岡田は回想で、「わたしは他に若槻さんや平沼、近衛などとしばしば会同して、意見や情報の交換をしていたんだが、東條にまかせておいては、国の前途はたいへんなことになる、と意見が一致してきた[59]」と述べている。また、平沼も戦後、戦時中の情報は岡田から得ていたと証言していることから[60]、岡田を通じて、もはや敗戦は不可避となったことを知り、東條内閣更迭の必要性を認識するようになったのであろう。

一九四四年七月、サイパン陥落を機に、重臣の東條内閣更迭工作は一気に進展した。サイパンは、一九四三年九月に設定された「絶対国防圏」の最重要拠点であった。サイパン陥落により、関東一円がＢ２９の爆撃の範囲に入り、戦争の長期継続は困難となった。

六月二六日、岡田は東條と会見し、嶋田繁太郎（海相兼軍令部総長）を罷免するよう要求したが、東條はこれを拒否した。その後、岡田は平沼を訪問し、東條との会見の内容を伝えたところ、平沼は東條が「国民の怨を買っ て」おり、重臣が東條内閣更迭を上奏すべきと主張した[61]。

木戸内大臣もサイパン放棄により高まった東條批判に同調した。近衛は木戸に、次期内閣について、艦隊決戦で万一の僥倖がないとは言えず、国内関係からも直ちに和平を行うことは至難であり、国民に諦めを抱かせる必要があるため、艦隊決戦を実行するための内閣の樹立を主張し、木戸も同意した[62]。平沼の構想の大枠も、木戸・近衛と同様であった。七月一〇日、近衛は細川護貞（第二次近衛内閣首相秘書官）との会話で、「岡田、平沼等の考へはやはり中間内閣でサイパン決戦をやると云ふので、決戦の為めの中間内閣を考へている[63]」と伝えた。

七月一四日、平沼は近衛と会見し、岡田より各重臣招集の手続きをとらせることを申し合せた。また、後継内閣について、平沼は木戸が寺内寿一南方軍総司令官（陸軍元帥）を候補と考えていることを聞き、①寺内は「毒にも薬にもならぬが、ついている者がしっかりしていなければ」ならない、②現地から呼ぶと時間がかかるので面倒が起こるだろう、と述べ、消極的であった。また、梅津美治郎関東軍総司令官（陸軍大将）についても「周囲には赤が沢山いる……左翼的革新派が軍部の中心となるおそれがある」と反対した。そして、「自分は鈴木貫太郎がよいと思ふ」[64]と述べ、後継首相に鈴木を推薦した。

重臣側の倒閣工作に対して、東條は、①嶋田海相の更迭、②参謀総長兼任の解消、③陸海軍の両総長の上に大本営幕僚長を設置し、米内を入閣させること、によって乗り切ろうと考えた。そして、重臣を無任所相として入閣させるため、岸信介無任所相に辞職を要求した。しかし、七月一七日、岸は木戸と相談し、重臣が若干名入閣しなければ辞表を提出しないことを告げた。[65]同日、木戸は米内の入閣を阻止するため、重臣に意見をまとめることを要請し、平沼邸で重臣会議が開催された。この会議で平沼は、「人の和がなければ戦には勝てぬ。東條内閣があっては、かえって人の和を破壊する」と主張した。結局、会議では、阿部元首相を除く六名が内閣改造に反対した。[66]東條は重臣の入閣が不可能であることを知り、総辞職を決断した。

## (二) アメリカへの不信感とポツダム宣言受諾をめぐる混乱

七月一八日、東條内閣の崩壊を受けて重臣会議が開催された。近衛は後継首相の第一候補として鈴木を挙げ、陸軍であれば、①政治、経済などへの関与の抑制、②左翼革命の阻止、が必要であることを主張した。平沼も近衛の意見に、「語調を非常に力をこめ」、同意した。[67]近衛は新体制運動において、国家社会主義の影響を受けた勢力に宥和的態度を取ったが、遅くとも一九四三年一月には、平沼と同様、軍の一部が共産主義革命を目的として日中戦争、太平洋戦争を起こしたと考えるに至った。[68]そのため、この頃には、平沼と近衛は陸軍による陰謀説を信用し、敗戦による共産主義革命の発生を最も恐れるという点でも認識が一致していた。

一方、米内は梅津を候補に挙げたが、木戸と平沼は反対し、特に、平沼の「熱心なる反対あり」、梅津案は消滅した。[69]平沼が梅津に強く反対したのは、梅津の周りに共産主義思想の影響を受けた者がいると警戒したためである。

次に、平沼は畑俊六元陸相を挙げたが、他の参加者から賛否についての意見はなかった。最後に予備役からも一人候補者を出すべきであるという意見が出て、米内は小磯国昭朝鮮総督（予備役陸軍大将）を提案し、平沼も「大いにこれを推奨」した。「最後に平沼、米内両氏より候補者の順位につき、寺内第一、小磯第二、畑第三ということにしてもらいたいという希望あり、異議なく」決定した。しかし、東條は寺内を第一線から呼び寄せることに反対したため、第二候補の小磯が第一候補となった。近衛は小磯に不安を覚え、小磯と米内の連立内閣を平沼に提案し、平沼も即座に賛成した。そして、天皇もそれを認めたため、米内は副総理格として入閣することになった。[70]

以上のように、平沼は東條内閣の後継首相を選ぶにあたって、共産主義思想の影響を受けているかどうかを重視し、梅津に強く反対した。また、平沼が小磯を畑よりも上位におくよう主張したのは、小磯が国本社理事を務めるなど、平沼と懇意であり、共産主義革命を狙っていないと信頼していたためだと考えられる。

一九四四年七月二二日、小磯国昭内閣が成立したが、日本の戦局はさらに悪化した。八月にはグアム・ペリリューの守備隊が全滅した。一〇月の台湾沖海空戦でも日本海軍は大敗し、同月二〇日、アメリカ軍はレイテ島に上陸を開始した。

九月二六日、重臣会議において、近衛・平沼・岡田・若槻は「最早武力勝利の望みなきも、今日外交的解決によれば、無条件降伏以外に途なきを以て、出来る限り抗戦し、国際情勢の変化を待ちて転換の策に出」ることで一致した。[71]

その後もアメリカ軍の攻勢は続き、一九四五年二月一九日には硫黄島に上陸した。アメリカ軍の本土侵攻が迫る中で、国内の政治勢力は、いつ、いかなる方法により戦争を終結させるのかを本格的に検討する必要に迫られた。陸軍はたとえ和平を実現できたとしても、アメリカは最終的に約束を守らず、天皇制の廃止を行うと考えるなど、強い対米不信感を持っており、本土でゲリラ戦による長期持久戦を行い、アメリカの戦意を喪失させる構想を立てた。そして、対米戦遂行のためにはソ連の中立を維持する必要があることから、種村佐孝陸軍大佐（参謀本部戦争指導班）らは対ソ接近を検討した。一方、近衛の構想は陸軍と対極にあった。近衛は共産主義革命を恐れ、天皇制の維持を条件として、「聖断」により早期に対米降伏する必要があると考え、ゲリラ戦にも反対した。[72]

前述のように、平沼は武力での勝利は望めないが、現状では無条件降伏以外の手段がないので、可能な限り抗戦を続け、国際情勢の変化を待って和平に転じることを考えていた。また、軍の一部における共産主義思想の拡大にきわめて強い警戒感を示し、共産主義革命を恐れていたことからも、国内の政治機構や秩序が破壊される前に、早期に和平を行うことが望ましいと考えていたことは間違いないだろう。

しかし、平沼は一九四五年初頭、アメリカが日本を占領した後、天皇制を廃止するとの情報を知り、アメリカが天皇制維持を保障しなければ、徹底抗戦すべきであると陸軍寄りの主張するようになった。[73]

既に指摘されているように、アメリカの世論は天皇制を廃止し、昭和天皇を戦犯として告発することを求める意見が多数であったが、天皇について十分に知識を有していたわけではなかった。また、国務省には天皇廃止論と維持論の二つの立場があり、対立していた。[74]

平沼は陸軍と同様、強い対米不信感から、天皇制廃止となる可能性が高いと分析したのだろう。そのため、和平運動の高まりにより、天皇制維持の保障なしに降伏する事態を避けるため、和平運動の弾圧を訴えるようになる。ただ、後述のように、天皇制維持を明確にしていないバーンズ回答について、再照会説を一旦唱えるものの、それを貫徹しなかったことを踏まえると、陸軍のように天皇制維持のため、本土でのゲリラ戦を考えていた可能性は低い。

アメリカ軍がルソン島に迫ると、天皇は木戸に重臣の意見を聞くよう求め、二月七日から二六日にかけて、重臣は個別に天皇に上奏を行った。二月七日、平沼が上奏した内容は、①国内の思想問題、食料問題は心配ないとはいえず、国土防衛・軍需生産・治安維持に重点を置くべきである、②青年層の一部には共産主義の拡大がないといえず、思想を堅実にし、治安を維持するために末端の官吏を訓練する必要がある、③ミッドウェー海戦以後、各般の施設を急速に要するようになったが、もはや手遅れの感があり、急速に重点に集中する必要がある、というもので、戦争終結に向けての具体策はなかった。(75)

一方、二月一四日、近衛が上奏した内容は、国内で共産主義革命の機運が高まっており、英米の世論は今日までのところ、「国体」の変更までは進んでおらず、要求が変化しないうちに至急戦争を終結させるべきである、というものであった。また、今和平を行なえば、アメリカは皇室の抹殺を必ず要求してくるであろうという梅津参謀総長の意見をどう思うかとの天皇の下問にも、グルー駐日米大使及び米国首脳部の考えはそこまでいっていないとの認識を示した。(76)

天皇は講和を望んでいたが、陸海軍が戦争継続を主張し、有力な第三国の仲介やアメリカからの戦争終結の打診もない状況では、アメリカ軍に大打撃を与えて講和に持ち込むしかないと考えており、近衛の主張する即時講和では陸海軍を納得させられないので、反対した。[77] ただ、天皇は、アメリカが皇室の廃止を必ず要求してくるという梅津の見解には疑問を持った。二月一六日、近衛は細川との会話で、「陛下は、梅津は米国が皇室抹殺論をゆるめざるを以て、徹底抗戦すべしと云ひ居るも、自分も其の点には疑問を持つて居ると仰せあり[78]」と伝えている。

その後、一九四五年二月、マニラが陥落し、日本はフィリピンを喪失した。三月一五日には、硫黄島をアメリカ軍に占領され、アメリカ軍はＢ２９の不時着用の飛行場を手にしたことで、本土への空襲は激しさを増した。

三月一四日、富田健治（第三次近衛内閣書記官長・貴族院議員）が細川に話したところによると、「平沼は小磯に会ひ、国内に平和論者あるも断乎取締るべしと云ひて、小磯又出来るだけやる由を答へて、何事もなくす」んだという。[79] 四月一五日、平沼の助言との因果関係は不明だが、吉田茂（元駐英大使）、殖田俊吉（元関東庁財務局長）、岩淵辰雄（政治評論家）が近衛上奏文を流布したことなどにより、憲兵隊に逮捕された（なお、五月二日に不起訴処分となった）。

平沼は三月末には、天皇制廃止だけでなく、天皇の戦争責任が追及される場合についても、徹底抗戦を行う意向を示すようになった。三月二九日、近衛は高木との会話で、平沼・岡田・若槻と密談し、「満州、朝鮮は問題に非ず。国体の護持が根本眼目」であることで一致したが、「平沼さんは、今上陛下に対する問責を為さるる場合は、飽く迄も戦ふべしといふ意見」になったと伝えた。[80] また、四月にも、近衛は高木に、「平沼男は、米国が国体を否認するといふ報道が出てから、それが強く響いた様です。特に今上陛下の戦争に対する御責任を敵に追及されるといふことは、臣下の分として看過出来ぬから、飽く迄戦ふ外ないと云ふのだが、私は其の点は多少意見が違ふので、国体の否認といふことと、陛下の御責任といふことは必ずしも同一事項ではないと思ふ[81]」と述べた。

すなわち、近衛は天皇個人の戦争責任と天皇制を区別し、前者を甘受することで、早期和平を図る考えであり、両者を同一視し、より非妥協的な態度を取る平沼に違和感を持ったのである。

いわゆる「国体護持」の内容には、天皇大権の維持、皇室の存続、皇族の戦犯指定、天皇の退位、などの段階があったが、[82]後述のように、平沼は天皇制の維持のみならず、天皇の統治大権を含めた「国体護持」を望んでいたのである。これは連合国側の意向を踏まえると、甘い見通しであったといえるだろう。

小磯内閣は、組閣当初より厳しい政権運営を強いられていた。組閣当初、小磯首相は陸相を兼任せず、首相が大本営に発言権を持った形で列席し、首相が統帥に関与する例を開こうとしたが、失敗した。後になり首相の陸相兼任を陸軍に要求したが、拒否された。また、戦局を打開できず、繆斌を通じた対中和平工作も、天皇の支持を得られずに失敗に終わったことで、小磯は総辞職の意向を固めた。[83]

小磯内閣の総辞職が迫ると、平沼は岡田と相談し、後継首相を鈴木とし、陸相は阿南惟幾とすることを予め申合せ、若槻らの賛成を得た。[84]

四月五日、小磯内閣の総辞職を受けて、重臣会議が開かれた。平沼は候補者の資格について、「国内には戦争終結につき二様の考へあり。此の際は戦ひ抜く人ならざるべからず。打切り和平論者は推選する能はず……総力発揮には民間の有力者を使はざるべからず」と述べ、戦争を継続できる予備役・後備役の軍人を選ぶ必要があると主張した。そして、近衛に意見を尋ねた後、「軍人であること、近衛公は行きがかりのない人と云はれたるが、之も誠に御尤なり。此の際、国民の信頼をつなぐ意味にて、鈴木大将に御引受け願度く希望す」と鈴木を再び推薦した。東條は畑を推薦したが、木戸・近衛らは鈴木の推薦に同意し、鈴木に決定した。[85]

五月七日、鈴木貫太郎内閣が発足した。平沼は鈴木内閣で枢密院議長に再び就任し、[86]側近の太田耕造が文相に就任した。鈴木内閣下でも、戦況はますます悪化し、日本本土への空襲も激しさを増した。五月八日、ドイツが無条件降伏し、六月上旬には、沖縄戦の敗北が濃厚となった。

これを受け、六月八日、御前会議が開催され、枢密院議長の資格で平沼も参加した。会議での平沼の発言の要点は、①戦争の遂行は非常に困難である、②「国体」に対する英米の宣伝に惑わされないように対策する必要がある、③国土の保衛に努力すべきである、④和平を希望するのは間違いではないが、言い出すのは国民の戦意昂揚の点から困る、というものである。[87]

すなわち、平沼は戦争継続の困難さを指摘しつつも、依然として戦争継続を主張した。陸軍参謀本部戦争指導班では、「和平論者の大将とも申すへき平沼〔騏一郎〕か徹底継戦を主張し徳義主義を述ぶ」[88]ととらえ、平沼の発言を意外なものと受け止めた。ただ、この会議では、和平論はほとんど話題にならなかった。それは会議の内容が陸軍側の出席者を通じて外部に漏れることを恐れていたためであった。[89]天皇も御前会議では戦争継続に決定したが、軍首脳部の本心は講和にあったと認識した。御前会議の後、木戸は天皇の勇断を促す対策試案を起草し、終戦への対応を本格的に検討した。[90]なお、平沼も戦後、会議での発言の意図として、「あの報告を見れば戦争は出来ないじゃないか、できないと云ふ結論になる……併しそれをやるについて日本の国策が決まらない前に平和云々と云ふのはいかんと」考えた[91]と述べている。

その後、鈴木内閣ではソ連を仲介とした講和が試みられ、平沼も一応同意した。[92]しかし、既にソ連は二月のヤルタ会議で、対日参戦を決定しており、ソ連との交渉は進展しなかった。

七月二六日、連合国はポツダム宣言を発表した。これはすべての植民地の放棄や日本軍の無条件降伏などを骨子としており、天皇制維持や天皇の戦争責任ついて明言していなかったが、天皇は好意的にとらえた。[93]同日、鈴木内閣は陸軍の反対もあり、ソ連の態度が明らかになるまで待つことを決め、「黙殺」することを決めたが、これは連合国側に拒絶したと受け取られ、八月六日に広島に原子爆弾が投下された。ついで、八月九日、ソ連が対日宣戦布告を行い、攻撃を開始した。これを受けて、天皇は戦争を終結させるべきであるという強い意思を木戸内大臣に示し、木戸がそれを鈴木首相に伝えて、戦争終結の動きが始まった。(94)

八月九日、最高戦争指導会議が開かれ、米内が「国体護持」のみを条件としてポツダム宣言受諾を主張したのに対し、阿南陸相・梅津参謀総長・豊田副武軍令部総長は、「国体護持」に加え、なるべく小範囲の進駐・自主的な戦犯処罰及び武装解除、を条件として主張し、結論が出ず、休会した。この間、長崎に二発目の原爆が投下された。その後、同日の二度の臨時閣議においても、阿南・梅津・豊田は四条件により「国体護持」が可能であると主張し、結論は出なかった。(95)

鈴木は天皇に対し、最高戦争指導会議に平沼枢密院議長の参列を願い出た。その理由は、一つには、ポツダム宣言が条約の一種であり、枢密院の承諾を経る必要があったためである。(96)もう一つには、ポツダム宣言受諾派（鈴木・米内・東郷）と反対派（阿南・梅津・豊田）が同数であり、東郷案を支持する平沼を採決に加えることを見込んだためである。ただ、米内海相は迫水久常内閣書記官長に「平沼は危ないぞ」と述べ、(97)依然として平沼を信用していなかった。

八月一〇日、御前会議において、平沼は突然参加したため「一般状況に通暁せざる」との理由で、二時間にわたって各参列者に質問した後、東郷案に賛成した。(98)その結果、賛成が三（平沼・米内・東郷）、反対が三（阿南・梅津・豊田）と同数になり、鈴木は天皇の「聖断」を仰ぎたいと発言した。天皇は東郷案に賛成し、政府は東郷案でのポツダム宣言受諾を決定した。

なお、平沼は会議において、「天皇の国法上の地位を変更する要求を包含し居らざることの了解の下に」という文言は、「大義名分上、具合悪」く、「天皇の統治の本体は憲法にて定まりたるものに非すして憲法に述へたるに過き」ないので、「天皇の国家統治の大権に変更を加ふるか如き要求は之を包含し居らす」ならば差支えないと訂正を要求し、異議なく修正された[99]。

平沼は戦後、修正を発議した意図として、法文上に何とあっても、天皇の統治は事実上日本開闢以来不変であることを挙げている[100]。しかし、既に指摘されているように、平沼の意図は天皇の国家統治は憲法以前より定まっているとの建前だけでなく、外務省側が「国体護持」を皇室の存続と定義したことを覆し、天皇主権説に基づく天皇の統治大権を確保し、戦前の政治体制を維持することを狙ったのではないかと思われる[101]。

平沼の修正は、天皇が「却てその為に非常に具合の悪いことになつた……米国ではその意味が判らず」、もし原案通りであったなら、「条件なしで行ったと思ふ[102]」と回想したように、ポツダム宣言受諾の過程において、混乱を招く要因となる。

八月一〇日、スティムソン（Henry Lewis Stimson）陸軍長官らは、日本の回答受諾を主張したが、バーンズ（James Francis Byrnes）国務長官はソ連参戦及び原爆投下以前の合意を翻し、日本に妥協をすることに反対した。その結果、アメリカは日本の条件付き受諾を認めないことに決定した。近年の研究では、バーンズの態度に影響を与えた要因の一つに、バランタイン（Joseph William Ballantine）国務省極東局長が天皇大権を認めることは天皇の統帥権を認めることであり、軍国主義の根元を絶つというアメリカの戦争目的に反すると聞かされたことがあったと指摘されている[103]。

八月一一日付の連合国の回答（バーンズ回答）には、①天皇及び日本国政府の国家統治の権限は、連合軍最高司令官の制限の下に置かれること、②日本の政体は日本国民が自由に表明する意思により決定されること、③連合国軍による保障占領、などが記されており[104]、天皇制の存続を明言していなかった。

八月一二日、梅津参謀総長・豊田軍令部総長は天皇にバーンズ回答への反対意見を上奏した。陸海軍は「subject to」を「従属する」と翻訳し、天皇が連合国最高司令官に従属することや国民の自由意思による政体の決定は「国体」に反すると主張したのである。

同日、平沼もバーンズ回答での「国体護持」に不安を持ち、鈴木首相に再照会を持ち掛けた。東郷によると、鈴木も平沼の説に「賛成したる様子」であったという[105]。

しかし、天皇は受諾すべきであると考え、東郷外相に再照会説に傾いた鈴木を説得するよう依頼した。また木戸も、国内に動乱が発生したとしても受諾すべきと鈴木を説得し[106]、鈴木は受諾に同意した。一二日の臨時閣議では、正式な回答文が届いていないこともあり、結論が出ず、散会した。なお、この臨時閣議で、平沼の側近である太田文相は東郷案を支持した[107]。

一四日、御前会議が開かれ、平沼も出席した。この会議で再照会説を主張したのは、阿南陸相・梅津参謀総長・豊田軍令部総長のみであり、平沼が再照会説を主張することはなかった。議論の後、天皇は「先方は相当好意を持って居るものと解釈する。先方の態度に一抹の不安があると云ふのも一応尤もだが私はさう疑ひたくない。要は国民全体の信念と覚悟の問題であると思ふ[108]」と述べ、再度東郷案を支持し、政府はポツダム宣言の受諾を決定した。

以上のように、平沼は鈴木に対し、再照会説を説いたのにもかかわらず、一四日の御前会議では再照会説を主張しなかった。その理由は、現在のところ史料的に明らかでない。ただ、平沼の側近で、平沼と鈴木内閣を仲介する役割を果たしていた太田文相の態度の変化は、平沼の行動を考える上で重要である。太田は当初、平沼と同様に再照会説を支持したが、その後、東郷と会談し、東郷案支持に転じた。太田は回想で、「東郷さんは『イエスもノーも言わないのは、外交慣例上からいっても、日本の申し入れを了解している意味なのだ』と説明したので、外交のしろうとは、大臣の言うことに『なるほど、そうか』と納得させられ」たと述べている。[109]そして、一二日の臨時閣議では、「一応先方へたしかめる案を外相と話し合つたが出来なかつた。此上は致し方なし」と述べ、東郷案を支持した。[110]

すなわち、ポツダム宣言の受諾説と再照会説を分けた大きな要因は、アメリカへの信頼感及び国際慣例への認識の差であったと考えられる。確かに、バーンズ回答には天皇制存続が明記されていなかったが、天皇及び東郷らは、戦況や国際慣行を踏まえ、アメリカを信頼して受諾を決断したのである。この機会を逃せば講和はますます困難になり、さらなる犠牲者を増やす事態となった可能性が高く、天皇及び東郷らの判断は的確であった。

一方、平沼・太田が再照会説を主張した背景には、国際慣例に通じておらず、対米不信感を持ち、バーンズ回答の文面を法理的に解釈したことがあったと思われる。再照会説は陸軍を勢いづかせ、本土決戦を誘発しかねないものであった。また、平沼の一旦再照会説を唱えながら、貫徹しないという行動は、不用意で大局を見通したものではなかった。

昭和天皇が「二股をかけた」と回想したのは、以上のように、岡田らと協力して東條内閣を倒閣する一方で、会議などでは陸軍寄りの態度を取り、その後、バーンズ回答で一旦再照会説を主張するものの貫徹しないといった、平沼の曖昧で一貫性のない態度を批判したものであると考えられる。

ポツダム宣言受諾を知った陸軍軍人は、八月一五日早朝、首相官邸及び鈴木首相の自宅を襲撃した後、平沼の自宅を襲撃した。襲撃の直前、平沼は首相官邸から暴徒が向かったとの情報を得て、難を逃れた。襲撃隊は平沼がいないとわかると平沼邸を放火し、全焼させた。[111]鈴木だけでなく、平沼も襲撃の対象となったのは、第二次近衛内閣以降、親米的なイメージが陸軍の間で定着していたためであろう。

付記

本書の初校の校正作業を行っている段階で、手嶋泰伸「終戦期の平沼騏一郎」（『日本歴史』第八二〇号、二〇一六年九月）が発表された。この論文は平沼の意図の確認にとどまらず、平沼の発言がどのように受け取られたのかという点を踏まえ、平沼の政治スタンスを考察したものである。本章の内容と関わりが深いので、併せて参照されたい。

# 第八章　東京裁判とA級戦犯としての死去

本章では、平沼騏一郎の敗戦後から死去するまでの動向を扱う。極東国際軍事裁判（東京裁判）に関する実証研究は、相当程度蓄積されているが、[1]平沼に焦点を当てたものはなく、本章で扱う時期の平沼の動向は未だに解明されていない。本章では、まず、GHQ（General Headquarters 連合国軍最高司令官総司令部）がなぜ平沼を戦犯として逮捕するに至ったのかを明らかにする。次に、東京裁判では平沼の政治行動のいかなる点を問題とし、いかなる根拠により終身刑を宣告するに至ったのか。そして、平沼は自らの戦争責任や戦後の情勢をどのように認識したのかを明らかにする。

## 一　GHQによる逮捕とその要因

### （一）終戦直後の活動とGHQによる逮捕令

平沼は日本がポツダム宣言を受け入れた後も、一九四五（昭和二〇年）年一二月三日に戦犯容疑で逮捕されるまで枢密院議長の座にあった。八月一五日、鈴木貫太郎内閣の総辞職を受け、平沼は木戸幸一内大臣と二人で後継内閣について相談し、東久邇宮稔彦王を推薦することに決定した。[2]
　八月一七日に成立した東久邇宮内閣は、アメリカ軍の本土進駐の受け入れや降伏文書への署名などを行ったが、GHQが発した人権指令の実行を躊躇し、一〇月四日、総辞職した。[3] 翌日、平沼は木戸・藤田尚徳侍従長と後継首相推薦について相談し、①アメリカ側に反感をもたれていないこと、②戦犯となる疑いがないこと、③外交に通じていること、を候補者の条件とし、その見地から、第一候補に幣原喜重郎、第二候補に吉田茂を推薦することに決定した。[4]
　一〇月九日に成立した幣原喜重郎内閣では、憲法改正が問題となった。近衛文麿はGHQから憲法改正案を突きつけられることを危惧し、木戸に相談した。[5] 翌日、平沼は木戸と会談し、憲法改正について木戸の意見に賛成した。[6] その後、近衛は内大臣府御用掛として憲法の調査にあたったが、一一月一日、GHQは東久邇宮内閣総辞職により、GHQと近衛との関係は終焉したとする声明を発表し、近衛を切り捨てた。そして、翌月六日には、戦犯容疑で近衛に逮捕令を出した。[7]
　この間、平沼は憲法調査に関与することはなかった。九月に高松宮宣仁親王が平沼に憲法改正について尋ねた際には、「『諮詢あれば』と云つてのほ〔ほ〕んとしていた。憲法改正は内閣で考へると知らぬ顔[8]」であったという。
　一一月には、内大臣府の存廃も問題となった。平沼は内大臣府廃止について消極的であったが、一一月六日、木戸から意見を問われた際には同意した。[9] 一一月二四日、内大臣府は廃止された。
　一二月二日、平沼はGHQから戦争犯罪人に指定されたことにより、枢密院議長を辞任した。ただ、老齢のため、自宅拘禁となり、一九四六年四月二九日、起訴に伴い、巣鴨拘置所に入所した。
　以上のように、平沼は戦犯容疑で逮捕されるまで、枢密院議長として木戸らとともに後継首相推薦を行い、憲法改正と内大臣府廃止についても、木戸の方針に同意した。ただ、平沼が東久邇宮内閣の後継首相候補とした幣原と吉田は、親英米派であった。また、平沼は憲法改正と内大臣府廃止についても、自ら構想を提示することはなく、改革にも関与しなかった。これらを踏まえると、平沼の態度は、戦後の情勢に大勢順応するものであり、戦犯として名が取り沙汰される中で、もはや戦後の新たな政治構想を主導し得る意思と影響力を失っていたのであろう。

## (二) 国際検察局による捜査と平沼の起訴

一九四五（昭和二〇）年八月三〇日、マッカーサー（Douglas MacArthur）連合国軍最高司令官は対敵情報部（ＣＩＣ）長のソープ（Elliott Thorpe）准将に対し、戦犯容疑者リストの作成を命じた。

アメリカ政府は、日本人公職者の逮捕及び抑留について、①軍関係者、②超国家主義的結社、暴力結社、愛国的秘密結社の枢要な会員、③マッカーサーが戦争犯罪人と信ずる理由を有する者、などを逮捕の基準とするよう指示した。[10]マッカーサーはソープが作成した戦犯リストを基礎として、国務省の了承を得ながら、九月一一日から一二月六日にかけて逮捕令を発した。なお、マッカーサーの逮捕令には、アチソン（George Atcheson Jr.）連合国軍最高司令官政治顧問の勧告も影響を与えたが、一一月一四日にアチソンが追加した主要戦犯リストの中に、平沼は含まれていた。[11]

ＧＨＱは平沼の逮捕以前に、日本人から情報を得ており、彼らから得た情報も平沼の逮捕に影響を与えた可能性がある。[12]『国際検察局（ＩＰＳ）尋問調書』[13]に収録されている平沼の個人ファイルに残されているのは、平沼の逮捕翌日の一二月四日以降の史料であるが、それ以前の平沼の情報は愛国団体のファイルの中に残されており、ＧＨＱは当初、平沼の情報を国本社との関連で得ていたと考えられる。

いくつか例を挙げると、一〇月三〇日と一一月九日、GHQは「秘密の情報提供者」から、①平沼は国本社の創設者で会長を務め、国本社は財閥と深くつながっており、財閥から運営費を得ていた、②国本社は財閥の支援を受け、常に平沼の組織であり続けた、③平沼のような人物がその政治的に重要な地位から完全に排除されなければ、日本の民主主義の希望はない、との情報を得た[14]。

GHQは、一一月一六日には、鈴木文史朗（東京朝日新聞社常務）、一九日には児玉誉士夫（国家主義者）から情報を得た。鈴木は、平沼は国家主義者、金融資本、官僚上層部、大地主を背景としたが、枢密院議長就任以後の影響力については、疑問を呈した。児玉は、①国本社は平沼が会長で活動的であったとき、最も力があり、そのとき、平沼は多くの子分を政府の高い身分に送り込んだこと、②今でも、平沼は法廷や司法省に大きな影響力があること、③平沼はいつも天皇への影響を持つグループのリーダーであり、国本社は陸軍と官僚・財閥の上層部を基盤としたこと、を指摘した[15]。

一二月四日付の平沼の個人ファイルには、民間諜報局（CIS）のレポートが二つ収録されている。これらは平沼の逮捕に踏み切った理由を示したものであると考えられる。

第一のレポートでは、平沼が反動的思想を持ち、官僚の中心であったことを指摘している。すなわち、①平沼は反動官僚の長であり、その極端な愛国的反動の影響は、元老西園寺公望によって阻まれていたが、一九三六年、西園寺は枢密院議長から遠ざけておくのに失敗したこと、②平沼の日本独特の「ファシズム」への主要な貢献は、国本社を通じて実行され、国本社は主に大学教授や政府内における民主主義及び左翼思想を打破するために設立されたこと、③平沼は検察内に派閥を作り、日本の法廷はすべての自由思想を抑圧する冷酷な装置となり、それは穏健な政治的異論でさえも迫害したこと、などを記した。そして、その上で、平沼を弁護する者は、彼が枢軸への参加に穏健な態度だったと指摘するだろうが、たとえそうであったとしても、平沼は日本の反動の最も一貫して、かつ強硬な唱導者であったと結論付けた。[16]

第二のレポートでは、主に平沼のロンドン条約以後の対外政策への姿勢を記し、平沼は根っからの政党不信論者として特徴付けられるが、首相時代及びそれ以後は、穏健な道を奨励したと指摘している。具体的には、ロンドン条約の手ごわい敵であり、国際連盟脱退や日独防共協定締結などに賛成した。首相時代には、独ソ不可侵条約締結を受け、軍事的な極端主義者が望んだドイツとの軍事同盟を拒否したのにもかかわらず、親枢軸政策をとった強い責任感から辞職した、と指摘した。[17]

一二月八日、東京裁判での起訴の準備を目的として、国際検察局（IPS）が設立された。国際検察局は証拠資料の不足を補うため、起訴準備段階での主な活動の第一として、戦犯容疑者への尋問を行い、自供を引き出そうとした。国際検察局は被告選定の準備として、当初、「総括的共同謀議」を構成する主要グループとして、A（一九三〇～三六年一月）、B（一九三六年二月～三九年七月）、C（一九三九年八月～四二年一月）、を設定した。また、それらに加え、補助グループとして、D（財閥）、E（膨張主義的超国家主義団体）、F（陸軍軍閥）、G（官僚閥）を設定し、戦犯容疑者の尋問、調査を行った。[18]平沼はGグループ（官僚閥）に割り当てられた。

国際検察局は平沼に対し、一九四六年一月一一日から二月一日にかけて、五回にわたり尋問を行った。尋問の内容の焦点となったのは、満州事変以後の日本の軍事政策への関与であり、GHQが平沼の逮捕以前に問題視していた官僚としての反動的政策の遂行については、尋問の対象とならなかった。それは、国際検察局が満州事変以後の侵略政策への関与を具体的に明らかにすることを通じて、「共同謀議」で起訴することを意図したためであろう。

平沼は尋問において、満州事変以後の侵略政策への関与を一貫して否定した。

まず、満州事変への関与については、軍が引き起こし、自らは枢密院副議長で閣外にあったため、関与していないと述べた。また、枢密院の機能としては、天皇からの諮問に答えることのみであると説明し、例えば、国際検察局から一九三七年一一月に九カ国条約について話し合ったブリュッセル会議への参加を拒否したことについて問われたが、関与を否定した。さらに、日中戦争については、①なるべく早く戦争を解決したい意向であった、②「東亜新秩序」は、世界平和のためには「道義」に基づく必要があるという意図であった、③二国間関係は軍事力ではなく、相互の対話により形成されるものであり、軍事力が行使されたのは、陸軍が強い権力を持ち、政府から自立していたためで、自らの好むところではなかった、④自分の考えは中国から撤兵し、交渉することにあったが、出来なかった、⑤海南島攻略は事後に聞き、作戦実施にあたって海相からの相談はなかった、と弁明した。

ただ、平沼は検察官から陸軍の対中政策に反対していたことを示す記録はあるかと問われた際、記録は残っていないことを認めた。

他方、内政では、国家総動員法の発動に賛成したが、それは主に日本の経済的な防衛に関するものであると説明した。[19]

以上のように、平沼は基本的に侵略政策への関与を否定したが、国際検察局はそれらを信用せず、遅くとも一月二二日には、起訴する意向を固めたと考えられる。同日、平沼の尋問を担当したハマック検察官は、メモランダムの中で、①平沼は自身の政策について、他国との問題を軍事力というより、交渉によって解決しようとしたと供述したが、その証拠は何もないと認めたこと、②これに反し、平沼が長年、公職に在任出来たのは、満州や中国に対する軍の政策に関して、当然、賛成していたに違いないというただ一つの結論を証明していること、③日中戦争についで残されている記録は、中国での軍事力行使への支援を示していること、③国家総動員法は帝国のすべての資源を動員し、帝国を完全な戦時体制に転換する結果となるものであるが、平沼は尋問で、このような総動員は増加する陸海軍の戦費のためであると供述したこと、などを指摘した。その上で、平沼は首相として、日中戦争に関連する日本の政策を積極的に支持し、確かに、巨大な「共同謀議」に参加したと結論付けた。[20]

要するに、ハマックは、①公職に長年在任したこと、②日中戦争の遂行及び国家総動員法の発動、を理由に起訴しようとしたが、前者は「共同謀議」への関与を証明するものではなく、推測に過ぎない。後者についても、平沼が特に主導権を発揮したわけではなく、平沼と同様、首相として、日中戦争の遂行及び国家総動員法の発動を進めた阿部信行が起訴されなかったことからも、それをもって「共同謀議」に参加したとは言い切れないだろう。

もっとも、平沼の供述も、必ずしも正確なものではない。確かに、平沼は、満州事変に直接的には関与していないが、満州事変及び満州国建設を積極的に支持した。また、「東亜新秩序」は、「道義」というよりも、中国との和平及び英米中心の国際秩序への対抗のための政治的なスローガンであった。さらに、海南島攻略についても、既に前内閣で決定されてはいたが、当時の政治状況を踏まえると、全く知らなかったとは考えにくい。他方、国家総動員法の発動についても、経済的な防衛というよりも、日中戦争遂行のためであった。おそらく、平沼には軍に責任を転嫁し、極力自らの関与を否定することで、起訴を免れようとする意図があったのであろう。

平沼は高齢で、健康状態も良くなかったため、国際検察局の中には起訴に消極的な意見もあったが、三月一五日、第六回執行委員会で、A級戦犯に編入することが決定した。平沼の代表的な起訴事項となったのは、首相時の日中戦争の遂行と国家総動員政策の推進であった。[21]

五月三日、起訴状をもとに、裁判が開始された。起訴された被告は平沼を含め二八名となった。検察側は起訴状において、被告らの「共同謀議」により侵略戦争の計画・遂行されたという見方を提示し、①訴因第一〜第一七（一九二八〜四五年までの侵略戦争の「共同謀議」とアメリカなど一一カ国に対する侵略戦争の計画準備）、②訴因第二七〜第三二（満州事変以後及び日中戦争以後の対中侵略戦争の遂行、アメリカなど五カ国への侵略戦争の遂行）、③訴因第四四（占領地における大量虐殺の「共同謀議」）、の二五項目については、二八名全員が該当した。平沼の該当訴因数は最多の木戸の五四に次ぎ、五二に上った。これは一九四四年六月から同年一一月にかけての中国人民の不法殺害を除き、すべての訴因で起訴されたことになる。[22] なお、「平和に対する罪」（訴因第一〜第三六）と「人道に対する罪」（訴因第五三〜第五五）は事後法であった。

平沼の該当訴因数が増えたのは、一九二八年から四五年にかけて、枢密院副議長・議長や首相、重臣などを歴任したことから、ほぼ一貫して政府の対外政策に関与したとみなされたためであろう。[23] ただ、国際検察局は被告の起訴にあたり、有罪に結びつく直接的な証拠を必ずしも有していたわけではなかった。[24] そのため、後述のように、平沼の該当訴因数は、検察側の最終論告では二八項目、判決の際には一〇項目に減少することになる。

なお、国際検察局は国本社についても、玄洋社・黒竜会などとともに、Eグループ（膨張主義的超国家主義団体）の主要な団体の一つとみなし、捜査を行っていた。ただ、国本社役員であったものの、ほとんど関与していなかった後藤文夫（岡田啓介内閣内相などを歴任）を有力な会員とみなし、平沼に執拗に尋問するなど、[25] 国本社の活動の実態について十分に把握していなかった。国際検察局は国本社役員であった戦犯容疑者にも尋問を行ったが、いずれも国本社の活動は侵略政策と無関係であると主張した。例えば、太田耕造（第一次国本社創設者）は、国本社は物質主義的なイデオロギーや不道徳な思想を排除するために設立されたと供述した。[26] また、岩村通世（第三次近衛文麿内閣・東條英機内閣法相）は、国本社は公に広い影響力を持っておらず、政府の高官で加入した者はほとんどいないと述べ、国際検察局の認識を否定した。[27]

表9　平沼の該当訴因一覧

| | 起訴状 | 最終論告 | 最終的訴因 | 判決 |
|---|---|---|---|---|
| **第一類　平和に対する罪** | | | | |
| 1 1928～45年における侵略戦争の共同謀議 | ● | ● | ● | ● |
| 2 満州に対する侵略戦争の共同謀議 | ● | ● | | |
| 3 中華民国に対する侵略戦争の共同謀議 | ● | ● | | |
| 4 太平洋諸国に対する侵略戦争の共同謀議 | ● | ● | | |
| 5 世界支配の為の独伊との共同謀議 | ● | ● | | |
| 6 中国に対する侵略戦争の計画準備 | ● | ● | | |
| 7 米に対する侵略戦争の計画準備 | ● | ● | | |
| 8 英に対する侵略戦争の計画準備 | ● | ● | | |
| 9 オーストラリアに対する侵略戦争の計画準備 | ● | ● | | |
| 10 ニュージーランドに対する侵略戦争の計画準備 | ● | ● | | |
| 11 カナダに対する侵略戦争の計画準備 | ● | ● | | |
| 12 インドに対する侵略戦争の計画準備 | ● | ● | | |
| 13 フィリピンに対する侵略戦争の計画準備 | ● | ● | | |
| 14 オランダに対する侵略戦争の計画準備 | ● | ● | | |
| 15 フランスに対する侵略戦争の計画準備 | ● | ● | | |
| 16 タイに対する侵略戦争の計画準備 | ● | ● | | |
| 17 ソ連に対する侵略戦争の計画準備 | ● | ● | | |
| 18 中国に対する侵略戦争の開始（満州事変） | ● | ● | | |
| 19 中国に対する侵略戦争の開始（日中戦争） | ● | ● | | |
| 20 米に対する侵略戦争の開始 | ● | | | |
| 21 フィリピンに対する侵略戦争の開始 | ● | | | |
| 22 英に対する侵略戦争の開始 | ● | | | |
| 23 仏に対する侵略戦争の開始（北部仏印進駐） | ● | | | |
| 24 タイに対する侵略戦争の開始 | ● | | | |
| 25 ソに対する侵略戦争の開始（張鼓峰事件） | ● | ● | | |
| 26 蒙、ソに対する侵略戦争の開始（ノモンハン事件） | ● | ● | | |
| 27 満州事変以後の侵略戦争の遂行 | ● | ● | ● | ● |
| 28 日中戦争以後の侵略戦争の遂行 | ● | ● | | |
| 29 米に対する侵略戦争の遂行 | ● | | ● | ● |

| | 起訴状 | 最終論告 | 最終的訴因 | 判決 |
|---|---|---|---|---|
| 30 フィリピンに対する侵略戦争の遂行 | ● | | | |
| 31 英に対する侵略戦争の遂行 | ● | | ● | ● |
| 32 オランダに対する侵略戦争の遂行 | ● | | ● | ● |
| 33 仏に対する侵略戦争の遂行 | ● | | ● | ● |
| 34 タイに対する侵略戦争の遂行 | ● | | | |
| 35 ソに対する侵略戦争の遂行（張鼓峰事件） | ● | ● | ● | |
| 36 蒙、ソに対する侵略戦争の遂行（ノモンハン事件） | ● | ● | ● | ● |
| **第二類　殺人** | | | | |
| 37 1940/6/1-41/12/8における殺人罪及び殺人共同謀議 | ● | ● | | |
| 38 不法戦争の開始による殺人の共同謀議 | ● | ● | | |
| 39 真珠湾不法攻撃による米国軍隊と一般人の殺害 | ● | | | |
| 40 コタバル不法攻撃による英国軍隊の殺害 | ● | | | |
| 41 香港不法攻撃による英国軍隊の殺害 | ● | | | |
| 42 上海(ペトレル号)不法攻撃による英国軍人の殺害 | ● | | | |
| 43 ダバオ不法攻撃による米比軍隊及び一般人の殺害 | ● | | | |
| 44 占領地における大量虐殺の共同謀議 | ● | | | |
| 45 南京における大量虐殺 | ● | | | |
| 46 広東における大量虐殺 | ● | | | |
| 47 漢口における大量虐殺 | ● | | | |
| 48 長沙における大量虐殺 | | | | |
| 49 衡陽における大量虐殺 | | | | |
| 50 桂林、柳州における大量虐殺 | | | | |
| 51 ノモンハンにおける殺害 | ● | ● | | |
| 52 張鼓峰における殺害 | ● | | | |
| **第三類　通例の戦争犯罪および人道に対する罪** | | | | |
| 53 戦争法規違反のための共同謀議 | ● | | | |
| 54 戦争法規違反の命令・授権・許可 | ● | | ● | |
| 55 戦争法規違反の義務の無視 | ● | | ● | |

※東京裁判ハンドブック編集委員会編『東京裁判ハンドブック』（青木書店、1989年）、極東国際軍事裁判所編『極東国際軍事裁判速記録』第9巻（雄松堂書店、1968年）136頁を参考に作成。

以上の尋問を通じて、国際検察局は国本社が一九二八年以後の侵略政策に、具体的にどのように関与したのかについて、把握できなかったようである。また、国本社は日中戦争開始以前の一九三六年に解散していたことからも、国本社関係者を起訴しなかったのであろう。

## 二　東京裁判への対応とＡ級戦犯としての死去

### （一）裁判の審理と判決

一九四六（昭和二一）年五月三日より裁判が開始された。まず、五月六日に罪状認否が行われ、大川をのぞく被告全員が無罪を主張した。次に、翌年二月まで、検察側の主張立証が行われた。検察側が平沼内閣以前において、平沼に言及したのは枢密院での活動のみであり、枢密院の会議に参加し、軍の侵略政策を承認したことをもって、「共同謀議」に参加したとみなした。

一九四七年二月、弁護側反証が始まった。平沼担当の弁護人フランクリン・ワーレンは、個人弁護を強調する方針から、国家弁護を主軸とする清瀬一郎弁護人らによる冒頭陳述に加わらず[28]、平沼を証言台に立たせないことにした。平沼も、巣鴨拘置所入所以前、家族に「俺はなにもいわないよ」と話しており、証言台に立つ意思はなかった[29]。

一九四七年九月からは、個人段階での弁護側反証へと移行した。九月二四日、ワーレンは冒頭陳述を省略し、直ちに証拠の提出に入った。ワーレンは最初に、枢密院官制を提示し、平沼が枢密院議長の間、施政に関与していなかったと主張した[30]。

写真14　被告席の平沼（三列目左から二人目）

※『東京裁判　写真秘録』（講談社、1983年）

続いて、証言と証拠の提出を通じて、平沼が日米戦争に消極的であり、日米開戦後も和平のために尽力したことを証明しようとした。(31)

第一に、ワーレンは平沼が首相在任中、欧州戦争の防止及び日米交渉に尽力したことを証明しようとした。ワーレンは、①平沼のルーズベルト米大統領宛メッセージ、②平沼メッセージへの回答を記した書簡、③平沼が欧州戦争防止を望んでいることを記したハル米国務長官宛ドゥーマン駐日米参事官書簡、を提出し、証拠として受理された。

しかしその一方で、ピゴット（当時、駐日英大使館付武官）とグルー（当時、駐日米大使）の宣誓供述書については、検察側より平沼の言動ではなく、証人の意見・結論に過ぎない部分は、却下すべきとの異議が出され、判事団も検事側の主張を支持した。その結果、ピゴットの宣誓供述書では、平沼が仲介者を通じて、クレーギー駐日英大使と協議を取り持ったことは受理されたが、首相時代に発生した天津租界封鎖を契機とする日英関係の危機の解決に努力したことを評価した点については却下された。[32] また、グルーの宣誓供述書には、グルーが平沼・広田弘毅元首相・重光葵元外相と「公私に亘り時折緊密に接触」し、「陸海軍の極端論者の政策行動には根本的に反対していたと云ふ事を確信」すると記されていたが、これは意見に過ぎないとみなされ、全て却下された。[33]

第二に、ワーレンは平沼が首相辞任後も日米戦争に消極的であり、開戦後は和平のために尽力したことを証明しようとした。

まず、斎藤良衛（第二次近衛文麿内閣外務省顧問）が一九四一年五月の閣議において、平沼が日米戦争反対論を述べたことを証言し、証拠として受理された。[34]

次に、村田五郎（第二次近衛内閣内務省警保局保安課長）が平沼狙撃事件について証言し、証拠として受理された。しかし、弁護側が提出した、平沼が親米派であることを記した内務省警保局記録については、検察側の異議により、証拠としての受理を却下された。[35]

さらに、岡田啓介元首相が証人として出廷した。岡田の証言の要点としては、①平沼が日米開戦について政府に再考を促したこと、②一九四三年頃から重臣で会合し、岡田あるいは平沼が幹事となって戦争の終結について相談したこと、など述べた。しかし、検察側は「木戸幸一日記」を引用し、重臣会議において、平沼が和平交渉によって戦争を早くやめさせるべきと発言をしていないことを指摘した。これに対し、岡田は、当時の状況においては公の場で和平を言い出すことが出来ず、平沼の本心は早期和平にあったと弁護したが、和平の必要性を公の場で述べていないことを認めざるを得なかった。[36]

最後に証人として、平沼節子（平沼の養子）が出廷した。平沼節子は平沼邸襲撃事件において、襲撃隊の指導者が、平沼は「有名な親英米派の大将」で「国賊」であると叫んでいたことなどを証言した。これに対し、検察側から反対尋問はなく、平沼部門は終了した。(37)

以上の平沼の個人弁護において、裁判所に受理された証拠の中で有力なものは、欧州戦争勃発の防止を訴えた外交文書と斎藤の証言くらいであり、検察側が指摘したように、「甚だ弱力」(38)なものに終わった。平沼の弁護側は、判事団が求める平沼の具体的な言動に基づく証拠を集めることが出来ず、有力な反証とならなかったのである。(39)

一九四八年一月、検察側は反駁立証を行い、平沼の弁護側はさらに苦しい立場に追い込まれた。それは検察側が被告側の証言を反駁するため、この段階で原田熊雄の日記を提出したためであった。この中で検察が追及したのは、主に国本社と日独防共協定強化交渉についてである。

まず、検察は原田が一九三一年七月、新聞記者から得た情報として、荒木貞夫は平沼の崇拝者で、国本社の名士であると口述したことを引用し、平沼が国本社を個人の政治的目的のために利用したと指摘した。これに対し、ワーレンは「主尋問のときに国本社については、一言も検察側は……触れておらず」、「平沼と国本社の関係については、検事から一言も言われなかった」と不満を述べた。また、原田自身が軍人と会って話したのでなければ、軍側の意向とは言えないと異議を申し立てたが、却下され、証拠として受理された。続いて、検察は一九三一年八月に原田が井上三郎（当時、陸軍大佐）と行った会話を挙げ、国本社が陸軍と連携して策動したと指摘し、証拠として受理された。(40)

次に、検察側は、一九三九年五月、大島浩（当時、駐独大使）がリッベントロップ（当時、独外相）との会談で、締約国が第三国と交戦状態に入った場合、日本も即交戦状態に入ると言明したが、平沼も五相会議で大島を支持したことなどを挙げ、平沼が陸軍と同調して日独防共協定強化交渉を進めたと指摘し、証拠として受理された。

一九四八年二月より、検察側の最終論告が行われたが、その論理は、主張立証段階の時と同様であった。検察は、枢密院が「国務全般に亙り大なる勢力を振ひ、内政外交両部門に於て行政府に対する広範な監督権を有する第三院」であり、平沼は枢密顧問官、枢密院副議長として、満州事変以後、一貫して日本の膨張計画の具体化及び実施に援助を与えたと指摘した。また、首相時代においては、日中戦争・ノモンハン事件の遂行及び独伊との軍事同盟を計画したことなどを指摘した。そして、「常に彼の政治上の責任は最高水準」にあり、「彼は鉄砲や爆弾を持って戦った意味に於ける軍国主義者ではないが、思想と熟達せる智力を以て戦ひ続けた詭弁家」であると結論付けた。(41)

一九四八年三月一六日、弁護側の最終弁論が行われた。ワーレンは、①検察側は国本社が犯した犯罪を具体的に立証していないこと、②枢密院は事実を調査する権限がなく、政策の当否を問題にできないなど、限定されていたこと、③第一次近衛声明や天羽声明など平沼と無関係の事件を列挙していること、など検察側の論告に全面的に反論した。(42)

一九四八年一一月、ウエッブ裁判長による判決文の朗読が開始された。判決文の中で平沼の名が登場するのは、平沼内閣以前では、国本社と陸軍との関係及び枢密院会議に議長などとして参加したという事実のみである。

まず、国本社について、①「民族精神の高揚を養い、それを高揚することを誓言した秘密結社」であり、平沼はその「総裁」であった、②理事には小磯・荒木がおり、小磯は自由主義的な第二次若槻礼次郎内閣を顛覆しようとした陸軍の陰謀の参画者であり、荒木は陸相として日本における軍部の優越と満州の軍事的支配を行う運動の指導者であった、③「平沼が軍閥の最も有力な分子から指導者として仰がれたことは、軍閥の指導者としてのかれの重要性を示すものである」(43)、と指摘した。

次に、枢密院時代については、①日満議定書と往復文書については、九カ国条約に違反したものであるが、平沼はこれらに審査委員及び枢密院副議長として関与したこと、(44) ②一九三八年一月に広田外相が作成した長期の外交政策を支持したこと、(45) などを挙げた。ただ、会議などにおける平沼の発言などには触れなかった。

さらに、首相時代について、①日中戦争遂行のため、経済産業動員政策を実施したこと、②海南島・新南群島の占領、③日独防共協定強化交渉において、八月八日以前、陸軍の方針を支持したこと、(46) ④ノモンハン事件について、ごく初期の段階から事態を知っていたのは明白だが、紛争を阻止するための手段を講じた証拠はなかったこと、(47) などを挙げた。

以上のように、判決文は大枠において検察側の見解を踏襲したものであった。

一一月一二日、平沼に判決が言い渡された。ウエッブは、①枢密顧問官及び大臣、首相として、軍閥の侵略的計画を支持したこと、②一九四一年一一月二九日に開かれた重臣会議で、戦争は避けられないとの意見に同意し、長期戦の可能性に対して、世論の強化を主張したこと、③一九四五年四月五日の重臣会議で、講和を申し入れることに反対し、最後まで戦うべきと主張したこと、を指摘した。その上で、「訴状に挙げられた全期間において、平沼は必要とあれば、武力によっても日本が東アジアと南方を支配するという政策の支持者であったばかりではなく、『共同謀議』の指導者の一人であり、その政策を推進することについて、積極的な参加者であった」として、六つの訴因（「共同謀議」・対中米英蘭に対する侵略戦争の遂行・ノモンハン事件の遂行）について有罪と認定し、終身刑を言い渡した。(48)

しかし、この判決には、事後法の適用だけでなく、①ロンドン条約以後、枢密院が政治的機能を大きく減退させたことを踏まえていないこと、(49) ②平沼が日中戦争の遂行及び国家総動員法の発動を進めたのは事実だが、日中戦争が進行している最中、選択可能な政策の幅はきわめて少なかったこと、以上の二点が重視される一方、③平沼がロンドン条約反対派の陸海軍人と提携した平沼内閣運動とそれらが政党内閣、英米協調外交に与えた影響については全く触れていないこと、などの問題点があった。

## (二)巣鴨での生活とA級戦犯としての死去

平沼は法廷で発言せず、被告席でも無関心な態度を見せた。読売新聞の記者は、平沼が「時々右ひじを机にもたせてはほお杖をつき、眼前に行われている裁判の進行ぶりには我れ関せずといったように顔を横に向け、あらぬ方を眺めていることがある」[50]と記した。朝日新聞の記者も、「イヤホーンを耳にあててはいるが、法廷でしのぎをけずる応酬を聞いているのか、いないのか、その面長な顔は白蠟の様に茫としていた」との印象を記している[51]。

長年司法官僚を務めた平沼が、戦勝国による裁判で被告席に立たされることに不満を持ったであろうことは想像に難くないが、巣鴨プリズンにおいて、裁判の審理及び戦後の国内外の変動をどのようにとらえたのだろうか。

この時期の平沼の考えを知る上で参考になるのが、重光の獄中日記[52]と亀本哲の回想[53]である。重光の日記から確認できる限りでは、平沼は重光と一九四六年一〇月以降、時折会話していたが、交流を深めたのは一九四八年八月以降である。特に、八月一八日から九月二二日にかけて、平沼は荒木とともに、毎日のように重光の部屋を訪れ、懐旧談を中心に様々な論議を行った。また、亀本は『平沼騏一郎回顧録』所収の「巣鴨獄中談話録」の筆記者であり、平沼の死去から間もない一九五二年一〇月一六日、筆記の際の平沼の様子を回想している。この二つの史料からは、主に次の二点が確認できる。

一つには、平沼は西園寺の失政や陸海軍を統率出来る人材の払底を戦争の原因とみなす一方、自らが軍の政治的自立を促したことに対する責任については、明確な形で口にすることはなかったことである。

平沼は重光・荒木に対し、今日の日本のような状況となったのは、大半西園寺の責任であり、「老公のなまけ心がついに少数の財閥の跋扈を来し政党の暴政を生んだ。之を矯正せんとした勢力は皆退けられた。自分も肺病であるとて宮中に出入せしむべからずとて宣伝された」[54]と述べた。前章で述べたように、平沼は戦時中、側近らに西園寺の「軟弱外交」のために、陸軍軍人が満州事変を起こしたが、彼らは共産主義革命を起こす意図があり、より悪い状況になったと語っているが、大枠において、その認識を変えていなかったと思われる。なお、平沼が陸軍に言及しなかったのは、荒木への配慮もあったのかもしれない。また、西園寺の役割を強調したのは、自らの出世を妨げられたことへの憤りもあったのであろう。

他方、平沼は死去する直前の一九五二年七月一八日、亀本に、戦争の原因として、①世の中の人や文官が陸海軍の事を知らなかったこと、②陸海軍に山県有朋のような中心となる人物がいなかったこと、を挙げた。とりわけ、山県については、「えらい人」と評価し、「ああ云う大機関を統帥をして、山本権兵衛さんでも山県さん程力はない。併し矢張りえらかつた。東郷さんなんかは戦をする事は上手だつたかもしれませんけれど」と述べた。そして、明治天皇の崩御、山県・山本の死が続き、彼らの後継ぎがいなかったことが戦争の原因であり、「指導者がいないと云うことが一番困」ると述べ[55]、戦後日本の行く末を案じた。

その一方で、自らの戦争責任について、明確な形で口にした形跡はない。その要因は、一つには民主主義や自由主義、個人主義に対する不信感を持っていたためであったと思われる。平沼は「巣鴨獄中談話録」において、「西洋のことは、良いこと取り入れるのは良いが、悪いことは悪い。個人主義が日本に発達するのは、外国の悪いことを入れるから」であり、「民主主義といい、自由主義というのも良いですが、在来の日本にも悪いことがありますが、はき違いが多い。この弊害は非常なもの」であり、政治家は注意する必要があると述べ[56]、戦前と同様、採長補短論を強調している。もう一つには、平沼の政党内閣・英米協調外交への攻撃は、在野での活動であり、枢密院副議長としての職務の範囲外での行動であったことや東京裁判への不満なども、責任回避の要因となった可能性がある。

なお、平沼は『平沼騏一郎回顧録』や重光、亀本との会話で、政権獲得運動に一切言及しておらず、親しかった東郷平八郎についても、軍の統率能力を評価していない。この背景には、主観的には軍の統制を回復するため、東郷や荒木ら陸海軍人と提携し、政権獲得を狙ったが、失敗に終わり、軍の政治的台頭を助長する結果となってしまったことに対する後悔があったのかもしれない。

第二に、平沼は、憲法改正によって「国体」は変更されていないと解釈し、日本国憲法を否定しなかったが、立憲君主制の維持を望み、民主主義が多数の横暴を招く事態を危惧したことである。

第一次吉田茂内閣は憲法第七三条での改正手続きを進め、憲法改正案が第九〇回特別議会（一九四六年六月二〇日～一〇月一一日）において審議された。両院では「国体」の変更について、質問が集中した。政府は答弁で、天皇は統治権の総攬者ではなくなり、政体は変更されたが、「国体」は天皇を中心として国民すべての精神が結合されているところに基本があるので、変更されていないとの解釈を示した[57]。また、主権についても、金森徳次郎国務相は「主権が国民に在ると云ふことは、過去に於ては潜在的にさうであつた、将来に於ては現在的に、顕在的に、顕はれたる姿に於てさうであると云ふだけでありまして、本質的に変化はない[58]」との認識を示した。

平沼も金森の見解に大枠において賛同した。九月一一日、平沼は重光との会話で、「憲法は政体問題で国体問題」ではなく、「民族の信念は事実問題で法律の規定以上のもの」であり、「金森国務相が統治権は国家の象徴たる天皇にありと答弁したのは、其の通りである。統治権は憲法以上の問題であるからである」[59]と述べた。また、一九四九年一二月一六日、ＧＨＱ歴史課の聴き取りでも、平沼は同様の趣旨の説明を行い、「若し今日のような程度の変化が起るだろうと云うことを予想されて居ったならば、あの和平に反対したでしょうか」との問いに対して、「実質に変りがなければそれでよろしいと云うのですから……出来ても決して反対すると云うことは、これはない」[60]と答えた。

確かに、平沼は戦時中にも、側近らに対し、「君主は統治権をもつとか、万世一系とか、そんな形式的なことでは国体は明らかにされない。どこに万世一系があるか、皇室と国民との関係を明らかにせねばならぬ。日本で親子の関係は自然であるから誰でも判る。日本の国体もその方面から論じなければならぬ」[61]と述べ、「国体」を天皇と国民との関係で理解すべきとの考えを示している。しかしその一方で、戦前、天皇主権説を支持し、共産主義だけでなく、民主主義についても「国体」に反するものとして危機感を募らせるなど、政体のあり方が「国体」に与える影響を重視してきたのであり、戦前の言動とは矛盾している。

すなわち、平沼にとって、日本国憲法で規定された象徴天皇制・議会制民主主義は望ましいものではなかったが、天皇制の国民統合の象徴としての側面のみを取り上げることで、自己の立場を正当化しようとしたのである。

一方、平沼は一九五二年五月一四日、亀本に対しては、「今の憲法学者でも今の憲法に心から同意している人はまあ、ありますまい。民主政治を謳歌している人でも、そうですわね……私は立憲君主国でなければならないと感じている。立憲君主制は専制になると言うけれども、今の自由民主党のやっている多数の横暴なら少数の専制に比べて良いというものではない」。また、「全体の為に一部は犠牲になっていい」とは言えず、日本人は本来「保守的」であるとも述べている[62]。つまり、本心では日本国憲法に賛成しておらず、戦後の民主主義の行く末を憂慮していたのである。

他方、一九四六年八月二一日、平沼は東京裁判の日本側弁護団長で、一九四三年から無窮会理事を務めていた鵜澤総明に面会を求め、「日本の為め弁護」することを依頼するとともに、無窮会のことも「宜敷頼む」と伝えた。[63]

以上のような平沼の態度は、きわめて保守的なものであるが、敗戦や「国体」の変更を憂い自殺した清水澄（憲法学者・元枢密院議長）や蓑田胸喜（国家主義者・元国士館専門学校教授）とは大きく異なっている。平沼にとって「国体」は絶対的な観念ではなく、一定の幅を持った政治的イデオロギーとしての側面が濃厚であったといえよう。

さて、少し時期はさかのぼるが、一九四八年四月一六日、裁判の審理は結審し、裁判所は判決文の起草に着手したが、判決文は大部となったことから、判決が言い渡される時期は遅れた。

七月一四日、重光は「弁護士中、判決は一一月に入るべしと云ふものがある。判決を待つの忍耐は相当の力を要す」と記しており、判決の延期は被告にとって心理的重圧となったようである。これは、被告席で平静を装っていた平沼も同様であった。七月二一日夜、平沼は突然奇声を挙げ、泣き出し、監視兵を慌てさせている。[64]ソ連は論告において、平沼を「特に訴追をなさんとする被告」一一名の中に含め、平沼の「総ての仕事は対ソ侵略政策の実行と対ソ侵略国の軍事ブロックの創設に捧げられて」いたと糾弾していたことから、[65]平沼は死刑になる可能性があると考え、不安にかられたのであろう。

一一月四日、判決文の朗読が開始された。翌日、荒木は平沼らと裁判について語り、日記に「判事団が何を基盤として裁判を進めたるやの判断に苦む」と記し、判決を批判した。荒木の不満は、裁判所が事実を誤解して判断している点にあり、①既に取消しを言明したのにもかかわらず、精神総動員委員長や国家総動員審議会総裁であったと指摘したこと、②「国本社を秘密結社となし、恰も侵略戦争を鼓吹したるが如く誣ゆる」が、当時の陸相宇垣一成も理事であったこと、などを挙げた。[66] これらの点については、平沼も同感であったと思われる。

一一月六日にも、平沼は荒木・広田らとともに重光の部屋を訪問して、裁判について談じ、判決が「峻厳を極め総て免るるものなき形勢」であると判断した。[67] 平沼は判決にかなり神経質になっていたようである。一一月一一日、重光は平沼を見かけたところ、「大分神経質に見えた」ので、「判決は未だ全般論で、各個人に付ては幾分好い方面も見て呉れるでせう」と話した。[68]

一一月一二日、判決文の朗読が終了し、刑の宣告が行われた。平沼は終身刑となり、死刑を免れたことに安堵したようであり、同日、重光に「これでサッパリした」と感想を漏らした。重光は死刑を免れた被告の様子を見て、「安心したと云ふ心理状態であつた。噂された如く、殆んど全部絞首刑を云ひ渡す形勢であつたのが、其の半分が終身刑に緩和されたものの如くである」[69]と分析した。

その後、一九四九年二月、極東委員会においてA級戦犯の裁判打ち切りが決議され、一九四九年一〇月には、今後裁判を行わないことが決定された。その後、マッカーサーは一九五〇年三月一五日付の回章第五号により、仮釈放資格を刑期四五年未満は刑期の三分の一、刑期四五年以上は一五年服役した後に与えた上で、新設の仮釈放委員会が仮釈放申請を審査し、その可否を決定することとした。[70] 巣鴨の受刑者は当初、回章第五号を過大評価し、楽観な見通しを立てた。[71] これは重光も同様であり、自らの早期仮釈放を期待するとともに、A級戦犯の中で最高齢であった平沼の仮釈放を希望した。

三月一五日、重光はアメリカの将校から保釈手続きの内情について話があり、「平沼老も手続きをなすべく努力中」であると聞かされ、「極力平沼老の保釈実現方と尽力を依頼」した。また、二一日には、アメリカの将校が「平沼老保釈出願のこと只今所長の許可を得たるとて勢好く申し来」たので、重光は就寝中の平沼にそれを告げた。平沼は事情を聞かされておらず、「非常に喜ばれたるも余りに突然にて充分呑み込ぬ有様」であったという。[72]

しかし、六月二八日、平沼のもとに「資格不備の理由でバロル拒絶の通知」がもたらされた。[73] 回章第五号の規定上、終身刑の受刑者が仮釈放資格を取得するには、一五年の服役を要したため、一九六〇年以降まで待たなくてはならず、平沼は資格を有していなかったのである。

一九五〇年六月二五日、朝鮮戦争が勃発し、国際情勢が緊迫すると、日本ではＧＨＱに戦犯の釈放を求める運動が盛んになった。また、講和直前には、講和による戦犯の大赦に期待が高まった。[74] 一九五二年四月、当時の津山市長中島琢之ら七名が中心となり、平沼は高齢かつ病身の身であるという理由を記した出所嘆願書を、吉田茂首相（第三次吉田茂内閣）及び衆参両院議長宛に約一万名の署名を添えて、提出した。[75] 六月一四日、平沼は病気療養のため、仮出所を許され、直ちに慶応大学病院に入院し、八月二二日に死去した。刑期中に死去したため、一九七八年、Ａ級戦犯として靖国神社に合祀された。

# 第Ⅱ部

## 平沼騏一郎をめぐる組織と人脈

# 第一章——「平沼閥」と大正・昭和初期の司法・政治関係

近代日本では、司法省・検察が裁判所よりも優位にあり、その立役者となったのが平沼騏一郎と鈴木喜三郎であったことは広く知られている。両者は次官、検事総長、法相などの要職を歴任した。とりわけ、一九一四年四月から一九二一年一〇月までの間、平沼が検事総長、鈴木が次官に在任し、司法省と検察の実権を掌握する体制を形成した。また、平沼・鈴木は犯罪捜査の指揮と司法行政を主導する過程において、内閣や政党から相対的に自立した勢力を形成し、それらは同時代において、「平沼閥」、あるいは「平沼・鈴木閥」、「平沼系」と呼ばれた。

戦後の歴史研究においても、「平沼閥」の存在は度々指摘されてきた。一九六〇年代後半、伊藤隆氏はロンドン海軍軍縮条約問題までの「平沼系」の動向を分析する過程において、①平沼は一九二四年に司法部を離れた後も、国本社や立憲政友会との関係を通じて、司法部に影響力を持っていたこと、②一九二〇年代後半の疑獄事件において、検察は平沼らの影響を受け、立憲民政党攻撃を行った可能性があること、[(1)]などを指摘した。また、一九七〇年代末、三谷太一郎氏は陪審制導入と原敬の政治指導を中心に、明治末期・大正期の政治と司法の関係を論じ、①立憲政友会において原と松田正久が「平沼・鈴木ライン」を登用し、政友会の路線に引き入れたこと、②平沼・鈴木は両者の庇護を受け、司法部で台頭したこと、[(2)]などを指摘した。近年では、平沼の帝人事件への関与についても考察が加えられた。[(3)]他方、法制史では、伊藤孝夫氏が『法律新聞』などを用いて、「平沼閥」の台頭過程を描いた。[(4)]

また、新井勉氏は一九一三年の司法部改革における平沼人事の分析を通じて、司法省による裁判所統制の強化が図られたことを明らかにした(5)。

これらの研究は特定の時期・事例において「平沼閥」の動向を扱っているものの、一貫して近代日本における「平沼閥」を位置付けるまでには至っておらず、主に次の二点の解明すべき課題が残されている。第一に、一九一三年に「平沼閥」が成立したことは既に指摘されているが、その後、「平沼閥」がどのように展開・衰退していったのか。また、平沼が司法部を離れた後、いかなる形で司法部において影響力を維持することができたのかという点について、実証的に明らかではない。第二に、同時代のマスメディアにおいて、「平沼閥」がどのように論じられてきたのか。そして、「平沼閥」に分類される司法官には、経歴においてどのような特徴があるのかについても、明らかではない。

以上の課題を踏まえ、本章では、第一に、「平沼閥」の形成・展開・衰退過程を平沼の動向を中心に分析する。第二に、同時代のマスメディアは「平沼閥」をどのように報じてきたのか。そして、「平沼閥」の司法官には、どのような特徴があり、平沼とどのように関係していたのかを分析する。

史料としては、未だ大部分が公刊されていない「倉富勇三郎日記」(6)（「倉富勇三郎文書」国立国会図書館憲政資料室所蔵。以下、「倉富勇三郎日記」）を一九一九年から一九三四年まで初めて本格的に使用したことが最大の特色である。先行研究では、特に一九二〇年代半ば以後の時期が立ち遅れている。その主な要因は、司法関係の一次史料が不足しており、関係者の回顧録や新聞に依拠せざるを得ない状況であったためだと考えられる。倉富とは、東京控訴院検事長など司法部の要職を歴任した後、一九二六年四月から一九三四年五月まで枢密院議長を務め、同時期に枢密院副議長であった平沼と親しい関係にあった人物である。彼の日記には、司法部内の人事の選考過程や平沼と有力司法官との関係などが詳細に記されている。また、本章では、それに加え、『国本新聞』など平沼に関連する史料や臨時法制審議会の議事録、新聞、などを使用し、実態の把握に努めた。

なお、「平沼閥」とは、当然ながら、平沼自らがその存在を認めたわけではなく、あくまでもマスメディアなど第三者からの評価である。そのため、本章では司法部の要職に在任するとともに、平沼と密接な関係を持ち、平沼による登用を受けたと確認できる鈴木喜三郎、小林芳郎、小山松吉、小原直、塩野季彦、山岡萬之助を「平沼閥」の中核と位置付け、平沼と彼らの動向を中心として、分析を行う。

## 一　司法部における平沼の台頭と「平沼閥」の形成

一八八八（明治二一）年、平沼騏一郎は帝国大学法科大学英法科を首席で卒業した後、司法省に入った。当時、司法省の要職を占めていたのは山県系であり、平沼はそれなりに出世していたが、司法省内において、それほど目立った存在ではなかった。一八九八年、清浦奎吾法相（第二次山県有朋内閣）は将来有望な若手司法官の中から遣外法官九名を選出したが、平沼は選出されなかった（なお、遣外法官制度とは、司法省が司法官数名を選抜し、海外で司法制度を調査させる制度）。また、大正初期、平沼とともに司法行政の中枢を担い、司法省の「三羽烏」(7)と称された鈴木喜三郎東京地裁判事、小山温東京地裁判事も選出されなかった。しかし、平沼は帰国した遣外法官が主導した司法官増俸要求事件の収束に中心的な役割を果たすことで、司法省において頭角を現すようになった（第Ⅰ部第一章一）。

平沼は民刑局長時代、司法省・検察内に自らの権力基盤を構築し始めた。平沼は松田正久法相が設置した法律取調委員に任命された。また、松田が推進した新刑法の制定に尽力した。その後、平沼と鈴木は遺外法官の任務で渡欧した。平沼は遺外法官の任務を通じて、鈴木との関係を深めた。以前より二人は日本大学の監事を務めており、交流はあったと思われるが、渡欧中により親交深めたようである。遺外法官の経験は、その後の司法省・検察をリードする要素の一つとなった（第Ⅰ部第一章二）。

平沼は帰国後間もなく、日糖事件と大逆事件の捜査を指揮した。

日糖事件では、松室致検事総長・平沼のもと、小林芳郎東京地裁検事正が指揮し、小原直・小山松吉ら東京地裁の検事が捜査に当たった。(8) この事件の捜査で中心的な役割を担ったのが小林である。小林は一貫して平沼の登用により出世してきた「平沼閥」の検事である。平沼は回顧録で、①小林が学閥などに縁がなく、検事正にもなれないので、松室が長崎控訴院検事長の時代、長崎控訴院検事に就任させたこと、②司法官増俸要求事件が起こった際、波多野敬直に小林を栄転させるよう働きかけ、司法官増俸要求事件を主導した長森藤吉郎らの仲間であつた香坂駒太郎横浜地裁検事正を大阪控訴院に左遷し、小林を後任としたこと、などを述べ、一貫して登用してきたことを明言している。(9) また、平沼は日糖事件での小林の働きについても、「先輩など少しも骨折らなかつた。あの当時骨折つたのは小林検事正である。その点に於て小林の功は没すべからざるものである」(10) と高く評価した。

平沼が小林を登用してきた要因としては、小林の検事としての手腕を評価するとともに、小林が検察の地位の向上を図ったことが挙げられる。小林は東京地裁検事正に七年二カ月在任し、部下に小原東京地裁検事ら優秀な検事を集め、検事主体の捜査体制の構築を目指していた。東京地裁検事局で小林の指導を受けた塩野は、「当時予審には潮、河島などといふ敏腕な判事が揃つていたので、事件毎に検事は予審に圧倒された。小林検事正の時代になつて、これが逆になつた」[11]と回顧している。

大逆事件では、当初、松室検事総長・平沼・河村善益東京控訴院検事長・小林検事正の四人が指揮を執ったが、途中で松室が病気になったため、その後は平沼が中心となり、小林の部屋を本部として捜査を指揮した。この事件において、平沼らは各地の無政府主義者を取り調べるため、小原東京地裁検事、高野兵太郎東京地裁検事ら精鋭を派遣するとともに、小山松吉神戸地裁検事正を東京に呼び戻し、捜査を行わせた。また、平沼は鈴木東京地方裁判所長を通じて、潮恒太郎に予審判事を担当させるようにした[12]。

つまり、大逆事件おいて平沼は、小林及び東京地裁を中心に自らの信頼する検事を捜査に当たらせるとともに、鈴木を通じて大審院とも連携したのである。塩野は回想で、小林と鈴木について、「二人は日常、常に実によく協調一致」しており、「鈴木所長ほどまた部下判事の信望をあつめて完全に押へた人はない」[13]と述べており、平沼は東京地裁の判検事のトップと密接な関係を築き、自らの主導のもと、それらの人的関係を通じて事件を速やかに処理したといえよう[14]。

平沼は二つの事件を通じて、検事権力を拡大させるとともに、無政府主義者への強硬姿勢を示し、司法部において確固たる存在感を示すようになった。また、平沼のもと捜査に関与した小林・鈴木・小原・小山らは平沼のもとで出世を重ね、大正期の司法部の中枢を担う存在となる。

一九一一（明治四四）年九月六日、第二次西園寺公望内閣（松田法相）のもとで、平沼は次官に就任した。また、同年一二月、鈴木は東京地方裁判所長から司法省刑事局長に転じた。『日本弁護士協会録事』では、次官に就任した平沼について、「検事万能」を醸成した頭首であるという「風論」があると評したが[15]、平沼の人的なつながりについての言及はない。

「平沼閥」の存在が指摘されるのは、一九一三（大正二）年四月の司法部改革以後である。司法省は第二次西園寺内閣が打ち出した行政整理方針に積極的に対応し、平沼を中心に整理案の作成に着手した。この整理案は政友会を与党とした第一次山本権兵衛内閣のもとで議会に提出された。司法省は、①裁判事務の簡捷化、②法相の判事への統制強化、③判検事二二九人の休職、④全体の四〇％にあたる区裁判所の廃止、を盛り込んだ整理案を提示した。法案は貴族院において、区裁判所廃止をめぐり紛糾したものの、可決された（第Ⅰ部第一章四）。

しかし、司法省の人事異動は法曹関係者の間で波紋を呼び、これを機に「平沼閥」の存在が指摘されるようになった。[16] その要因は主に次の二点である。

第一に、既に指摘されているように、平沼にとって都合の悪い古参の有力判事を退職させるとともに、司法省による裁判所統制が強化されたためである。この人事では、小林が東京地裁検事正から大阪控訴院検事長に栄転した。また、古荘一雄大阪控訴院長、藤田隆三郎名古屋控訴院長、西川鐵次郎長崎控訴院長ら古参の有力判事が退職する一方、彼らの後任として、大阪控訴院長には斎藤十一郎大審院検事、名古屋控訴院長には水上長次郎長崎控訴院検事長、長崎控訴院長には手塚太郎大阪地裁検事正を起用した。その結果、司法省は控訴院長の人事を通じて、拠点となる地方の裁判所に対する統制を強めることになった。[17] ただ、下級裁判所判事の異動については、『法律新聞』でも比較的公平と評されており、私大出身者の昇格人事も行われた。[18]

第二に、平沼及び、小林の部下であった検事の多くが栄転し、司法省・検察における平沼の影響力が著しく増大したとみなされたためである。「平沼閥」について最も詳しく言及したのは、『東京日日新聞』の記事である。[19] 記事の要点は主に次の三点である。

まず、平沼が司法省内において異例の出世を果たすことが出来たのは、彼の性格・機敏・学識だけではなく、松

表10 1913年の司法部改革において平沼人事による出世と指摘された司法官

| 氏名 | 出身校 | 転任前 | 転任後 |
|---|---|---|---|
| 斎藤十一郎 | 帝国大学（1891年卒） | 民事局長 | 大阪控訴院長 |
| 高橋文之助 | 明治法律学校（1901年卒） | 東京控訴院検事 | 名古屋控訴院検事長 |
| 三木猪太郎 | 帝国大学（1896年卒） | 東京控訴院検事 | 宮城控訴院検事長 |
| 古賀行倫 | 東京帝国大学（1906年卒） | 東京地裁検事 | 横浜地裁検事正 |
| 新名次郎 | 司法省法学校（1887年卒） | 東京地裁検事 | 山形地裁検事正 |
| 吉益俊次 | 東京法学院（1896年卒） | 東京地裁検事 | 水戸地裁検事正 |
| 宮崎晋一 | 東京専門学校（1899年卒） | 東京区裁検事 | 宇都宮地裁検事正 |
| 末永晃庫 | 帝国大学（1895年卒） | 静岡地裁検事正 | 神戸地裁検事正 |
| 高野兵太郎 | 東京法学院（1891年卒） | 宮崎地裁検事正 | 奈良地裁検事正 |
| 田中昌太郎 | 第三高等中学校法学部（1893年卒） | 千葉地裁検事 | 長野地裁検事正 |
| 服部正明 | 東京専門学校（1900年卒） | 横浜地裁検事 | 甲府地裁検事正 |

※司法官の経歴については、いずれも、『日本法曹界人物事典 司法篇』第1巻（ゆまに書房、1995年。なお、同書は1915年、帝国法曹大観編纂会より刊行された『帝国法曹大観』の複製版）を参照。

※東京帝国大学は1897年に改組される前、帝国大学と呼ばれていた。

室の検事総長就任後、松室と結託したからであり、その間を取り持ったのが松室の妹婿である小林であることを指摘した。次に、平沼の影響力について、司法省内の「参事官連中又其大部分は彼の幕下たらざる」はなく、小山温次官・鈴木刑事局長は平沼の「両翼」であり、大阪控訴院長に転任した斎藤は「腹心の尤もたるもの」であるとした。また、東京控訴院検事から名古屋控訴院検事長に昇進した高橋文之助、東京控訴院検事から宮城控訴院検事長に昇進した三木猪太郎も平沼による抜擢と指摘した。さらに、小林の部下の多くが栄転していることも指摘した。具体的には、小林の「腹心」の中で、新たに検事正に栄転した者として、古賀行倫（横浜地裁検事正）、新名次郎（山形地裁検事正）、吉益俊次（水戸地裁検事正）、宮崎晋一（宇都宮地裁検事正）を挙げた。また、小林のかつての部下で検事正に栄転した者として末永晃庫（神戸地裁検事正）、高野兵太郎（奈良地裁検事正）、田中昌太郎（長野地裁検事正）、服部正明（甲府地裁検事正）を挙げた。

すなわち、ここでは小林の部下も「平沼閥」に連なる検事とみなされており、人事異動を通じ、平沼・小山・鈴木が司法省・検察のトップを占めるとともに、控訴院長・控訴院検事長・検事正にもその勢力が及んでいることを指摘している。ただ、松室については、①後に、平沼が松田と密接な関係を築き、原敬内閣でも原と良好な関係であったこと、②松室はフランス法についての学識を持ち、一九二八年の治安維持法改正緊急勅令問題の際、フランスなどの例を引き、強硬に反対していること[20]、③少なくとも、一九一三年以降、松室と「平沼閥」との関わりは史料的に確認できないこと、を踏まえると、両者の関係性を強調し過ぎていると考えられる。

その後、一九一四年四月、鈴木が小山の後任として次官に昇格すると、一九二一年一〇月まで平沼と鈴木が司法省と検察の実権を掌握する体制が形成され、以後、一九二〇年代後半に至るまで「平沼・鈴木閥」とも称されるようになる。また、一九一四年六月、山岡萬之助（日本法律学校〔後の日本大学〕一八九九年卒）が鈴木の知遇により司法省参事官に抜擢されたことも[21]、後年の「平沼閥」に大きな意味を持つことになる。

## 二　立憲政友会との協調と「平沼閥」の全盛

一九一二（大正元）年一二月二一日、第三次桂太郎内閣成立の当日に、平沼は検事総長に就任した。平沼が検事総長として担当した最大の問題は、シーメンス事件と大浦事件への対応である。二つの事件において、平沼は政党及び山県系と一定の距離を取り、起訴猶予などを活用して柔軟に検察権を行使した。当初、原は検察と山県系との関係を疑っていたが、第二次大隈重信内閣時には検察を公平であると認識するに至った（第Ⅰ部第二章一）。

一九一八年九月、原内閣が成立した。原は組閣にあたって平沼に法相就任を打診したが、平沼は辞退した。ただ、平沼は原と司法行政・司法部改革において、概ね良好な関係を維持した（第Ⅰ部第三章）。その中でも「平沼閥」にとって大きな意味を持ったのが、司法官定年制の導入である。

原は、以前より司法官にも定年を設け、新進抜擢を行う必要があると考えていた。一方、司法省においても、以前から定年制の導入を検討していた。これに対し、『法律新聞』では、横田国臣大審院長ら司法省法学校出身の大物司法官の多くが定年となることから、「平沼・鈴木閥」の勢力助長策に過ぎないなどの反対意見が出されたもの[22]の、一九二一年三月、議会で裁判所構成法改正案が可決され、司法官定年制の導入が決定した。定年制導入により、横田大審院長の後任が問題となり、原は平沼を大審院長、鈴木を検事総長とすることを検討したが、平沼と鈴木は就任を固辞し、富谷鉎太郎東京控訴院長を推薦した。それは、定年制は「平沼・鈴木閥」が権力を握るために導入したという批判が強く、富谷は一九二一年一〇月には定年を迎えるためであり、原もその意見に同意した[23]。

結果として、定年制の導入により、横田及び既に高齢となっていた司法省法学校出身者は退職に追い込まれ、司法部では平沼・鈴木の影響力がさらに強化されることになった。一九二一年一〇月五日、平沼は検事総長から大審院長、鈴木は司法次官から検事総長に昇格した。そして、鈴木の後任には山内確三郎が就任した。山内は東京帝国大学卒で、日本大学で講師（民事訴訟法など）を務めたほか、鈴木次官のもとで司法省参事官兼大審院検事となるなど、平沼・鈴木と深い関係があった。

この時期の「平沼閥」の影響力について、『法律新聞』一九二一年九月五日では、「平沼、鈴木、山内の三羽烏が日本の司法界を我物顔に独歩する姿は誰の目にも留る顕著な事実である」[24]と指摘している。また、翌年行われた司法官の人事異動についても、『法律新聞』の記事では、「今日の司法部は平沼、鈴木両氏の権力時代だから、所謂『平氏にあらざれば人に非ず』で、平沼、鈴木系のものでなければ頭が上がらず、今度の異動でも栄進した連中は大抵平沼、鈴木に属する連中」ばかりであると評している。[25]その筆頭として挙げられているのは、監獄局長から大阪控訴院長に昇進した谷田三郎、名古屋控訴院長から東京控訴院長に転任した牧野菊之助、司法省刑事局長から東京控訴院検事長に転任した豊島直通である。また、東京地裁検事正から長崎控訴院検事長に昇進した小原直については、「司法部あつて以来の破格昇進」であると指摘した。

なお、この間、小林大阪控訴院長は一九一八年一一月、京都府会・市会をめぐる疑獄事件の被疑者に対し、検事が違法な取り調べを行ったことについての監督責任を問われ、依願退職した。これは平沼にとって打撃であったと考えられるが、既に司法部おける基盤を確立した「平沼閥」に大きな影響を与えた形跡はない。

## 三　平沼の法相辞任と「平沼閥」の残存

司法部において大きな影響力を持っていた「平沼閥」の「凋落」が指摘されるのは、平沼の法相辞任後間もなくである。一九二三（大正一二）年九月、平沼は第二次山本権兵衛内閣法相に就任した。平沼は法相として、第四七議会（一九二三年一二月一一日～一二月二三日）での治安維持令の承認に尽力し、議会の最終日に議会の承認を得ることに成功した。なお、治安維持令は高橋是清内閣時に提出され、審議未了に終わった過激社会運動取締法案と共通点をもつものであった。[26] しかし、一九二四年一月、平沼は第二次山本内閣が虎ノ門事件により総辞職したことに伴い、法相を辞任した。その後、間もなく枢密顧問官に転じた。後継の清浦奎吾内閣の法相には、鈴木が就任し、鈴木の後任の検事総長には、平沼の推薦により、[27]「平沼閥」の小山松吉を据えた。しかしその一方で、平沼の後任の大審院長には、判事畑の横田秀雄が就任した。また、平沼の法相就任以後、新聞で平沼と省内事務をめぐって確執が報じられるようになった山内は、次官を辞任し、弁護士に転じた。[28]

『法律新聞』一九二四年二月五日号の記事では、以上のような変化を踏まえ、①横田大審院長は就任から四カ月足らずで、従来と異なり、私学出身者及び地方の裁判所から抜擢を行ったこと、②平沼による抜擢と評された牧野東京控訴院長と豊島東京控訴院検事長がともに大審院部長に転任したことは、「栄職を捨て、俄に一部長の職に隠れ」たものであること、③谷田大阪控訴院長は、「渦中に投ずるを避けて」、東京転任を拒んだようであること、④私学出身で温厚な性格の小山検事総長が、鈴木の「遺訓」を「今後十年後に継続すべしとは思ひも及ばざる所」であること、などを挙げ、「平沼、鈴木閥」は既に「凋落」に向かいつつあると分析した。[29] その後、鈴木は清浦内閣が第二次護憲運動で総辞職したことに伴い、法相を辞任した。その結果、平沼、鈴木が司法部を直接コントロールすることは困難となった。

加藤高明内閣において、江木翼（憲政会所属衆議院議員）が法相に就任したことも、司法部の「平沼閥」に動揺を与えた。加藤内閣は、当初、護憲三派内閣として発足し、法相には政友会の横田千之助（衆議院議員）が就任した。そして、横田の急死後も、後任法相には政友会の小川平吉（衆議院議員）が就任した。しかし、護憲三派体制が崩壊した後、成立した憲政会単独内閣において法相に就任した江木は、司法部の「平沼閥」の排除を検討したのである。江木は、就任から間もない一九二五年八月一四日、「平沼閥」の山岡刑事局長を司法省では前例のない休職処分とした。江木は休職の理由として、「事務上の都合」であるが、その中身については「内輪の事だから申上る事は出来ない」[30]と説明を避けたが、新聞で報じられたように、「平沼鈴木閥を駆逐し、政友的色彩を除去して憲政的勢力を扶植」[31]する意図があったことは明らかであった。

しかし、その後、江木は第一次若槻礼次郎内閣でも留任したものの、明確に「平沼閥」を排除する人事を行った形跡はない。その理由として、主に次の二点が挙げられる。

第一に、山岡の休職は法曹関係者を中心に大きな反発を招いたことである。「在野法曹団」は八月一六日、山岡の休職について、「司法権の神聖と独立を疑わしむるもの」と決議し、翌日、江木を訪問して抗議した[32]。また、八月二一日に開かれた山岡の慰安会には、大木・平沼・富谷ら約五〇〇名の法曹関係者が参加し、山岡の休職処分の不当を訴えるなど波紋が広がった[33]。第二に、江木は法相として、朴烈事件の責任を問われたことにより、求心力を低下させたことである。一九二六年三月二五日、朴烈・金子文子は大逆罪により死刑判決を受けた後、四月五日に恩赦により無期懲役に減刑された。その後、北一輝らにより、東京地裁予審調室で撮影された朴・金子の怪写真が配布されたことをきっかけに、司法部が両者を優遇したのではないかとの疑惑が生じた。九月二日、司法省は朴・金子に特別の優遇を与えた事実はないと発表したが、政友会・政友本党は、翌年一月、議会で朴烈事件などを理由に、内閣不信任案を上程した[34]。他方、九月一九日には、元老西園寺公望も、松本剛吉（西園寺の私設秘書）に対し、「江木と云ふ物は成程嫌味の多き男にて、あなたの言はれし如く彼云ふ男では内閣を潰す人ならん」[35]と批判した。

ただ、江木の姿勢は、司法部内の「平沼閥」に一定の影響を与えたと考えられる。例えば、一九二九（昭和四）年六月一三日、花井卓蔵（弁護士）は倉富との会話で、「翼は司法省にては案外根を強く張り居り、大坂の谷田三郎抔は第一の子分にて、其他にも翼の子分多」いと指摘している[36]。

もっとも、江木の在職期間は一年九カ月に過ぎず、長年の司法部における「平沼閥」の影響力を全面的に排除できたわけではない。

平沼は法相辞任後も、二つの方面で司法部において間接的な影響力を有していた。

第一に、国本社会長及び首相候補者としての影響力である。一九二四年三月、平沼は国本社を改組するとともに、自ら会長に就任した。平沼は会長就任後、有力な司法官、弁護士を役員に引き入れ、法曹関係者への影響力を保持していた。一九二六年一一月付の「国本社役員名簿」(37)によると、組織の中核である国本社本部理事には、鈴木、小山、山岡、小原、原嘉道、和仁貞吉の六名が就任したが、彼らは「平沼閥」とそれに連なる司法官である。また、本部評議員には、判事五名、検事六名、弁護士二名参加しており、国本社支部役員には、判事七〇名、検事五九名、弁護士一二四名が参加していることが確認できる。

すなわち、国本社の組織の中核は、検事畑の「平沼閥」が中心であるが、本部評議員・支部役員には判事・弁護士も多く参加している。このことから、この時期には国本社を通じた平沼の人脈は、判事・弁護士にも広まっていたとみてよいだろう。

国本社改組の直接的な契機となったのは、虎ノ門事件であり、国本社設立の第一の目的としては、共産主義などへの対抗と国民精神の涵養があった。このことを踏まえると、国本社に多くの法曹関係者が参加した背景には、①共産主義・無政府主義への警戒感の高まり、②大逆事件以後、司法部において治安政策をリードしてきた平沼への共感、③司法部での「平沼閥」の隠然たる影響力、があったと考えられる。

他方、平沼は一九二五年から翌年にかけて、国本社や司法官時代の人脈を通じて、薩摩系の上原勇作（陸軍元帥）らに接近した。また、一九二六年、鈴木が政友会に入党したことを機に、政友会との関係も深めた。さらに、平沼は小原・竹内賀久治（弁護士・第一次国本社の創設者）らの仲介を通じて、松本と面会し、西園寺への接近を図った。平沼は以上のような人脈を構築するとともに、一九二六年四月に枢密院副議長に昇格したことで、政界の一部から首相候補の一人とみなされるようになった（第Ⅰ部第四章二）。平沼は政界の有力者との関係を通じて、法相の人事などに関与することとなる。

なお、平沼は一九二六年一〇月に男爵を授与され、一一月に授爵祝賀会が開催された。この会には司法関係者が二三名参加し、「平沼閥」の鈴木・小山松吉・小原らも参加した(38)。

第二に、臨時法制審議会副総裁・総裁及び、刑法・刑事訴訟法学者の権威としての影響力である。前述のように、平沼は新刑法の制定において、司法省側で中心的な役割を担った。その後も、平沼は法律取調委員として刑事訴訟法改正案の調査立案に従事し、特に大正五年案審議では、豊島・花井とともに起草委員も務めた。平沼は審議において検察権の拡大を狙い、一九二二年に改正された刑事訴訟法では、予審弁護制の導入・黙秘権といった人権擁護に関する規定を定めたものの、有効性は乏しく、検察の拡大強化が実現された(39)。以上を通じて、平沼は刑法・刑事訴訟法学者の権威としての地位を確立したと考えられる。

他方、平沼は臨時法制審議会設置の立役者ともなった。一九一九年五月二三日、原は陪審制の導入を司法省に働きかけた。平沼はこれに賛同し、原に審議の迅速化のため、臨時法制審議会設置を提案した。原は平沼の意見を容れ、委員の選任を平沼・鈴木・横田千之助法制局長官らと相談の上、決定した。そして、七月、法律取調委員会は廃止され、穂積を総裁、平沼を副総裁として臨時法制審議会が発足したのである。その後、穂積は一九二一年一〇月に総裁辞任を申し出たが、平沼は原の意向を受け、総会のみ出席するという条件で留任させた。その結果、副総裁である平沼の影響力が強まった。また、陪審法の成立後、穂積は再び総裁辞任の意向を示したが、政党や平沼

表11　臨時法制審議会諮問第四号主査委員一覧（1921年11月28日）

| | | |
|---|---|---|
| 委員長 | 倉富勇三郎 | 枢密顧問官 |
| 委員 | 鵜澤総明 | 衆議院議員 |
| | 江木衷 | 弁護士 |
| | 鈴木喜三郎 | 検事総長 |
| | 関直彦 | 衆議院議員 |
| | 豊島直通 | 東京控訴院検事長 |
| | 花井卓蔵 | 弁護士 |
| | 藤澤幾之輔 | 衆議院議員 |
| | 牧野菊之助 | 東京控訴院長 |
| | 松田源治 | 衆議院議員 |
| | 松室致 | 枢密顧問官 |
| 幹事 | 小山松吉 | 大審院検事 |
| | 林頼三郎 | 司法省刑事局長 |
| | 牧野英一 | 東京帝国大学法学部教授 |
| | 三宅高時 | 大審院判事 |
| | 山岡萬之助 | 司法省監獄局長 |

※『臨時法制審議会総会議事速記録　諮問第四号（刑法改正）』（臨時法制審議会、1921年）を参考に作成。

らの慰留により撤回した。以後、審議は実質的に平沼により運営されるようになっていた（第Ⅰ部第三章二）。

審議会において「平沼閥」の影響力が最も発揮されたのが、一九二一年一〇月に審議会に諮問された刑法改正（諮問第四号）の人選・審議である。原首相は諮問の理由として、日本の淳風美俗の維持などを挙げたが[40]、平沼も既に臨時教育会議において、法律制度で日本の風俗に副わないものは改正すべきことを主張しており[41]、刑法改正を推進する立場を取った[42]。一一月二〇日、審議会は刑法改正の審議を行うことを決定し、主査委員会委員長には互選により倉富が選出された。司法部に所属する委員の多くは「平沼閥」及びそれに連なる司法官であり、審議会設置の経緯を踏まえると、平沼も委員の人選に関与していた可能性が高い。

平沼は主査委員ではなかったが、一九二三年五月、豊島大審院部長に刑法改正の方針を速やかに進めるよう働きかけていることが確認できる。(43) なお、豊島は刑事訴訟法学者であるとともに、「平沼配下四人男の一人」であり、平沼の民刑局長以来の「永く平沼氏の直下」にあると指摘された人物である。(44)

また、平沼はその後の主査委員人事についても関与した。例えば、牧野英一（東京帝国大学法学部教授）の主査委員会臨時委員への採用について、一九二四年九月二九日、穂積は平沼に賛否を尋ねた。平沼は林頼三郎司法次官と相談した後で決めると答えた。そして、一〇月一日、穂積に対し、林の意見は、他の幹事との権衡があるので少し考えたいとの意向であると伝えている。穂積から以上の話を聞いた倉富は、他の幹事との権衡とは泉二新熊（司法省行刑局長）らのことであろうと推測した。(45)

刑法改正の大枠の方針においても、平沼は泉二、小山松吉検事総長ら司法省側の委員と意見を同じくしていたようである。九月二七日、花井は倉富との会話で、泉二、小山らが「偏狭なる意見」を有していると述べ、倉富も「泉二、小山等は平沼（騏一郎）等の意を承けて、彼の如き説を為すものと思ふ」と同意した。花井は倉富の意見に対し、「固よりなり。平沼、鈴木（喜三郎）抔も、松田（正久）抔か司法省に居りたるときは、彼の如く秘密主義に非さりしも、大木（遠吉）か司法大臣と為り、何事も平沼等の云ふ通りになりたるときより、すっかり体度《ママ》を変へ、全く御殿女中風になりたり」(46)と述べている。その後、平沼は一九二五年五月一八日に審議会総裁に就任し、名実ともに審議会を運営する立場となった。

以上のような、平沼の司法部における間接的な影響力は、司法部に影響力を持つ唯一の官僚系政治家としての政治的影響力の源泉ともなったと考えられる。

では、平沼・鈴木が司法部を離れた後、司法部における「平沼閥」は、具体的にどのように展開したのであろうか。以下、第一次若槻内閣から犬養毅内閣までの展開を見ていく。

第一次若槻内閣では、一九二六年九月一九日、平沼は司法省の朴烈事件への対応について、小原から事情を聴取するとともに、同席した松本に対し、小川法相の時代から「司法省は馳れ」ているので、近日、極く秘密に個人の資格で司法省要職の者を集め、相談する予定であると述べた[47]。また、一九二七年六月九日、平沼は司法官会同で東京に集まっていた司法官を個人的に集めて招待会を開催した。この会の幹事は、小山松吉、小原、山岡ら「平沼閥」の司法官が務めた。『国本新聞』には、「来賓芳名」として司法省、大審院などの主要な司法官四九名の名簿が掲載されている[48]。

田中義一内閣では、平沼は田中義一との個人的な関係を通じて、閣僚人事に関与した。四月一九日、田中に大命が降下すると、平沼は松本を通じて、田中に枢密院が前内閣を倒閣させる結果となったことから、自身の入閣を予め断り、原嘉道を法相、鈴木をその他の大臣に起用するよう依頼した。これに対し、田中は原を法相、鈴木を内相に起用する方針を示した。結果として、田中内閣において、司法省では原が法相、小原が司法次官に就任し、小山検事総長も留任した。また、内務省でも、鈴木が内相に就任し、内務省警保局長には山岡が登用された（第Ⅰ部第四章三）。その結果、「平沼閥」が司法省・内務省の中枢に入ることになった。

「平沼閥」と田中内閣との密接な関係が最も顕著に現れたのが治安維持法改正緊急勅令問題である。田中内閣は三・一五事件を契機として、「危険思想」の取締りを徹底させるため、四月二七日、第五五特別議会（四月二三日〜五月六日）に治安維持法改正案を提出したが、審議未了で廃案となった。田中内閣は原法相らの主張を容れ、緊急勅令で治安維持法改正法案を成立させることに決定した。田中内閣による議会回避の背景の一つとしては、一貫して共産主義に強硬姿勢を取り、治安立法の制定を推進してきた平沼の協力を得られることを見越していた可能性がある。鈴木と山岡は総選挙での選挙干渉の責任を問われ、既に辞職していたが、平沼は倉富とともに、法案に賛成した。法案が枢密院に諮詢された後、平沼は枢密院において、審査委員長として法案の成立に努め、世論の批判を浴びつつも、枢密院本会議で法案を可決させることに成功した（第Ⅰ部第四章三）。なお、一九二九年二月五日、平沼は倉富に、枢密顧問官を貴族院議員より採用し、その後任として、山岡を貴族院勅選議員にすべきと主張し、山岡については鈴木も同様の意見であることを伝えている(49)。このことから、平沼は鈴木・山岡が辞任した後も、両者と密接な関係にあったと推測される。

一九二九年七月、田中は張作霖爆殺事件の処理をめぐり、昭和天皇から叱責を受け、内閣総辞職し、後継には民政党を主体とする浜口雄幸内閣が成立した。浜口内閣の法相には渡辺千冬（貴族院議員）、司法政務次官には川崎克（民政党所属衆議院議員）が就任したが、小山検事総長、小原司法次官は留任しており、「平沼閥」は一定の影響力を保持したと考えられる。浜口内閣においては、政友会、民政党による疑獄事件が相次いだ。まず、八月下旬、勲章疑獄事件と五私鉄疑獄事件が発覚した。前者は田中内閣のもとで賞勲局総裁に就任した天岡直嘉が、天皇即位大礼の際に行われた叙勲において、叙勲を希望する人物から賄賂を受け取った事件である。後者は小川（田中内閣鉄相）らが鉄道利権（私鉄買収、敷設免許）をめぐり不法な報酬金を受け取った事件である(50)。

平沼のもとにも、検察の捜査状況に関する情報がもたらされた。九月二八日、平沼は倉富議長・二上兵治枢密院書記官長との会話で、①小川は会社より金を出し、帳簿に記載されていたため発覚した、②金は自己の負債を弁済するためであり、数万か十数万ぐらいで格別多額というわけではないが、全く自己の為に使ったものである、と述べ、[51]疑惑は事実であり、検察は証拠を掴んでいるという情報を得ていた。

平沼は捜査情報を一連の事件の捜査の中心となった塩野東京地裁検事正から得ていたようである。[52]なお、塩野とは「国本社の関係と、同時に鈴木内相の寵児であることは司法部誰れ知らぬ者はない」[53]と評される人物であり、平沼・鈴木の登用により司法部において頭角を現してきた「平沼閥」の司法官である。塩野は山岡の司法省刑事局長時代、同省書記官を務めた。また、塩野は以前より、日本大学で講師（刑事訴訟法）を務めていたが、山岡の司法省刑事局長就任に際して、鈴木の依頼により日本大学常務幹事に就任した。[54]さらに、塩野は一九二七年三月から遣外法官として派遣されたが、この間、一〇月に司法省書記官から東京地裁検事正に昇進した。この人事は、「洋行中にもかかはらず特に抜擢」されたと評された。[55]

続いて、民政党にも越後鉄道疑獄事件が発覚した。一九二九年一一月、越後鉄道前社長の久須美東馬（民政党員）が政府の鉄道買収が完了するまでの間、政府高官に運動費を送った容疑が浮上したのである。[56]『読売新聞』は、①小橋一太文相らが久須美から収賄したのにもかかわらず、渡辺法相・小山検事総長らは、協議の上で久須美を不起訴とすることに決定したが、②これに対し、塩野東京地裁検事正ら三名が憤慨して辞職を決心した、と報じた。[57]

これを受け、久原房之助（政友会所属衆議院議員）と伊東巳代治（枢密顧問官）は、政府による司法への介入を阻止しようと平沼に働きかけた。一一月二〇日、二上は倉富に、前日の伊東・平沼との会談の内容を伝えた。その要点は、①久原は伊東に対し、政府が検事を圧迫し、久須美の起訴を阻止しようとしているという噂があり、司法処分に干渉することは司法の信用を失墜させるので、平沼を通じて検事に督励させたいと話したが、伊東はこれを拒否したこと、②しかし、伊東は「久原の云ふ所は如何にも理由あるに付、久原よりの話は云はす、自分よりの考」という形で、平沼に話すよう二上に依頼したこと、③伊東の話を聞いた平沼は、既に「有力なる検事に注意を与へ置たり。全体は伊東と同意見なるも、今日直に自分（平沼）より検事に注意することは穏当ならすと思ふ」と述べたこと、[58]である。

すなわち、平沼は久原・伊東からの働きかけ以前に、自らの影響力を行使し、有力な検事に注意を与えていたのであり、依然として平沼は検察に対し、間接的な影響力を持っていたと考えられる。

一一月二三日にも、伊東は二上に、安達謙蔵内相が塩野らを油断ならないとして転職させようとしており、平沼の力をもってこれを阻止するよう平沼に依頼して欲しい、[59]と述べた。

一一月二六日、渡辺法相は声明で、若槻は選挙費の寄付を受けたが犯罪ではないとの見解を表明した。翌日、平沼は倉富らとの会談で、①声明書では、法律上は問題ないが、これをもって若槻を潔白とするならば、今後法律にさえ触れなければ何でもしてよいと奨励するものである、②この声明は通常は検事が発表するものであるが、下級検事が承諾しなかったため、止めたようであり、検事に声明を出させなかったことだけはよかった、③検事が「転職する様のことはなし。転職てもしたらは全く不利益なり。故に此ことに付ては自分（平沼）は何こともなさす」[60]、と話し、内閣の対応を批判するとともに、伊東が懸念していた検事の転職については、そのようなことが起こらないと考え、行動を起こさなかった。一一月三〇日、小橋文相が辞任したことで問題は収束し、政府は最小限の打撃で一応乗り切った。[61]

なお、注目すべきは、平沼が事件を通じて、内閣に妥協的な小山検事総長よりも、強硬な姿勢を見せた塩野検事正を評価するようになったことである。一一月二七日、平沼は倉富に対し、新聞記事で、内閣改造で小山が法相となるべきと記していたことについて、小山が法相となれば、「小山は全く存在を失ふことになる」[62]と述べた。また、一二月四日、「只今最も苦み居るものは塩野検事正（季彦）なり。検事は上官の命に服従せさるへからさる故、苦むこと多きなり。全体検事総長は少しも困らすして済む職務なり」[63]、と述べ、塩野への同情を寄せた。さらに、一九三〇年一月三一日には、倉富との会話で、「小山は別に悪しきことはなし。強いて云へは今少し強くあることか必要にて、自分（平沼）も今少し強くあることを望む」[64]と述べている。

その後、一九三〇年末になると、平沼と小山の関係は明確に悪化した。その背景には、①平沼が政党内閣に見切りをつけ、自ら政権獲得運動に乗り出していくこと、②後述のように、平沼と交流のあった国家主義者がテロ事件に関与し、それらを検察が問題視したこと、があったと考えられる。一九三〇年一一月二一日、二上が倉富に話したところよると、「平沼は非常に小山松吉のことを非難」しており、二上が「検事総長となすことは君（平沼）か推薦したるに非すや」と言ったところ、平沼は、「然り、其時は彼の様に弱き人とは思はさりし」と答えた。続いて、二上は牧野菊之助大審院長が定年を迎えることから、彼の後任について尋ねると、平沼は「当然和仁貞吉なり」と答えたという[65]。平沼の指摘通り、翌月、和仁が大審院長に就任している[66]。

一九三一年四月に成立した第二次若槻礼次郎内閣でも、渡辺法相、小原司法次官、小山検事総長の体制は維持された。その後、同年一二月に成立した犬養内閣では、司法大臣には当初、鈴木喜三郎が就任し、一九三二年三月以後は川村竹治（貴族院議員）が務めた。また、検事総長には小山が留任し、司法次官には皆川治広が就任した。前述のように、政党による疑獄事件の取締りをめぐり、平沼と小山との方針の違いは明らかとなり、小山は必ずしも平沼の意向にそった行動を取らなくなった。また、平沼の弟分であった鈴木は、政友会内閣の復活を目指しており[67]、陸海軍との協調による組閣を目指す平沼との構想の相違は明確となっていた。さらに、川村は元内務官僚で平沼との関わりはなく、皆川も検事畑であるものの、これまで「平沼閥」と指摘されたことはなかった。

すなわち、犬養内閣の頃には、平沼は塩野検事正と密接な関係であったものの、小林・山岡は既に司法部を去り、鈴木・小山との関係も悪化した結果、「平沼閥」の中核との人的な関係の多くを失っていた。そのため、司法部における平沼の影響力は相対的に低下していたと考えられる。

## 四　政党内閣崩壊後の司法部と「平沼閥」の衰退

一九三二（昭和七年）年五月、五・一五事件で犬養毅首相は殺害され、後継には斎藤実内閣が成立した。犬養内閣後の後継内閣をめぐっては、陸海軍の支持を背景とした平沼も有力候補に挙がったが、西園寺は斎藤実元海相を後継首相に推薦した。斎藤内閣では、平沼に近い人物は排除されたが、小山松吉は公平な人物とみなされ、法相に就任した[68]。

検察は斎藤内閣成立後間もなく、五・一五事件の容疑者の捜査を行った。そして、九月には、国家主義者の本間憲一郎（柴山塾塾頭）を逮捕するとともに、平沼と密接な関係にあった竹内と望月茂（『国本』編輯発行人・印刷人）も検挙した。小山は原田熊雄（西園寺の私設秘書）との会話で、この間の事情について、竹内と望月が「何所かに本間を匿しているやうに思へる節もあった」ことから検挙し、三、四日間拘留したが、「これには平沼さんあたりも非常に怒つていたらしいけれども、そのためにやつと本間が出て来たらしいのだから、やはり多少効果があつた[69]」と述べており、平沼の意に反し、捜査に当たったことを示唆した。

その後、高橋是清蔵相の辞職問題が浮上したが、小山は一九三三年四月七日の閣議で、高橋が国内外、特に外国からの信用が大きいことを理由に留任を求め、内閣を支える姿勢を明確にした[70]。これは陸海軍の支持を背景に首相の座を狙っていた平沼の意向に反するものであった。また、同年七月一一日、天野辰夫（愛国勤労党中央委員）、前田虎雄（皇国農民同盟幹事）らが中心となり、全国の国家主義団体を動員し、斎藤内閣の全閣僚、牧野伸顕内大臣らを殺害する計画が発覚した。いわゆる神兵隊事件である。この事件が発覚した際にも、小山は原田に対し、国本社が関係しており、「右傾の徹底的検挙をやる[71]」意向を述べた。

一方、平沼も小山への批判を強めた。一九三三年六月二九日、二上は倉富に対し、「平沼より度々小山の非難を聞きたり。自分（平沼）は検事総長たるとき小山を部下に使いたる頃は立派なる検事なりしも、小山か検事総長と為りたる後は全く無能なりとの評を為し居りたり。是は小山か検事総長として政党員の犯罪を処分の勇気なきことの批判なり[72]」と述べた。また、一九三四年三月一四日、二上が貴族院あたりでは、専ら小山が内閣に便を図ったと取り沙汰していると述べたことに対し、平沼は「小山は権勢の為に阿ねる嫌あることは免れす[73]」と応じている。

小山が法相として直面した最大の問題は、帝人事件への対処である。この事件は、『時事新報』が一九三四年一月から三月にかけて「番町会を暴く」という連載記事において、政財界人の帝国人造絹糸株式会社（帝人）株売買などを批判したことがきっかけとなった。この記事により世論は沸騰し、検察は捜査を開始した。四月五日以降、検察は関係者宅の一斉捜査を行うとともに、関係者を次々と拘引した。当初、事件において問題となったのは、一九三三年六月まで日華生命専務であった河合良成らが不当に台湾銀行から帝人株を安く買い取った背任罪であり、政府高官の贈収賄については疑惑にとどまっていた[74]。

この間、捜査情報は平沼にも詳細にもたらされていた。四月一八日、平沼は倉富・二上との会話で、①黒田英雄大蔵次官も関係があり、黒田が関係したことが判明すれば、高橋蔵相は留任するわけにはいかないだろう、②中島久万吉らは「馬鹿な奴」で、家宅捜索により種々の証拠を押収されたようであり、これは「全く斎藤（実）に交し、斎藤よりの受領証にて大臣の受領なりとて之を保存し置き、押収せられた」とのことである[75]、と述べている。すなわち、平沼は事件の当初より、中島・黒田らの収賄容疑について、事実だとみなしていたことがわかる。

一方、小山も原田に対し、捜査の情報を度々伝えた。四月一六日、小山は原田に、①島田茂（元台湾銀行頭取）は二八七万五千円の損失を与え、かつ「自他ともに利得している。明かに背任行為がある」、②新聞への掲載を禁止しているため、デマが飛んでおり、「三土さんが怪しいとか、黒田次官がやられたとか、中島前商工相がどうだとかいふけれども、今日までの調べではなにも別に心配するやうなこともない[76]」、と伝えた。

しかし、五月三日には、小山も原田に対し、大蔵省の役人が事件に相当関係していることを話した[77]。その後、五月七日から行われた高木復亨（元帝人社長）の予審において、高木が検事の誘導尋問により、①帝人株を受け取り、これを中島元商工相・三土忠造元鉄相や黒田ら大蔵省高官に配布し、②黒田自身も換価金を受け取った、という趣旨の虚偽の自白をした結果、事件は贈収賄事件として、大きく拡大した[78]。

五月末かけて大蔵省中枢幹部が次々と逮捕されたことにより、斎藤首相は内閣総辞職を検討するようになった。また、検察の行動の背景には、斎藤内閣倒閣を狙う平沼の陰謀があるとの疑惑が出るようになった[79]。例えば、五月二四日、高橋蔵相は原田に対し、「或は平沼が倒閣のために若い検事を煽てゝやらしているんだとか……さうやたらにすぐ軽率に辞めるわけにも行くまいけれども、結局致方ない[80]」と述べている。

五月二八日、小山法相は原田に対し、「やれ『黒田検事が平沼の一党だ』とか、『司法省のファッショだ』とか、いろいろ言はれているけれども、これはみんなデマであつて、実際のところは非常に慎重にやつている[81]」と述べ、陰謀説を否定した。また、「平沼閥」ではなく、小山とも関係がよくない三宅正太郎（大審院判事）も原田に対し、

「非常に慎重にやっているから、そんなことは絶対にない」[82]と否定し、検察は公正であるとみなした。

その後、小山法相は六月二九日の閣議で、黒田次官が黒田越郎検事によって強制され、作成した嘆願書を根拠に、①大蔵省高官の起訴事実について、予審に付したこと、②前閣僚、現閣僚が事件に関係した事実があること、を報告した。この報告を受け、七月三日、斎藤内閣は総辞職した。[83]

なお、捜査において大きな役割を果たした黒田検事が、①政党に反感を持ち、国家改造の信念を持っていたこと、②明糖事件（一九三二年七月に起きた脱税疑惑）の際、大蔵省が司法部の要求を拒否したことから、大蔵省に一矢報いようとしていたこと[84]、は既に指摘されているが、これまでのところ、平沼の明確な関与を示す一次史料は存在しない。

ただ、①平沼はロンドン条約問題以後、政権獲得運動を展開し、一九三四年以後は海軍における提携相手であった加藤寛治を擁立する工作を展開していたこと[85]、②議会で帝人事件を取り上げた江藤源九郎衆議院議員と菊池武夫貴族院議員は、平沼と親しい関係にあったこと[86]、③塩野と密接な関係にあったこと、を踏まえると、平沼は斎藤内閣の総辞職を狙い、若手検事を内々に督励した可能性を否定できない。[87]

七月八日、斎藤内閣の後継として、岡田啓介内閣が成立し、法相には小原が就任した。また、林検事総長は留任し、司法次官には金山季逸が就任した。小原は回顧録で、岡田より就任を打診された際、林と和仁に事前に相談したところ、「貴下の一存で決すべき」と言われ、受諾を決意した。そして、「本来先輩として鈴木喜三郎、平沼騏一郎の両氏のところへ相談に行くべきではあったが、この当時の政治情勢から考え、また、この両先輩の岡田内閣の出現にたいして持つ心構えを察し、あえて意見を聞くことをやめた」[88]と述べている。つまり、小原は平沼、鈴木の意向に反することを予想した上で入閣を決断したと考えられる。

なお、塩野は親しい関係にあった小原により、行刑局長から司法次官に抜擢されることを望んだが、名古屋控訴院検事長への転任を命じられた。塩野の回顧録によると、これは一般的には栄転だが、塩野の「心境では不遇の時代」であった。転任を命じられた要因は、政党員や日本大学の関係者が塩野のもとに出入りしていたことを小原の側近が問題視したことにあったという[89]。時期は少し戻るが、一九二九年一二月四日、平沼は倉富との会話で、日本大学の理事・相談役には鈴木らがおり、学校で相談会を開くと新聞の種となるが、必要な会議を開かないわけにはいかず、先日、会議を開いた際には、鈴木と山岡は遠慮して欠席したと話しており[90]、既に「平沼閥」と日本大学との密接な関係は新聞からも注目される存在となっていたと考えられる。

小原法相は就任後、まず、帝人事件の対応に迫られた。その中で特に問題となったのが、三土の起訴である。小原は回想で、岡田啓介首相から「特に考慮の余地はないかと、切に懇望され」、「三土氏は、かねて尊敬する政治家であるから、できることなら、起訴を見合わせたい」と考え、再調査を行ったが、「事件全体に誤りはなく、三土氏の起訴はやむをえない」と考え、起訴した[91]。すなわち、小原は岡田内閣に協調的な姿勢であったが、三土は有罪だと考えていた。

次に、岡田内閣では国体明徴運動（天皇機関説事件）が起こった。この事件が政治問題化したのは、一九三五年二月一八日、貴族院本会議において、菊池が末弘厳太郎（東京帝国大学法学部長）・美濃部達吉（貴族院議員・東京帝国大学名誉教授）の著書を列挙し、天皇機関説は「国体」に反すると述べ、政府の所信を質したことがきっかけとなった。これに対し、二月二五日、美濃部は貴族院本会議において弁明を行ったが、国家主義団体は美濃部の弁明に反感を強め、国体明徴運動を展開した[92]。

二月二五日、小原法相は原田に対し、運動の狙いが機関説の排撃だけではなく、「枢密院議長を瑕つけ、議長の席が空いたら平沼男を上に上げようといふのが目的らしい[93]」と述べ、警戒していた。その後、三月二五日から同月三〇日にかけて、岡田及び小原は、原田との会話で、美濃部が不適当と思われる用語を自発的に修正することが望ましく、それが受け入れられなければ、司法権の発動を行う方針を述べた[94]。

一方、平沼は二月二六日、真崎甚三郎との会談で、美濃部の説について、「重大なる問題にて、此の儘放棄すべきものにあらず」と述べた。また、陸軍内の思想対立については、この問題を機に真崎を中心として陸軍をまとめるよう提案した[95]。その後、真崎は天皇機関説を否定する訓示を行おうと考えた。平沼も真崎の策に賛成し、竹内を通じて、真崎に「成るべく速に団隊長を集め訓示するを可とする意見」を伝えた。真崎は訓示案の添削を平沼に依頼し[96]、四月四日に訓示を陸軍部内に発した。

四月七日、司法当局は美濃部への取調べを行い、①不敬罪には当たらないが、著書の中には不穏当な字句があり、出版法に違反していることは明らかである、②処分は社会情勢を静視して決める、と表明した。これに続き、内務省は四月九日に美濃部の著書三点を発禁とし、翌日には文部省も国体明徴に関する訓令を発した[97]。

岡田内閣はこれらの措置による問題の沈静化を期待した。しかし、国家主義団体は美濃部らの処分にとどまらず、彼らを生み出した時代風潮及び岡田内閣の責任を追及する運動を行った[98]。

この間、司法当局は事態の推移を見守り、美濃部の司法処分に踏み切らなかった。『東京朝日新聞』では、「司法首脳部の意向を総合」すると、①司法処分は行政処分に比べると、重大なので慎重な態度を要すること、②急いで決めることは世論に雷同し、外部の圧迫により左右できるという疑惑を招き、それが国民の司法権への信頼の低下を招くこと[99]、あると報じた。

六月四日、小原は原田に対し、検事の大体の意見は、美濃部が「詔勅を批判していい」との記述が出版法二六条に当たるが、貴族院議員を辞職することで見逃す意向だったと伝えた[100]。その後も、司法当局は美濃部の処分を先送りする方針を続けたが、七月に入ると国体明徴運動はますます拡大し、同月末には、陸海軍も内閣に対し、機関説排撃を明示する声明の発表を要望した。これを受け、八月三日、岡田内閣は国体明徴に関する声明を出した。八月六日、小原は新聞の談話で、美濃部に対する司法処分は再度、美濃部を取調べた上で決定するが、声明を発し、行政処分も行ったので、「当面の問題はこれで一応すんだのだ、なほ一部では政治的な動きがあるかも知れぬが、政府としては軽々に……動かさるべきものではない[101]」との認識を示した。結局、検察は九月一五日に美濃部を再度取調べた。そして、九月一八日、美濃部は貴族院議員を辞職し、検察は美濃部に謹慎の情があることを理由に起訴猶予とした。

なお、小原は回顧録で、この間の事情について、人を通じて美濃部に貴族院議員を辞めるよう勧告をしたが、応じなかったので、小坂順造（貴族院議員）を通じて説得し、ようやく応じたと述べ[102]、美濃部の説得に苦慮したことをうかがわせている。また、『宮城長五郎小伝』によると、一九三五年一〇月、林頼三郎が大審院長に転任したことに伴い、検事総長に就任した光行次郎は議会終了後、各控訴院の検事長七人を集め、美濃部の起訴について意見を求めたところ、起訴すべきとの意見を述べたのは、塩野名古屋控訴院検事長と宮城長五郎長崎控訴院検事長のみであり、会議の大勢は不起訴に傾いたという[103]。

しかし、美濃部は辞職に際して、「自らの信念に少しも変りがない」との声明を発表したため、国家主義団体などは再び運動を開始した。美濃部は声明を取り消したが、二五日の閣議において、陸海軍大臣は、①美濃部問題の経緯を詳細に発表すること、②機関説についての政府と陸海軍大臣の所見を一致させること、③機関説について行ってきた処置を公表すること、を要求した。後二者について、岡田内閣は陸海軍大臣の要求に応じたが、前者については、小原が「司法権の独立」を理由に拒絶した。[104]その後、岡田内閣は陸海軍大臣の再声明要求を容れ、一〇月一五日、第二次声明を発したことにより、国体明徴運動はようやく収束した。

なお、この間、平沼が国体明徴運動に直接的に関与した形跡はない。その要因としては、①既に陸海軍の支持を背景とした政権獲得構想は破たんしていたこと、②当初から国体明徴運動の背後には平沼の陰謀があると警戒されていたこと、が挙げられる。

以上のように、小原は国体明徴運動において、国家主義団体や陸海軍と距離を取り、問題の沈静化に努めた。しかし、小原の態度は陸軍から反感を買うことになった。二・二六事件により、岡田内閣は総辞職し、一九三六年三月九日、後継として広田弘毅内閣が成立したが、陸軍は小原の国体明徴運動における対応を問題視し、入閣を拒否する姿勢を見せたのである。[105]広田弘毅首相は小原に留任を要請する意向だったが、断念を余儀なくされた。小原の後任法相には、林頼三郎が就任した。広田内閣は一九三七年一月一日、政友会の浜田国松（衆議院議員）と寺内寿一陸相との「腹切り問答」をきっかけに、総辞職した。

広田内閣の後継として、一九三七年二月二日、林銑十郎内閣が成立した。法相選定には、再び平沼が影響力を発揮した。[106]平沼は政権獲得運動を通じて、林銑十郎と親しい関係にあり、彼との個人的な関係を通じて、法相に塩野を推薦したのである。当時、塩野は大審院次席検事であり、異例の抜擢であった。

塩野は回想で、法相就任の経緯について、政変が予想されると、平沼の側近である太田耕造（第一次国本社創設者）が訪ねてきて、「今度君が大臣になるよ」と言われたが、「単なる冗談と打過ぎた」。二月一日、塩野は初めて林と面談し、法相就任を打診されたが、塩野は「一考を約して退出」し、泉二検事総長に報告すると、承諾を勧められた。その後、平沼を訪問し、同意を得て、法相就任を快諾したと述べている。[107]

林内閣はわずか四カ月で総辞職し、後継として第一次近衛文麿内閣が成立した。前内閣からの留任は、米内光政海相、杉山元陸相、塩野の三人のみであり、塩野の留任は平沼の推薦によるものであったという[108]。

第一次近衛内閣において、塩野がイニシアティブを発揮したのは、帝人事件第一審判決後の対応である。一九三七年一二月、事件の第一審で、全員に無罪判決が下った。検事側は控訴を求めたが、塩野はそれを押さえ、同月二三日、①判決を反駁するに足る根拠が比較的薄弱であること、②戦時下の国家相剋を除くこと、を理由に一審判決に服することを表明した[109]。なお、平沼も既に七月一〇日、小川平吉に「近年司法部は国民の怨府となりたり[110]」と述べ、司法部が国民からの信頼を失墜することを懸念しており、控訴に賛成ではなかったと思われる。

近衛文麿は軍部が統帥権を理由に戦況を知らせないことに不満を募らせ、一一月には早くも辞意を漏らしていた。木戸幸一文相らは近衛を慰留し続けたが、一方で後継首相候補者の検討を始めた。木戸は一九三八年三月の時点で塩野と平沼の出馬について相談していた。その後、近衛は武漢三鎮攻略を機に辞職する意向を固め、一九三九年一月四日、第一次近衛内閣は総辞職し、同日、平沼に大命降下した（第Ⅰ部第六章一）。

平沼は塩野と組閣準備について相談し、塩野の進言により法相の官邸を組閣本部とした[111]。また、閣僚の大部分は近衛内閣からの留任であり、平沼の側近で大臣となったのは塩野法相のみだった。八月三〇日、平沼騏一郎内閣は独ソ不可侵条約を理由に総辞職し、同日、阿部信行内閣が成立した。同内閣の法相には宮城、内相兼厚相には小原が就任した。翌日、阿部信行は原田に法相選定の経緯について、当初、小原を法相にしようと考え、平沼に相談したところ、平沼は「あれは国体明徴に関係があるからよくない」と否定的な考えを述べた。そして、塩野にも後継について尋ねると、宮城を挙げたという[112]。塩野と宮城は東京地裁検事時代から友人であり、とりわけ塩野の名古屋控訴院検事長時代以降、友好を深めていた[113]。また、前述のように、宮城は国体明徴運動の際、塩野とともに美濃部の起訴を主張していた。すなわち、小原は国体明徴運動への対応をめぐり、平沼の反感を買い、宮城は塩野との関係から法相に抜擢されたのであった。

その後、平沼の法相人事への関与としては、第三次近衛文麿内閣成立の際、新聞で岩村通世を推薦したと報じられたことが挙げられる程度である。この人事についても、確かに、岩村は国本社の役員で、平沼とは一九一七年以降、交流があったようであるが、[114]同時代の一次史料で平沼の関与を立証することはできない。

以上のように、平沼は鈴木・小山・小原との関係が悪化した後、塩野と密接な関係を築き、自らの政治的人脈を通じて塩野を法相とし、阿部内閣成立まで司法部に対し、間接的に影響力を行使した。しかし、塩野の法相辞任により、平沼は「平沼閥」の中核を占める検事との人的関係を失い、阿部内閣成立以後、平沼の司法部への関与を示す明確な史料は現在のところ存在しない。[115]よって、概ねこの頃には、司法部における「平沼閥」はその姿を消すに至ったのではないかと推測される。

## 五 長期にわたり残存した平沼の影響力と検事を中心とする人脈——小括

本章では、平沼騏一郎の動向と「平沼閥」の司法官との関係に着目し、「平沼閥」の形成・展開・衰退過程を論じた。本章で明らかにした点は、主に次の三点にまとめられる。

第一に、「平沼閥」は平沼・鈴木が司法部を離れた後も、田中内閣期までは、小山松吉・小原直らとの密接な関係を通じて、間接的ではあるが、相当程度影響力を保っていたことを明らかにした。新聞では、「平沼閥」は一九一三年の司法部改革により成立し、一九二一年には、司法官定年制導入を機に、より力を増したが、平沼が法相を辞任した後、凋落したと捉えられた。確かに、平沼・鈴木が司法部を離れた後、直接的に司法部をコントロールすることは困難となり、「平沼閥」は江木の人事などにより、動揺した。ただ、平沼は小山・小原らと密接な関係や国本社及び政友会の人脈などを通じて、司法部の情報を得るとともに、間接的に影響力を行使した。とりわけ、田中内閣期には、法相人事や治安維持法改正緊急勅令問題に関与するなど大きな影響力を発揮した。

第二に、「平沼閥」は浜口内閣以後、鈴木・小山・小原が平沼と距離を置いたことで、影響力を相対的に低下させたが、平沼は塩野と密接な関係を築くとともに、自らの政治的人脈を駆使し、概ね阿部内閣までは影響力を保ったことを明らかにした。浜口内閣では、疑獄事件への対応において平沼と小山との方針の違いが明らかとなった。平沼は小山が浜口内閣に接近していることを批判するとともに、疑獄事件に強硬な態度を取る塩野を評価するようになった。その後、小山は斎藤内閣、小原は岡田内閣で法相となったが、両者とも内閣と協調する姿勢を見せた。そして、陸海軍の支持を背景に政権獲得を狙う平沼と距離を取り、平沼の意向を受けて犯罪捜査を行うことはなかった。また、鈴木も政友会総裁として政友会内閣の復活を目指しており、平沼との政権構想の違いは明確となった。平沼は塩野を通じて、捜査情報などを得るとともに、林内閣・第一次近衛内閣・平沼内閣・阿部内閣の法相人事に関与した。ただ、テロ事件・疑獄事件などに表立って関与することはなかった。浜口内閣以後の「平沼閥」は、政党による疑獄事件と天皇機関説に強硬な対応を取るという点で、平沼の政治思想をより反映した組織に再編されたと捉えられるが、小林・鈴木・小山・小原・山岡という「平沼閥」の中核との人的関係の喪失により、相対的に影響力は低下したといえよう。

第三に、マスメディアにおいて、「平沼閥」は検事権力との関連で捉えられており、「平沼閥」と指摘された司法官のほとんどが検事であった。そして、「平沼閥」の中核となった司法官の多くは国本社、あるいは日本大学に関係していたことを明らかにした。「平沼閥」の源流は平沼の民刑局長時代にあった。平沼は小林を登用し、日糖事件・大逆事件の際には、小林を通じて、東京地裁の検事を中心に捜査に当たらせた。事件を通じ、平沼・小林は検事権力の強化に成功した。東京地裁において小林の指導を受けた検事には、小山・小原・塩野ら後に法相となる人材がいた。一九一三年の司法部改革において、マスメディアが平沼の登用として指摘した司法官は、すべて検事であり、人事を通じて検事の勢力と「平沼閥」の影響力がさらに強まることを危惧した。その後、平沼は司法部を離れ、国本社会長に就任するが、中核である本部理事に就任したのは、鈴木、小山、山岡、小原、原嘉道、和仁貞吉の六名であり、ほぼ「平沼閥」の検事が占めた。また、鈴木と原を除く四名は、平沼が個人的に開催した司法官招待会の幹事も務めた。なお、山岡を除く五名は平沼の男爵受爵祝賀会にも出席した。他方、平沼は明治末期から日本大学と深い関わりを持ち、鈴木・山岡・塩野らも日本大学の理事や講師を務めたことから、新聞からも日本大学と平沼との関係が注目されるようになった。また、平沼は刑法・刑事訴訟法の権威であるとともに、臨時法制審議会の総裁・副総裁を務めたが、刑法改正主査委員には、鈴木・小山ら「平沼閥」の司法官が多く含まれ、彼らは平沼と協調した。このことは「平沼閥」の司法官の特徴が検事権力の強化に努めてきた平沼に連なる存在であったことを示すものといえるだろう。

# 第二章——国本社の政治思想

国本社は一九二〇（大正九）年に設立され、一九二四年の改組後に急激に組織を拡大した（以下、改組前を第一次国本社、改組後を国本社と表記する）。一九三二年（昭和七）年には、イギリスの代表的な新聞紙『タイムズ』（*The Times*）において、「日本ファッショの総本山」と報道され、支部は一七〇、会員数は二〇万人を擁するとも称された。[1] しかし、一九三六年、国本社は平沼会長の辞任に伴い、解散した。

極東国際軍事裁判（東京裁判）において、国際検察局（ＩＰＳ）は国本社を玄洋社・黒龍会と並ぶ「膨張的超国家主義団体」と位置付け、捜査を行った。しかし、結果として国本社での活動を理由に起訴された者はいなかった。第一次国本社創設者の太田耕造は逮捕されたものの、不起訴となった。[2] また、終身刑となる平沼の主な起訴事項は、首相在任時の日中戦争の遂行と国家総動員政策に関するものであり、[3] 国本社についての言及はなかった。

東京裁判の判決文においても、国本社は平沼との関連で言及されたが、①「民族精神の高揚を養い、それを高揚することを誓言した秘密結社」であり、平沼はその「総裁」であったこと、②理事には「軍閥の最も有力な分子」の小磯国昭・荒木貞夫がおり、平沼が彼らから指導者として仰がれたことは、軍閥の指導者としての彼の重要性を示すものである、[4] と指摘するにとどまり、その政治的意義が十分に分析・評価されなかった。

戦後の歴史研究において、国本社を先駆的に取り上げたのが一九六〇年代後半に発表された伊藤隆氏の研究である[5]。伊藤氏は改組後の国本社をロンドン条約問題に至る「平沼系」との関係において取り上げ、①国本社の思想には強烈な復古主義・精神主義が貫かれていること、②復古主義には精神運動と政治運動の二つの面があるが、国本社は前者にアクセントを置いたものであること、などを指摘した。また、伊藤氏は『国史大辞典』においても、国本社について、日本精神主義・国粋主義を標榜して宣伝啓蒙活動を展開し、満州事変以後の愛国的雰囲気の中で日本精神を高調した思想的啓蒙運動団体であると指摘した[6]。その後、榎本勝己氏は『国本新聞』を本格的に用い、改組後の国本社支部の設立過程を詳細に分析した[7]。他方、クリストファー・スピルマン氏は、思想史の立場から一九三〇年初頭の『国本』のファシズムに関する論説を分析し、『国本』の論説は必ずしも平沼の思想と一致していなかったと指摘した[8]。

以上のように、特定の時期や論点を分析した研究が発表されているものの、研究の蓄積は十分ではなく、現在においても、第一次国本社・改組後の国本社の政治思想と平沼との連関を体系的に分析した研究は存在しない。そのため、主に二つの解明すべき課題が残されている。第一に、第一次国本社と改組後の国本社がいかなる関係にあり、どのように思想が変化したのかについて、明らかではない。第二に、国本社の政治思想・イメージの変化と平沼の政治思想・活動とは、いかなる関係があったのかについて、明らかではない。

これらの課題を踏まえ、本章では、次の二つの視点から考察を行う。まず、『国本』を創刊号から最終号までをトータルに分析し、『国本』において、主要な論題となった国家主義・外交・議会・ファシズムの論調がいかなるものであり、組織の改組や政治状況の変化によってどのように変遷していったのかを明らかにする。次に、平沼の政治思想・行動と国本社の政治思想・イメージとの関係について明らかにする。

## 一　第一次国本社の人脈と政治思想

第一次国本社の源流は興国同志会にある。興国同志会とは、一九一九（大正八）年六月、東京帝国大学内で結成された国家主義団体であり、天皇主権説を主張していた上杉慎吉を指導者と仰いだ。興国同志会は、一九一八年一二月、民主主義・共産主義などの流入や吉野作造に影響を受け、同じく東京帝国大学内で設立された新人会と対立関係にあった。興国同志会には、第一次国本社の創設者となる竹内賀久治（弁護士）、太田耕造（弁護士）が参加していた。

一方、検事総長の職にあった平沼も、第一次世界大戦の影響による外来思想の流入とそれに伴う秩序の動揺を憂慮しており、同じ岡山出身の法曹という共通点を持ち、国家主義運動に積極的に参加していた竹内に目をつけ、一九一九年一月、自ら竹内に面会を求めた。この会談以後、両者は関係を深めた。第一次国本社設立のきっかけとなったのは、一九二〇年一月の森戸事件である。興国同志会は森戸辰男の罷免を要求するなど活発に活動した。しかし、この行動には学内から専断的であるなどの批判が高まり、その後、興国同志会は分裂した。竹内は興国同志会分裂後、新たに雑誌『戦士日本』を発刊して、国家主義思想を鼓吹しようとしたが、創刊号のみで挫折した。続いて、一九二一年一月、竹内は興国同志会の演説会に参加していた太田とともに第一次国本社を設立し、『国本』を発刊した（第Ⅰ部第三章三）。

現在のところ、第一次国本社の正式なメンバーは不明だが、『国本』一九二一年八月号には国本社同人三二人の名が列記されており、彼らが中核的なメンバーであったと推測される。

表12　1921年8月時点の国本社同人

| 氏名 | 肩書 | 氏名 | 肩書 |
|---|---|---|---|
| 天野辰夫 | 弁護士 | 宿利英治 | 弁護士 |
| 綾川武治 | 満鉄東亜経済調査局調査員 | 高野金重 | 弁護士 |
| 伊藤恵 | 奈良女子高等師範学校教授 | 竹内賀久治 | 弁護士 |
| 乾政彦 | 法学博士 | 土屋小介 | 不明 |
| 井上哲次郎 | 東京帝国大学文学部教授 | 友枝高彦 | 東京帝国大学文学部教授 |
| 今井時郎 | 東京帝国大学文学部助教授 | 原嘉道 | 法学博士 |
| 入澤宗壽 | 東京帝国大学文学部助教授 | 深作安文 | 東京帝大学文学部助教授 |
| 上田萬年 | 元東京帝国大学文学部長 | 平沼騏一郎 | 検事総長 |
| 薄井久男 | 不明 | 平松市蔵 | 弁護士 |
| 大賀彊二 | 和光堂社長 | 広瀬哲士 | 慶應義塾大学文学部教授 |
| 太田耕造 | 弁護士 | 堀江専一郎 | 法学博士 |
| 筧克彦 | 東京帝国大学文学部助教授 | 増島六一郎 | 法学博士 |
| 北岡香平 | 不明 | 三潴信三 | 東京帝国大学法学部教授 |
| 紀平正美 | 学習院教授 | 三井甲之 | 東京帝国大学卒・歌人 |
| 児島徳四郎 | 不明 | 三宅碩夫 | 弁護士 |
| 斎藤清太郎 | 東京帝国大学文学部助教授 | 望月茂 | 『国本』編輯人 |

※『国本』第1巻第8号（1921年8月）を参考に作成。なお、肩書については表記を参考とし、記載されていない者については筆者が補った。

国本社同人の特徴は、民間の知識人、特に東京帝国大学関係者が中心となっていることである。具体的には、大学教授・助教授、法学博士、弁護士が約六五％（二一名）おり、その内、東京帝国大学教授・助教授が約二五％（八名）を占めている。その反面、平沼を除き、官僚や陸海軍人の名は見当たらず、後述のように、役員に官僚・陸海軍人が多数就任した改組後の国本社の人脈とは大きく異なっている。

これは改組後の国本社が平沼主導で教化団体を標榜した組織であったのに対し、第一次国本社は興国同志会が源流となり、それを帝国大学教授・助教授が援助したためであったと考えられる。なお、平沼は第一次国本社を「後援」する立場に回ったが、[9]それは検事総長の職にあったためであろう。

第一次国本社の主な活動は『国本』の発行であり、雑誌の経営は主に竹内、太田、綾川武治（東亜経済調査局編輯科）、蓑田胸喜（慶應義塾大学予科教員）、天野辰夫（弁護士）らが担当していた。ただ、「経営上の大試練」にも直面したようである。[10]また、現在のところ、第一次国本社について報じた新聞などはほとんど見当たらないことから、[11]世間の注目を集める組織ではなく、政治的影響力はほとんどなかったと思われる。

第一次国本社は明確な政治的意図を有していた。『国本』創刊号（一九二一年一月号）の巻頭言では、「国家主義の高唱」というタイトルで、国家主義の振興及び擁護の必要性を訴えるとともに、新人会の思想を否定した。

では、『国本』は具体的に、どのような構成であり、何を主張したのであろうか。

まず、『国本』の構成については、創刊号を例にすると、論説が二三本、小説など創作物が四本となっており、テーマは内政外交や思想、文化など多岐にわたる。他の号も多少の変動があるが、基本的には同様の構成である。そのため、全体の論調を掴むことは容易ではない。ただ、『国本』では、ほぼ毎号、二本から六本程度の共通テーマの論説を集め、「特集」を組んでいる。それらは編集者の意向により選定されたものであり、多くは時事問題を扱っていることから、第一次国本社の問題意識を探る上で、重要である。

表13のように、『国本』の「特集」からは、国家主義の振興や共産主義への批判だけでなく、政治外交に関する問題にも、幅広く関心を持っていたことがうかがわれる。特に、第一次世界大戦後のアメリカの政治的・軍事的台頭を人種論の観点から警戒したものが多いことが特徴である。これはアジア主義者だった太田の意向とともに、当時、ワシントン会議、排日移民法など対米関係が焦点となったことが影響していたと考えられる。

表13　第一次国本社時代の『国本』の「特集」

| 年月 | タイトル |
|---|---|
| 1921年１月号 | 「三学長の国家観」 |
| 1921年２月号 | 「帝大研究室の総動員（其の一）」 |
| 1921年３月号 | 「帝大研究室の総動員（其の二）」 |
| 1921年４月号 | 「風教問題に対する批判」 |
| 1921年５月号 | 「朋党政治の総勘定」「ラッセル思想批判」 |
| 1921年６月号 | 「過激派の道徳破壊」「福田・吉野・河上三博士の思想及人物」 |
| 1921年７月号 | 「黄色亜細亜の主張」「一転後の人物」 |
| 1921年８月号 | 「亜米利加の軍国化」 |
| 1921年９月号 | 「平和か紛糾か華府会議」 |
| 1921年10月号 | 「瓦全か玉砕か使節を送る」 |
| 1921年11月号 | 「東西使節とその背景」 |
| 1921年12月号 | 「人口過剰と満蒙優越権」「政党の主流及傍流」 |
| 1922年１月号 | 「有色人種の昂潮」 |
| 1922年２月号 | 「アングロサクソンの暴虐」「欧米の極東研究者」 |
| 1922年３月号 | 「米国の世界支配」 |
| 1922年４月号 | 「白人の亜細亜侵略」 |
| 1922年５月号 | 「新興印度の現勢」 |
| 1922年６月号 | 「白人文明の崩壊」「政機動く後継内閣如何」 |
| 1922年７月号 | 「英国の煩悶」「新内閣と其前途」 |
| 1922年８月号 | 「多数政治是非」「労働運動者の罪業」 |
| 1922年９月号 | 「白禍殺到の支那」「貴族院団体の解剖」 |
| 1922年10月号 | 「独逸甦るか」「政界の革新如何」 |
| 1922年11月号 | 「土耳古捷つ」「内外思想戦」 |
| 1922年12月号 | 「中欧及近東」 |
| 1923年１月号 | 「南満還附是か」「内外思想戦」 |
| 1923年３月号 | 「遣使問題敗る」 |
| 1923年４月号 | 「現代の三大問題」「東西問題の醇化」 |

| 年月 | タイトル |
|---|---|
| 1923年５月号 | 「国家対民族観」 |
| 1923年６月号 | 「対露問題如何」 |
| 1923年７月号 | 「支那竟に管理か」 |
| 1923年８月号 | 「党弊打破」「有島問題批判」 |
| 1923年11月号 | 「逆境日本の新展開」「甘粕事件批判」 |
| 1924年１月号 | 「興国精神の喚起」 |
| 1924年２月号 | 「大逆事件の検討」「政界八面蜂」 |
| 1924年３月号 | 「対露承是認か」「次の内閣奈何」「国際労働会議問題」 |
| 1924年４月号 | 「極東日本の新地位」「大学の赤化」 |
| 1924年５月号 | 「移民問題の重大化」 |
| 1924年６月号 | 「全亜細亜運動」 |
| 1924年７月号 | 「内訌…外憂か？」 |

※『国本』1923年２月号、1923年９月～10月号、1924年８月～12月号の所在は明らかになっていない。なお、1923年12月号は、関東大震災の影響により、休刊した。

では、『国本』の論説ではどのような主張が行われたのであろうか。紙幅の都合上、すべてを紹介するのは不可能であるため、ここでは主な論題となった、①国家主義、②外交、③議会、に焦点を当てて、主な論調を分析する。

### （一）国家主義に関する論説

まず、国家主義に関する論説では、深作安文（東京帝国大学文学部助教授）、井上哲次郎（東京帝国大学文学部教授）らが中心的な論客であり、主な論調は国家主義の擁護にあった。その特徴は次の二点に分けられる。

第一に、日本の国家主義は第一次世界大戦以前のドイツと異なり、平和的、人道的なものであることを強調するものである。

井上は、一九二一年二月号で、国家の存続発展と個人の発展とは、ある程度まで調和して併進する事ができる。古来日本は国家主義を取っており、それは人道主義と相伴うものであり、侵略的ではないと主張した。[12]

他方、平沼は、一九二三年一月号において、日本の国家主義を「尚武主義」という日本の伝統に基づくものであると述べ、正当化しようとした。すなわち、政治の要は「仁」にあるが、「専ら仁に由るときは、恩に丑るるの弊」が生じる。そのため、「必ず制するに義を以てす、武を用いるは要するに義を完うすに在り」と武力の定義を行い、武力は「外世界の平和を保ち、友邦をして危亡の憂をなからしむる所以なり……外人動もすれば尚武の本旨を解せず、之を侵略と混す事を弁ぜざる。之より甚しきはなし」[13]と日本の国家主義を弁護した。また、山川健次郎（元東京帝国大学総長）も、一九二三年六月号において、愛国心と尚武心の重要性を訴えた。すなわち、「今の日本人の多くは、利己心の権化」のようであり、公共心、愛国心が少なくなっている。しかし、「我が国民の愛国心は、我が大和民族の生存を保証する唯一の武器」である。国が小さく、富源がきわめて乏しい日本が明治において発展したのは、愛国心と尚武心のおかげであり、それを取り戻す必要があると主張した。[14]

第二に、第一次世界大戦後の国際主義、人道主義自体の必要性は認めるが、各国は依然として軍事力の強化を行っており、現実的ではないと指摘するものである。

深作は一九二二年一月号で、「国際主義と相容れぬ国家主義も、国家主義と相容れぬ国際主義も、孰れもその所期と反対の帰結」なるので、「吾等は今後、国民の一人たると同時に、世界人となり、自国を顧ると同時に、世界を顧みなければならぬ」[15]と述べ、国際主義の必要性を強調した。ただその一方で、別の論説では、「大戦後、軍国主義は殆んど全世界の人民から呪はれつつある」が、「今日少くとも世界の強国は、口、平和を唱へて、手、劍を磨きつつある」状況なので、道理という理想論の前には、現実論がなければならないと主張した。[16]

## （二）外交に関する論説

『国本』では、以上のような国家主義の擁護にとどまらず、政治外交に関する具体的な問題についても、積極的な議論を展開した。その最も主要な部分を占めるのが、外交に関する論説であった。主な論客は太田・綾川・蜷川新（元同志社大学教授）らであり、ワシントン海軍軍縮会議・排日移民法など対米関係と人種論についての議論が展開された。

『国本』は創刊当初から、アメリカへの強い警戒を示す論説が投稿され、一九二一年一一月から開催されるワシントン会議に対しても、会議開催以前から反対の態度を明確にした。その理由は主に次の二点である。

第一に、第一次世界大戦後、世界最強の軍事力・経済力を有するようになったアメリカが太平洋・中国に進出することに対する警戒である。

蜷川は、一九二一年八月号において、アメリカがアジア方面に進出することで、国内の過剰生産の危機を救い、労働問題の困難を脱しようとしており、アジア地域に影響力を持つ日本が邪魔になっている。そこで、カリフォルニア州の日本人排斥問題、次いでヤップ島問題を引き起こしたと分析した[17]。また、同月号では、伊藤正徳（時事新報社）も軍縮を人道の理想とするが、「若しも米国が最強海軍を建設するの意図を翻さざる限り、日本は八八艦隊を建設して自衛の途を進可きこと論を俟たぬ」と主張した[18]。

第二に、軍縮賛成論者の論理を内通者とみなし、それらの一掃を唱えた。

蜷川は、一九二二年九月号において、軍縮賛成論者は「非戦主義、非武力主義を高唱」することで、武力のみならず、経済・財政、生産能率増大の根底となる国民元気の喪失をもたらしており、「怖るべく呪ふべく悪むべきは、対外内応内通者の宣伝跋扈である。今日の急務は、之等対外内応内通者流の削減掃蕩である。国民の実力涵養の源泉たる国民の士気は彼等に依つて喪失せしめられつつある」[19]と主張した。

『国本』では、以上のような対米問題と並行して、人種問題を大きく取り上げた。また、ワシントン会議終了後も、継続してアメリカの行動を批判した。

『国本』では、早くも一九二一年七月号に「黄色亜細亜の主張」というタイトルの「特集」を組んでいる。この背景には、既に一九一三年に成立していた第一次排日土地法に続いて、一九二〇年、第二次排日土地法が制定されたことも影響していた[20]。既に指摘されているように、アメリカの排日運動は、多くの日本人の対米イメージを悪化させた。すなわち、アメリカの理念に期待していた人々は、ウィルソン（Thomas Woodrow Wilson）が提唱した、自由主義・民主主義・国際主義が偽善であると感じ、その反動としてアメリカに対する嫌悪感を増幅させたのである[21]。第一次国本社同人の反応も、大枠においてそれと同様であった。

太田は、移民問題の主因は経済問題ではなく、人種問題であり、「表看板にデモクラシーを掲ぐるは武断政治を遂行するの権宜に過ぎず」、「国防の国民化に成功し、有事に大動員を行ひ、其野望を貫徹せんとするの意図愈々明かなるに至りし」と述べ、国運の打開と国民生活の開展、「有色同胞」の解放のために、対米積極外交に出る必要性を主張した[22]。

また、太田はアメリカが資本主義などを通じて、中国などへの影響力を拡大していることについても、危惧した。すなわち、「内に幾多の異民族を容れて愈々其大を誇り、外に其巨財を擁して資本的侵略主義を強行し、其所謂世界政策により、遥かに民族問題の急所を握って利権漁りに抜け目がない。鮮人を使嗾し、支那を煽動」していると[23]みなした。

さらに、当時、人種問題の代表的論客であった綾川も[24]、「白人自ら変改」することは「夢にも望むことは」出来ず、「有色人種自らが、自らの力に依つて解決するより外に道はない」とし、日本の使命は、「有色民族解放、即ち人類解放の戦士たること」にあると主張した。(25)

一九二四年、アメリカ連邦議会における、いわゆる排日移民法の成立は、第一次国本社同人を憤激させ、白色人種に対する有色人種の団結と対抗の必要性を一層強く感じさせた。

『国本』一九二四年五月号では、「移民問題の重大化」という「特集」が組まれた。同月号の編集後記では、「今や、太平洋を隔てて人種戦の序幕は切つて落とされた。彼米国は、多年正義と人道の仮面を被りて、吾等の前に巧言令色を呈し来れるも、遂ひに自らの手を以つてその仮面を剥ぎとつたる新移民法なる人種的の宣戦を布告したではないか」と述べ、排日移民法を人種戦争の序幕と受け止めた。

太田は排日移民法成立を受け、「デモクラシーは、暴力政治と何等撰ぶ所なきを天下に暴露するに至つた……米国外交の根軸とする所が世界に於ける原料品の獲得と交通路の掌握であり、為めに無遠慮なる唯物政策を益々露骨ならしめ」ていると述べ、アメリカの対外政策を批判した。そして、「若し亜細亜諸民族が各自に其道徳的立場を強固にし、智力を研ぎて自然を開拓し得ば、白人の専恣横暴を排除するが如きはさして難事」ではない。「全亜細亜運動は、敢て偏狭排他的の亜細亜モンロー主義を意義」せず、従来の不自然な対白人関係を開放するものに過ぎないと述べた。(26)すなわち、アジア人の解放に期待し、「全亜細亜運動」を提唱するが、従来の白人との関係の清算を目的とし、「亜細亜モンロー主義」の立場を取らないことを表明した。

他方、『国本』のイギリスに関する論説は、アメリカに比べると少なく、関心も低い。それは、イギリスの東アジアにおける影響力が低下しているとみなしていたためであったと考えられる。例えば、太田は一九二二年七月号で、イギリスの「日英同盟なき其極東政策は、影漸く淡く」なっていると評した。(27)

また、ソ連については、ソ連政府の政策や思想を批判する論説が掲載され、ソ連政府の土台は揺らいでいるとする見方が出された。

ポリス・ネーリン（経歴・肩書などは不明）は、ソ連国内の窮状を度々『国本』に投稿した。例えば、ネーリンは一九二二年一月号において、国民は飢餓に苦しんでおり、それはレーニン・トロツキーら「冒険的共産主義者の三年間に亘る治政の総勘定」であるとした。その例として、①農民は政府に農産物を収奪され、働く意欲を失っていること、②都会における状態はさらにひどく、工場の機械は動いていないこと、③知識階級は反革命者として銃殺されるか、国外への脱出を余儀なくされていること、[28]などを挙げた。また、山内封介（翻訳家）は一九二四年一月号において、前年八月から三カ月間、ソ連及びその近隣国を見物した感想として、バイカル以外の地方の都市と村落は極度の疲弊状態にあり、バイカルの経済状態も復興というよりも、むしろ破たんに近づきつつあると伝えた。その主な要因として、新経済政策により政府が個人企業・商業を圧迫したことなどを挙げた。[29]

他方、太田は一九二三年六月号において、ソ連では既に小農制度の復活が検討され、個人の所有権は事実上認められており、「労農政府の主義上の存在理由は根底より動揺して来た」[30]と論じた。太田は一九二七年四月の時点でも、ソ連は「対内的にも、対外的にも、何等実力の伴ふ積極的政策に出ずる能はず、僅かに彌縫的手段に依りて、内外に対する威信を保ち、自己政権の維持に汲々たる有様」であり、革命以来、赤化宣伝を続けるとともに、あらゆる機会を利用して列強に接近を図っている[31]と分析した。

### （三）議会に関する論説

最後に、国内政治に関する論説では、議会の動向について論じたものが多い。その主な論旨は、現在の議会が代議政治としての機能を十分に果たしておらず、議員の選出についても、必ずしも多数国民の意思を代表したものではないとの認識に立ち、その上で、議会の否定ではなく、制度や意識の改革を訴えるものである。

太田は一九二一年四月号において、「少なくとも議会が政治の重心たることは明かである。而して政治が今迄の如き所謂政治を意味し政略であり、口舌であり而して腕力であるならば到底新時代の潮流に迎ふことが出来ぬ……余は議会政治の堕落を認めて尚其処に希望を断たぬ」(32)と述べ、議会が政略ではなく、議会本来の機能を果たすよう要望した。また、井上哲次郎は一九二一年五月号において、代議政体を見放すのではなく、「此の立憲政体を立派なものに成らしむるやうに努力す可き」であると主張した。そのための手段として、第一に、階級・組合から衆議院議員を選出することを提案した。ただ、現実には、実行は困難であるとも指摘した。第二に、議会が上手く機能しないのは、「余りに議員が党派の制裁に制せられ、自己の政治的良心に依つて行動しない」ことにあるとし、改善の手段として、少壮政治家が健全なる団体をつくることや国民教育において対策を取ることなどを挙げた(33)。さらに、一九二一年六月号では、野村淳治（東京帝国大学法学部教授）が、選挙法改正の必要性を訴え、試案を提示した。その主な内容は、選挙運動員・選挙運動費に制限を設け、選挙法違反に対する罰則を強化しようとするものであった(34)。

なお、国内政治に関する論説において、普選に言及したものはわずかであり、論調を体系的に把握することは困難である。斯波貞吉（後に憲政会所属衆議院議員）は、一九二一年一二月号において、政治の中心が漸次、一般国民の手に帰しつつあり、政機は十分に熟しているので、普選を早晩実行する必要があると主張した(35)。一方、竹内は一貫して普選に否定的な態度を見せた。一九二一年五月号において、竹内は、①憲政会や国民党が普選を導入すれば、政治上の弊害を救済できると主張しているが、これは「飛んでもなき間違」いである、②民衆は、高等な人物を推挙する能力がなく、「頭を下げ、金銭をでも提供するものあれば」、社会主義者でも労働者でも犯罪人でも、一切無差別である、と主張した[36]。竹内は第二次山本権兵衛内閣が普選を推進したことについても、「普選によりて、選挙界の革正を為し得べきを信ずる能はず……政友会を破るならば、三権分立主義を確定すれば可なり」と述べ[37]、依然として普選に否定的な態度を示すとともに、政党による行政権介入を批判した。

以上、第一次国本社時代の『国本』の主な論調を、①国家主義、②外交、③議会、に焦点を当てて見てきた。発刊の目的として「国家主義の高唱」を掲げたように、『国本』では、日本の国家主義を擁護した。外交においては、ワシントン海軍軍縮会議への反対と排日移民法に対する反発などが論じられたが、その際、アメリカの軍事的・経済的脅威及び、白色人種に対する有色人種の団結と対抗を訴える、いわゆるアジア主義を基調としていたことが特徴であった。議会に関しては、議会の機能不全を批判しつつも、議会そのものの否定ではなく、制度や意識の改革を訴えるものが多く、普選についての言及はわずかであった。

これらの論調は平沼の政治思想と共通点が多いが、相違点もある。まず、国家主義の擁護や軍縮への反対、白色人種への反感については共通していたが、平沼はアジア主義的言説を口にしていない。また、普選について、平沼は、遅くとも一九二三年七月には納税資格の維持が困難との認識を示し、第二次山本内閣法相就任以降、治安対策を条件として普選を推進しており、竹内の認識とは明確に異なっていた。

## 二　国本社の改組とロンドン条約問題以前の国本社の政治思想

第一次国本社の組織・人脈は、平沼による改組の結果、大きく変化した。平沼は一九二四（大正一三）年一月から第一次国本社の改組に着手した。三月の発起人会では、平沼が会長に推薦されるとともに、理事の選任は会長に一任された。そして、五月、国本社が結成された[38]。

平沼は改組にあたり、組織の活動目的を再定義し、教化団体としての性格をアピールした。また、役員に政官の有力者を就任させることを通じて、興国同志会を中心とした第一次国本社時代の体制からの脱却をはかった。その結果、改組当初、政治団体とのイメージは浸透していなかった。改組後の国本社の活動は、主に雑誌の発行と講演活動であった。改組後の国本社でも、『国本』の発行を継続した。また、全国に支部を設立し、各地での講演活動に重点を置いた。平沼も、『国本』への投稿は「年頭所感」などが中心であったが、講演活動には非常に積極的で、各地の国本社支部の発会式などにおいて、演説を数多く行った（第Ⅰ部第四章三）。

国本社は改組後、急激に組織を拡大させた。既に指摘されているように、地方支部の設置の中心となったのは、地方裁判所長及び判検事、地方師団の師団長クラス、地方出身の現役退役将官クラスの陸海軍人であり、国本社会員には、陸海軍人・司法官・大学学生支部組織の会員が多く参加した。また、国本社理事には、財閥から池田成彬（三井）、小倉正恒（住友）、結城豊太郎（安田）が参加し、運営資金を援助した[39]。

国本社は以上のような人脈・資金力を背景に、支部を拡大し続け、各地で講演会などを開催した。

ただ、平沼は国本社での活動を通じて、①大衆的基盤の獲得、②政権獲得のための政治的人脈の形成、③自らの

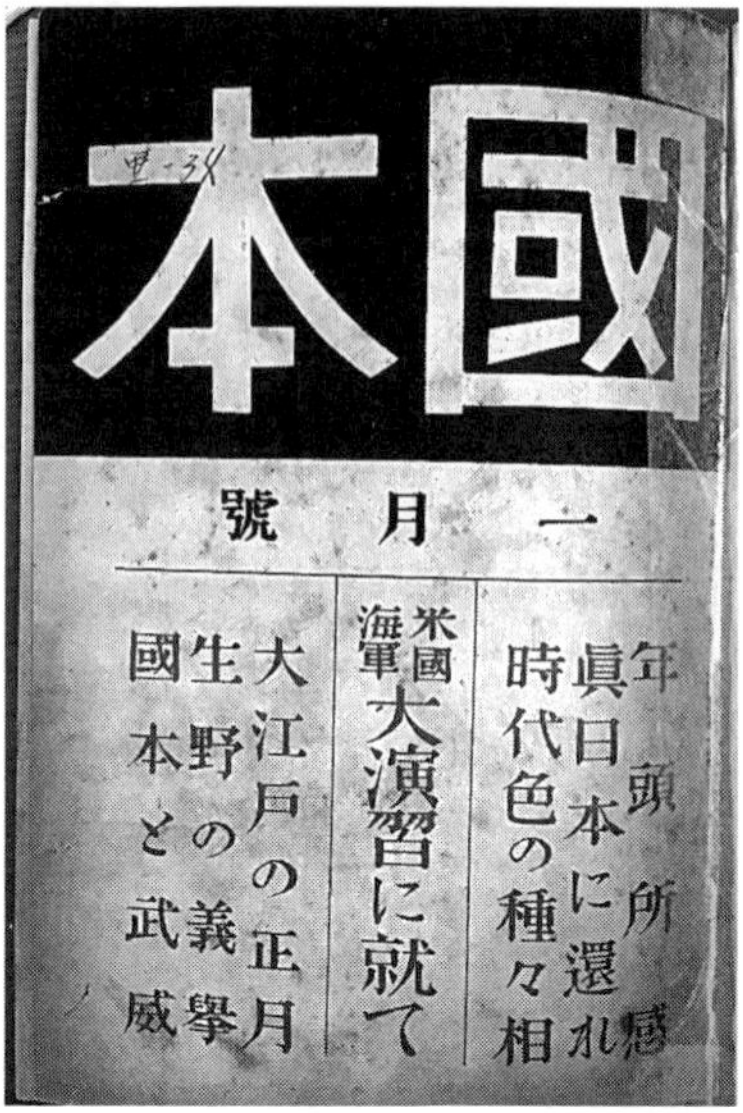
國本
一月號
年頭所感
眞日本に還れ
時代色の種々相
米國海軍大演習に就て
大江戸の正月
生野の義擧
國本と武威

写真15　『国本』1925年1月号の表紙

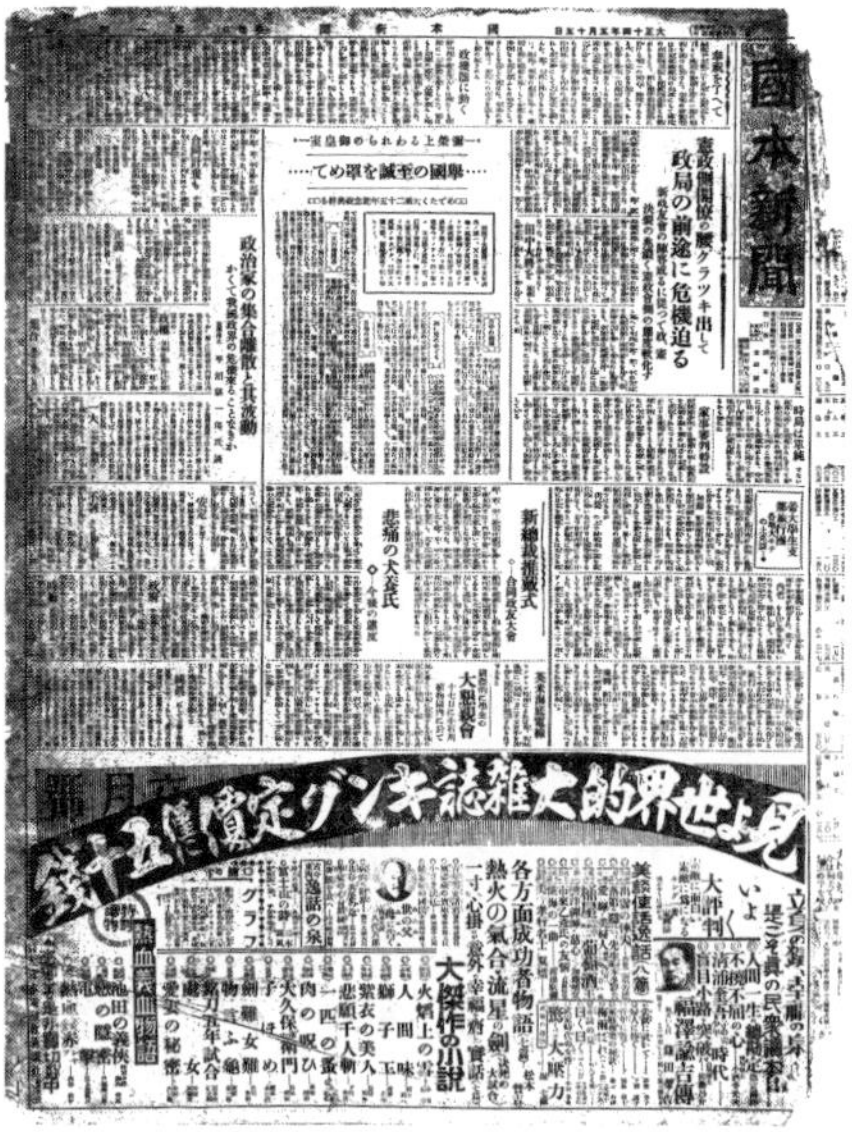
國本新聞

写真16　『国本新聞』1925年5月15日（第1号）

政治観の鼓吹、という政治的目的を達成しようという意図を有していた。このことは、平沼の政治運動に伴い、国本社が政治団体とみなされる要因となる（第Ｉ部第四章二）。

国本社は『国本』の発行を継続し、引き続き望月茂が編輯発行人・印刷人を務めた。他方、一九二五年五月一五日から、第一次国本社創設者の一人である太田を発行人・編集人・印刷人として、新たに『国本新聞』を発刊した。以後、太田は言論活動の主な舞台を『国本』から『国本新聞』に移し、『国本新聞』の「社論」、「論壇」の執筆の多くを担当することになる。(40)

『国本新聞』の発刊は、太田の意向が影響していた可能性がある。太田は、『国本新聞』一九二五年七月一五日の「社論」において、日本の「三禍」として、党人・赤化とともに、新聞を挙げるなど、(41)日本のジャーナリズムの現状に危機感を覚えており、自ら新聞を発刊し、ジャーナリズムを是正しようとしたと考えられる。

国本社の改組後、『国本』の構成及び内容にも、変化が見られる。

まず、雑誌の構成では、多少の変動はあるが、全体的な傾向として、第一次国本社時代より文化や歴史、小説など創作物の割合が増え、総合雑誌としての性格を強めていることが確認できる。例えば、一九二五年一月号では、論説が一一本、文化や歴史、小説など創作物が七本、法律研究・相談が一本。一九二七年六月号では、論説が一〇本、文化や歴史、小説など創作物が一三本。一九三〇（昭和五）年九月号では、論説が一二本、文化や歴史、小説など創作物が一六本、法律研究・相談が一本となっている。これは国本社が国家主義ではなく、国民精神の振興を掲げたことや全国の幅広い層の読者から支持を獲得しようとしたためであったと考えられる。また、国本社に多くの陸海軍人が加入したことから、新たに現役陸海軍人からも論説が寄稿されるようになったことが確認できる。

次に、『国本』の論説でも、論調にある程度変化が見られる。改組後の『国本』でも、二本から六本程度の共通のテーマの論文を集め、「特集」を組むことがあったが、それらは歴史や文化などが中心であり、第一次国本社時代のような政治的、煽動的なタイトルは少なくなっている。ただ、政治的な論説は、本数は減少したものの、継続して掲載された。ここでは、主な論点となった、①国家主義、②外交、③議会・ファシズム、に焦点を当て分析する。

### (一)国家主義に関する論説

まず、国家主義に関する論説では、国際主義などに対抗し、国家主義の重要性を説く論調に変化はない。ただ、国本社改組の直接的なきっかけとなった虎ノ門事件が発生した後も、朴烈事件や三・一五事件など共産主義者・無政府主義者による事件が相次いだことから、共産主義などへの思想的対応についての議論がより多くみられるようになった。中心的な論客となったのは、深作、村川堅固（東京帝国大学文学部教授）らであり、主に次の二つの主張が行われた。

第一に、西洋の思想を取り入れる際は、「国体」や日本の文化、国民性との適合が必要であることを強調するものである。これは「国体の清華を顕揚する」ことを掲げた国本社の最も基本的な主張であり、様々な論者から同様の指摘がなされた。

例えば、深作は一九二五年一月号において、「先進国民の文化に学んで、その取るべきは取るべきであるが、その取るまじきものは断じて之を取るべきでない。而して、国家生活の根本たる国民的思想、国民的信念に至っては、牢固として抜くべからざるものを有たなければならぬ」とし、「最も力強きものの一は我国体観念であると思ふ……何人も我国体観念に徹して真日本に還るべき[42]」と主張した。

『国本』では、とりわけ、西洋の思想を物質主義であるとみなし、第一次世界大戦後にはその弊害が生じていることを警戒する論調が多く見られた。野口米次郎（慶應義塾大学文学部教授）は一九二八年一月号で、自らを「西洋文明の嘆美者の一人」と称しながら、今日の日本は西洋の物質主義の弊害を蒙っており、デモクラシーを唱道するより、西洋文明の否定すべきだと主張した(43)。

ただ、『国本』の編集部では、主観的には排外主義を批判しており、論説の中には欧米に習うべきとの主張も一部見られる。鹽澤昌貞（早稲田大学政治経済学部教授）は一九二九年一〇月号において、欧米人の愛国心は「少くも政治家を以て称されるやうな人々になると、却つて我国の政治家に立勝つて居るやうに思へ」、日本は「政治道徳といふことに関しては、知識も訓練も足りない(44)」と述べ、政治道徳については、欧米を見習うべきであると主張した。

第二に、共産主義に対抗し、国家主義的精神を養うための教育のあり方について、議論が行われた。

村川は一九三〇年二月号において、国民精神の弛緩に対する教育の必要性を力説した。村川によると、日本の国家的精神は明らかに弛緩しており、高等教育を受けている青年の中に特に欠けているとした。そして、それは青年を責めるべきではなく、「教育者である朝野有力者の責である(45)」との認識を述べた。

また、深作は一九三〇年四月号で、共産主義に対抗するためには、法の制裁ではなく、産業・教育上の対策が必要であると主張した。すなわち、「思想善導」には、まず、善導する者が「人心の解放」を特色とする思想状況を知る必要がある。その上で、産業上の対策について、「公的には国富を創造する仕事」であることを認識させるとともに、労働者に株を持たせ、「資本家をして労働者になる考、労働者をして資本家になる考を起さしめること」が必要であると主張した。他方、教育上の対策としては、青年が「割合にマルクス主義を解して居る」が、「外来思想に対して独自的精神に基く所の厳正批判をなす力が眠つて居る」とし、「日本国といふものを知識として知り、信念として信ずる教科を多くもするし、徹底的に教へもせなければならぬ[46]」と主張した。

## （二）外交に関する論説

外交では、軍縮問題と対中政策が主な論題となった。第一次国本社時代、外交に関する論説の中心を担ったのは、太田・蜷川らであったが、改組後は彼らに代わり、桑原冊次郎が毎号のように投稿を行うようになった。桑原が『国本』に投稿するようになるのは、改組後からであり、実質的に『国本』の外交評論において中心的な役割を担った。桑原の肩書は、ドクトル・オブ・シヴィル・ローとなっているが、具体的な経歴は不明である。

桑原は一九二六年一月号で、自らの国際認識を率直に論じている。桑原は国際連盟について、「有色人種は白色人種の犠牲となり、欧州列国民は英米両国のアングロサクソン民族の犠牲」となるに過ぎないと否定的だった。また、アメリカの対外政策についても、「金力と兵力とに依りて、振舞ふところの我まま勝手であり、横暴であり、非人道であり、動もすれば、世界の平和を攪乱せんとするもの[47]」であると批判した。すなわち、桑原の外交観は、人種論やアメリカの対外政策への不信感を基軸としており、これは第一次国本社時代の主な外交の論調と同様であった。ただ、第一次国本社時代のように、有色人種の結束と白色人種への対抗を積極的に訴えることはなかった。

以上のような認識のもと、桑原は一九二七年のジュネーブ海軍軍縮会議への対応について、「主力艦や補助艦の制限以上にシンガポール並にハワイに於ける海軍根拠地の撤廃が必要」であり、日本は「現有力以上の充実を図らねばならないと同時に、英米の軍縮に対する誠意は大に疑はざるをえない[48]」と否定的な態度を見せた。

ジュネーブ海軍軍縮会議は英米の対立により決裂したが、一九二九年に至り英米間での予備交渉が成立し、日本はロンドン海軍軍縮会議に招へいされた。桑原はロンドン会議について、①英米間の協定成立の結果、「日本が叩き伏せられんするやうになつてをる……ロンドン会議は軍縮会議といふよりも、寧ろ英米親善会議といつた方が好い位である」、②英米にとって最も障害となるのは日本であり、日本がなかったならば、中国も満蒙も彼らの自由になるだろう、③「日本は攻勢上の必要はないが、守勢上必要な海軍力だけは、是非とも保有せねばならぬ」[49]、と主張し、英米による日本抑圧を危惧した。

なお、軍縮に関しては現役の陸海軍人からの投稿があり、いずれも軍縮に懐疑的、否定的な姿勢を見せていることも注目すべきである。

野村吉三郎（海軍少将）は一九二六年四月号において、軍備は可能であれば縮小すべきだが、「国家安全の保障あつて初て軍備を制限し得る」ので、「余り当てにするを得ない理想に憧れ、今日の必要なる軍備」を怠ってはならないと警鐘を鳴らした[50]。また、本間雅晴（陸軍中佐）は一九二六年一二月号において、陸軍軍縮に否定的な理由として、①「軍備の重点は今や常備軍に在らずして国民に在る……之に制限を加へるといふ事は一国の生存力を制限する」ものであること、②軍縮の主旨には不同意ではないが、各国の外交的態度は、必ずしもその真意を語るものではないこと、③ソ連が軍縮会議に参加していないこと[51]、を挙げた。

次に、対中政策では、一九二五年七月、広東において国民政府が誕生し、一九二六年には北伐が開始されたことで、中国統一の動きは本格化し、それらへの対応が焦点となった。

一九二六年一〇月号において、桑原は、列国による共同管理は中国を滅ぼすものであり、それは「東洋諸国が亡ぶべき端緒を開く」と述べ、反対した。また、中国の統一については、中国人は個人主義で国家主義の精神に乏しく、国家主義が隆盛すれば堅固な中央政府により、外交問題を有利に解決できるとの見通しを示した。ただ、「この際支那を平和に導かんとするには、先づその第一歩として、支那大陸を少くとも南北に両分すること」が必要であり、「場合によつては満州を独立せしめ、蒙古も独立せしめた方が、平和を馴致する」と主張した。すなわち、中国ナショナリズムを低く評価し、ナショナリズムの高揚があれば将来の統一が不可能ではないが、現状では、平和のために中国本土を二分し、場合によっては満蒙を独立させることが望ましいと考えたのである。

他方、イギリスの対中政策については、最終的に「穏和主義」をとったため、「支那及支那人は益々英国及英国人を軽んじ」ており、「日本が初めから不干渉主義を取ったのは、寧ろ策を得たもの」である。また、関税会議において、中国の排日感情は薄らいでおり、「英国が日本を道連れにせんとして色々画策しつつあるのに対し、わが日本が迂闊に乗つてはならない」と主張した。(52)

一九二六年一一月末には、広東政府を承認するか否かが問題となったが、桑原は以上のような中国本土を二分し、場合によっては満蒙を独立させるべきとの主張から、否定的な態度を見せた。(53)

その後、一九二七年三月二四日、南京に入城した北伐軍の部隊の一部が日・英・米の領事館を襲撃するとともに、外国人に対する大規模な暴行・略奪を行い（南京事件）、四月三日には漢口でも中国人による暴動が発生した（漢口事件）。事件を受け、政友会は中国の共産主義化を煽り、内政不干渉を批判したが、幣原喜重郎外相はワシントン会議の枠組みを重視し、内政不干渉を堅持した。(54) 四月二〇日、台湾銀行救済緊急勅令問題により第一次若槻礼次郎内閣は総辞職し、同日に田中義一内閣が成立した。田中内閣は前内閣の方針を転換し、同年五月には、山東省の権益擁護及び日本人居留民の保護などを名目として、第一次山東出兵を行った。

田中内閣成立後の一九二七年七月、桑原は南京事件・漢口事件を「赤露の対支政策で、支那共産党が共鳴しようとしつつある」と述べ、政友会と同様、共産主義勢力の影響を指摘した。また、「我対支外交の原則は、支那を利するると共に日本を利すべきもの」だが、「日本は東洋の先進国として支那を指導すべく、英米両国と協調し、支那の赤禍を救ひ、動乱の安定すべき道を教へ」る必要があり、この使命を全うするためには、「日本現下の山東出兵は最も機宜を得たもの」[55]であると述べ、田中内閣の対中政策を評価した。

その後も田中内閣は三次にわたり山東出兵を行い、一九二八年五月三日には、日本軍と中国軍との間で軍事衝突が起こり、多くの中国人が殺害された。済南事件である。この事件は、①中国国内の排外運動の標的を日本に向ける契機となり、②蔣介石が日本軍の行動に対して憤慨し、日本に警戒心を持つようになった、という点で、日中関係の転換点の一つともなった[56]。

しかし、桑原は中国での既得権の維持を重視し、依然として田中内閣の対中政策を支持した。一九二七年一〇月号において、桑原は、張作霖は日本と提携して努力しようとする意思がないので、日本はもはや張に同情がなく、中国に蹂躙された既得権の強化を図る必要があると主張した。また、もし、田中内閣の満蒙積極策が「日清日露の意気で進めば、伊太利のアルバニア政策に劣らぬ効果を見るのではないか」[57]と期待を寄せた。一九二八年六月号でも、桑原は、「出兵は相当にその理由が認められている……飽までも積極主義によつて、日本の産業問題や人口問題を最も有利に解決すべき途を啓かねばならない」[58]と主張した。

以上のように、桑原は人種論と英米への不信感から国際連盟及び軍縮に一貫して反対姿勢を取り、対中政策では中国における日本の権益維持と反共を重視する姿勢から、田中外交を支持した。ただ、桑原の構想は中国ナショナリズムを低く評価し、現状では中国本土の南北二分を必要とし、場合によっては満蒙独立を望むものであり、蔣介石による中国本土の統一の容認と張作霖を通じての満蒙権益の維持・拡大を図ろうとした田中内閣よりも、より強硬な姿勢であったといえるだろう。また、太田らのように、白色人種に対するアジア民族の連帯と対抗を訴える、いわゆるアジア主義を全面的に打ち出すことがなかったことも特徴であった。

これらの外交観は、平沼の外交観と共通する点が多かったといえる。平沼は英米を中心とする国際秩序に批判的で、国際連盟についても懐疑的な態度を示した。また、白色人種による圧迫を恐れる一方、アジア主義を明確な形で打ち出すことはなかった。さらに、対中政策についても、田中内閣に不満を持つことはなかった。ただ、平沼は対中政策を体系的な形で明らかにしておらず、後に満蒙権益の維持を重視し、満州事変及び満州国建国を追認するものの、その後の中国本土での軍事力行使や日中戦争に否定的であったことを踏まえると（第Ⅰ部第四章、第五章）、桑原のように中国本土の二分を構想していたかは疑問である。

### （三）議会・ファシズムに関する論説

最後に、議会に関する論説では、第一次国本社時代より悲観的な見方が広がり、近い将来、既成政党は崩壊するという見方や普選実施による政党の改革に一抹の期待を寄せる意見が出た。

祷苗代（政友本党所属衆議院議員）は、一九二五年一〇月号において、国民は既成政党に幻滅しており、その崩壊は時間の問題である。今後、政界に波紋が起ったとしても、政党の一部の模様替えをする程度の改造以外、望むことは出来ない。しかし、普選実施により、選挙人の思想や感情が反響して、政党の主義・主張が変化することもあると述べた(59)。また、同月号では、下位春吉も「腐敗堕落した既成政党を一蹴し、真に国民の意志を代表し、国民の慶福を招来すべき政治の実現は、唯一の来るべき普通選挙に懸つている。若し普選にして従来の制限選挙と同じき悲むべき結果に陥るならば、日本の前途は暗黒の幕を以て覆はるるのみ(60)」であるとの見方を示した。

その後、国本社は一九二八年の民政党綱領問題において、「議会中心主義」に反対の姿勢を明確にした。この問題は、鈴木喜三郎内相（田中内閣）が声明で、民政党の綱領にある「議会中心主義」を「国体」と相容れないと批判し、内閣の成立は天皇大権の発動によるもので、政党員の多少をもって成立するものではないとの見解を示したことが議会政治の否定にあたると批判を浴びたものである。

新聞では、鈴木の声明を「議会中心主義」の否定を意味するものであると批判し、総選挙の当日に発表したことから、鈴木の魂胆は総選挙で政友会が敗北しても総辞職しないことにあるのではないかと分析したが、(61)『国本』では、鈴木を全面的に擁護する論陣を張った。

一九二八年四月号において、桑原は、「日本の如く主権が天皇にあつて、議会は常に之に服従せねばならぬ政体においては、議会中心政治を徹底せしめんとするが如き議会中心主義といふことの有り得ようがない」(62)と主張した。また、蜷川も、「議会が政治の中心であるならば天皇は拒否の権を実行せらるることが出来ない」ので、憲法を無視することになる。また、議会は外交上の権利を有して居らないし、軍事上の権利を握っていないと主張した。(63)

その後も、『国本』では、議会政治に否定的な論調が多く出た。それは一九二八年二月に第一回普選が実施された後も、議会での不祥事や疑獄事件が頻発したためであると考えられる。例えば、第五六議会（一九二八年一二月二六日～一九二九年三月二五日）では、張作霖爆殺事件や小選挙区法案などをめぐって、議場は混乱を来たし、暴行など議院内不祥事件が四件発生した。(64)

一九二九年五月号において、畝山人は第五六議会が「乱闘また乱闘で終り……事実日本の議会政治がゼロであることを世界に広くさらけ出した」(65)と批判した。また、一九三〇年一月号では、平沼も各方面に忌むべき事実があるが、「最も甚だしいものは政界の現状」である。昨年八月以降続発した事件の根本は、政治教育の欠陥にあるが、暴露した原因は政党が「朋党比周」して「政権の争奪に熱中した結果」[66]であると批判した。

『国本』では、以上のような議会政治への否定的論調が増える一方、イタリアで起こったファシズムを好意的に捉える論説がしばしば見られるようになった。

既に指摘されているように、一九二二年一〇月、ローマ進軍を受けて、『国本』では、太田と満川が当時、論壇でファシズムを「反動」とみなす意見が多かったことに疑問を呈し、ムッソリーニを民族主義の雄として評価した。ただ、イタリア・ファシズムと労働者との関係が対立的でないとの指摘はあるものの、その点に踏み込んだ分析はなかった[67]。その後、ムッソリーニは共産党などを弾圧し、独裁体制を形成していったが、『国本』では、依然としてムッソリーニ及びファシズムを高く評価する論説がしばしば見られた。

一九二六年一月号において、桑原は、ムッソリーニがファシスト党を率いて共産党狩りやフリーメーソン征伐を始めたのは、愛国の至情にかられたからであり、「ムツソリニ氏の国粋主義を以て寧ろ日本の尚武主義に近いものとすることには躊躇せぬ[68]」と評価した。また、同月号の「海外余聞」でも、「宛然たる東洋志士の風である。志士仁人の志である。吾等はムツソリーニ氏のごとき人物を喜ぶ[69]」と賞賛した。

一九二七年八月号では、福岡一が「ムソリーニの新しきサンディカリズム」を「資本家も労働者も知識階級も肉体的労働者も共に国家の下に一致結合すべし」というもので、「まぎれもない国家的運動[70]」であると評価した。ただ、『国本』ではファシズムの精神を評価しつつも、ファシズムの制度を日本に導入することに反対する意見も出された。

本多熊太郎（元駐独大使）は、一九二八年八月号で、日本にムッソリーニが出現する可能性について論じた。本多は、日本の国情は当時のイタリアほど混乱しておらず、もし、「当時の伊太利の如き国情に日本が堕した場合には、ムッソリーニの出現を見る前に、必ず外部よりの一大国難に逢着」する。「吾々がムッソリーニから学ぶべき点は、政治の形式ではなく、その精神にあるのである、あんな形式の政治が日本に行はれる様な国情に陥ってはならぬ」[71]と述べ、ムッソリーニの精神を評価するものの、ファシズムの形式を否定的に捉え、日本への導入についても否定した。

平沼はより明確にファシズムの導入に否定的な考えを表明した。一九二九年一月号において、平沼は「近頃イタリー、スペイン等で、所謂独裁政治の声を聴き、我国でも、何程か之に共鳴している人もあるやに見受くるが、かくの如きは、我建国の精神とは全く相入れぬことである」[72]と批判した。

以上のように、『国本』では、議会・既成政党に対する悲観的な見方が強まったが、これらは平沼の情勢認識と一致する点が多い。ただ、平沼が普選の実施による政党改革に期待をかけていたことを示す史料は存在しない。また、ファシズムに関する論説については、平沼の認識と相違していた。『国本』では、ファシズム及びムッソリーニに好意的な論調であり、とりわけその精神を高く評価していたが、平沼は一九二九年の時点で、ファシズムに明確に反対していた。このことは、後の「ファッショ」批判に対する平沼の声明につながることになる。

## （四）平沼の政治運動と国本社イメージの変化

国本社が政治団体とみなされるきっかけとなったのは、台湾銀行救済緊急勅令問題である。平沼は第一次若槻内閣の倒閣に重要な役割を果したため、憲政会関係者はこの問題を機に国本社を離れた。その結果、国本社は政友会と官僚を中心とした団体へと変化した。また、それと同時に、枢密院関係者や宮中関係者を中心に、国本社が政治団体であるというイメージが広がった（第Ⅰ部第四章三）。

確かに、改組後の『国本』においても、政治外交に関する論説が掲載されたが、現存している史料において、国本社は『国本』の内容ではなく、主に平沼、あるいは国本社とつながりのある国家主義者の政治運動との関連で言及されていた。とりわけ、国本社が政治団体とみなされる大きな要因となったのは、主に台湾銀行救済緊急勅令問題での平沼の行動にあった。

例えば、二上は平沼が国本社を政治基盤としようとしていると考えていたが、一九三〇年一一月の時点でも、『国本』に対しては、倉富との会話で、「極めて穏健なるものにて、立派なる雑誌なり」(73)と評価していた。

## 三　「ファッショ」批判と国本社の解散

### (一) ロンドン条約問題と国家主義団体としての国本社イメージの形成

一九二九(昭和四)年七月に成立した浜口雄幸内閣は、ロンドン条約締結を推進したが、平沼は条約締結に反対した。国本社でも、全国的に講演活動を展開し、反国際主義、反軍縮、反政党の宣伝を行った。とりわけ、本多は頭山満、内田良平ら民間の国家主義団体とともに海軍軍縮会議後援会を発足させ、活発な言論活動を展開した(74)。

一九三〇年一〇月、ロンドン条約は批准されたが、批准の過程で提起された統帥権問題・上奏阻止問題は、陸海軍人・国家主義者を憤慨させた。一一月一四日、浜口首相は国家主義者の佐郷屋留雄に狙撃され、重傷を負い、翌年四月に総辞職した。

浜口首相狙撃事件は、国本社のイメージにも大きな影響を与えることになった。事件後、新聞で、①佐郷屋が

『日本及日本人』や国本社の宣言書を読んで、刺激を受けたと供述したこと、②佐郷屋の背後には、平沼と懇意の岩田愛之助（国家主義団体愛国社社長）がいたこと、が報じられたのである。[75] 原田は、①浜口首相狙撃事件の犯人は国本社に関係していること、②平沼が民間の国家主義者を庇護し、司法省へ手を廻して国家主義団体への取り締まりを徹底しないようにしていること、を問題視し、[76] 国家主義団体の背後に平沼がいるとみなした。

一九三一年九月一八日、満州事変が発生した。平沼は、これを機会に満蒙問題を解決することを狙い、関東軍の行動を追認した。また、平沼は『国本』の論説でも、一九三二年一月号において、満州は「大損害、大犠牲の代償としては殆ど言ふに足らぬ権益」だが、「東洋永遠の平和、延いては世界人類全体の幸福の為に」投資、開発してきた。これを擁護することは「帝国の使命を遂行する所以」であり、世界に日本の使命を明らかにすべきであると主張した。[77]

『国本』でも、満州事変を擁護する論説が多く見られた。一九三一年一一月号において、桑原は、日本の解決案に反対しようとしている国はアメリカ以外に存在せず、中国側の味方となって、「日本を屈服せしめたいと考へてをるのが、ロシア」だが、「革命後のロシアはまだそれほど強くない」。ただ、「アメリカはいつも大事をとる方であるから、直ちに日本に向つて戦ひを挑むやうな事は為し得ない」と国際情勢を分析した。また、幣原外相は「日本人の心をもつて支那人の心として折衝しつつあるが故に、三百六十五日だまされどほしである。それでいて幣原外相は支那人から尊敬されていない……幸ひに南〔次郎〕陸相が現内閣にあつた為め、我満蒙権益は辛うじて救はれ、我自衛権はやつと擁護されたのである。従つて霞が関はもはや、英米追随主義といふやうなことは顧みる必要はなく、飽くまで正義を正義として、支那の暴戻を膺懲すべきである」と述べ、満州事変を全面的に支持した。[78]

同月号では、斎藤良衛（一九三〇年七月まで満鉄理事）も、日本の人口問題と原料の調達における満蒙の重要性を指摘し、「此際此秋、我等は支那をして我等を排斥し来つた非違を糾し、我等の支那に於ける経済活動を可能ならしめ、満蒙に於ける我等の権益を擁護し、我等の国家生存権を保護せねばならぬ」[79]と指摘した。

他方、平沼はロンドン条約問題以後、ロンドン条約反対派の陸海軍人との繋がりを強めた。そして、陸海軍の統制崩壊を憂慮し、陸海軍の支持を背景とした官僚を中心とする内閣の成立を狙うようになった。一九三二年一月、平沼は小笠原長生（予備役海軍中将）、東郷平八郎（海軍元帥）を国本社に引き入れ、大角岑生（犬養毅内閣海相）も評議員から理事へ昇格した。それに伴い、国本社は平沼の政治的意思をより反映した組織となった（第Ⅰ部第五章二）。

## （二）ファシズム論の変化と「ファッショ」批判

ドイツでは、ナチ党（国家社会主義ドイツ労働者党）が躍進していた。ナチ党は一九三〇年九月の総選挙で躍進し、一九三二年七月の総選挙で第一党に踊り出た。日本では、国内外における現状打破の機運の高まりを受け、ファシズムに対する関心が高まり、マスメディアでは、既に指摘されているように、早いものでは一九三一年四月から特集が組まれるようになった[80]。

『国本』のファシズムに関する論説も、一九三二年に入ると論調に変化が生じた。

一九三二年三月号において、林癸未夫（早稲田大学教授）は、ファシズムを「現在の社会発展過程に於ける歴史的必然」であると評した。すなわち、ファシズムは自由主義的民主政治を再否定して、より高度の政治形態として発展したものであり、その特質は、専制主義ではなく、「階級的利己心」を放棄し、「超階級的福利」を増進しようとする真摯な目的を持つ独裁主義であるとした。また、経済は「所謂計画経済であるか、或は高度の干渉主義の下の統制」であり、「自由主義を否定」するものであると指摘した。[81]

一九三二年四月号では、中谷武世（法政大学教授）がファシズムの概念について、分析した。すなわち、「好むと好まざるを問はず、ファシズムの台頭は既に必然の勢力となつた。今や、日本に於ても、社会思想、政治思想の主潮をなすものは、ファシツズムの潮流」となっているが、ジャーナリズムでは、資本主義擁護の反動運動とみなすものが少なくなく、その見方は正しくない。ファシズムとは、「一言にしていへば、反議会主義反資本主義的傾向を持つ急進的（行動的）国民主義」であると定義した。そして、それは反国際主義、反個人主義、反階級主義、国家統制主義であり、著しく行動主義である。また、「国民主義であり、祖国主義である当然の性質上、熱烈なる理想主義であり、精神運動である」と指摘した。[82]

なお、『国本』一九三二年四月号の編集後記では、「所謂ファシヨ運動の如き議会政治に対する絶望的一表現と見るべきで、好むと好まざるに拘はらず、現実の傾向的大勢であれば、容易に引込まぬ代物であらう[83]」と述べ、ファシズムへの賛否は明らかにしていないが、議会政治の反動であるとともに、現在の大勢であると捉えた。

以上のように、一九三二年に入ると『国本』のファシズムに関する論調は、それまでのファシズムの精神を評価するものと異なり、日本においてもファシズムの政治形態が導入されることは、必然的であるとの見方が出ていることが特徴であった。

## （三）国本社活動の停滞と国本社の解散

ファシズムの機運が高まるなか、一九三二年三月二三日付の『タイムズ』の報道は、国本社及び平沼にとって大きな打撃となった。『タイムズ』[84]は、国本社を日本における「ファッショ」団体の代表として報道したのである。

報道の後、『東京朝日新聞』も、国本社を「世間一般からファッショの総本部かの如く見られ[85]」ていると紹介した。平沼は『タイムズ』の報道に対し、四月二〇日に談話を発表し、国本社は「道徳の遂行」を目指したものであると弁明した[86]。しかしその後、国本社及び平沼は「ファッショ」であるというイメージが形成されていくことになる。例えば、『東京朝日新聞』では、五月七日、「ファッショ的傾向」の一つとして、軍部を背景とした国本社を中心とする平沼の政治的運動を挙げた[87]。

平沼が声明を出した後の『国本』では、統制経済の導入の必要性[88]やファシズムと日本主義との親和性を説く論説[89]が掲載されることもあったが、一九三二年一二月号の編集後記では、「所謂フアッシヨ運動に多少同情は表し得るが、到底共鳴し得ない[90]」とファシズムを否定した。また、ファシズムの台頭を「既に必然の勢力」とみていた中谷も、一九三二年一二月号において、一九三一年末からの国民運動を「日本ファッシヨ運動」と呼ぶことは、見当違いでなく、それらはドイツの影響を非常に強く受けたものであったが、今後は「フアッシズムより皇道主義へ、国家社会主義より皇国主義へ」向かうべきであると主張した[91]。

国本社が「ファッショ」とみなされたことは、首相就任を目指す平沼にとって大きな打撃となった。一九三二年五月一五日、海軍の青年将校らにより犬養毅首相が暗殺された。平沼は陸海軍の支持を背景に、後継首相となることを望んだが、西園寺は後継首相について、天皇から「ファッショに近き者は不可なり」との伝言を受けた。この時点で平沼は候補からはずれており、西園寺は斎藤実元海相を後継首相に推薦した。平沼は自らの政治的栄達の障害となった国本社に対して、以前のような熱意を持たなくなり、一九三二年一一月の高知支部設立式での講演を最後に、国本社の講演活動に参加しなくなった（第Ⅰ部第五章二）。

国本社の活動も、国内で「ファッショ」団体とのイメージが広まった後、停滞していた。『国本』も発行は継続したものの、平沼の声明後、文化や歴史、小説など創作物の割合がさらに増え、政論雑誌としての性格を弱めていく。例えば、一九三六年一月号では、論説が五本、文化や歴史、小説など創作物が一六本となっている。また、論説の内容も、軍縮会議など時事問題への批評ではなく、国民道徳の涵養など観念的な内容が多くを占めている。『国本』の外交に関する論説の多くを執筆していた桑原も、一九三四年一月号を最後に投稿しなくなった。これらの変化の要因としては、一九三二年四月の平沼の声明に沿った紙面の構成に改める必要があったためだと考えられる。

その後、一九三六年三月一三日、平沼は枢密院議長就任に際して、国本社会長を辞任した。国本社は平沼の辞表を受理したが、後任の会長を決定するに至らず[92]、六月四日、国本社の解散を決定した。

## 四　平沼の政治行動・政治思想と強く連関した『国本』の論調――小括

本章では国本社を、①国本社の政治思想、②国本社の政治思想・イメージの変化と平沼騏一郎の政治行動・政治思想との関係、という点から分析してきた。本章で明らかにした点は次の二点にまとめられる。

第一に、『国本』の論調及び紙面構成は、主に組織の改組と一九三二年四月の平沼の声明を契機として、変化したことを明らかにした。

第一次国本社時代は民間の知識人、特に東京帝国大学関係者を中心とした組織であった。『国本』では、設立の目的であった国家主義の擁護などが論じられたが、最大の特徴は外交において、第一次世界大戦後のアメリカの政治的・軍事的台頭への警戒と反軍縮、アジア主義を強調したことにあった。

改組後の国本社は教化団体を標榜し、『国本』では、第一次国本社時代より文化や歴史、小説など創作物の割合が増加したものの、依然として政治外交に関する議論が行われた。国家主義や外交に関する論説には、第一次国本社時代と共通点が多いが、変化した点もあった。まず、国家主義については、国家主義の擁護する論調は共通していたが、共産主義への思想的対応の点から多く論じられるようになった。また、外交では、反軍縮やアメリカへの危機感などは第一次国本社時代と同様であり、対中政策でもそれらを背景として、満蒙権益の擁護を主張した。その一方で、アジアとの連帯を強調する意見は見られなくなった。さらに、議会に関しては、既成政党に幻滅する一方、普選への期待やファシズムに好意的な見方が出た。満州事変後は、陸軍の行動を支持し、日本の政治体制のファシズムへの移行を必然ととらえる論説まで見られるようになった。これらの論調は平沼の政治認識と共通する点が多いが、ファシズムに対する評価は異なっており、平沼は一九二九年の時点で、ファシズムの導入に否定的な考えを表明していた。その後、一九三二年四月の平沼の声明を機に、ファシズムに共感を示す論説は減少した。また、『国本』の紙面構成も、文化や歴史、小説など創作物の割合がさらに増加するとともに、政治的言説は観念的なものが多くを占めるようになった結果、政治的性格は弱まった。

第二に、国本社が政治団体や「ファッショ」であるというイメージは主に平沼の政治行動の影響を受けたものであったことを明らかにした。

第一次国本社は世間的にはほとんど知られていなかったが、改組後の国本社には政官の有力者が多数参加し、活発な講演活動や急激に組織を拡大したことなどから、マスメディアや政界の一部でも注目されるようになった。ただ、改組直後は、政治的なイメージでは捉えられていなかった。国本社が政治団体というイメージの形成に大きな影響を与えたのが、台湾銀行救済緊急勅令問題であった。その後、国本社は浜口首相狙撃事件の犯人が国本社と関係していたことから、国家主義団体とみなされるようになった。そして、軍の台頭とナチ党の躍進を受け、国内でファシズムの導入が議論されるようになると、『タイムズ』の指摘を機に、「ファッショ」というイメージに変化していく。確かに、『国本』では、一九三一年以後、満州事変を支持するとともに、ファッショ、ファシズムへの移行を必然的とみなす論説が見られるようになる。しかし、国本社は『国本』の論調ではなく、平沼や国本社と関係のあった国家主義者の政治行動との関連で言及されていることから、「ファッショ」とみなされる主な要因となったのは、平沼や国本社と関係のあった国家主義者の政治行動であったといえよう。

# 結　論——近代日本において平沼騏一郎とは何だったのか

本書では、第Ⅰ部において、これまで十分に分析されてこなかった平沼騏一郎の政治的台頭と政治指導を論じた。第Ⅱ部においては、司法部における「平沼閥」と国本社に焦点を当て、平沼をめぐる人脈・組織の実態を考察した。本書で明らかにした点は主に次の五点である。

第一に、平沼は遅くとも、第一次世界大戦後には山県と近い政治観を形成したが、非藩閥・非山県系の司法官僚として山県系と一定の距離を取り、検察権の柔軟な運用や立憲政友会を主体とする内閣の下で司法部改革を主導することを通じて、司法部における権力を確立・維持したことである。

平沼は司法省に入った後、主流派であった山県系から登用されず、それほど目立った存在ではなかった。平沼が出世の契機を掴んだのは司法官増俸要求事件である。平沼は山県系官僚が中心となったストライキの収束に中心的な役割を果たした。事件後、平沼は司法省で頭角を現すとともに、政友会から重用されることとなった。

平沼は主に政友会を主体とする内閣と協調し、イギリス・ドイツの司法制度を取り入れ、司法部改革を主導することを通じて、司法省において政治的に台頭するとともに、司法権を強化した。とりわけ、一九一三（大正二）年には、松田正久法相とともに、裁判所の統廃合・裁判事務の簡捷化・人事改革を主導し、それらを通じて司法部における権力基盤を確立した。これを機に、マスメディアでは「平沼閥」の存在が指摘されるようになった。

また、平沼の捜査及び検察権の運用も、司法省における政治的台頭に寄与した。平沼は日糖事件の指揮を通じて、検事権力を増大させた。また、大逆事件の捜査では無政府主義者への強硬姿勢を示し、司法省において存在感を増した。平沼は二つの事件の捜査にあたって、小林芳郎・鈴木喜三郎・小原直・小山松吉ら自らの信頼する司法官を起用した。彼らは大正期・昭和初期の司法部の中枢を担う存在となるとともに、「平沼閥」の中核ともなった。日糖事件以降、平沼は検察権の運用について、国家の体面や社会、司法部に与える影響などを踏まえ、場合によっては、政界からの引退など司法処分によらずに処理する方針を示した。その一方で、検事総長として中立的なイメージを維持するため、政党及び山県系と巧妙に距離を取り、権力を維持した。原敬は日糖事件以降、検察が山県系と連携しているのではないかと疑っていたが、第二次大隈重信内閣時には、検察を公平であると認めるに至った。

原敬内閣において、平沼は法相就任の要請を固辞したものの、原と人権問題・思想問題などを協力して処理した。また、原が推進した陪審制・司法官定年制の導入についても協力した。なお、司法官定年制の導入により、司法部における「平沼閥」の影響力はさらに増大した。

以上のように、平沼は司法部改革において、刑法改正や裁判事務の合理化など公的な利益と自らの権力の維持・強化という私的な利益とを巧みに融合させ、権力を確立した。松田と原、とりわけ原が司法部改革にあたって念頭に置いていたのは、司法官による人権侵害が政党政治の発展を阻害することを防止することであり、両者のもとで行われた改革は、いずれも最も有力な司法官であった平沼の協力なしでは実現困難なものであった。平沼が司法部改革を推進した主な意図は、自らの権力と司法部の権威を維持・強化することにあったが、松田・原の進める司法部改革に重要な役割を担ったという点において、当該期における政党政治の発展に間接的に寄与する点もあったといえよう。ただ、平沼が検察権を増大させるとともに、長期にわたり司法省・検察の実権を掌握したことは、司法省による裁判所の統制を一層強化する結果となり、裁判所の自立性を損なう結果ともなった。

一方、平沼が司法官僚時代に形成した政治観は、山県と類似したものであった。平沼は幼少期、敬神思想・儒学などを学び、学生時代から過度の西洋化に対する疑問を持っていた。そして、欧州での司法制度調査や大逆事件の経験、大正期にかけての社会秩序の悪化などを受け、西洋への不信感を強めるとともに、伝統的価値観への傾倒を深めていった。遅くとも一九一五年には、日本の伝統的価値観に合致した司法の必要性を主張するようになり、「天皇機関説論争」では、実質的に官僚の権限を擁護する役割を担った天皇主権説を支持した。

その後、第一次世界大戦の影響により流入した外来思想に対しては、人心を分裂させ、天皇を中心とする国家体制を揺るがすものとみなした。そして、当面は敬神や忠孝などの観念を打ち出し、天皇を基軸として人心を統一することを狙った。また、外交では英米中心の国際秩序に反感を持ち、人種論の立場から欧米が日本を圧迫することを恐れた。これらは大枠において、山県と類似したきわめて保守的な政治観であった。他方、平沼は森戸事件を機に、国家主義者との交流を深め、第一次国本社の設立を後援した。その背景には、単に彼らの思想に共鳴したというよりも、教育政策だけでは、共産主義の影響を受けた社会運動を押さえきれないという危機感があった。しかし、平沼は政友会と山県系との対抗関係において、自らの権力を維持するため、山県系と巧妙に距離を取り、特別な政治的関係を持たなかったのである。

これらは平沼が官僚として、自身の権力を増大させるための柔軟な政治戦略を持っていたことを示すものといえるだろう。しかし、平沼が将来の進路として宮中入りを志したのは、思想問題の悪化がきっかけであり、既に五〇歳を超えていた。平沼は一貫して司法官僚であったため、政治的関心は秩序維持・反共に関する政策に集中しており、社会情勢に対する多角的な理解や国際感覚については十分に養われていなかったのである。

本書で明らかにした点は第二に、平沼は政党・国際主義に対抗する政治原理として観念的な国家主義的言説・国策・軍事力重視などを掲げ、現状に不満を持つ勢力を幅広く糾合し、政権獲得を狙ったが、それらは本人の意図を超え、陸海軍や国家主義団体の政治的影響力の増大を助長してしまったことである。

平沼は第二次山本権兵衛内閣法相辞任後、首相や将来の宮中入りを狙い、活発に政治運動を展開し、政治基盤の構築を図った。まず、平沼は国本社を通じて、政治基盤を形成しようとした。平沼は国本社の改組にあたって、司法官・弁護士や陸海軍人を中心に、多くの政官の有力者を役員に就任させた。また、財界の支援を得て、支部を急速に拡大するとともに、全国各地で活発に講演会を開催した。平沼は演説などにおいて、反共や観念的な国家主義的言説だけでなく、政党政治・国際主義の弊害とそれらに代わる政治原理として挙国一致・国策・軍事力重視を打ち出し、大衆的基盤の獲得を狙った。

なお、第一次国本社は民間の知識人、特に東京帝国大学関係者を中心とした組織であり、「国家主義の高唱」を設立の目的とした。『国本』の論調の特徴は、第一次世界大戦後のアメリカの政治的・軍事的台頭への警戒や反軍縮、アジア主義を強調したことにあった。一方、改組後の国本社は教化団体を標榜し、役員には政官の有力者が就任することで、第一次国本社の体制を一新した。国本社は急激に組織を拡大したことから、政界やマスメディアでも注目されるようになった。改組後の『国本』でも、依然として政治外交に関する議論が行われたが、その論調は共産主義への思想的対応や満蒙権益の擁護など、平沼の政治認識をより反映したものとなった。ただ、平沼と異なる見解の論説も掲載されており、平沼の意図は論説の内容を全面的にコントロールせず、反政党・反国際主義の点で共通点を持つ官僚・陸海軍人・国家主義者などから幅広く支持を獲得することにあったと考えられる。

次に、平沼は司法部や国本社の人脈などを活用して、枢密院の有力者や政友会などに接近し、政治基盤の構築を図った。平沼は司法部を離れた後も、小山・小原・山岡萬之助ら「平沼閥」の司法官との密接な関係を通じて、司法部に対し、間接的ではあるが、相当程度影響力を保持した。また、枢密院では田健治郎や伊東巳代治と親しい関係を築き、枢密院副議長就任後は倉富勇三郎枢密院議長とともに、枢密院の運営を主導した。さらに、鈴木が政友会に入党した後は、政友会との関係を深め、田中義一とも密接な関係を築いた。当時、有力な官僚系の政治家が払底しつつあった状況において、松本剛吉や薩摩系の政治家らは、国本社を主宰し、司法部・枢密院・政友会に強い影響力を持つ平沼を官僚を首班とする内閣の首相候補者として期待した。

すなわち、一九二〇年代半ばの平沼の政権構想は、反国際主義を掲げるとともに、自らを政党の弊害を是正する公平な官僚と位置付け、国本社・司法部・枢密院・政友会・薩摩系の支持を背景に、官僚を首班とした内閣の首相に就任するというものであった。

平沼は一九二六年四月に枢密院副議長に就任した。平沼を推薦したのは倉富だったが、第一次若槻礼次郎内閣も平沼に反対しなかった。それは司法官僚時代、主に政友会と司法部改革を推進したものの、検察権の運用において政治勢力と巧妙に距離を取ったことや法相時代、治安対策を条件として普選を推進したことなどから、政界の一部を除いては政治的に中立的な法律専門家としてのイメージを維持したためであった。

政界の一部で存在感を現しはじめた平沼は、松本の仲介を経て、西園寺にも接近を試みた。しかし、西園寺は平沼の国家主義的言動や政治運動などを懸念し、首相候補者とはみなさなくなった。また、台湾銀行救済緊急勅令問題以後、平沼はマスメディアでも政友会系とみなされるようになった。それに伴い、国本社も政治団体というイメージが定着した。

その後、平沼は田中義一内閣に概ね協調的な態度をとった。それは満蒙権益の維持・強化や治安政策の強化など内政外交の政策で、大枠において一致したためであった。平沼は田中に国策調査会の設置を働きかけ、官僚の権力を維持し、政党内閣の弊害を防止しようとした。しかし、この構想は衆議院の多数党による内閣が行政を取り仕切り、かつそれに責任を持つ体制を理想とするマスメディアや立憲民政党の批判を受け、失敗に終わった。

一方、浜口雄幸内閣に対しては、共産主義の影響を受けた社会運動への宥和的姿勢に不満を募らせ、政党による疑獄事件の続発を機に、政党内閣を見放した。ロンドン条約問題では、英米が日本の中国進出を抑圧しようとしていると考え、条約締結に反対し、統帥権問題では軍の官僚的権限を擁護した。

ロンドン条約問題以後、平沼は陸海軍統制の崩壊を憂慮し、ロンドン条約反対派の陸海軍人との関係を深め、彼らとともに皇族総長の擁立やワシントン条約・ロンドン条約からの離脱などを推進した。その背景には、首相への野心だけでなく、陸海軍の支持を得て首相に就任し、危機を収束させようとする意図があった。しかし、平沼と提携した陸軍軍人は、軍内の統制回復に尽力せず、結果として統制崩壊を助長する政策を取った。

平沼は提携する陸海軍人が軍内で主要な位置を占めたことから、自信を深め、牧野伸顕内大臣らに軍部を抑え得る文官官僚であることをアピールする一方、国家社会主義に傾倒していた国民同盟や陸軍中堅層にも接触を図り、幅広い勢力から支持を獲得しようとした。

なお、司法部の「平沼閥」の影響力は、浜口内閣以後、小山・小原が疑獄事件への対応の違いなどから平沼と距離を置き、政友会総裁となっていた鈴木も政友会内閣の復活を目指す方針を取ったため、相対的に低下していた。ただ、ロンドン条約問題以後、平沼の最大の支持基盤は陸海軍に移ったため、政権獲得運動に大きな影響はなかった。

マスメディアや政界の一部では、平沼を有力な首相候補として挙げながらも、平沼内閣による「ファッショ」化を危惧した。それは平沼が陸海軍上層部と提携するだけでなく、国家主義団体を庇護し、国民同盟・陸軍中堅層などにも接近したことから、平沼の観念的な国家主義的言説が現実の政治指導においていかなる意味を持つのか明らかではなかったことも影響していた。平沼は国家社会主義を共産主義と変わらないものとして嫌っていたが、政権獲得のため、国家主義を掲げて政党政治・英米協調外交に不満を持つ勢力と幅広く提携しようとしたのである。

なお、国本社は浜口雄幸首相狙撃事件後、国家主義団体とみなされるようになった。平沼自身がテロ事件などに関与した形跡はないが、国本社と関わりのあった国家主義者が事件を起こしたことから、平沼の関与も疑われるようになったのである。また、一九三二（昭和七）年三月の『タイムズ』の報道以後、マスメディアでも「ファッショ」団体とのイメージが浸透した。これらのイメージの変化は、『国本』の論調というよりも、平沼や国本社と関係があった国家主義者の政治行動に影響を受けたものであった。

その後、政権獲得工作は西園寺が平沼を忌避したことや提携関係にある陸海軍人が部内で権力を失ったことにより挫折した。平沼は政権獲得の障害となった国本社に対する熱意を失い、一九三六年三月、枢密院議長に就任した際、自ら会長を辞任した。その後間もなく、国本社は解散した。

文官官僚である平沼が首相として政権運営を行うためには、諸政治勢力と協調するだけでなく、コントロールする必要があった。そのためには、陸海軍を含めた官僚のセクショナリズムを抑制するとともに、首相がリーダーシップを発揮し、内閣が国政全体を統御する体制を構築することが必要であった。しかし、平沼は英米協調外交・政党政治の崩壊を助長するだけでなく、陸海軍人との人的関係にとらわれ、平沼の意図とは裏腹に、陸海軍の政治的台頭を助長させてしまったのである。また、国家主義団体を庇護したことは、それらの勢力の増大を促す結果ともなった。その背景には、あまりにも長い期間、上意下達の組織である司法部に所属したため、政治家として時局や政治的駆け引きを見抜くことについて不得手であり、首相としての政策統合のあり方について明確なイメージを持てなかったことが影響したと考えられる。

本書で明らかにした点は第三に、平沼が首相・重臣として展開した政治指導は、日中戦争から敗戦までの外交上の危機の連鎖を止めるには至らず、時に混乱を招くこともあったことである。

平沼は中村大尉事件が発生した時点でも、中国との戦争を望んでいなかった。しかし、満州事変が発生すると、満蒙権益の擁護を重視し、陸軍の行動を追認した。その後、満州国建設についても支持した。ただ、平沼は英米などとの総力戦が起こる事態を現実的に想定した形跡はなく、陸軍中堅層のように、中国本土での戦略物資獲得を構想していなかった。そのため、満州国の保護育成や中国の共産主義化の防止を重視し、陸軍中堅層が推進した華北分離工作に反対した。また、日中戦争にも反対し、対蒋介石和平を企図した。

首相時代には、平沼は反共の点からソ連を対象とする三国軍事同盟の締結に賛成したが、軍事同盟の対象としてソ連以外の国を含めることには反対した。また、日中戦争解決と欧州戦争勃発防止のため、英米を含めた国際会議を開くことを考え、アメリカへの接近を図った。平沼は満蒙権益の維持については強硬であったが、中国本土の経済的権益を排他的に掌握するのではなく、世界市場で原料を同等の価格で得ることを構想していた。その後も日米戦争を望まず、重臣として、アメリカとの関係改善及び日米戦争回避を模索した。なお、この頃には、日中戦争拡大を支持し、独伊との軍事同盟締結や英ソの東アジアからの排除を要求する民間の国家主義団体との外交政策の差は明確となった。その背景には、中国との総力戦により、国力を消耗し、欧米の圧迫に対抗できなくなることや戦争に乗じた共産主義化など国内秩序への懸念が存在したと思われる。

内政では、首相時代、共産主義化を懸念し、陸海軍の主導する政治機構・制度の改革を握り潰した。また、第二次近衛文麿内閣時代には、内相として大政翼賛会を公事結社とし、政治的に無力化させた。

しかし、平沼は依然として国際政治を反共の視点から捉え、欧米からの自立を模索としたため、国際情勢判断を読み誤ることがあった。首相時代、ソ連を対象とする三国軍事同盟を推進するとともに、海南島攻略を追認したが、それらが対英米関係に与える影響を十分に考慮しなかった。また、対米工作でも、ワシントン条約・ロンドン条約に反感を持ち、経済的な安全保障が得られてもそれらへの復帰は不可能と考えるなど、アメリカ側の原則とは大きな隔たりがあった。さらに、第二次近衛内閣期には日米交渉を推進し、松岡洋右外相と対立する一方、軍の仏印進駐計画には反対せず、南部仏印進駐に際してもアメリカの反応を予測できなかったのである。

平沼の観念的な国家主義的言説は、混乱を招くこともあった。首相時代、平沼は議会で「皇道」や「万民輔翼」などの言説をどのように具体的な政策に還元していくかについて、明確な答えを示せなかった。また、外交においても、平沼内閣は英米に対し、日本の原則を「皇道」などと説明し、民主主義陣営と全体主義陣営のどちらにも属さないとの立場を堅持したが、英米から理解を得ることはできなかった。太平洋戦争中においては、平沼は近衛文麿・岡田啓介らと協力して東條英機内閣を倒閣し、その後は国際情勢の変化を見極めて、戦争を終結させる方針であった。しかし、近衛らと異なり、天皇の統治大権を含めた「国体護持」を望むなど、戦争終結への見通しが甘い部分があった。ポツダム宣言受諾の際は、天皇の統治大権の維持を狙い、文言を修正するよう求め、アメリカ側の懸念を招いたのである。

本書で明らかにした点は第四に、平沼の政治的生涯において、太平洋戦争への道に最も大きな影響を及ぼしたのは、ロンドン条約問題後から平沼内閣運動が挫折するまでの期間であるが、東京裁判では「共同謀議」の論理からそれらについて追及されることはなく、平沼も自らの責任を具体的に口にすることはなかったことである。

既に述べたように、日中戦争から敗戦までの外交上の危機の連鎖において、平沼の行動は混乱を招くこともあった。ただ、陸海軍との提携関係が崩壊した後、平沼の政治基盤は脆弱であった。また、首相就任時には既に日中戦争は泥沼化しており、リーダーシップを発揮し得る余地は少なかった。これに対し、平沼内閣運動では陸海軍などと提携し、揺らぎつつあった英米協調外交・政党政治を排撃することで、大きな政治的影響力を持った。これらを踏まえると、太平洋戦争への道に最も大きな影響を及ぼしたのは、ロンドン条約問題後から平沼内閣運動が挫折するまでの期間であったといえよう。

しかし、東京裁判において、国際検察局は公職の職務を重視するとともに、「共同謀議」の論理に基づき、満州事変以後の侵略政策への関与を立証することを狙ったため、日中戦争の遂行・国家総動員政策の実施を主な起訴事項とし、それらは判決でも踏襲された。すなわち、「共同謀議」の論理に基づき提起された平沼の評価は、同時代の政治構造を踏まえたものではなく、本質的な点を見落としていたのである。

一方、平沼も国際検察局の尋問に対し、満州事変以後、軍が主導し、戦争を引き起こしたと供述し、自らの関与を否定した。また、戦時中には、このような事態となったのは自らの責任かもしれないが、自由主義の政治家にも責任があると述べ、自らの責任を具体的に口にすることはなかった。巣鴨プリズンにおいても、平沼は戦争の原因として、西園寺の失政や軍の有力な指導者の払底を挙げるのみであった。

本書で明らかにした点は第五に、平沼は演説などで天皇の権威の絶対性を主張するものの、現実の政治指導においては、天皇個人の意向や権限を重視せず、内閣の決定や自らが望む政策を優先したことである。

平沼はロンドン条約問題において統帥権問題を最も重視する姿勢を示す一方、満州事変では朝鮮軍の独断越境を黙認した。また、首相時代には、出先大使の独断行動について昭和天皇に念書を提出したのにもかかわらず、国内の治安状況の悪化を憂慮し、念書の趣旨を実行しなかった。さらに、天皇が排英運動の取締りを要求したことについても、東京会談が終了するまでは応じず、排英運動をイギリスに対する圧力として利用した。他方、「国体」の内容についても、戦前は天皇主権説を支持しながら、戦後は国民統合の象徴という側面を強調し、日本国憲法を正当化するなど明確な定義がなく、融通無碍なものであったのである。

以上の論点で示したように、国家主義を掲げた政治は、主に二つの問題点を有していた。一つには、英米中心の国際秩序への反感から国家主義を掲げ、自主的な外交を模索することは、国力に応じた合理的な外交の遂行を妨げる側面があったことである。平沼が欧米との提携を考えたのは、専ら防共イデオロギーの点であった。もう一つには、国家主義は時に現状への不満を集約する政治的機能を持つが、必ずしも明確な政策体系があるわけではなく、現実の政治過程において、融通無碍に政治利用されるという側面があったことである。平沼は反政党・反国際主義を掲げ、幅広い勢力に接近するとともに、軍の官僚的権限を擁護した。しかし、危機を終息させるという目的を超え、総合政策調整のあり方をどのようにしていくのかという点について、明確な構想がなく、軍の台頭という予想外の事態を招いてしまったのである。

では、平沼にとって、国家主義とは政治的にどのような意味を持つものだったのであろうか。平沼が天皇制や儒教的道徳に愛着を持ち、重視していたことは間違いない。ただ、天皇親政や儒教的道徳、道義などの言説をあえて公的な場で繰り返し表明したのは、観念や宗教的信仰というよりも、次のような複合的な政治的思惑を持っていたためであった。

まず、何よりも共産主義を中心とする外来思想の流入に対抗するとともに、秩序維持・国民統合の強化を図るための政治的手段であった。平沼は司法官僚として秩序維持を担う中で、道徳を重視するようになり、第一次世界大戦期、外来思想への思想的対抗として伝統的価値観の重要性を打ち出した。その後、政治家としても徳治などを説き、外来思想に対抗して、天皇を中心とした秩序の維持を図ったのである。とりわけ、共産主義に強い嫌悪感を持ち、反対した。

これらの言説は政治家としての政治構想・政治戦略とも分かちがたく結びついていた。すなわち、第一に、政党内閣に対抗し、軍を含めた官僚の権限を擁護するためのイデオロギーであった。確かに、平沼は天皇主権説を支持し、天皇親政を理想として説いたが、それはきわめて漠然としたもので、具体的な内容を含むものではない。ただ、同時代の平沼の政治行動に即して具体的に位置付けると、実質的に権力分立論と類似したもので、政党内閣に対抗し、軍・官僚を含めた諸政治勢力が国家の政策決定に参加出来る体制の構築を意図したものであったのである。第二に、政治基盤及び政権獲得のため、現状に不満を持つ勢力を集約するスローガンとしても機能した。平沼は政党・国際主義への対抗原理として、天皇や国家の重要性を抽象的に打ち出すことで、一九二〇年代半ばから一九三〇年代前半の政権獲得運動において一定の期待を集め続けたのである。第三に、英米を中心とする国際秩序に対抗するための原理でもあった。平沼は英米を中心とする国際秩序を信用しておらず、日本の体制を「道義」・「皇道」と説明し、それらから相対的に自立した外交政策を模索したのである。

以上のような複合的な政治的思惑があったため、天皇個人の意向を重視せず、「国体」の定義も曖昧であった。

つまり、平沼は従来指摘されてきたような漠然とした「観念右翼」、あるいは「国体」に忠実な思想的人物というよりも、国家主義を掲げて権力を握り、現実の政治指導ではきわめて保守的な思想に基づき行動した官僚系の政治家であったのである。

平沼が司法官僚として一定の成功を収めたものの、政治家として十分な成果を挙げられなかったことは、官僚出身の政治家の政治指導の課題やナショナリズムを掲げた政治の問題を考える上で、示唆を含んでいる。

平沼は司法・検察という専門官僚の経験から、官僚を中心とする国家及び天皇を中心とする秩序の維持を第一義的に考える政治観を養い、それらを達成する政治的手段として、天皇主権説など国家主義的イデオロギーを利用した。しかし、これらは選挙という国民の審判を経たものではなく、教化などの手法は国民の支持を得ることはできなかった。また、国家利害の計算は秩序維持や反共といったせまい観点にとどまり、政治外交、経済を含めた政策体系を樹立するには至らず、とりわけ、統帥権の擁護や国際感覚の不足は太平洋戦争への道に政治的影響を与えた。

以上の事例は、専門官僚が自らの経験により形成された政治観に基づく政治指導を行う体制の危険性を示しているといえよう。また、官僚出身の政治家は官僚とは異なる資質を獲得する必要性を示すものでもある。すなわち、専門性を活かしつつも、セクショナリズムから脱却するとともに、諸政治勢力と協調し、総合的な政策調整能力を獲得する必要があるだろう。

現在の世界において、デモクラシーは普遍的価値を保っているが、必ずしもデモクラシー思想の自明性が確立されているわけではない。二〇一〇年代初頭、中東・北アフリカ地域で起きた民主化運動の先行きは、未だ不透明である。また、急激なグローバル化の進行は、人や情報、物、資本の移動を容易にする一方、経済や教育などの「格差」、国際テロリズムの脅威、家族・地域社会など共同体の弱体化を加速させている面も否定できない。以上のような状況に対し、ナショナリズムや急進主義を打ち出すことにより、政権や社会統合を目指す政治勢力が力を増している。本書で考察してきたように、ナショナリズムを掲げた政治勢力はデモクラシーに代わる問題の解決の処方箋となる具体的な政策体系を有しているのか。あるいは、不満の代弁に過ぎないのかについて、慎重に吟味する必要性を示唆していると思われる。

## 序論注

（1）なお、平沼は一八八八年から一八九九年、一九二一年から一九二三年まで判事を務め、一八九九年から一九二一年までは検事を務めており、厳密に言えば「司法官」と表現する方が適切かもしれない。ただ、平沼は一九〇二年から司法省の高官を兼任し、法案作成や人事、予算など司法行政の中心にあり、検事総長就任以降も、弟分の鈴木喜三郎と協力し、司法行政に関与した存在である。また、この間、大逆事件を除き、検事として自ら法廷に立つことはなく、大審院長時代も自ら裁判を担当することはなかった。以上を踏まえると、平沼が司法省で政治的影響力を行使した主要な時期は、事実上、行政官としての役割を果たしており、その側面を理解するには、「司法官僚」という表現がより適当と考え、本書で使用した。

（2）極東国際軍事裁判所編『極東国際軍事裁判速記録』第一〇巻（雄松堂書店、一九六八年）七九六頁。

（3）伊藤隆「ロンドン海軍軍縮問題をめぐる諸政治集団の対抗と提携・第1部〜第2部」（『社會科學研究』第一七巻第四号・第一九巻第二号、一九六六年二月・一九六七年二月。後に、同『昭和初期政治史研究　ロンドン海軍軍縮問題をめぐる諸政治集団の対抗と提携』東京大学出版会、一九六九年に所収）。

（4）伊藤隆『続　昭和期の政治』（山川出版社、一九九三年）一九頁。

（5）伊藤隆『昭和期の政治』（山川出版社、一九八三年）第一章。

（6）三谷太一郎「日本における陪審制成立の政治史的意味—司法部と政党との権力関係の展開（1）〜（3）完」（『国家学会雑誌』第九二巻一・二号、五・六号、九・一〇号、一九七九年二月、一九七九年六月、一九七九年一〇月）。なお、同論文は、後に、同『近代日本の司法権と政党　陪審制成立の政治史』（塙書房、一九八〇年）に収録された。また、二〇〇一年、東京大学出版会より、増補・改題の上、同『政治制度としての陪審制　近代日本の司法権と政治』として刊行された。

（7）佐々木隆「挙国一致内閣期の枢密院—平沼騏一郎と斎藤内閣—」（『日本歴史』三五二号、一九七七年九月）。

（8）増田知子「斎藤実挙国一致内閣論　立憲君主制の再編とファシズムの台頭」（坂野潤治他編集『現代社会への転形（シリーズ日本近現代史　構造と変動　第三巻）』岩波書店、一九九三年）、同『天皇制と国家　近代日本の立憲君主制』（青木書店、一九九九年）。

（9）瀧口剛「満州事変期の平沼騏一郎　枢密院を中心に」（『阪大法学』第一五一号、一九八九年八月）。

(10)堀田慎一郎「平沼内閣運動と斎藤内閣期の政治」(『史林』第七七巻第三号、一九九四年五月)。
(11)伊藤之雄『昭和天皇と立憲君主制の崩壊　睦仁・嘉仁から裕仁へ』(名古屋大学出版会、二〇〇五年)。
(12)手嶋泰伸「平沼騏一郎内閣運動と海軍──一九三〇年代における政治的統合の模索と統帥権の強化──」(『史学雑誌』第一二二巻第九号、二〇一三年九月)。
(13)加藤陽子「昭和一四年の対米工作と平沼騏一郎」(『史学雑誌』第九四巻第一一号、一九八五年一一月)、同「平沼内閣期におけるもう一つの潮流─対蒋和平構想の渦」(原朗編『近代日本の経済と政治』山川出版社、一九八六年)。いずれも、後に、同『模索する一九三〇年代　日米関係と陸軍中堅層』(山川出版社、一九九三年)に所収。
(14)高橋勝浩「重臣としての平沼騏一郎　終戦と国体護持へむけて」(『軍事史学』第一四二号、二〇〇〇年九月)。
(15)クリストファー・W・A・スピルマン「平沼騏一郎の政治思想と国本社─皇室観を中心として─」(伊藤之雄・川田稔編『二〇世紀日本の天皇と君主制　国際比較の視点から一八六七～一九四七』吉川弘文館、二〇〇四年。後に、同『近代日本の革新論とアジア主義』芦書房、二〇一五年に所収)。
(16)松井慎一郎「枢密院と思想問題」(由井正臣編『枢密院の研究』吉川弘文館、二〇〇三年)。
(17)例えば、平沼が一九二六年、首相となる構想を持った際、平沼の目的は「道義国家」を実現しようとしたものであったと評価している(前掲、伊藤隆『昭和初期政治史研究』三六二～三六三頁)。
(18)前掲、伊藤之雄『昭和天皇と立憲君主制の崩壊』七八～七九頁、八五頁、一一八頁。
(19)「倉富勇三郎日記」一九二五年一月二七日(「倉富勇三郎文書」国立国会図書館憲政資料室所蔵。以下、「倉富勇三郎日記」)。
(20)原田熊雄述『西園寺公と政局』第七巻(岩波書店、一九五二年)三七三頁。
(21)寺崎英成、マリコ・テラサキ・ミラー『昭和天皇独白録』(文芸春秋、一九九五年。※初版は一九九一年。以下、『昭和天皇独白録』)一一八頁。
(22)平沼騏一郎回顧録編纂委員会編『平沼騏一郎回顧録』(平沼騏一郎回顧録編纂委員会、一九五五年)。
(23)一九一九年一月一日から一九二四年一二月三一日までは、倉富勇三郎著、倉富勇三郎日記研究会編『倉富勇三郎日記』第1巻～第3巻(国書刊行会、二〇一〇～二〇一五年)として公刊。

(24) なお、前掲、伊藤之雄『昭和天皇と立憲君主制の崩壊』は例外的に、「倉富勇三郎日記」全体を使用して、きわめて膨大な政治外交の実証を行っている。ただ、平沼に焦点を当てればまだ研究の余地はあると思われる。

# 第Ⅰ部注

## 第一章

(1) 先駆的な研究として、松尾尊兊「第一次大戦後の治安立法構想」(藤原彰、松尾尊兊編『論集現代史』筑摩書房、一九七六年)、渡辺治「1920年代における天皇制国家の治安法制再編成をめぐって　治安維持法成立史論」(『社會科學研究』第二七巻第五・六号、一九七六年三月)。その後、平沼をキーパーソンの一人として取り上げた研究として、リチャード・H・ミッチェル著、奥平康弘・江橋崇訳『戦前日本の思想統制』(日本評論社、一九八〇年)。

(2) 三谷太一郎「日本における陪審制成立の政治史的意味―司法部と政党との権力関係の展開 (1)~(3) 完」(『国家学会雑誌』第九二巻一・二号、五・六号、九・一〇号、一九七九年二月、一九七九年六月、一九七九年一〇月)。なお、同論文は、後に、同『近代日本の司法権と政党　陪審制成立の政治史』(塙書房、一九八〇年)に収録された。また、二〇〇一年、東京大学出版会より、増補・改題の上、同『政治制度としての陪審制　近代日本の司法権と政治』として刊行された。

(3) 「倉富勇三郎文書」国立国会図書館憲政資料室所蔵。なお、一九一九年一月一日から一九二四年一二月三一日までは、倉富勇三郎著、倉富勇三郎日記研究会編『倉富勇三郎日記』第1巻~第3巻(国書刊行会、二〇一〇~二〇一五年)として公刊。

(4) 楠精一郎『明治立憲制と司法官』(慶応通信、一九八九年)。

(5) 前山亮吉『近代日本の行政改革と裁判所』(信山社出版、一九九六年)。

(6) 立野信之「平沼騏一郎」(山陽放送株式会社編『近代史上の岡山県人　政界』山陽放送、一九七三年)一四八~一五三頁。

(7) 福田景門『桜木の宮　作楽神社史』(作楽神社社務所、二〇一二年)一一~一三頁。

(8) 前掲、立野信之「平沼騏一郎」一五三~一六七頁。

(9) 「機外会館談話録第二回(一九四二年二月一七日)」(平沼騏一郎回顧録編纂委員会編『平沼騏一郎回顧録』平沼騏一郎回顧

録編纂委員会、一九五五年。以下、『平沼騏一郎回顧録』）一七頁。
(10) 同右、一三頁。
(11) 前掲、立野信之「平沼騏一郎」一七〇〜一七一頁。
(12) 平沼淑郎「弟について語る」（『実業之日本』第三二巻第七号、一九三二年七月）、平沼淑郎「弟騏一郎を語る」（『明朗』第一巻第九号、一九三六年五月）。
(13) 前掲、立野信之「平沼騏一郎」一七五頁。
(14) 平沼淑郎の経歴については、入交好脩「恩師平沼淑郎博士の経歴とその学績　『生誕百年祭』における講演要旨」（『聖心女子大学論叢』第二四号、一九六五年四月）を参照。
(15) 平沼騏一郎「穂積男爵を悼む」（『学士会年報』第四五八号、一九二六年五月）四三〜四四頁。
(16) 同右、四三頁。なお、一八八八年、第一高等中学校在学中に穂積陳重の法学通論の授業を受けた安達峰一郎（後に初代常設国際司法裁判所所長）のノートには、法学用語にはカナあるいは原語を併記する場合が多く、随所に英仏などの学説や実例、歴史的沿革を引いた部分が見られる。また、欄外の書き込みもきわめて多く、これらは授業の内容の充実を示しているという（法文化研究会「資料　帝大生・安達峰一郎の『法学』ノート　『法律講義案集』の伝える明治中期法学教育」『法学研究』第七三巻第一〇号、二〇〇〇年一〇月、九二〜九四頁）。
(17) 前掲、平沼騏一郎「穂積男爵を悼む」四三〜四四頁。
(18) 同右、四八頁。
(19) 長尾龍一『日本法思想史研究』（創文社、一九八一年）五四〜七五頁。
(20) 馬場恒吾「平沼騏一郎論」（『改造』第二一巻第二号、一九三九年二月）二〇七頁。
(21) 「機外会館談話録　第三回（一九四二年二月二四日）」（『平沼騏一郎回顧録』）二〇〜二二頁。
(22) 「機外会館談話録　第八回（一九四二年五月五日）」（『平沼騏一郎回顧録』）六四頁。
(23) 前掲、平沼淑郎「弟騏一郎を語る」。
(24) 「機外会館談話録　第四回（一九四二年三月三日）」（『平沼騏一郎回顧録』）三九頁。

(25) 平沼騏一郎の講義録としては、平沼騏一郎講述『民法総論』(早稲田大学出版部、出版年不明 ※同書は早稲田大学明治三八年度法律科第一学年の講義録)、同『刑法汎論』(日本大学、出版年不明 ※同書は日本大学法律科の講義録)、平沼騏一郎述『保証法』(英吉利法律学校、一八八八年 ※同書は英吉利法律学校第一年級の講義録)などが出版されている。
(26) 「機外会館談話録 第五回(一九四二年三月一三日)」(『平沼騏一郎回顧録』)四四～四五頁。
(27) 前掲、平沼淑郎「弟について語る」。
(28) 前掲、平沼淑郎「弟騏一郎を語る」。
(29) 平沼騏一郎先生逸話集刊行会編『平沼騏一郎先生逸話集』(平沼騏一郎先生逸話集刊行会、一九五八年)一〇頁。
(30) 「平沼検事総長論」(『中央公論』第三〇巻第四号、一九一五年四月)。
(31) 白柳秀湖「平沼騏一郎論」(『日本国民』第一巻第七号、一九三二年一一月)二三三頁。
(32) 永井和「解説」(前掲『倉富勇三郎日記』第1巻)八七〇～八七一頁。
(33) 以上の経過については、前掲、楠精一郎『明治立憲制と司法官』第一章～第四章を参照。
(34) 一八九八年の人事改革と横田の懲戒問題については、同右、第五章を参照。
(35) 「司法官の欧米視察」(『日本弁護士協会録事』第一九号、一八九八年三月)二九三～二九五頁。なお、『日本弁護士協会録事』は明治期については、岩谷十郎・村上一博・三阪佳弘[監修]『日本弁護士協会録事 明治編』全31巻・別巻(ゆまに書房、二〇〇四～二〇〇八年)として復刻。
(36) 「機外会館談話録 第六回(一九四二年三月二一日)」(『平沼騏一郎回顧録』)五二頁。
(37) 「機外会館談話録 第四回(一九四二年三月三日)」(『平沼騏一郎回顧録』)四〇頁。
(38) 「欧米司法制度の現状」『日本弁護士協会録事』第三一号、一九〇〇年四月)七九～八六頁。
(39) 以上、司法官増俸要求事件の経過については、前掲、楠精一郎『明治立憲制と司法官』第六章を参照。
(40) 『大阪朝日新聞』一九〇一年二月二五日社説。後年に書かれた事件の解説では、「新聞紙は二六を除く外総て反対で、寧ろ主意を省みず、行動を非難して已まぬ」状態であったという(「司法官増俸の由来」『日本弁護士協会録事』第一三三号、一九〇九年七月)三二二頁。

(41) 『法律新聞』一九〇一年四月一三日社説。なお、『法律新聞』は主に弁護士の見解を代弁したものであり、とりわけ主幹高木益太郎の影響力が強いという史料的限界があるが、『日本弁護士協会録事』とともに、同時代の司法部・弁護士の見解と司法部をめぐる状況を知ることができる貴重な史料であるので、使用する。

(42) 「機外会館談話録　第五回（一九四二年三月一三日）」（『平沼騏一郎回顧録』）四六～四八頁。

(43) 前掲、楠精一郎『明治立憲制と司法官』二二三～二三二頁。

(44) 清水唯一朗『政党と官僚の近代　日本における立憲統治構造の相克』（藤原書店、二〇〇七年）一一六～一二一頁。

(45) 仲小路宣、仲小路彰編『仲小路廉集』一（靄軒會、一九二四年）四六～五四頁。

(46) 『法律新聞』一九〇二年九月二二日。なお、馬場恒吾も平沼が「ストライキ破りの先頭に立」ち、「ストライキ組が辞職した後」、民刑局長になったと指摘している（馬場恒吾『政界人物風景』中央公論社、一九三一年、九七～九八頁）。

(47) 「増俸案の運命」『日本弁護士協会録事』（第五八号、一九〇二年一〇月）。

(48) 麻島昭一「担保附社債信託法の制定事情」（『信託』第九六号、一九七三年一〇月）。

(49) 「巣鴨獄中談話録　第一一回」（『平沼騏一郎回顧録』一八五～一八六頁）。なお、平沼の担保付社債信託法に関する回想は、戦前と戦後で大きく異なる。戦前では、横暴な富豪が役人と結託し、日露戦後、種々の法案を作ることを迫り、「桂さんからわざわざ頼みがあつて作つたが、日本の生活、制度が根本に動揺するからいけませんと言つた……法律を作れと司法大臣から命があつたが、私は厭だと言つた。今の所必要がないと言つた」。そうすると、桂も民刑局長が「いかぬと云ふなら止めてもいいと言つた」が、実業家などが平沼のもとに運動に来たと回顧しており、「資本家、富豪、企業家の便宜以外の何ものもない」（「機外会館談話録　第一八回（一九四三年三月二日）」『平沼騏一郎回顧録』一二五～一二七頁）法案をやむなく作ったと否定的に捉えている。なお、この当時、平沼は民刑局長ではなく、参事官である。

戦後では、戦前とは逆に、自らの功績として肯定的に捉えている。すなわち、平沼は内閣側の意向を受け、「イギリスの、つまりトラストの制度……を採用すれば、その道がありますという私の意見を述べた。それでは、やつてくれ」と言われ、法案を作成した。そして、政府委員として議会で一人で答弁し、富井政章が「日本法律の一大革命」だと評価したことを紹介し、「その当時、道がないので歓迎をされた法律」だったと振り返っている（「巣鴨獄中談話録　第一一回」〔『平沼騏一郎回顧録』〕

一八六～一八九頁)。

現在のところ、この間の平沼の動向を示す一次史料は見つかっておらず、平沼の意図は、正確にはわからない。ただ、平沼はこの当時、一参事官に過ぎず、桂らの意向に強く反対したとは考えにくい。また、平沼は強い熱意を持って法案を作成しており、一人で議会の答弁に当たるなど、法案の制定に積極的に動いたことを踏まえると、戦後の回想の方が実態と近いのではないかと思われる。

(50) 法案の審議過程については、前掲、麻島昭一「担保附社債信託法の制定事情」一二～一六頁を参照。
(51) 歴代民刑局長六人の中で次官にならなかったのは倉富のみである(前掲、永井和「解説」八七二頁)。
(52) 水谷三公『官僚の風貌』(中央公論新社、一九九九年)一七八～一八一頁。
(53) 日比谷焼打事件前後の司法部の状況については、永井和「日比谷焼打事件と倉富勇三郎」(『立命館文学』第六〇五号、二〇〇八年三月)を参照。
(54) 同右、一六二頁。
(55) 「充紳」一九〇六年四月二四日(〔「倉富勇三郎文書」国立国会図書館憲政資料室所蔵。以下、「充紳」〕)。なお、「充紳」とは、倉富勇三郎が東京控訴院検事長時代に記した執務日誌である。
(56) 默堂「某老法曹の院長短表」(『日本弁護士協会録事』第一〇〇号、一九〇六年七月)。
(57) 法曹同人「大審院長横田国臣君」(『日本弁護士協会録事』第二一四号、一九一六年一二月)。
(58) 新刑法の制定過程については、倉富勇三郎・平沼騏一郎・花井卓蔵監修、高橋治俊・小谷次郎編、松尾浩也〔増補解題〕『増補刑法沿革綜覧』(信山社出版、一九九〇年)、吉井蒼生夫『近代日本の国家形成と法』(日本評論社、一九九六年)第四章を参照。
(59) 前掲、吉井蒼生夫『近代日本の国家形成と法』一六三～一七九頁。
(60) 『東京朝日新聞』一九〇六年七月二二日。
(61) 「充紳」一九〇六年六月二六日。
(62) 前掲、吉井蒼生夫『近代日本の国家形成と法』一六九～一七一頁。

(63)「巣鴨獄中談話録　第一二回」(『平沼騏一郎回顧録』)一九一頁。
(64)前掲『増補刑法沿革綜覧』に収録されている衆議院・貴族院の議事録を参照。
(65)倉富の転出の経緯については、前掲、永井和「日比谷焼打事件と倉富勇三郎」を参照。
(66)『法律新聞』一九〇七年四月五日(平沼騏一郎談)。
(67)前掲、三谷太一郎『政治制度としての陪審制』六一~六二頁。
(68)『東京朝日新聞』一九〇八年二月二七日(平沼騏一郎談)。
(69)平沼騏一郎「刑事訴訟法ノ改正ニ就テ」(『法曹記事』第一八巻第五号、一九〇八年六月)。なお、この点については、前掲、三谷太一郎『政治制度としての陪審制』一四二~一四四頁も参照。
(70)後に、平沼は刑事訴訟法改正の審議において、人権擁護規定よりも、検察の権限の強化を図ったと指摘されている(小田中聡樹『刑事訴訟法の歴史的分析』日本評論社、一九七六年、第二篇第四章~六章、第二篇第七章)。
(71)平沼騏一郎「英国の刑事裁判制度」(『法曹記事』第一八巻第七号、一九〇八年七月)。
(72)『東京朝日新聞』一九〇八年二月二七日(平沼騏一郎談)。
(73)「機外会館談話録　第一八回(一九四三年三月二日)」(『平沼騏一郎回顧録』)一二一~一二五頁。
(74)「巣鴨獄中談話録　第一二回」(『平沼騏一郎回顧録』一九三~一九四頁)。
(75)同右、一八九頁。
(76)渡辺公三「個人識別法の新紀元―『日本における指紋法導入の文脈』」(『立命館国際研究』第四六号、二〇〇〇年三月)。
(77)播磨龍城「新帰朝の二人材」(『法律新聞』一九〇八年四月五日)。
(78)鈴木喜三郎先生伝記編纂会『鈴木喜三郎』(鈴木喜三郎先生伝記編纂会、一九五五年)六六頁。
(79)「巣鴨獄中談話録　第一二回」(『平沼騏一郎回顧録』)二〇五~二〇九頁。
(80)「機外会館談話録　第一五回(一九四三年七月二八日)」(『平沼騏一郎回顧録』)一〇三~一〇四頁。
(81)平沼は戦後の回想でも、「法律の改正といつても、条約改正の遂行の為にやるのが主な理由だつた」ので、法律取調委員の主管は、当初、外務省にあったと指摘している(「巣鴨獄中談話録　第三回」(『平沼騏一郎回顧録』)一六二頁)。

(82) 前掲、三谷太一郎『政治制度としての陪審制』六二〜六三頁。
(83) 「機外会館談話録　第六回（一九四二年三月三一日）」（『平沼騏一郎回顧録』）五三〜五五頁。
(84) 「日糖事件と輿論の反響」（『日本弁護士協会録事』第一三〇号、一九〇九年四月）。
(85) 松尾浩也「大逆事件」（我妻栄等編『日本政治裁判史録　明治・後』第一法規出版、一九六八年）五四七〜五四八頁。
(86) 一九〇〇年以後の社会主義運動の取締りについては、荻野富士夫「明治期司法権力の社会運動抑圧取締（2）」（『商学討究』第三九巻第二号、一九八八年一一月）を参照。
(87) 小田中聡樹「赤旗事件」（前掲『日本政治裁判史録　明治・後』）四七二〜四七三頁。
(88) 「機外会館談話録　第七回（一九四二年四月二一日）」（『平沼騏一郎回顧録』）六〇〜六一頁、「巣鴨獄中談話録　第一三回」（『平沼騏一郎回顧録』）一九三〜一九四頁。
(89) 新井勉「近代日本の大逆罪」（『日本法学』第七四巻第四号、二〇〇九年二月）。
(90) 「機外会館談話録　第七回（一九四二年四月二一日）」（『平沼騏一郎回顧録』）五七〜六三頁。
(91) 前掲、三谷太一郎『政治制度としての陪審制』六四〜六六頁。
(92) 原奎一郎編『原敬日記』第二巻（福村出版、一九八五年。以下、『原敬日記』）一九〇九年八月二〇日。
(93) 「新刑法施行ノ結果ニ関スル調査報告書」（「平沼騏一郎文書」１９０―４）。
(94) 中澤俊輔「日露戦後の警察と政党政治―違警罪即決例をめぐる攻防」（『日本政治研究』第二巻第二号、二〇〇五年七月）二三九〜二四六頁。
(95) 「明治４２年４月２０日司法官会同席上に於ケル平沼民刑局長演説」（「山岡萬之助文書」〔法務省法務図書館蔵〕Ｈ―８６。以下、「山岡萬之助文書」）。
(96) 同右。
(97) 平沼騏一郎「刑期の量定に対する批評に就て」（『刑事法評林』第二巻第一〇号、一九〇九年一〇月）。
(98) 「第二八回帝国議会衆議院予算委員第一分科（外務省、司法省及文部省所管）第五号」一九一二年二月一七日（「帝国議会検察システム」〔http://teikokugikai-i.ndl.go.jp/〕の電子版を使用。以後、議会の議事録はすべて「帝国議会検察システム」を使用)。

(99)「平沼次官の累犯防遏策」『日本弁護士協会録事』(第一六三号、一九一二年四月)。

(100)「司法次官更迭す」『日本弁護士協会録事』(第一五六号、一九一一年一二月)。

(101)「巣鴨獄中談話録　第一六回」(『平沼騏一郎回顧録』)二二四～二二六頁。

(102)新井勉、蕪山嚴、小柳春一郎『近代日本司法制度史』(信山社出版、二〇一一年)一八四～一八五頁。

(103)三阪佳弘「明治三〇年代初頭における裁判所・裁判官統制強化論の法史的意義」(『阪大法学』第一五五号、一九九〇年八月)。

(104)伊藤之雄「日露戦争への政治過程」(山本四郎編『日本近代国家の形成と展開』吉川弘文館、一九九六年。後に、同『立憲国家と日露戦争　外交と内政　一八九八～一九〇五』木鐸社、二〇〇〇年に所収)二三一～二三九頁。

(105)同右、二四四～二五六頁。

(106)伊藤之雄「日露戦争と桂園体制の形成」(『法学論叢』第一三八巻第四～六号、一九九六年三月。後に、前掲、伊藤之雄『立憲国家と日露戦争』に所収)第三章。

(107)前掲、前山亮吉『近代日本の行政改革と裁判所』第三章。

(108)同右、第二章第三節。

(109)小林道彦『桂太郎　予が生命は政治である』(ミネルヴァ書房、二〇〇六年)二三四頁。

(110)「巣鴨獄中談話録　第一八回」(『平沼騏一郎回顧録』)二三六頁。

(111)同右、二三六～二三八頁。

(112)松田正久「無監督の司法官」(『刑事法評林』第二巻第一〇号、一九〇九年九月)。

(113)「大正3年5月18日検事長検事正ニ対スル検事総長訓示演述要領」(「山岡萬之助文書」H―100)。

(114)『原敬日記』一九〇七年一一月五日。

(115)同右、一九〇七年一二月一〇日。

(116)覆面坊「法曹月旦」(『日本弁護士協会録事』第一二一号、一九〇八年七月)。

(117)『東京朝日新聞』一九一一年一二月一一日(松田正久談)。

(118)「裁判所構成法改正法律案第一案」(「平沼騏一郎文書」193—1)。
(119)「裁判所構成法改正法律案第二案」(「平沼騏一郎文書」193—2)。
(120)「白廃止すべき区裁判所至新管轄区裁判所里程表」(「平沼騏一郎文書」193—5)。
(121)「裁判所廃合一覧」(「平沼騏一郎文書」193—4)。
(122)『原敬日記』一九一二年七月二四日。
(123)『東京朝日新聞』一九一二年九月二一日(松田正久談)。
(124)『東京朝日新聞』一九一二年五月二八日、八月一九日、「司法省の整理案」(『日本弁護士協会録事』第一六四号、一九一二年五月)。
(125)河村は談話で、「区裁判所廃止なんかでさへも何時も衆議院では大騒ぎをやるじやありませんか。登記所廃止も全く同じ事で整理しても其結果はゼロでせうよ」と述べていた(『法律新聞』一九一二年一一月二〇日〔河村譲三郎談〕)。
(126)「巣鴨獄中談話録 第一八回」(『平沼騏一郎回顧録』)二三八頁。
(127)前掲、小林道彦『桂太郎』二八五～二八九頁。
(128)山本四郎『山本内閣の基礎的研究』(京都女子大学、一九八二年)一六四～一六五頁。
(129)『法律新聞』一九一三年三月一五日。
(130)「第三〇回帝国議会衆議院裁判所構成法中改正法律案外四件委員会第一号」一九一三年三月一〇日(斎藤十一郎の発言)。
(131)「巣鴨獄中談話録 第一八回」(『平沼騏一郎回顧録』)二三六～二三八頁。
(132)『法律新聞』一九一三年三月一五日。
(133)同右、一九一三年三月三〇日社説。
(134)同右、一九一三年三月一五日(花井卓蔵、原嘉道、磯部四郎、卜部喜太郎の談話)。
(135)以下、議会での審議については、特に註記のない限り、前掲、前山亮吉『近代日本の行政改革と裁判所』一一七～一二六頁を参照。
(136)「第三〇回帝国議会衆議院裁判所構成法中改正法律案外四件委員会第一号」一九一三年三月一〇日。

(137)「第三〇回帝国議会衆議院本会議第九号」一九一三年三月一三日。
(138)前掲、山本太郎『山本内閣の基礎的研究』一五七〜一五八頁。
(139)尚友倶楽部・桜井良樹編『田健治郎日記 2（明治44年—大正3年）』（芙蓉書房出版、二〇〇九年）一九一三年三月一九日。
(140)『東京朝日新聞』一九一三年三月二二日、三月二四日。
(141)『原敬日記』第三巻（福村出版、一九六五年。以下、『原敬日記』）一九一三年三月二四日。
(142)「大正2年4月28日控訴院長検事長会同席上ニ於ケル司法大臣訓示演説要領」（「山岡萬之助文書」H—10）。
(143)『法律新聞』一九一三年四月一〇日（小山温談）。
(144)『東京日日新聞』一九一三年四月二二日、四月二六日。
(145)「巣鴨獄中談話録　第一八回」（『平沼騏一郎回顧録』）二三八〜二三九頁。
(146)『東京朝日新聞』一九一三年四月二一日（小山温談）。
(147)『法律新聞』一九二〇年八月五日。
(148)『東京朝日新聞』一九一三年一〇月一七日。
(149)『原敬日記』一九一三年一一月二一日。
(150)後任法相人事については、前掲、三谷太一郎『政治制度としての陪審制』八二〜八三頁も参照。
(151)『原敬日記』一九一三年一一月七日。
(152)同右、一九一四年一月二一日、一九一四年一月二六日。
(153)同右、一九一四年一月一八日。
(154)同右、一九一四年一月二〇日、一月二六日。
(155)同右、一九一四年三月三日。
(156)「平沼閥」という用語を用いた批判は、現在確認できる範囲では、人事異動の直後の一九一三年四月二〇日から頻繁に見られるようになった（例えば、亀谷蔵六「與平沼検事総長」『法律新聞』一九一三年四月二〇日）。
(157)例えば、『法律新聞』一九〇四年四月二五日。

(158) 前掲、前山亮吉『近代日本の行政改革と裁判所』第四章第二節。
(159) 前掲、新井勉、蕪山嚴、小柳春一郎『近代日本司法制度史』一七八頁。
(160) 前掲、前山亮吉『近代日本の行政改革と裁判所』一三五頁。
(161) 前掲『倉富勇三郎日記』第1巻、一九二〇年四月八日。
(162) 『法律新聞』では、一九一三年の司法部改革以後、平沼の司法部における台頭を批判するとともに、横田国臣を高く評価した。例えば、横田の在職四〇年祝賀会において、横田は既に大審院長に一三年も在職していたのにもかかわらず、「実に我邦司法部の一大柱石なりと云ふも誰か異議あらむ……若し引退されるやうなことがあつたとすれば、実際司法部内は或る一派の司法部内の朋党が跋扈し、朋党比周の弊を現出して取捨すべからざるに至ることは知る人ぞ知るで殆んど天下公認の事実である……此の点より見るも徳望あり貫目ある横田院長の在任は是非必要である」と論じている（『法律新聞』一九一八年四月三日）。「司法部内は或る一派」とは当然ながら、「平沼閥」を指すものである。これは横田が再三の忠告にもかかわらず、大審院長に居座り続けることを批判的に見ていた原敬らの評価とは異なったものである。

## 第三章

(1) シーメンス事件の政治過程については、大島太郎「シーメンス・ヴヰッカース事件」（我妻栄等編『日本治裁判史録・大正』第一法規出版、一九六九年）、山本四郎『山本内閣の基礎的研究』（京都女子大学、一九八三年）第四章第四節によって既に明らかにされている。また、大浦事件の政治過程についても、田宮裕「大浦事件」（前掲『日本政治裁判史録・大正』）、山本四郎「大浦事件の一考察」（『奈良大学紀要』第三号、一九七四年一二月）によって、既に明らかになっている。
(2) 「機外会館談話録　第四回（一九四二年三月三日）」（平沼騏一郎回顧録編纂委員会編『平沼騏一郎回顧録』平沼騏一郎回顧録編纂委員会、一九五五年。以下、『平沼騏一郎回顧録』）四一頁。
(3) 「機外会館談話録　第一一回（一九四二年六月二三日）」（『平沼騏一郎回顧録』）九〇頁。
(4) 「巣鴨獄中談話録　第一六回」（『平沼騏一郎回顧録』）二二四〜二二六頁。
(5) 『原敬日記』第三巻（福村出版、一九六五年。以下、『原敬日記』）一九一三年七月二三日。

(6) 同右、一九一三年七月二四日。
(7) 『東京朝日新聞』一九一四年八月一日、八月四日。
(8) 『原敬日記』一九一四年六月二〇日。
(9) 同右、一九一九年一月一五日。
(10) 起訴便宜主義の展開については、菊田幸一「わが国における起訴便宜主義について」(2・3)(『法律論叢』第四二巻第一号・第二号、一九六八年一一月、一九六九年一月)、三井誠「検察官の起訴猶予裁量(一)」(『法学協会雑誌』第八七巻第九・一〇号、一九七〇年一〇月)を参照。
(11) 『東京朝日新聞』一九一四年一月三〇日。
(12) 「機外会館談話録　第一〇回(一九四二年五月二六日)」(『平沼騏一郎回顧録』)八〇~八五頁。
(13) 『東京朝日新聞』一九一四年一月二七日。
(14) 『東京日日新聞』一九一四年一月三〇日。
(15) 同右、一九一四年二月二日(平沼騏一郎談)。
(16) 『原敬日記』一九一四年二月二日。
(17) 『東京日日新聞』一九一四年二月二八日。
(18) 『原敬日記』一九一四年二月八日。
(19) 同右、一九一四年二月七日。
(20) 『東京朝日新聞』一九一四年二月二二日。
(21) 同右、一九一四年二月二三日。
(22) 「機外会館談話録　第一〇回(一九四二年五月二六日)」(『平沼騏一郎回顧録』)八三~八四頁。
(23) 『法律新聞』一九一四年二月二五日。
(24) 『原敬日記』一九一四年二月一四日。
(25) 『東京朝日新聞』一九一四年五月二日(平沼騏一郎談)。

(26) なお、一九二六年八月九日、平沼は松本剛吉に対し、斎藤実が松本和より金十万円を借受け、邸宅を買取ったことは当時の裁判所の記録の中にあるが、平沼自身が「其書類を密封せしめ」たと述べている（岡義武、林茂校訂『大正デモクラシー期の政治　松本剛吉政治日誌』岩波書店、一九五九年、一九二六年八月九日。以下、『松本剛吉日誌』）。しかし、一九二七年一二月七日、平沼は二上兵治からシーメンス事件について問われた際、「其事は検事正までに話し、調書にも記載せしめざる様にしたる事も事実なるが、自分（平沼）は伊東（巳代治）の云ふ如く犯罪事件と認めたる訳には非ずと云ひたり。伊東は十万円と云ひたるも、平沼は其金額は云はざりし」とも述べている（「倉富勇三郎日記」一九二七年一二月七日）。以上を踏まえると、斎藤が松本和から個人的に金の貸し借りがあっただけなのか、収賄なのかの判断がつかず、そもそも検察が立証できるものでなかった可能性が高い。

(27)『原敬日記』第四巻（福村出版、一九六五年。以下、『原敬日記』）一九一四年一二月四日。

(28) 同右、一九一五年三月二八日。

(29) 三谷太一郎『政治制度としての陪審制　近代日本の司法権と政治』（東京大学出版会、二〇〇一年）六九、七六頁。

(30)『原敬日記』一九一五年三月二八日。

(31)「平沼検事総長論」（『中央公論』第三〇巻第四号、一九一五年四月）。

(32)『東京日日新聞』一九一五年七月二日（平沼騏一郎談）。

(33)『原敬日記』一九一五年七月二七日。

(34) 同右。

(35) 同右、一九一五年七月一八日、七月二七日。

(36)「第三七回帝国議会衆議院予算委員会第一分科（外務省、司法省及文部省所管）第二号」一九一五年一二月二〇日。

(37)『原敬日記』一九一五年六月二六日。

(38)「巣鴨獄中談話録　第一七回」（『平沼騏一郎回顧録』）二三一〜二三四頁。

(39)『原敬日記』一九一五年七月一七日。

(40) 同右、一九一五年七月三〇日。

(41) 同右、一九一五年六月二六日。
(42) 同右、一九一五年八月一八日、八月二一日。
(43) 奈良岡聰智『加藤高明と政党政治　二大政党制への道』(山川出版社、二〇〇六年)三六二頁。
(44) 『東京日日新聞』一九一四年七月二四日。
(45) 『法律新聞』一九一五年八月二五日社説。
(46) 同右、一九一五年九月三〇日社説。
(47) 『原敬日記』一九一五年一一月二二日。
(48) 『法律新聞』一九一五年一月一日(平沼騏一郎談)。
(49) 鈴木望「東洋の学芸　平沼騏一郎博士と神習文庫　帝室制度審議会との関連に就きて」(『東洋文化』第一〇〇号、二〇〇八年四月)六～七頁。
(50) 神野亮二「河村先生とその周辺の人々」(河村善益先生追想録刊行会編『河村善益先生』河村善益先生追想録刊行会、一九六八年)八二～八四頁。
(51) 服部宇之吉「法治主義と徳治主義」(『国本』第九巻第六号、一九三〇年六月)。
(52) 『東京朝日新聞』一九一五年七月三〇日(平沼騏一郎談)。
(53) 同右、一九二一年六月四日(平沼騏一郎談)。
(54) 「巣鴨獄中談話録　第四回」(『平沼騏一郎回顧録』)三四頁。
(55) 伊藤隆他編『真崎甚三郎日記　昭和七・八・九年一月～昭和一〇年二月』(山川出版社、一九八一年)一九三五年二月二六日。
(56) 伊藤博文『帝国憲法義解・皇室典範義解』補一五版(丸善、一九三五年)一三～一四頁。
(57) 伊藤之雄『伊藤博文　近代日本を創った男』(講談社、二〇〇九年)二二四～二二五頁。また、瀧井一博氏は、①伊藤博文が天皇の制度化と内閣統治の確立を意図し、帝室制度調査局を設けるとともに、②穂積八束の天皇主権説に反対していた有賀長雄を御用掛に登用して、制度の立案策定を進めたこと、を指摘している(瀧井一博『伊藤博文　知の政治家』中央公論新社、二〇一〇年、第五章)。

(58)「機外会館談話録　第四回（一九四二年三月三日）」（『平沼騏一郎回顧録』）三四頁。
(59)長尾龍一『日本憲法思想史』（講談社、一九九六年）四六～四七頁。
(60)「機外会館談話録　第三回（一九四二年二月二四日）」（『平沼騏一郎回顧録』）二七頁。
(61)「機外会館談話録　第一七回（一九四三年二月二三日）」（『平沼騏一郎回顧録』）一一七頁。
(62)海後宗臣編『臨時教育会議の研究』（東京大学出版会、一九六〇年）五～八頁。臨時教会議の議論については、伊藤孝夫『大正デモクラシー期の法と社会』（京都大学学術出版会、二〇〇〇年）第一章第三節（三）も参照。
(63)久保田譲は倉富勇三郎との会話で、「先年平沼か教育調査会の委員と為りたるとき、其会に於て民心統一の必要あることを熱心に主張し、自分（平沼）か此の会員と為りたるは此主張を為さんとする為めなる旨を説きたることあり。平沼は修養団長と為り、益々民心の統一を図り居り」と述べている（「倉富勇三郎日記」一九三四年四月一九日）。
(64)「臨時教育会議（総会）速記録　第二七号」（『資料臨時教育会議』第五集、文部省、一九七九年）二六六～二七一頁。
(65)同右、二七二～二八七頁。
(66)同右、二九六～三二六頁。
(67)「人心の帰向統一に関する建議案委員の大要」（「平沼騏一郎文書」253―1）。
(68)「臨時教育会議（総会）速記録　第二八号」（前掲『資料臨時教育会議』第五集）三六六～三七七頁。
(69)同右、三七九～四二四頁、四七九～四八七頁、前掲『臨時教育会議の研究』一〇〇一～一〇一〇頁。
(70)「大正七年四月二十日検事長検事正会議席上ニ於ケル平沼検事総長訓示」（「平沼騏一郎文書」200）。
(71)「平沼騏一郎君講演（於日本橋区教育会）」（「平沼騏一郎文書」816）。この講演録は『法律新聞』にも全文掲載された（平沼騏一郎「所感」『法律新聞』一九一九年八月三日）。なお、兄淑郎によると、平沼は訓示や演説の文案を部下に書かせることはなく、「行文字句にも自分で叮嚀に手を入れ」ていたようであり（平沼淑郎「弟について語る」（『実業之日本』第三二巻第七号、一九三二年七月）、訓示・演説の内容には平沼自身の認識の変化が現れていると見てよいだろう。
(72)福田景門『桜木の宮　作楽神社史』（作楽神社社務所、二〇一二年）一八～二〇頁。
(73)平沼騏一郎先生逸話集刊行会編『平沼騏一郎先生逸話集』（平沼騏一郎先生逸話集刊行会、一九五八年）一一頁。

(74) 以上、王公族の法的位置付けについては、伊藤之雄「近代日本の君主制の形成と朝鮮—韓国皇帝・皇族等の日本帝国への包摂」(『法学論叢』第一五四巻第四・五・六号、二〇〇四年三月。後に、同『伊藤博文をめぐる日韓関係　韓国統治の夢と挫折、1905～1921』ミネルヴァ書房、二〇一一年に所収)を参照。また、皇室令については、先駆的研究である、高久嶺之介「大正期皇室法令をめぐる紛争　皇室裁判令案・王公家軌範案・皇室典範増補」(上・下)(『社会科学』第三二号、第三四号、一九八三年二月、一九八四年三月)を参照。
(75) 以上の過程については、前掲、高久嶺之介「大正期皇室法令をめぐる紛争」(上)一八七～一九八頁を参照。
(76) 「機外会館談話録　第一四回(一九四二年七月二一日)」(『平沼騏一郎回顧録』)一〇二頁。
(77) 伊東巳代治「翠雨荘日記」(小林龍夫編『翠雨荘日記　臨時外交調査委員会会議筆記等』原書房、一九六六年)一九一八年一〇月一日。結果として、一九一九年三月、朝鮮において世界的な民族自決の潮流に影響を受けた、三・一独立運動が発生している。
(78) 前掲、高久嶺之介「大正期皇室法令をめぐる紛争」(下)一四六～一四七頁。
(79) 「機外会館談話録　第一四回(一九四二年七月二一日)」(『平沼騏一郎回顧録』)九七頁。
(80) 伊藤之雄「原敬の政党政治　イギリス風立憲君主制と戦後経営」(伊藤之雄編『原敬と政党政治の確立』千倉書房、二〇一四年)二二〇～二二四頁。
(81) 伊藤之雄『山県有朋　愚直な権力者の生涯』(文芸春秋、二〇〇九年)四七〇～四七一頁、伊藤之雄『昭和天皇と立憲君主制の崩壊　睦仁・嘉仁から裕仁へ』(名古屋大学出版会、二〇〇五年)二〇頁。
(82) 伊藤之雄『政党政治と天皇』(講談社、二〇〇二年)一一一～一一三頁。
(83) 高橋秀直「寺内内閣期の政治体制」(『史林』第六七巻第四号、一九八四年七月)五七～五九頁。
(84) 伊藤和男「原＝政友会内閣の教育政策」(『京都大学教育学部紀要』第二六号、一九八〇年三月)一八四～一八八頁。
(85) 保守とは既存の歴史や価値、文化、共同体を守ろうとする態度である。しかし、その具体的な内容は時代や国家、個人によって大きく異なり、理論として体系化されているわけではない。例えば、保守主義の出発点となったエドモンド・バークの思想は、①具体的な制度や慣習を保守するとともに、それらが歴史的に形成されたことを重視する、②自由を擁護することを重視し、民主化を前提として漸進的な改革を目指す、ことにあったと指摘されている（宇野重規『保守主義とは何か』中央公論新社、二〇一六年、序章～第一章）。平沼は第一次世界大戦による君主国崩壊や外来思想の流入などの変動に対して、天皇の徳治や伝統的価値観の重要性などを打ち出し、既存の秩序の維持を図り、天皇制に合致する範囲内での「進歩」を説いたという点で、バーク的ではないが、広い意味での保守であったと考える。

（86）「機外会館談話録　第三回（一九四二年二月二四日）」（『平沼騏一郎回顧録』）二六～二七頁、「機外会館談話録　第一七回（一九四三年二月二三日）」（同右、一一九頁）。

（87）「機外会館談話録　第一七回（一九四三年二月二三日）」（同右、一一九頁）。

（88）『原敬日記』一九一六年一〇月一一日。

（89）宮地正人『日露戦後政治史の研究　帝国主義形成期の都市と農村』（東京大学出版会、一九七三年）第三章。

## 第三章

（1）三谷太一郎『政治制度としての陪審制　近代日本の司法権と政治』（東京大学出版会、二〇〇一年）。

（2）なお、平沼は原に対し、入閣辞退の理由として、梨本宮女王婚儀の問題で元老・枢密院と対立しているので、入閣すれば閣内で意見の衝突をきたす恐れがあることを挙げている（『原敬日記』第五巻、福村出版、一九六五年、一九一八年九月二五日、九月二七日。以下、『原敬日記』）。しかし、①梨本宮女王婚儀の問題が顕在化していなかった寺内内閣成立の際にも法相に就任しようとする意思を示した形跡はないこと、②この問題は当時の政治状況において、さほど重要な問題とはみなされていなかったこと、を踏まえると、入閣辞退の言い訳であったと思われる。

（3）『読売新聞』一九一八年一一月三〇日。

（4）『原敬日記』一九一八年九月二七日。

（5）前掲、三谷太一郎『政治制度としての陪審制』一三五～一三六頁。

（6）同右、一三二～一三五頁。

（7）『法律新聞』一九一六年五月一〇日（平沼騏一郎談）。

（8）「平沼検事総長訓示（大正5年5月22日警察部長事務打合会ニ於テ）」（「山岡萬之助文書」〔法務省法務図書館蔵〕H―105）。
（9）『原敬日記』一九一九年一一月八日。
（10）『原敬日記』一九一九年一一月二六日、『法律新聞』一九一九年一二月三日。
（11）『東京朝日新聞』一九一九年一一月二五日、一二月八日。
（12）同右、一九二〇年七月六日。なお、小林は監督責任を取り、自ら辞表を提出したという（望月茂『小林芳郎翁伝』壱誠社、一九四〇年、一三六〜一四〇頁）。
（13）『原敬日記』一九二〇年一二月二日、一二月三日、一二月一六日。
（14）「検察事務に関する調査報告」（「平沼騏一郎文書」209）。
（15）中澤俊輔「政党内閣期の警察と秩序維持　1918―1932」（未公刊博士論文、二〇〇九年）六一〜六四頁。
（16）『東京朝日新聞』一九二〇年七月一四日。
（17）『法律新聞』一九二〇年七月二〇日。
（18）『原敬日記』一九二〇年七月九日。
（19）同右。なお、大木は談話で「自分の談話とは頗る相違し、予の真意を誤解せしむる虞ある」と弁解した（『佐賀新聞』一九二〇年七月一三日）。
（20）『法律新聞』一九二〇年七月二〇日。
（21）一九二四年九月、花井卓蔵（弁護士）は倉富勇三郎に対し、大木は何事も平沼らの言うとおりになってしまったと述べている（「倉富勇三郎日記」一九二四年九月二七日）。また、平沼も回想で、「大木さんは原さんの前では口も利けなかつた」と述べている（「機外会館談話録　第四回（一九四二年三月三日）」〔平沼騏一郎回顧録編纂委員会編『平沼騏一郎回顧録』平沼騏一郎回顧録編纂委員会、一九五五年。以下、『平沼騏一郎回顧録』〕三九頁）。
（22）陪審制導入の政治過程については既に、前掲、三谷太一郎『政治制度としての陪審制』によって分析されているので、ここでは、臨時法制審議会設置の背景と司法官定年制導入の政治過程についてのみ分析する。

(23) 同右、一三九～一四〇頁。
(24) 『原敬日記』一九一九年五月二三日、五月三〇日。
(25) 同右、一九一九年六月二八日。
(26) 「機外会館談話録　第六回（一九四二年三月三一日）」（『平沼騏一郎回顧録』）五一頁。
(27) 「国本新聞」一九二八年六月二〇日（国本社中央大学支部後援会での林頼三郎の演説）。
(28) 『原敬日記』一九二一年一〇月一一日。
(29) 「倉富勇三郎日記」一九二五年四月八日。
(30) 同時代の史料では、「定年」を「停年」と表記していることが多いが、現在ではほとんど使用されていないため、本書では表記を「定年」に統一した。
(31) 前掲、三谷太一郎『政治制度としての陪審制』八四頁。
(32) 鈴木喜三郎先生伝記編纂会『鈴木喜三郎』（鈴木喜三郎先生伝記編纂会、一九五五年）六七～六八頁。
(33) 「第四三回帝国議会貴族院裁判所構成法中改正法律案外一件特別委員会第一号」一九二〇年七月一五日。なお、以前より少壮判検事の間では、定年制を望む意見が漸次勢力を得ていたという（『佐賀新聞』一九一九年一〇月三一日）。
(34) 『原敬日記』一九二〇年六月一一日。
(35) 「倉富勇三郎日記」一九二〇年七月二日。なお、定年制簿導入について弁護士の意見を聞かなかったことは、法案への批判を招く要因の一つとなった（『法律新聞』一九二〇年七月二三日社説）。
(36) 『法律新聞』一九二〇年七月八日社説、一九二〇年七月一八日社説。
(37) 『東京朝日新聞』一九二〇年七月二八日。
(38) 「倉富勇三郎日記」一九二〇年一〇月二三日、『原敬日記』一九二〇年一一月三日。
(39) 『法律新聞』一九二一年二月一三日。
(40) 同右、一九二一年三月二三日。
(41) 『原敬日記』一九二一年三月一九日。

(42) 竹内賀久治伝刊行会編『竹内賀久治伝』(竹内賀久治伝刊行会・酒井書房〔発売〕、一九六〇年)六一～六八頁。

(43) 長尾龍一『日本憲法思想史』(講談社、一九九六年)一〇〇～一〇三頁、リチャード・H・ミッチェル著、奥平康弘・江橋崇訳『戦前日本の思想統制』(日本評論社、一九八〇年)二八～三三頁。

(44) 一九二〇年一月二四日付平沼騏一郎宛竹内賀久治書簡(「平沼騏一郎文書」〔国立国会図書館憲政資料室所蔵〕112。以下、「平沼騏一郎文書」)。

(45) 一九二〇年四月一五日付平沼騏一郎宛天野辰夫書簡(「平沼騏一郎文書」4)。

(46) 前掲『竹内賀久治』六九頁。

(47) 「本社の歴史」『国本新聞』(国本附録版)一九二四年八月一日。

(48) 同右。

(49) 同写真の存在は、クリストファー・W・A・スピルマン『近代日本の革新論とアジア主義　北一輝、大川周明、満川亀太郎らの思想と行動』(芦書房、二〇一五年)一五一頁の記述により知った。

(50) 長谷川雄一、C・W・A・スピルマン、福家崇洋編『満川亀太郎日記　大正八年→昭和十一年』(論創社、二〇一一年)一九二一年四月二四日。

(51) 猶存社の活動と北一輝の思想については、筒井清忠『昭和期日本の構造　二・二六事件とその時代』(講談社、一九九六年。なお、初版は一九八四年、有斐閣より刊行)七二～八三頁、大塚健洋『大川周明』(中央公論社、一九九五年)一〇三～一一五頁、前掲、クリストファー・W・A・スピルマン『近代日本の革新論とアジア主義』一三八～一三九頁、などを参照。

(52) 「倉富勇三郎日記」一九三〇年九月一一日。

(53) 前掲『竹内賀久治』七〇～七一頁。なお、辛酉会は一九三一年一二月の時点でも存続していた。同月の『辛酉会々員名簿』によると会員数は平沼を含め五八名であり、幹事は荒木貞夫・後藤文夫・塩野季彦・豊田貞次郎・竹内賀久治である。その他、主な会員としては、陸軍では宇垣一成・永田鉄山・小畑敏四郎・東條英機、海軍では大角岑生・加藤寛治・米内光政・野村吉三郎・小林躋造・百武源吾、外務省では広田弘毅・杉村陽太郎、司法省では小原直・秋山高三郎らが名を連ねている(一九三一年一二月二七日付平沼騏一郎宛岩村通世書簡「平沼騏一郎文書」34)。

(54)『原敬日記』一九一八年四月一五日。
(55) 同右、一九一八年一一月三日。
(56) 同右、一九一八月一二月八日。
(57) 同右、一九二〇年一月九日、一月一二日、一月一三日。
(58) 松尾尊兊『普通選挙制度成立史の研究』(岩波書店、一九八九年)Ⅱ二~四、伊藤之雄『政党政治と天皇』(講談社、二〇〇二年)一二七~一四一頁。
(59) この時期の新人会の活動と思想については、H．スミス著、松尾尊兊・森史子訳『新人会の研究　日本学生運動の源流』(東京大学出版会、一九七八年)第三章、中村勝範編『帝大新人会研究』(慶應義塾大学法学研究会・慶応義塾大学出版会〔発売〕、一九九七年)を参照。
(60) 伊藤之雄「原敬の政党政治　イギリス風立憲君主制と戦後経営」(伊藤之雄編『原敬と政党政治の確立』千倉書房、二〇一四年)二一三~二一六頁。
(61)「第四四回帝国議会衆議院予算委員会第一号」一九二一年一月二六日。
(62) 原が宗教と教育による「思想善導」を模索したことについては、前掲、中澤俊輔「政党内閣期の警察と秩序維持」一四~一六頁を参照。
(63)『原敬日記』一九一九年五月二四日。
(64) 同右、一九二〇年二月一五日。
(65) 同右、一九二一年二月一一日。
(66) 同右、一九二〇年一一月一日、一二月八日、一九二一年四月四日。
(67) 松尾尊兊「過激社会運動取締法案について―1922年第45議会における」(『人文学報』第二〇号、一九六四年一〇月)二四八~二四九頁。
(68) 疑獄事件については、岡義武『転換期の大正』(東京大学出版会、一九六九年)一四九~一五五頁、前掲、中澤俊輔「政党内閣期の警察と秩序維持」六六~六七頁を参照。なお、阿片事件については、関東庁で発生した事件であり、国内の検察は直接関与していないことから除外した。
(69) 中邨章『東京市政と都市計画　明治大正期・東京の政治と行政』(敬文堂、一九九三年)六一頁。
(70)『原敬日記』一九二〇年一一月二三日。
(71) 同右、一九二一年三月三一日、四月一四日、四月一五日。
(72)『東京朝日新聞』一九二一年三月一八日。
(73)『原敬日記』一九二一年三月一八日、三月二四日。
(74) 同右、一九二一年五月一一日。
(75) 同右、一九二一年五月一七日。
(76) 同右、一九二一年五月二一日。
(77) 同右、一九二一年三月二四日。
(78) 同右、一九二一年四月一五日、四月二一日、五月二三日。
(79) 同右、一九二一年九月二六日。
(80) 野田卯太郎は平沼について、「宮中に入り内大臣となるべき人で、原は克く承知して居つた」と述べている(『松本剛吉日誌』一九二七年二月一五日)。また、平沼は回想で、原は「側近には公平な人をおいて、陛下に政治に関することを極めて正しく御耳に入れねばならぬと言つて、宮内大臣か内大臣府に私を入れると言つていた」(「機外会館談話録　第一一回(一九四二年六月二三日)」〔『平沼騏一郎回顧録』八九頁〕)と述べている。
(81) 野田卯太郎が平沼の宮中入りに好意的だった要因としては、皇室の維持を重視するとともに、無政府主義者への警戒を強めていたことが挙げられる。一九二三年一〇月、野田は倉富との会話で、「今後のことは皇室を戴くもの、皇室に反対するものとに区別して政を為さゝる〔へ〕からす。一視同仁にては不可なり。無政府主義者等は仁政に服するものに非す。大杉栄の如きものを其侭に為し置きたるか不可なり。宮内省にて宮城遥拝を許す如き姑息のことを以て人心の緩和を図らんとするは愚なり。又皇室の尊厳は官吏か金ピカの礼服を著用する如きことに維持せらるるものに非す」(「倉富勇三郎日記」一九二三年一〇月一〇日)と述べている。

(82)「司法大官の更迭」(『日本弁護士協会録事』第二六七号、一九二一年一〇月)。
(83)『東京朝日新聞』一九二一年一一月六日(平沼騏一郎談)。

## 第四章

(1) 伊藤隆「ロンドン海軍縮問題をめぐる諸政治集団の対抗と提携・第1部」(『社會科學研究』第一七巻第四号、一九六六年二月。後に、同『昭和初期政治史研究　ロンドン海軍軍縮問題をめぐる諸政治集団の対抗と提携』東京大学出版会、一九六九年に所収)。
(2) 木村和成「『大審院判例審査会』小論」(『立命館法學』第三三九号、二〇一一年五月、六月)七七～八一頁。なお、大審院判例審査会判例の選定、記載事項の作成プロセスについては、「平沼騏一郎文書」の「判例審査ニ関スル書類」を用いた先駆的研究である、大河純夫「大審院(民事)判例集の編纂と大審院判例審査会」(『立命館法學』第二五六号、一九九七年)、同「『大審院(民事)判例集の編纂と大審院判例審査会』補遺」(『立命館法學』第二九〇号、二〇〇三年四月)を参照。
(3) 前掲、大河純夫「大審院(民事)判例集の編纂と大審院判例審査会」。
(4)「機外会館談話録　第一一回(一九四二年六月二三日)」(平沼騏一郎回顧録編纂委員会編『平沼騏一郎回顧録』平沼騏一郎回顧録編纂委員会、一九五五年。以下、『平沼騏一郎回顧録』)九〇頁。なお、同時に平沼は「藩閥、政党、権門から嫌はれてゐたから司法官で終始するつもりで」あり、「司法大臣になるより、寧ろ大審院長で司法部をよくし、停年で退きたいと思つてゐた」とも回想しているが(同右、九一頁)、前述のように、平沼は原に対して宮中入りの希望を打ち明けており、平沼の回想は正確ではない。
(5) 河原宏「第二次山本内閣」(林茂、辻清明編集『日本内閣史録』第二巻、第一法規出版、一九八一年)四一三～四一四頁、四一九頁。
(6) 平沼は回顧録の中で、入閣を決断した理由として、①シーメンス事件で山本が無実だったのにもかかわらず、内閣総辞職に至ったことを気の毒に思っていたこと、②関東大震災が発生したこと、を挙げている(「機外会館談話録　第一一回(一九四二年六月二三日)」(『平沼騏一郎回顧録』九〇～九一頁)。しかし、当時の平沼をめぐる政治状況を踏まえると、入閣を決断したより重要な理由は、非山県系の官僚を主体とした内閣であり、将来の宮中入りを有利に進めるという思惑があったためであると考えられる。

(7) 前掲、河原宏「第二次山本内閣」四二五頁。

(8)「田健治郎日記」一九二三年九月六日(「田健治郎文書」国立国会図書館憲政資料室所蔵。以下、「田健治郎日記」)。なお、田の日記は漢語調で書かれているので、書き下し文に直して引用した。

(9)「第四七回帝国議会衆議院大正一二年勅令第四百三号(承諾を求むる件)(治安維持の為にする罰則の件)委員会」一九二三年一二月二〇日、一二月二一日。

(10) 松尾尊兊『普通選挙制度成立史の研究』(岩波書店、一九八九年)二八六頁。

(11) 山田孝雄『国民精神作興に関する詔書義解』訂補二五版(宝文館、一九三三年)四七~五〇頁。

(12)「倉富勇三郎日記」一九二三年七月一一日。

(13) 同右、一九二五年一月一二日。

(14) 三谷太一郎『大正デモクラシー論　吉野作造の時代』新版(東京大学出版会、一九九五年)三三頁。例えば、上杉慎吉(東京帝国大学法科大学教授)は普選を「国家総動員」体制の一環としての「政治上の国民総動員」と位置付け、一九一九年初頭から突如として普選論を鼓吹している(同右、九六頁、一一七~一一八頁)。

(15) 前掲、松尾尊兊『普通選挙制度成立史の研究』二六四~二六五頁。

(16)『東京朝日新聞』一九二三年一〇月二一日(平沼騏一郎談)。

(17) 前掲、松尾尊兊『普通選挙制度成立史の研究』二八三~二八五頁。

(18) 同右、三〇五~三一〇頁。

(19) 山岡の休職処分は「平沼鈴木閥を駆逐し、政友的色彩を除去して憲政的勢力を扶植」するためととらえられた(『東京朝日新聞』一九二五年八月一五日)。また、平沼は休職処分を受けた山岡の慰安会に出席している(「倉富勇三郎日記」一九二五年八月二一日)。以上の状況を踏まえると、平沼が山岡の休職に不満を持ったのは間違いないだろう。

(20) 奈良岡聰智『加藤高明と政党政治　二大政党制への道』(山川出版社、二〇〇六年)三〇六頁。

(21) 枢密院委員会録・大正一四年「衆議院議員選挙法改正法律案帝国議会へ提出ノ件（普選案）（大正一三年一二月二七日（一回）～大正一四年二月一六日（二四回））」（国立公文書館）（アジア歴史資料センター レファレンスコード A03033287900）。なお、第五回の審議は「倉富勇三郎日記」一九二五年一月一五日も参照。

(22) 以上の過程については、高久嶺之介「大正期皇室法令をめぐる紛争 皇室裁判令案・王公家軌範案・皇室典範増補」（上）（『社会科学』第三二号、一九八三年二月）一八七～一九八頁を参照。

(23) 「倉富勇三郎日記」一九一九年五月九日。

(24) 同右、一九二二年八月三〇日。

(25) 同右、一九二二年七月二六日。

(26) 西川誠「大正後期皇室制度整備と宮内省」（『年報・近代日本研究 二〇 宮中・皇室と政治』山川出版社、一九九八年）九二～九四頁。

(27) 「倉富勇三郎日記」一九二三年二月二八日。

(28) 同右、一九二三年二月一五日。

(29) 前掲、西川誠「大正後期皇室制度整備と宮内省」一〇〇頁。

(30) 「倉富勇三郎日記」一九二四年七月四日。

(31) 山田英雄『日本書紀の世界』（講談社、二〇一四年。※初版は一九七九年、教育社より『日本書紀』として刊行）一三～一五頁。

(32) 平沼は回顧録で、「皇道精神」の研究について、「殊に昔は文字はあつたかも知れぬが……然し古い文献はない。それは支那の文字が入つてからのことである。随つて幾ら文献を漁つてもそれ以前のことはない。太安万侶は稗田阿礼が記憶していたことを聴いて古事記を編纂したと云ふが、――そうであらうが――文献と云ふものはない。記憶によつて書いたと云ふ……神髄が伝つている。これは行によつて理解するのである」と述べている（「機外会館談話録 第一六回（一九四三年二月二三日）」〔『平沼騏一郎回顧録』〕一一二～一一三頁）。すなわち、文献による考証では不十分であり、信念が必要であることを強調しているが、これは、『古事記』や『日本書紀』などの残された史料からは天皇統治の正統性を実証的に証明出来ないことを認識していたためであろう。

(33) 「国本社々則」(「荒木貞夫文書」四二八〔国立国会図書館憲政資料室所蔵〕)。
(34) 「国本社役員名簿」(「平沼騏一郎文書」一四八九〔国立国会図書館憲政資料室所蔵〕)。
(35) 『読売新聞』一九二四年五月二七日。
(36) 平沼騏一郎「法は人性を基本とすきもの也」(『法律新報』第六一巻、一九二六年一月)。
(37) 平沼騏一郎「我国の良風美俗 (一)~(四)」(『法律新報』第六六巻~第六九巻、一九二六年二月~三月)。
(38) 平沼騏一郎「徳治」(『国本』第五巻第九号、一九二五年九月)。
(39) 同右。
(40) 「機外会館談話録 第一六回(一九四三年二月二三)」(『平沼騏一郎回顧録』)一一一頁。
(41) 橋川文三『昭和維新試論』(講談社、二〇一三年。※初版は一九八四年、朝日新聞社より刊行)二一八~二一九頁。
(42) 「機外会館談話録 第一一回(一九四二年六月二三日)」(『平沼騏一郎回顧録』)八八頁。
(43) 『法律新聞』一九二三年一〇月一〇日(『時事新報』記事の引用)。
(44) 「倉富勇三郎日記」一九三二年三月二九日。
(45) 『国本新聞』(『国本附録版』)一九二四年一一月二五日(平沼騏一郎談)。
(46) 『国本新聞』一九二五年五月二五日(平沼騏一郎談)。
(47) 平沼騏一郎「建国精神と国本社の使命」(『平沼騏一郎回顧録』二六五~二八一頁所収)。
(48) 修養団編輯部編『修養団三十年史』(修養団、一九三六年)一二〇~一二三頁。
(49) 松村憲一「近代日本の教化政策と『修養』概念 蓮沼門三の『修養団』活動」(『社会科学討究』第一九巻第一号)一四~一七頁。
(50) 「倉富勇三郎日記」一九三〇年三月一二日。
(51) 例えば、「田健治郎日記」一九二五年九月二二日~九月二五日、一九二五年一〇月一六日。
(52) 「倉富勇三郎日記」一九二六年五月六日、岡義武、林茂校訂『大正デモクラシー期の政治 松本剛吉政治日誌』(岩波書店、

一九五九年。以下、『松本剛吉日誌』）一九二六年五月六日。

(53)「倉富勇三郎日記」一九二五年一月二七日、一九二六年一月四日。

(54)一九二四年一二月二三日付田中義一宛松本剛吉書簡（「田中義一文書（所蔵）」一九三（国立国会図書館憲政資料室所蔵））。

(55)例えば、一九三二年四月、二上は倉富との会話で、伊東は「平沼か政界に乗り出すと云ふことを冷笑し居る」と述べ、倉富も「伊東と平沼との関係は今日左程親密には非さるも、今日ても二人の関係は切りても切れさる様に考へ居る人か少なからす。是は平沼の為には不利益なり」と返答している（「倉富勇三郎日記」一九三二年四月二五日）。

(56)「樺山資英日記」一九二七年二月二〇日、四月一六日（「樺山資英文書」国立国会図書館憲政資料室所蔵）。

(57)例えば、尚友倶楽部編『上原勇作日記』（尚友倶楽部、二〇一一年）一九二五年六月五日。

(58)『松本剛吉日誌』一九二六年八月八日。

(59)同右、一九二六年一〇月二一日。なお、平沼自身は松本に、薩摩系と手を組み、政権を狙っているとの説を否定している（同右、一九二六年一一月一日）。

(60)同右、一九二六年一二月二日。

(61)『国本新聞』一九二六年一一月一〇日。

(62)「倉富勇三郎日記」一九三三年四月一六日。なお、平沼の枢密院副議長就任の経緯については、奈良岡聰智『加藤高明と政党政治　二大政党制への道』（山川出版社、二〇〇六年）三六一～三六三頁を参照。

(63)『東京朝日新聞』一九二六年四月一二日。

(64)同右（松田源治談）。

(65)『松本剛吉日誌』一九二六年三月二五日、一九二六年五月二八日。

(66)同右、一九二六年五月一二日、五月一三日。

(67)同右、一九二六年六月二五日。

(68)同右、一九二六年七月一六日、七月二九日。

(69)伊藤之雄『昭和天皇と立憲君主制の崩壊　睦仁・嘉仁から裕仁へ』（名古屋大学出版会、二〇〇五年）五七頁。

(70)『松本剛吉日誌』一九二六年九月二九日、一〇月三日。
(71)同右、一九二六年一二月二日。
(72)同右、一九二六年一二月一四日、一九二七年一月三日。
(73)「倉富勇三郎日記」一九二六年八月二日。
(74)『国本新聞』一九二六年八月一〇日。
(75)「倉富勇三郎日記」一九二七年九月七日。
(76)同右、一九二七年八月二九日。
(77)同右、一九三〇年一一月七日。
(78)同右、一九二七年七月二九日。
(79)同右、一九二九年一月一六日、二月六日、二月一一日。
(80)同右、一九二八年六月二六日。
(81)望月雅士「金融恐慌をめぐる枢密院と政党」(『社会科学討究』第四二巻第三号、一九九七年)一五〇～一五二頁。
(82)「倉富勇三郎日記」一九二六年六月九日。
(83)許世楷「朴烈事件」(我妻栄等編『日本政治裁判史録　大正』第一法規出版、一九六九年)三九九～四〇二頁。
(84)平沼は恩赦について、「必ず牧野が何か口を出したのかもしれぬ、困ったものだ」と述べている(『松本剛吉日誌』一九二六年九月一一日)。
(85)「倉富勇三郎日記」一九二六年九月一五日。
(86)同右、一九二七年三月一〇日。
(87)同右。
(88)「田健治郎日記」一九二七年四月一四日。
(89)川上寿代「台湾銀行救済緊急勅令問題と枢密院」(『日本歴史』第六四一号、二〇〇一年一〇月)七四～七五頁。
(90)政党内閣期における憲法第七〇条の適用については、小山俊樹「政党内閣期の財政的緊急勅令と枢密院―台湾銀行救済案と満州事件費支弁案をめぐる枢密院議長倉富勇三郎の動向を中心に―」(『二十世紀研究』第一三号、二〇一二年)を参照。

(91) 枢密院の審議の経過については、前掲、望月雅士「金融恐慌をめぐる枢密院と政党」、前掲、川上寿代「台湾銀行救済緊急勅令問題と枢密院」、前掲、小山俊樹「政党内閣期の財政的緊急勅令と枢密院」を参照。

(92) 『松本剛吉日誌』五六三～五六六頁。

(93) 「倉富勇三郎日記」一九二七年四月一七日。

(94) 奈良岡聰智「立憲民政党の創立　戦前期二大政党制の始動」(『法学論叢』第一六〇巻第五・六号、二〇〇七年三月)。

(95) 「倉富勇三郎日記」一九二七年四月二一日、四月二三日。

(96) ただ、平沼は台湾銀行救済緊急勅令問題において、一貫して倉富と協調して行動し、四月一四日には、伊東らとともに、「政府にて急決を望まさるならは、強ひて之を急くにも及はす。顧問官中には、旅行を思ひ立ち居る人もあるに付、一度旅行して帰京したる上にて会議を開くことにして宜しかるへく」と述べ、性急に政府案を否決せず、妥協の可能性を探ろうとしていた(同右、一九二七年四月一四日)。

(97) 『読売新聞』一九二七年五月八日(平沼騏一郎談)。

(98) 前掲、伊藤隆『昭和初期政治史研究』三六三頁。

(99) 「倉富勇三郎日記」一九二八年一〇月四日。

(100) 同右、一九二八年九月一七日。

(101) 河井弥八著、高橋紘・粟屋憲太郎・小田部雄次編『昭和初期の天皇と宮中　侍従次長河井弥八日記』第一巻(岩波書店、一九九三年)一九二七年七月二九日、牧野伸顕著、伊藤隆・広瀬順晧編『牧野伸顕日記』(中央公論社、一九九〇年)一九二七年八月七日。

(102) 「倉富勇三郎日記」一九二八年九月一七日。

(103) 「原田熊雄メモ」一九二九年四月一六日(原田熊雄述『西園寺公と政局』別巻、岩波書店、一九五六年所収)。

(104) 「内田伯遺稿　二」(内田康哉著・小林道彦他編『内田康哉関係資料集成』第一巻、柏書房、二〇一二年)三六八頁。

(105) 前掲、伊藤隆『昭和初期政治史研究』三六四～三六五頁。

(106)『国本新聞』一九二七年五月一〇日。
(107)雨宮昭一「田中内閣」(林茂、辻清明編集『日本内閣史録』第三巻、第一法規出版、一九八一年)一五六〜一五七頁。
(108)前掲、伊藤隆『昭和初期政治史研究』三六四頁。
(109)『東京朝日新聞』一九二八年二月二一日社説、『東京日日新聞』一九二八年二月二一日社説。
(110)「倉富勇三郎日記」一九二八年二月二二日、一九二八年二月二九日。
(111)『東京朝日新聞』一九二八年三月七日。
(112)「倉富勇三郎日記」一九二八年三月一六日。
(113)『松本剛吉日誌』一九二八年五月三日。
(114)「倉富勇三郎日記」一九二八年五月三〇日。
(115)奥平康弘『治安維持法小史』(筑摩書房、一九七七年)八一〜八九頁。
(116)中澤俊輔『治安維持法 なぜ政党政治は「悪法」を生んだか』(中央公論新社、二〇一二年)九五〜一〇〇頁、一一六頁。
(117)吉見義明「田中(義)内閣下の治安維持法改正問題」(『歴史学研究』第四四一号、一九七七年二月)一〜二頁。
(118)なお、伊藤隆氏は鈴木の辞職を機に、田中と平沼の関係は「決定的に悪化した」と評価している(前掲、伊藤隆『昭和初期政治史研究』三六五頁)。また、奥健太郎氏は田中と鈴木及び鈴木派との関係が悪化した要因として、①対中外交の路線及び床次竹二郎の復党について意見が異なっていたこと、②一九二九年の政友会幹部改選で鈴木が水野の次位の平顧問に置かれたこと、を挙げている(奥健太郎『昭和戦前期立憲政友会の研究 党内派閥の分析を中心に』慶應義塾大学出版会、二〇〇四年、三六〜三九頁)。確かに、鈴木の辞職以後、田中と鈴木の関係は円滑にいかなくなり、平沼は田中の人事行政を非難した(『松本剛吉日誌』一九二八年五月二五日)。また、不戦条約問題では、強硬な態度を取り、小川平吉は平沼が内心倒閣を希望していたようだと述べている(前掲「内田伯遺稿 二」三四一頁)。ただ、不戦条約は田中内閣が文言において譲歩すれば解決する問題であり、①枢密院は第一次若槻内閣倒閣の責任を追及されていたこと、②田中内閣の後継には枢密院に好感を持っていない民政党を主体とした内閣が成立する可能性が高かったこと、を踏まえると、この問題で倒閣する意図があったとは考えにくい。本節で論じるように、内政外交全体を見れば、平沼と田中は依然として大枠において協調関係を維持していたと考えられる。

(119)「倉富勇三郎日記」一九二八年五月七日。

(120)前掲、吉見義明「田中（義）内閣下の治安維持法改正問題」二～三頁。

(121)例えば、『東京日日新聞』一九二八年六月二四日社説、『東京朝日新聞』一九二八年六月二二日社説。

(122)『東京朝日新聞』一九二八年六月二二日。

(123)「松本剛吉政治日誌」一九二九年一月二一日、一月二四日、一月二七日、二月二日（「松本剛吉文書」〔国立国会図書館憲政資料室所蔵〕）。

(124)平沼は倉富に、予審判事が共産党事件の幹部ではない被告人に対し、緊急勅令により死刑になることを告げたところ、被告人は、懲役三・四年位は覚悟していたが、死刑は困るので、早速共産党は辞めると言ったと話し、「緊急勅令は余程効能ありたる様なり」と述べている（「倉富勇三郎日記」一九二八年九月五日）。

(125)同右、一九二八年六月二六日。

(126)『法律新聞』一九二八年八月二八日（『都新聞』記事の引用）。

(127)「倉富勇三郎日記」一九二八年五月一九日。

(128)伊藤之雄『大正デモクラシーと政党政治』（山川出版社、一九八七年）二三二～二三三頁。

(129)「倉富勇三郎日記」一九二八年五月一〇日、六月一三日。

(130)一九二八年八月四日付田中義一宛水野錬太郎書簡（前掲「田中義一文書（所蔵）」一〇一）。

(131)『東京日日新聞』一九二八年六月一五日社説、『東京朝日新聞』一九二八年七月一五日社説。

(132)『東京朝日新聞』一九二八年七月一四日。

(133)『読売新聞』一九二八年八月五日。

(134)「倉富勇三郎日記」一九二八年八月四日。

(135)以上、田中内閣と山東出兵については、小林道彦『政党内閣の崩壊と満州事変　1918～1932』（ミネルヴァ書房、二〇一〇年）第一章を参照。

(136) 黄自進『蔣介石と日本　友と敵のはざまで』（武田ランダムハウスジャパン、二〇一一年）九六〜一〇九頁。
(137) 「倉富勇三郎日記」一九二八年五月一六日。
(138) 同右、一九二八年八月一日。
(139) 同右、一九二八年八月一日。
(140) 同右、一九二八年九月四日、一〇月二四日。
(141) 『松本剛吉日誌』一九二八年一一月二六日。
(142) ただ、床次竹二郎は一九二四年一月、政友会を脱党して政友本党を結成し、一九二七年六月には憲政会と合流して、民政党顧問となったが、そのわずか一年後、脱党して新党倶楽部を結成するなど、場当たり的ともとれる行動で、世論から批判を浴びており、西園寺も床次を評価していなかった（村瀬信一『首相になれなかった男たち　井上馨・床次竹二郎・河野一郎』吉川弘文館、二〇一四年、第四章、第五章）。また、前述のように、平沼も憲本提携には批判的であったことを踏まえると、平沼は床次を全面的に評価していたわけではなく、あくまでも当時の政局において、自らの望む外交路線の継続に利用できる存在として期待したと思われる。
(143) 前掲、伊藤之雄『大正デモクラシーと政党政治』二三六〜二四〇頁。
(144) 『松本剛吉日誌』一九二八年一二月一三日。
(145) 「倉富勇三郎日記」一九二九年一月二六日。
(146) 前掲、伊藤之雄『昭和天皇と立憲君主制の崩壊』一〇八〜一一〇頁。
(147) 「倉富勇三郎日記」一九二九年二月五日。
(148) 前掲、伊藤之雄『昭和天皇と立憲君主制の崩壊』一〇八〜一一五頁。
(149) 同右、一一八〜一二〇頁、一四七〜一四八頁。なお、平沼はその後も西園寺への信頼を維持し、一九三一年一一月の時点でも、若槻ら五人が天皇から西園寺に満州からの撤兵について下問するようにし、西園寺に撤兵すべきと奉答させ、西園寺に責任を負わせようとしたが、計画を西園寺に内報する者があったため、失敗したと述べている（「倉富勇三郎日記」一九三一年一一月四日）。平沼が西園寺への反感を募らせるのは斎藤内閣以降と推測される。

(150)「倉富勇三郎日記」一九二九年九月一日。
(151)同右。

## 第五章

(1)伊藤隆「ロンドン海軍軍縮問題をめぐる諸政治集団の対抗と提携・第1部〜第2部」(『社會科學研究』第一七巻第四号・第一九巻第二号、一九六六年二月・一九六七年二月。後に、同『昭和初期政治史研究　ロンドン海軍軍縮問題をめぐる諸政治集団の対抗と提携』東京大学出版会、一九六九年に所収)。
(2)小林龍夫「海軍軍縮条約(一九二一〜一九三六年)」(日本国際政治学会太平洋戦争原因研究部編著『太平洋戦争への道　開戦外交史　一』朝日新聞社、一九八七年。※初版は一九六三年)。
(3)伊藤之雄『昭和天皇と立憲君主制の崩壊　睦仁・嘉仁から裕仁へ』(名古屋大学出版会、二〇〇五年)。
(4)佐々木隆「挙国一致内閣期の枢密院—平沼騏一郎と斎藤内閣—」(『日本歴史』第三五二号、一九七七年九月)。
(5)堀田慎一郎「平沼内閣運動と斎藤内閣期の政治」(『史林』第七七巻第三号、一九九四年五月)。
(6)手嶋泰伸「平沼騏一郎内閣運動と海軍—一九三〇年代における政治的統合の模索と統帥権の強化—」(『史学雑誌』第一二二巻第九号、二〇一三年九月)。
(7)平沼は橋本徹馬との会話で、「現内閣か辞職すれは之に代へる者は勿論民政党なり」と述べ、橋本は平沼が「大に民政党に好意」を持っているようだと分析した(「倉富勇三郎日記」一九二八年一二月二二日)。ただ、これは、①平沼が民政党内閣に反感を持っていたこと、②平沼が一九二九年二月の段階でも、「中間内閣としても頗る困難」(同右、一九二九年二月九日)と認識していたこと、を踏まえると、民政党でもやむを得ないと考えていたと推測する方が妥当だろう。
(8)中澤俊輔「治安維持法の再検討　政党内閣期(一九一八〜三二)を中心として」(『年報政治学』第六一巻第一号、二〇一〇年七月)、二〇六頁。
(9)「倉富勇三郎日記」一九二九年九月一一日。
(10)前掲、伊藤之雄『昭和天皇と立憲君主制の崩壊』一五一〜一五八頁。

(11)「倉富勇三郎日記」一九二九年九月二五日。
(12)同右、一九二九年一一月二〇日。
(13)伊藤之雄『大正デモクラシーと政党政治』(山川出版社、一九八七年)二一二〜二一三頁、土川信男「政党内閣と元老西園寺―『松本剛吉政治日誌』を中心に―」(『年報・近代日本研究 二〇 宮中・皇室と政治』山川出版社、一九九八年)八二〜八三頁。
(14)「内田伯遺稿 二」(内田康哉著・小林道彦他編『内田康哉関係資料集成』第一巻、柏書房、二〇一二年)三一六頁。
(15)「機外会館談話録 第十五回(一九四二年七月二八日)」(平沼騏一郎回顧録編纂委員会編『平沼騏一郎回顧録』平沼騏一郎回顧録編纂委員会、一九五五年。以下、『平沼騏一郎回顧録』)一〇三〜一〇四頁、一〇七頁。
(16)同右、一〇五〜一〇六頁。
(17)「倉富勇三郎日記」一九三一年一二月二日。なお、倉富の国際連盟規約についての認識も、正確ではない点がある。連盟規約は経済制裁を行う場合について、①連盟の約束擁護のため使用すべき兵力に対する連盟各国の陸海空軍の分担程度は、連盟理事会が関係各国政府に提案する義務がある、②連盟加盟国は兵力を使用する加盟国の軍隊に対し、領土通過を認めなければならない、と規定されている。しかし、一九二一年、連盟総会で、違反があったか否かの判断は加盟各国が個別に行ってよいことが確認され、実施すべき経済制裁についても段階的に強める方式でもよいことが決議されている(宮川眞喜雄『経済制裁日本はそれに耐えられるか』中央公論社、一九九二年、四五〜四六頁)。すなわち、経済制裁に際して、加盟国は自主的な判断を確保しており、事実上理事会からの出兵の提案に応じる義務はなかったのである。
(18)「倉富勇三郎日記」一九二九年五月二二日。
(19)高橋勝浩「本多熊太郎の政治的半生―外交官から外交評論家へ―」(『近代日本研究』第二八巻、二〇一一年)。
(20)前掲、伊藤隆『昭和初期政治史研究』三七八〜三八一頁。
(21)「内田伯遺稿 二」(前掲『内田康哉関係資料集成』第一巻)三三四頁。
(22)牧野伸顕著、伊藤隆・広瀬順晧編『牧野伸顕日記』(中央公論社、一九九〇年)一九三〇年九月六日。
(23)「倉富勇三郎日記」一九二九年一〇月三〇日。

(24) 同右、一九三〇年一月一五日。
(25) 同右、一九三〇年三月二五日。
(26) 伊藤之雄「昭和天皇・元老・宮中勢力の情報・ネットワークと政治」(猪木武徳編著『戦間期日本の社会集団とネットワーク　デモクラシーと中間団体』、NTT出版、二〇〇八年)一一頁。
(27) 前掲、伊藤之雄『昭和天皇と立憲君主制の崩壊』一六二～一七九頁。
(28)「倉富勇三郎日記」一九三〇年四月九日。
(29) 前掲、伊藤之雄『昭和天皇と立憲君主制の崩壊』一七三～一七四頁。
(30)「倉富勇三郎日記」一九三〇年四月九日、四月二五日。
(31) 同右、一九三〇年六月二三日。
(32) 森靖夫『日本陸軍と日中戦争への道　軍事統制システムをめぐる攻防』(ミネルヴァ書房、二〇一〇年)二頁。
(33)「倉富勇三郎日記」一九三〇年五月七日。
(34)「第五〇会帝国議会貴族院陸海軍の政務次官及参与官に軍刑法の一部を適用せさる法律案特別委員会」一九二五年三月二一日。
(35)「倉富勇三郎日記」一九三〇年五月二一日。
(36) 前掲、小林龍夫「海軍軍縮条約(一九二一～一九三六年)」一〇五～一〇八頁。陸軍側の憲法解釈については、前掲、森靖夫『日本陸軍と日中戦争への道』七四～七八頁を参照。
(37) 前掲、小林龍夫「海軍軍縮条約(一九二一～一九三六年)」一〇三～一〇四頁。
(38) 四月二八日、原田は西園寺に「枢密院がこの問題で内閣を倒さうと」していると報告した。五月二一日には、財部海相も加藤が「或は枢密院の平沼あたりに煽てられているんじあないかと思つている」(原田熊雄述『西園寺公と政局』第一巻、岩波書店、一九五〇年〔以下、『西園寺公と政局』〕、四四、六二頁)と述べ、平沼が浜口内閣を崩壊させようとしているとの見方を示した。確かに、四月二七日、平沼は加藤と面会し「最後迄踏止る責任あり」、加藤の上奏に対する結果は「枢密院にて決す」(加藤寛治著・伊藤隆他編『海軍　加藤寛治日記』みすず書房、一九九四年〔以下、『加藤寛治日記』〕、一九三〇年四月二七日）と述べ、条約では国防上に支障があるという主張を維持するよう求めた。ただ、平沼がロンドン条約問題において加藤が会見したのは、現在確認出来る範囲では、一度のみである。また、六月一〇日、加藤が天皇に条約批判の上奏を行うとともに辞表を提出し、その後、軍事参議官に転任したことについて、平沼は「実は加藤（寛治）の行動は分らす。初め進退を賭して争ふと云ひたるものか軍事参事官と為りたるは妙な賭し方なり。又、辞職の理由も明瞭ならす」、「今少し早きか、又は遅くなれば分るも、中途なる故分らす」（「倉富勇三郎日記」一九三〇年六月一八日、六月二三日）と述べている。このことから、平沼が加藤に圧力をかけたのは事実であるが、加藤を操っている黒幕とまではいえないだろう。

また、平沼が政友会と通牒したという疑惑が再び生じた。その原因の一つとなったのが、犬養らが審査委員会の形勢から浜口内閣が崩壊すると考え、九月一六日に急遽党大会を開催し、統帥権を干犯したと批判したことである。原田が「仄聞」したところによると、犬養はこのような演説をする気はなかったが、後から鈴木一派が条約破棄の問題を付け加えたようであり、「元来鈴木一派は平沼副議長の系統であり、平沼氏は最初から徹底的に条約破棄を主張」していたので、「その指導によつて動く鈴木一派が総裁の演説の中にこの問題を入れて倒閣の目的を達しようとしたのも当然」であると推測した。また、水町袈裟六顧問官も「元来副議長は徹頭徹尾条約破棄、即ち御批准否決といふことで終始すればこの内閣は必ず倒すことができると思つていた。もし委員長の決意をきいていたならば九月十六日の政友会大会に条約破棄の演説までさせるやうなことはなかつたらう……よほど平沼は伊東を恨んでいるやうである」（『西園寺公と政局』第一巻、一八〇頁）と述べ、平沼の意図を誤解して推測した。

(39) 「倉富勇三郎日記」一九三〇年六月一八日。

(40) 同右、一九三〇年七月九日。

(41) 前掲、伊藤之雄『昭和天皇と立憲君主制の崩壊』一九一～一九五頁。

(42) 同右、二七一～二七四頁。

(43) 平沼は倉富らに対し、牧野に対する不満を度々述べていた。例えば、一九二八年二月、倉富・二上との会話で、第一次若槻内閣総辞職の際の対応として、「彼の様なるときに適当なる輔弼を為さされは、其一事にても曠職の罪を免れ難し」と批判している（「倉富勇三郎日記」一九二八年二月二二日）。

(44) 同右、一九三〇年七月一〇日、七月一六日。
(45) 前掲、伊藤之雄『昭和天皇と立憲君主制の崩壊』二七五〜二七六頁。
(46) 中村政則『昭和の恐慌』(小学館、一九八二年)二七一〜二八〇頁。
(47) 西田敏宏「ワシントン体制の変容と幣原外交—一九二九〜一九三一年—(二・完)」(『法学論叢』第一五〇巻二号、二〇〇一年一一月)一〇八〜一一五頁、一二三〜一二五頁。
(48) 木戸日記研究会編集校訂『木戸幸一日記』上巻(東京大学出版会、一九六六年。以下、『木戸幸一日記』)一九三〇年一二月八日、『西園寺公と政局』第一巻、二二六頁。
(49) 「倉富勇三郎日記」一九三〇年一一月二一日。
(50) 『加藤寛治日記』一九三一年四月一七日。
(51) 川田稔『昭和陸軍全史』1(講談社、二〇一四年)一〇七〜一〇九頁。
(52) 「倉富勇三郎日記」一九三一年九月一六日。
(53) 前掲、伊藤之雄『昭和天皇と立憲君主制の崩壊』二八八〜三〇一頁。
(54) 「倉富勇三郎日記」一九三一年九月二三日。
(55) 『加藤寛治日記』一九三一年九月二三日。
(56) 「倉富勇三郎日記」一九三三年二月三日。
(57) 北岡伸一『官僚制としての日本陸軍』(筑摩書房、二〇一二年)八六〜八八頁。
(58) 「倉富勇三郎日記」一九三一年一〇月一六日。なお、平沼は軍部だけでなく、宮地貫道(上海日日新聞社長)からも情報を得ていたようである。一〇月一一日、宮地は平沼の紹介で倉富のもとを訪れ、「満州のことに佐官か之を実行し、将官は之に引つられ居るものと聞き居りたるか、実際は佐官にも権力なく、尉官等か実権を有し」ていると述べた。また、「今後も幣原にては何事も出来す」、「少壮者を統一するには、先つ老人より統一せさるへからす」とも主張し、これは平沼も同意見であると伝えた(同右、一九三一年一〇月一一日)。
(59) 同右、一九三一年一〇月二一日。

(60) 海野芳郎『国際連盟と日本』(原書房、一九七二年)二〇一〜二〇六頁。
(61)「倉富勇三郎日記」一九三二年二月三日。
(62) 前掲、海野芳郎『国際連盟と日本』二〇七〜二〇八頁。
(63)「倉富勇三郎日記」一九三二年二月一七日、二月二四日。
(64) 前掲、川田稔『昭和陸軍全史』1、第七章。
(65)「倉富勇三郎日記」一九三一年一二月一二日。
(66) 木戸日記研究会編集校訂『木戸幸一日記』下巻(東京大学出版会、一九六六年。以下、『木戸幸一日記』)一九三八年五月一〇日。
(67) 憲法学者が明治憲法の首相権限をどのように解釈していたのかについては、上田健介『首相権限と憲法』(成文堂、二〇一三年)二四二〜二六〇頁を参照。
(68)『木戸幸一日記』一九三一年八月二九日。
(69) 原田熊雄述『西園寺公と政局』(岩波書店、一九五〇年。以下、『西園寺公と政局』)第二巻、一二九頁。
(70)『木戸幸一日記』一九三二年二月一九日。
(71) XYZ「現代日本百人物」(『中央公論』第四七巻第一号、一九三二年一月)。
(72)『加藤寛治日記』一九三二年一月一四日、一月一五日、一月一六日。
(73) 前掲、森靖夫『日本陸軍と日中戦争への道』九八〜一〇二頁。
(74) 平松良太「ロンドン海軍軍縮問題と日本海軍―一九二三〜一九三六年―(3・完)」(『法学論叢』第一六九巻六号、二〇一一年九月)第四章第一節、第二節。
(75)『国本新聞』一九三二年四月二〇日。なお、原田も「最近の『ロンドン・タイムズ』に『日本のファッショのリーダーは、枢密院副議長の平沼男である』と書かれたために、同男は非常に憤慨して……弁明これ努めていた」(『西園寺公と政局』第二巻、二七二〜二七三頁)と述べており、この報道は政界の一部にも広まっていたと考えられる。
(76)『東京朝日新聞』一九三二年四月二〇日。

(77)『西園寺公と政局』第二巻、七四頁。
(78)「倉富勇三郎日記」一九三一年一〇月二七日。
(79)以上の経緯については、石田勇治『ヒトラーとナチ・ドイツ』(講談社、二〇一五年)第二章を参照。
(80)『東京朝日新聞』一九三二年四月二〇日(平沼騏一郎談)。
(81)同右、一九三二年五月七日。
(82)「倉富勇三郎日記」一九三二年五月一六日。
(83)同右、一九三二年五月一九日。
(84)『東京朝日新聞』一九三二年五月一七日、五月二一日。
(85)小山俊樹『憲政常道と政党政治—近代日本二大政党制の構想と挫折』(思文閣出版、二〇一二年)三〇六頁、三二一~三二二頁、三二七~三二八頁。
(86)確かに、平沼は「兎も角森は現内閣にては働き手なり。内閣には森位の技倆ある人はの居ることは必要なり」と森を高く評価していた(「倉富勇三郎日記」一九三二年三月三〇日)。しかし、森自身は平沼と交捗を重ねていたが、出馬の見込がないと漏らしていた(伊藤隆他編『真崎甚三郎日記　昭和七・八・九年一月~昭和一〇年二月』山川出版社、一九八一年。以下、『真崎甚三郎日記』一九三二年二月一七日)。
(87)「倉富勇三郎日記」一九三二年五月二一日。
(88)同右。
(89)伊藤之雄『元老西園寺公望　古希からの挑戦』(文藝春秋、二〇〇七年)二七六~二六九頁。
(90)野村秀雄「斎藤内閣成立秘話」(『中央公論』第四七巻第七号、一九三二年七月)。
(91)『木戸幸一日記』一九三一年八月二七日。
(92)『真崎甚三郎日記』一九三四年一〇月二九日。
(93)『木戸幸一日記』一九三二年五月一六日。
(94)前掲、手嶋泰伸「平沼騏一郎内閣運動と海軍」。

(95)「倉富勇三郎日記」一九三二年五月二四日。
(96)前掲、佐々木隆「挙国一致内閣期の枢密院」六八頁。
(97)「倉富勇三郎日記」一九三二年三月二六日。
(98)同右、一九三三年二月九日、二月一三日、二月一四日。
(99)前掲、佐々木隆「挙国一致内閣期の枢密院」六三〜六八頁、由井正臣「文官任用令問題と枢密院」(由井正臣編『枢密院の研究』吉川弘文館、二〇〇一年)七九〜八六頁。
(100)前掲、堀田慎一郎「平沼内閣運動と斎藤内閣期の政治」七六〜七八頁。
(101)前掲、佐々木隆「挙国一致内閣期の枢密院」七三〜七四頁。
(102)『木戸幸一日記』一九三三年一月二五日、『西園寺公と政局』第三巻、四頁。
(103)猪俣敬太郎『中野正剛』(吉川弘文館、一九八八年。なお、初版は一九六〇年)一五一〜一五六頁。
(104)永井和「東方会の成立」(『史林』第六一巻第四号、一九七八年七月)一二一〜一二二頁。
(105)伊藤隆、佐々木隆「鈴木貞一日記　昭和八年(史料紹介)」(『史学雑誌』第八七巻第一号、一九七八年一月)一九三三年一〇月一二日、一〇月一五日。
(106)マスメディアで平沼が宇垣とともに、「政界の惑星」と称されたことについては、戸部良一「宇垣一成待望論の実相」(戸部良一編『近代日本のリーダーシップ　岐路に立つ指導者たち』第六章所収)を参照。
(107)御手洗辰雄「政界惑星物語」(『中央公論』第四七巻第一二号、一九三二年一二月)。
(108)阿部真之助「鈴木・平沼・宇垣」(『中央公論』第四八巻第六号、一九三三年六月)。
(109)馬場恒吾「現代政治の段階」(『中央公論』第四八巻第八号、一九三三年八月)。
(110)馬場恒吾「非常時の政界展望」(『改造』第一四巻第八号、一九三二年八月)。
(111)前掲、阿部真之助「鈴木・平沼・宇垣」。
(112)阿部真之助編『非常時十人男　彼等は何をしたか』(創造社、一九三三年)三〇〜三八頁。
(113)「機外会館談話録　第二四回(一九四三年七月六日)」(『平沼騏一郎回顧録』)一四八頁。

(114)「倉富勇三郎日記」一九三三年一〇月九日。
(115)同右、一九三三年一〇月七日。
(116)同右、一九三三年一〇月七日、一〇月九日、一〇月一〇日。
(117)前掲、堀田慎一郎「平沼内閣運動と斎藤内閣期の政治」八六～八八頁。
(118)平沼淑郎「弟騏一郎を語る」(『明朗』第一巻第九号、一九三六年五月)。
(119)尚友倶楽部編『岡部長景日記　昭和初期華族官僚の記録』(柏書房、一九九三年)一九三〇年一月二一日。
(120)「倉富勇三郎日記」一九三四年五月四日。
(121)同右、一九三四年六月一一日。
(122)前掲、堀田慎一郎「平沼内閣運動と斎藤内閣期の政治」八九～九〇頁。
(123)『西園寺公と政局』第四巻、三三～三四頁。
(124)『真崎甚三郎日記』一九三五年二月二六日。
(125)同右、一九三五年二月二六日。
(126)同右、一九三五年七月二日。
(127)前掲、森靖夫『日本陸軍と日中戦争への道』一二六～一二九頁、一四四～一五二頁。
(128)『真崎甚三郎日記』一九三四年一〇月二八日。
(129)『加藤寛治日記』一九三六年二月二二日。
(130)「倉富勇三郎日記」一九三五年一一月二三日。
(131)山浦貫一『近衛時代の人物』(高山書院、一九四〇年)五三頁。
(132)前掲、伊藤之雄『元老西園寺公望』三〇二～三〇三頁。
(133)『木戸幸一日記』一九三七年三月一六日。
(134)蓮沼門三「道の親　平沼騏一郎先生」(平沼騏一郎先生逸話集刊行会編『平沼騏一郎先生逸話集』平沼騏一郎先生逸話集刊行会、一九五八年)四八頁。

(135) 前掲『修養団三十年史』一二三頁。
(136)『東京朝日新聞』一九三六年三月一四日。
(137) 同右、一九三六年六月五日。
(138) 榎本勝己「国本社試論」(日本現代史研究会編『1920年代の日本の政治』大月書店、一九八五年)二二二～二二四頁。
(139) 内務省警保局保安課『特高外事月報』(内務省警保局保安課、一九三六年六月)二三頁。
(140) 奥平康弘『治安維持法小史』(筑摩書房、一九七七年)一二〇～一二一頁。
(141)『木戸幸一日記』一九三七年一月二四日、『西園寺公と政局』第五巻、二四一頁。
(142)『木戸幸一日記』一九三七年一月二九日。
(143) これらの陸軍統制の実態については、伊藤之雄『山県有朋　愚直な権力者の生涯』(文藝春秋、二〇〇九年)、前掲、森靖夫『日本陸軍と日中戦争への道』、前掲、小林道彦『政党内閣の崩壊と満州事変』を参照。
(144)『西園寺公と政局』第四巻、一四四頁。
(145)「機外会館談話録第十七回(一九四三年二月二三日)」(『平沼騏一郎回顧録』)一一八頁。
(146) 中村隆英『戦前期日本経済成長の分析』(岩波書店、一九七一年)二三一～二三三頁。
(147) 原朗「戦時統制経済の開始」(岩波講座『日本歴史20　近代7』岩波書店、一九七六年)二二一～二二二頁。
(148) 例えば、一九三九年には協同書房より、喋木寛『ヒトラーと平沼騏一郎は何故独身か　その真相を研究す』という本が出版されている。
(149) ヒトラーの政治観及び政策については、前掲、石田勇治『ヒトラーとナチ・ドイツ』第四章、第五章を参照。

**第六章**

(1) 竹山護夫「平沼内閣」(林茂、辻清明編集『日本内閣史録』第四巻、第一法規出版、一九八一年)。
(2) 大畑篤四郎「日独防共協定・同強化問題(一九三五～一九三九年)」(日本国際政治学会太平洋戦争原因研究部編著『太平洋戦争への道　開戦外交史　3』朝日新聞社、一九八七年。※初版は一九六三年)。

（3）加藤陽子「昭和一四年の対米工作と平沼騏一郎」（『史学雑誌』第九四巻第一一号、一九八五年一一月）、同「平沼内閣期におけるもう一つの潮流―対蔣和平構想の渦」（原朗編『近代日本の経済と政治』山川出版社、一九八六年）。いずれも、後に、同『模索する一九三〇年代　日米関係と陸軍中堅層』山川出版社、一九九三年に所収。また、平沼外交の「道義」に着目した研究として、高橋勝浩「首相平沼騏一郎と「道義外交」　防共協定強化問題と「支那事変」処理」（『国史学』第一六四号、一九九八年二月）がある。

（4）川田稔『昭和陸軍全史』２（講談社、二〇一四年）一二〇～一三九頁。

（5）伊藤隆他編『真崎甚三郎日記　昭和一〇年三月～昭和一一年三月』（山川出版社、一九八一年。以下、『真崎甚三郎日記』）一九三五年一一月二〇日。

（6）「機外会館談話録　第一七回（一九四三年二月二三日）」（平沼騏一郎回顧録編纂委員会編『平沼騏一郎回顧録』平沼騏一郎回顧録編纂委員会、一九五五年。以下、『平沼騏一郎回顧録』）一一九～一二〇頁。

（7）木戸日記研究会編集校訂『木戸幸一日記』上巻（東京大学出版会、一九六六年。以下、『木戸幸一日記』）一九三七年五月三〇日。

（8）同右、一九三七年五月三〇日、五月三一日。

（9）『真崎甚三郎日記』一九三五年七月二三日。

（10）同右、一九三五年一二月七日。

（11）『西園寺公と政局』第六巻（岩波書店、一九五〇年。以下、『西園寺公と政局』）六四～六六頁。

（12）前掲、川田稔『昭和陸軍全史』２、第五章、第六章。

（13）森靖夫「国家総力戦への道程――日中全面戦争と陸軍省軍政官僚たちの葛藤」（小林道彦・黒沢文貴編『日本政治史のなかの陸海軍　軍政優位体制の形成と崩壊　１８６８―１９４５』ミネルヴァ書房、二〇一三年）。

（14）岡義武『近衛文麿　「運命」の政治家』（岩波書店、一九七二年）六四～八六頁。

（15）木戸日記研究会編集校訂『木戸幸一日記』下巻（東京大学出版会、一九六六年。以下、『木戸幸一日記』）一九三八年三月二〇日。

(16) 同右、一九三八年五月一〇日。
(17) 前掲、岡義武『近衛文麿』八八～一〇三頁。
(18) 三谷太一郎『近代日本の戦争と政治』(岩波書店、二〇一〇年。※初版は一九九七年)二七六～二七七頁。
(19) 鈴木望「平沼騏一郎と無窮会・東洋文化学会の初期の事業　平沼騏一郎とその周辺の政治家・漢学者の活動を中心に」(『東洋文化』第一〇八巻、二〇一二年三月)四六頁。
(20) 「機外会館談話録　第一一回(一九四二年六月二三日)」(『平沼騏一郎回顧録』)九〇頁。
(21) 筒井清忠『近衛文麿　教養主義的ポピュリストの悲劇』(岩波書店、二〇〇九年)三二～三八頁。
(22) 「倉富勇三郎日記」一九三五年一一月二八日。
(23) 「支那事変重要記録/2」「支那事変関係一件 第一巻」(外務省外交史料館)(アジア歴史資料センター、レファレンスコード B02030509800)。
(24) 井上勇一「有田の『広域経済圏』構想と対英交渉」(『国際政治』第五六号、一九七六年)六七～七〇頁。
(25) 『西園寺公と政局』第七巻(岩波書店、一九五二年。以下、『西園寺公と政局』)、二四六～二四八頁。
(26) 同右、二五六～二五七頁。
(27) 同右、二五二～二五三頁。
(28) 『木戸幸一日記』一九三九年一月五日。
(29) 『東京日日新聞』一九三九年一月五日(平沼騏一郎談)。
(30) 前掲、竹山護夫「平沼内閣」七〇～七一頁。
(31) 平沼節子(平沼の兄淑郎の孫)は「とても情の厚いをじいちゃま」と述べた(『大阪朝日新聞』一九三九年一月五日(平沼節子談))。また、速水忠顧(平沼邸の執事)も「非常に情の厚い人」と述べている(『東京日日新聞』一九三九年一月五日(速水忠顧談))。
(32) 『西園寺公と政局』第七巻、二六〇頁。
(33) 同右、二七三頁。

(34) 同右。
(35) 伊藤隆他編『真崎甚三郎日記　昭和一四年一月~昭和一五年一二月』(山川出版社、一九八三年)一九三九年一月七日。
(36) 同右、一九三九年二月一一日。
(37) 『東京日日新聞』一九三九年一月六日(平沼騏一郎談)。
(38) 広田内閣は陸海軍の要望を容れ、「七大国策・十四項目」を決定したが、その中には「行政機構の整備改善」が含まれていた。その後、陸海軍が発表した機構改革案では、①重要国務に関する調査、予算の統制、人事行政の統制・刷新に関する機関を創設し、首相が管理すること、②地方行政制度の刷新、③議院法及び選挙法の改正による議会の刷新、などが盛り込まれていた(井出嘉憲『日本官僚制と行政文化　日本行政国家論序説』東京大学出版会、一九八二年、一〇〇~一〇七頁)。
(39) 例えば、五月下旬、企画院は貿易省の設置を提案したが、商工省の反対により挫折した(古川隆久『昭和戦中期の総合国策機関』吉川弘文館、一九九二年、九六~九七頁、一〇二~一〇四頁)。その後、阿部信行内閣は貿易省設置を推進するが、外務省は抵抗運動を展開し、中断を余儀なくされた。この結果、内閣の求心力は更に低下した(堀真清「阿部内閣」、前掲『日本内閣史録』第四巻、一二一~一二四頁)。
(40) 永井和『日中戦争から世界戦争へ』(思文閣出版、二〇〇七年)三七九~三八二頁。
(41) 「第七四回帝国議会衆議院予算委員会議事速記録第二回」一九三九年一月二四日。
(42) 「第七四回帝国議会貴族院予算委員会議事速記録第四回」一九三九年二月一六日。
(43) The Ambassador in Japan (Grew) to the Secretary of State.feburary 20, 1939. *Foreign relations of the United States: Diplomatic Papers 1939 vol.III.* pp.12-13.
(44) 「第七四回帝国議会衆議院予算委員会議事速記録第九回」一九三九年二月一日。
(45) ゴードン・M・バーガー著、坂野潤治訳『大政翼賛会　国民動員をめぐる相剋』(山川出版社、二〇〇〇年)第四章、第五章。政友会内部の動向については、奥健太郎『昭和戦前期立憲政友会の研究　党内派閥の分析を中心に』(慶應義塾大学出版会、二〇〇四年)第四章を参照。
(46) 平沼は組閣前、池田に「財政経済のことは、どうしても自分は素人だから、なんとかしてもらひたい」と言っており、蔵相は池田の推薦で石渡を昇格させた（『西園寺公と政局』第七巻、二四七頁、二五三頁）。なお、当該期の池田の戦時経済への対応については、松浦正孝『日中戦争期における経済と政治　近衛文麿と池田成彬』（東京大学出版会、一九九五年）を参照。

(47) 例えば、一九三八年一一月一〇日から一週間、大詔渙発一五周年を記念して国民精神作興週間を設け、一一月一〇日を「克己」精動日とした（『教化運動』一九三八年一〇月一日）。

(48) 「第七四回帝国議会衆議院議事速記録第三号」一九三九年一月二一日。

(49) 『教化運動』一九三九年二月一五日。

(50) 同右、一九三九年四月一五日。

(51) 井上寿一『理想だらけの戦時下日本』（筑摩書房、二〇一三年）七九～八〇頁、二〇九～二一一頁。

(52) 「東亜新秩序」及び近衛の構想については、前掲、井上勇一「有田の『広域経済圏』構想と対英交渉」、庄司潤一郎「日中戦争の勃発と近衛文麿『国際正義』論─東亜新秩序への道程」（『国際政治』第九一巻、一九八九年五月）、庄司潤一郎「新秩序の模索と国際正義・アジア主義」（防衛庁防衛研究所編『日米戦略思想の系譜　平成一五年度戦争史研究国際フォーラム報告書』防衛庁防衛研究所、二〇〇四年）を参照。

(53) 山室信一『思想課題としてのアジア』（岩波書店、二〇〇一年）六三〇頁。なお、近年では、近代日本のアジア主義には、①石橋湛山らのリベラリズムに基づいた理想主義的なもの、②財界穏健派を中心とした、蔣介石による中国統一及び国民国家を前提としたアジア間の提携を模索するもの、③大亜細亜協会に代表される西洋帝国主義からのアジア解放を打ち出したもの、などがあったと指摘されている（松浦正孝『「大東亜戦争」はなぜ起きたのか　汎アジア主義の政治経済史』名古屋大学出版会、二〇一〇年、第二章、結論終節）。

(54) 「機外会館談話録　第一七回（一九四三年二月二三日）」（『平沼騏一郎回顧録』）一一〇頁。

(55) 戸部良一『ピース・フィーラー　支那事変和平工作の群像』（論創社、一九九一年）三二六～三二七頁。

(56) 「小川平吉日記」（小川平吉文書研究会編『小川平吉関係文書』第一巻、みすず書房、一九七三年。以下、「小川平吉日記」）一九三九年一月一七日。

(57) 前掲、大畑篤四郎「日独防共協定・同強化問題（一九三五～一九三九年）」。

(58)同右、九六～九七頁。
(59)『西園寺公と政局』第七巻、三一六頁。
(60)同右。
(61)同右、三一八頁。
(62)『日本外交文書　第二次欧州大戦と日本』第一冊（六一書房、二〇一二年）七〇～七二頁。
(63)同右、七五頁。
(64)前掲、大畑篤四郎「日独防共協定・同強化問題（一九三五～一九三九年）」一一五～一一九頁。
(65)前掲、永井和『日中戦争から世界戦争へ』第三章第一節～第三章第三節。
(66)『木戸幸一日記』一九三九年四月一四日、四月一九日。
(67)『西園寺公と政局』第七巻、三五二～三五四頁。
(68)「経過日誌」（角田順『現代史資料10　日中戦争3』みすず書房、一九六三年）二七一～二七頁。
(69)前掲、大畑篤四郎「日独防共協定・同強化問題（一九三五～一九三九年）」一二七～一三二頁。
(70)相澤淳『海軍の選択　再考真珠湾への道』（中央公論新社、二〇〇二年）一四〇～一四二頁。
(71)『西園寺公と政局』第七巻、三〇三頁。
(72)前掲、戸部良一『ピース・フィーラー』三三〇～三三一頁。
(73)「小川平吉日記」一九三九年三月二一日。
(74)『西園寺公と政局』第七巻、三三〇頁。
(75)前掲、加藤陽子『模索する一九三〇年代』一五六～一七三頁。
(76)鹿錫俊「東亜新秩序をめぐる日中関係」（井上寿一他編『日本の外交』第一巻、岩波書店、二〇一三年）二〇八～二二二頁。
(77)なお、加藤陽子氏は平沼が外務省経由で工作を行わなかった要因として、防共協定強化を推進する白鳥敏夫駐伊大使に同調する、外務省革新派と呼ばれる人々の存在があり、外務省革新派の栗原正東亜局長は東京会談が妥結しても、原則的な対立関係にある日英両国の協調や、それによる事変解決について、否定的な見方を示していたことを指摘している（加藤陽子『昭和

天皇と戦争の世紀』講談社、二〇一一年、三二六～三二七頁）。

(78) R. Cragie (Tokyo) to Viscount Halifax July 1, 1939. *British Foreign Office, Document on British Foreign Policy, 1919–1939, Seris 3, vol.IX.* pp.239–240.

(79) The Charge in Japan (Dooman) to the *Secretary of State, May 23, 1939. Foreign relations of the United States: Diplomatic Papers 1939 vol. III* pp.171–173.

(80) 須藤眞志「日米通商航海条約（1911年）廃棄の背景」（『京都産業大学論集　国際関係系列』第一三号、一九八六年七月。後に、同『日米開戦外交の研究　日米交渉の発端からハル・ノートまで』慶応通信、一九八六年に所収）、渡邉公太「天津租界事件から日米通商航海条約破棄通告へ」（筒井清忠編『昭和史講義2』ちくま書房、二〇一六年）一八三～一八五頁、一九一～一九三頁。

(81) 以上の英仏租界封鎖をめぐる日英の動向と東京会談については、前掲、永井和『日中戦争から世界戦争へ』第二章第四節～第二章第六節を参照。

(82) R. Cragie (Tokyo) to Viscount Halifax July 1, 1939. *British Foreign Office, Document on British Foreign Policy, 1919–1939, Seris 3, vol.IX* pp.239–240.

(83) 以上、東京会談と排英運動については、前掲、永井和『日中戦争から世界戦争へ』第二章第四節～第二章第六節、第三章を参照。

(84) R. Cragie (Tokyo) to Viscount Halifax August 2, 1939. *British Foreign Office, Document on British Foreign Policy, 1919–1939, Seris 3, vol.IX* p.385. なお、クレーギーの活動については、アントニー・ベスト、武田知己訳『大英帝国の親日派　なぜ開戦は避けられなかったのか』（中央公論新社、二〇一五年）第四章を参照。

(85) F・S・G・ピゴット著、長谷川才次訳『断たれたきずな』下（時事通信社、一九五九年）一〇九～一一五頁。なお、ピゴットの活動については、前掲、アントニー・ベスト『大英帝国の親日派』第一一章を参照。

(86) 秦郁彦「ノモンハン事件の終結」（『政経研究』第四九巻第四号、二〇一三年三月）三九九～四〇三頁。旧ソ連軍資料の公開を踏まえた最近のノモンハン事件の評価については、秦郁彦『明と暗のノモンハン戦史』（ＰＨＰ研究所、二〇一四年）を参照。

（87）欧亜局一課『日「ソ」交渉史』（巌南堂書店、一九六九年）五一九～五二〇頁。
（88）『西園寺公と政局』第八巻、四二～四四頁。
（89）畑俊六著、伊藤隆・照沼康孝編・解説『陸軍　畑俊六日誌』（みすず書房、一九八三年）一九三九年八月二一日。
（90）『西園寺公と政局』第八巻（岩波書店、一九五二年）五〇～五一頁。

**第七章**

（1）高橋勝浩「重臣としての平沼騏一郎―終戦と国体護持へむけて」（『軍事史学』第一四二号、二〇〇〇年九月）。
（2）同右、三〇頁。
（3）寺崎英成、マリコ・テラサキ・ミラー『昭和天皇独白録』（文芸春秋、一九九五年。※初版は一九九一年。以下、『昭和天皇独白録』）一五八頁。
（4）原田熊雄述『西園寺公と政局』第八巻（岩波書店、一九五二年。以下、『西園寺公と政局』）五五～五六頁。
（5）堀真清「阿部内閣」（林茂、辻清明編集『日本内閣史録』第四巻、第一法規出版、一九八一年）一〇六～一〇九頁、伊藤之雄『昭和天皇伝』（文芸春秋、二〇一一年）二八一頁。
（6）木戸日記研究会編集校訂『木戸幸一日記』下巻（東京大学出版会、一九六六年。以下、『木戸幸一日記』）一九四〇年一一月四日。
（7）前掲、伊藤之雄『昭和天皇伝』二八三頁。
（8）『木戸幸一日記』一九四〇年七月一七日。
（9）同右、一九四〇年五月八日、五月二九日。
（10）『西園寺公と政局』第八巻、二六五～二六六頁。
（11）同右、二六八頁。
（12）筒井清忠『近衛文麿　教養主義的ポピュリストの悲劇』（岩波書店、二〇〇九年）二二〇～二二五頁。
（13）『西園寺公と政局』第八巻、二六八～二七〇頁。

（14）三宅正樹「第二次近衛内閣」（前掲『日本内閣史録』第四巻）二三七〜二三八頁。
（15）伊藤隆『近衛新体制　大政翼賛会への道』（中央公論社、一九八三年）一三九〜一七五頁。
（16）升味準之助『日本政党史論』第7巻（東京大学出版会、二〇一一年。※初版は一九八〇年）二〇九〜二三二頁。
（17）「機外会館談話録　第一七回（一九四三年二月二三日）」（平沼騏一郎回顧録編纂委員会編『平沼騏一郎回顧録』平沼騏一郎回顧録編纂委員会、一九五五年。以下、『平沼騏一郎回顧録』）一一九〜一二〇頁。
（18）同右、一二〇頁。
（19）『木戸幸一日記』一九四〇年一二月二〇日、一二月二一日。
（20）古川隆久『昭和戦中期の議会と行政』（吉川弘文館、二〇〇五年）二八二〜二八三頁。
（21）内政史研究会『村田五郎氏談話速記録』二（内政史研究会、一九七三年）一八三〜一九一頁。
（22）以上の経過については、細谷千博「三国同盟と日ソ中立条約」（日本国際政治学会太平洋戦争原因研究部編著『太平洋戦争への道　開戦外交史　5』朝日新聞社、一九八八年。※初版は一九六三年）一八一〜二二五頁を参照。
（23）なお、近年では、松岡は日独伊ソの連合による英米牽制よりも、南方の支配権の確立及び、南進の遂行を重視していたと指摘する研究も登場している（森茂樹「松岡外交における対米および対英策」『日本史研究』第四二一号、一九九七年九月、服部聡『松岡外交 = Lost Diplomatic Gamble　日米開戦をめぐる国内要因と国際関係』千倉書房、二〇一二年）。
（24）川田稔『昭和陸軍全史』3（講談社、二〇一五年）第二章。
（25）平沼は「近衛公の失策」として大政翼賛会と三国同盟の締結を挙げている（「機外会館談話録　第一七回（一九四三年二月二三日）」（『平沼騏一郎回顧録』）一二〇頁）。
（26）重光葵『巣鴨日記』正（文芸春秋新社、一九五三年）一九四六年一〇月二〇日。
（27）以上、日米交渉の開始と「日米諒解案」の作成過程については、須藤眞志『日米開戦外交の研究　日米交渉の発端からハル・ノートまで』（慶応通信、一九八六年）第一章〜第二章を参照。
（28）The Ambassador in Japan(Grew) to the Secretary of State, January 7, 1941. *Foreign relations of the United States: Diplomatic Papers The Far East (1941)* pp.16–17.　なお、平沼とドゥーマンとの接触については、瀧口剛「平沼騏一郎と太

平洋戦争　対外態度における2重性を中心に」（『阪大法学』第一五九号、一九九一年七月）一九九頁で既に指摘している。

(29) 前掲、須藤眞志『日米開戦外交の研究』一〇六～一一四頁、一一九～一二一頁。

(30) 須藤眞志『ハル・ノートを書いた男　日米開戦外交と「雪」作戦』（文藝春秋、一九九九年）二八～三五頁。

(31) 角田順「日本の対米開戦」（日本国際政治学会太平洋戦争原因研究部編著『太平洋戦争への道　開戦外交史　7』朝日新聞社、一九八七年。※初版は一九六三年）一七五～一七六頁。

(32) 同右、二二三～二二六頁。

(33) 高木惣吉著、伊藤隆他編『高木惣吉　日記と情報』下（みすず書房、二〇〇〇年。以下、『高木惣吉　日記と情報』）一九四一年四月二六日、五月一九日。

(34) The Ambassador in Japan (Grew) to the Secretary of State, May 13, 1941. *Foreign relations of the United States: Diplomatic Papers The Far East (1941)* p187.

(35) 『木戸幸一日記』一九四一年六月二一日、六月二二日。

(36) 参謀本部編『杉山メモ　大本営・政府連絡会議等筆記』上（原書房、一九六七年）二四五頁。

(37) 同右、一六五～一六七頁。なお、大本営陸軍部戦争指導班は、「松岡強硬にして遂に案は骨抜きとなる……僅に統帥部の要求充足せらるのみ」、「協定締結を拒否する場合の武力行使は情勢に依り定むとなし軟化す……平沼〔騏一郎〕は総長に同意しあるが如し」との印象を記している（大本営陸軍部戦争指導班著、軍事史学会編『大本営陸軍部戦争指導班機密戦争日誌』上、錦正社、一九九八年。以下、『機密戦争日誌』、一九四一年一月三〇日）。

(38) 前掲『杉山メモ』上、二七〇～二七一頁。

(39) 入江昭著、篠原初枝訳『太平洋戦争の起源』（東京大学出版会、一九九一年）一六一頁。

(40) The Ambassador in Japan (Grew) to the Secretary of State,July 6, 1941. *Foreign relations of the United States: Diplomatic Papers The Far East (1941)* p.999.

(41) 前掲、須藤眞志『日米開戦外交の研究』一二九～一三七頁。

(42) 前掲『杉山メモ』上、二七〇～二七一頁。

(43) 前掲、角田順「日本の対米開戦」二二八～二三三頁。
(44) 『機密戦争日誌』一九四一年七月二一日。
(45) 高橋正衛解説『現代史資料二三　国家主義運動三』(みすず書房、一九七四年)一九七～二〇四頁。
(46) 平沼騏一郎先生逸話集刊行会編『平沼騏一郎先生逸話集』(平沼騏一郎先生逸話集刊行会、一九五八年)一四～一五頁。
(47) 以上、第二次近衛内閣から東條内閣までの日米交渉については、前掲、須藤眞志『日米開戦外交の研究』第四章～第六章を参照。
(48) 『木戸幸一日記』一九四一年一一月二九日。
(49) 『昭和天皇独白録』八四～九〇頁。
(50) 『機密戦争日誌』一九四一年一一月二九日。
(51) 重光葵著、重光葵記念館編『重光葵・外交意見書集　外務大臣時代・その他』第三巻(現代史料出版、二〇〇八年)二八二～二八七頁、三一七～三二一頁、周仏海著、蔡徳金編、村田忠禧他共訳『周仏海日記』(みすず書房、一九九二年)一九四二年九月二六日。
(52) 前掲、高橋勝浩「重臣としての平沼騏一郎」二二一～二二三頁。
(53) 「機外会館談話録　第一七回(一九四三年二月二三日)」(『平沼騏一郎回顧録』)一一九頁。
(54) 『木戸幸一日記』一九四三年一月三〇日。
(55) 「機外会館談話録　第一五回(一九四二年七月二八日)」(『平沼騏一郎回顧録』)一〇七～一〇八頁。
(56) 「機外会館談話録　第一七回(一九四三年二月二三日)」(『平沼騏一郎回顧録』)一一九頁。
(57) 「機外会館談話録　第二〇回(一九四三年三月三〇日)」(『平沼騏一郎回顧録』)一三六頁。
(58) 前掲、升味準之助『日本政党史論』第7巻、三七一～三七七頁。なお、岡田啓介の対米終戦工作については、柴田紳一「重臣岡田啓介の対米終戦工作」(『政治経済史学』第五〇〇号、二〇〇八年四・六月)を参照。
(59) 岡田啓介著、岡田貞寛編『岡田啓介回顧録』(毎日新聞社、一九七七年)二一四～二一五頁。
(60) 佐藤元英、黒沢文貴編『GHQ歴史課陳述録　終戦史資料』上(原書房、二〇〇二年)九四頁。

(61) 共同通信社「近衛日記」編集委員会編『近衛日記』(共同通信社開発局、一九六八年。以下、『近衛日記』)一九四四年七月二日。
(62) 鈴木多聞『「終戦」の政治史 一九四三―一九四五』(東京大学出版会、二〇一一年)七二～七四頁。
(63) 細川護貞『細川日記』上(中央公論新社、二〇〇二年。※初出は『情報天皇に達せず 細川日記』として、一九五三年、同光社磯部書房より刊行。以下、『細川日記』)一九四四年七月一〇日。
(64) 『近衛日記』一九四四年七月一四日。
(65) 前掲、鈴木多聞『「終戦」の政治史』七四～七九頁。
(66) 『近衛日記』一九四四年七月一七日、『高木惣吉 日記と情報』一九四四年八月八日。
(67) 『近衛日記』一九四四年七月一八日。
(68) 庄司潤一郎「『近衛上奏文』の再検討 国際情勢分析の観点から」(『国際政治』第一〇九号、一九九五年五月)五六～五七頁。
(69) 『近衛日記』一九四四年七月一八日、七月一九日、『木戸幸一日記』一九四四年七月一八日、七月一九日。
(70) 同右。
(71) 細川護貞『細川日記』下(中央公論新社、二〇〇二年。※初出は『情報天皇に達せず 細川日記』として、一九五三年、同光社磯部書房より刊行。以下、『細川日記』)一九四四年九月三〇日。
(72) 前掲、鈴木多聞『「終戦」の政治史』一一一～一一八頁。
(73) 近衛は細川に、岡田啓介が平沼と会談したところ、平沼は「どうも玉砕論だと云ひ居りし由なり」と述べたと伝えている(『細川日記』一九四五年二月二八日)。
(74) 武田清子『天皇観の相克 1945年前後』(岩波書店、二〇〇一年。※初版は一九七八年)第一章。
(75) 「時局ニ関スル重臣奉答録」(木戸日記研究会編『木戸幸一関係文書』東京大学出版会、一九六六年)四九三頁。
(76) 同右、四九五～四九八頁。なお、重臣拝謁の経緯については、柴田紳一「昭和二十年二月重臣拝謁の経緯と意義」(『国学院大学日本文化研究所紀要』第八七輯、二〇〇一年三月)を参照。
(77) 前掲、伊藤之雄『昭和天皇伝』三五〇～三五二頁。

(78) 『細川日記』一九四五年二月一六日。
(79) 同右、一九四五年三月一四日。
(80) 『高木惣吉　日記と情報』一九四五年三月二九日。
(81) 同右、一九四五年四月二二日。
(82) 前掲、鈴木多聞『「終戦」の政治史』一七七頁。
(83) 同右、八〇〜九五頁。
(84) 『細川日記』一九四五年三月三〇日。
(85) 『木戸幸一日記』一九四五年四月五日。
(86) 平沼の枢密院議長再任と終戦時の行動については、柴田紳一「平沼騏一郎枢相再任と御前会議参列」(『栃木史学』第二六号、二〇一二年三月)も参照。
(87) 参謀本部所蔵編『敗戦の記録』(原書房、一九六七年)二六四〜二六五頁。
(88) 大本営陸軍部戦争指導班著、軍事史学会編『大本営陸軍部戦争指導班機密戦争日誌』下(錦正社、一九九八年。以下、『機密戦争日誌』)一九四五年六月八日。
(89) 前掲、鈴木多聞『「終戦」の政治史』一二三頁。
(90) 前掲、伊藤之雄『昭和天皇伝』三六三〜三六五頁。
(91) 前掲『GHQ歴史課陳述録　終戦史資料』上、九六〜九七頁。
(92) 『細川日記』一九四五年七月三日。
(93) 前掲、伊藤之雄『昭和天皇伝』三六六〜三六七頁。
(94) 同右、三六六〜三七二頁。
(95) 八月九日の最高戦争指導会議・御前会議の経過については、外務省編纂『終戦史録』(官公庁資料編纂会〔製作〕、一九八六年)五六五〜五七九頁を参照。
(96) 迫水久常『機関銃下の首相官邸　二・二六事件から終戦まで』(恒文社、一九六四年)二六〇頁。

(97) 下村海南『終戦秘史』(大日本雄弁会講談社、一九五〇年)八九頁。
(98) 阿南陸相によると、平沼は「原案に同意なるも、陸相の四ヶ条も至極尤もなる故、十分考慮され度旨」と賛否明瞭でない発言を行い、阿南はこれを追及しようとしたが、鈴木首相は耳が聞こえずそのままになったという(『機密戦争日誌』一九四五年八月一〇日)。ただ、他の史料では、平沼は「国体」護持を条件に賛成したと記されている(例えば、『細川日記』一九四五年八月一〇日)。以上を踏まえると、平沼の話は曖昧であったのであろうが、その趣旨は鈴木に賛成であったと考えられる。
(99) 外務省編纂『日本外交年表竝主要文書』(日本国際連合協会、一九五五年)六三〇頁。
(100) 重光葵『巣鴨日記』(文芸春秋新社、一九五三年)一九四八年九月一〇日、九月一一日。
(101) 長谷川毅『暗闘 スターリン、トルーマンと日本降伏』(中央公論新社、二〇〇六年)三六九〜三七〇頁。
(102) 『昭和天皇独白録』一四八、一五三頁。
(103) 前掲、長谷川毅『暗闘』三八一〜三八六頁。なお、バーンズ回答をめぐる国務省内の意見対立については、五百旗頭真『米国の日本占領政策』下(中央公論社、一九八五年)第九章、中西寛「日本国憲法制定過程における法と政治 イギリス憲法論の視点から(1)」(『法学論叢』第一四九巻第二号、二〇〇一年五月)九〜一七頁を参照。
(104) バーンズ回答の原文及び翻訳、解釈については、前掲『終戦史録』六三八〜六四七頁を参照。
(105) 『木戸幸一日記』一九四五年八月一二日。
(106) 前掲、伊藤之雄『昭和天皇伝』三七八〜三八二頁。
(107) 衛藤瀋吉「政治家時代」(太田耕造全集編集委員会編『太田耕造全集』第五巻、亜細亜大学日本経済短期大学、一九九三年)三六六〜三六七頁。
(108) 前掲『終戦史録』七〇一頁。
(109) 太田耕造全集編集委員会編『太田耕造全集』第四巻(亜細亜大学日本経済短期大学、一九八五年)三五一頁。
(110) 同右、四三五頁。
(111) 平沼赳夫「平沼騏一郎邸炎上す」(『文藝春秋』第四七巻第一〇号、一九六九年九月)。

## 第八章

（1）ここでは主な研究のみを挙げる。まず、粟屋憲太郎氏の一連の研究により、裁判開廷に至るプロセス、A級戦犯被告の動向、などが明らかにされた（粟屋憲太郎『東京裁判論』大月書店、一九八九年、同『未決の戦争責任』柏書房、一九九四年、同『東京裁判への道』講談社学術文庫、二〇一三年など）。また、日暮吉延氏の研究により、裁判参加国の動向や判事団の対立など、多くの新事実が発掘された（日暮吉延『東京裁判の国際関係　国際政治における権力と規範』木鐸社、二〇〇二年）。最近では、東京裁判を法的関係から分析した研究（N・ボイスター・R・クライヤー、粟屋憲太郎・藤田久一・高取由紀監訳、岡田良之助訳『東京裁判を再評価する』日本評論社、二〇一二年。※原著は、Neil Boister and Robert Cryer, *The Tokyo International Military Tribunal: A Reappraisal*, Oxford University Press, 2008）や司法事件として扱った研究（戸谷由麻『東京裁判　第二次大戦後の法と正義の追及』みすず書房、二〇〇八年。※原著は、Totani Yuma, *The Tokyo War Crimes Trial: The Pursit of Justice in the Wake of World War II*, Harvard University Press, 2008）が発表された。他方、B・C級戦犯の裁判や活動にも焦点を当てた研究も発表されている（内海愛子『スガモプリズン　戦犯たちの平和運動』吉川弘文館、二〇〇四年、戸谷由麻『不確かな正義　BC級戦犯裁判の軌跡』岩波書店、二〇一五年）。

（2）木戸日記研究会編集校訂『木戸幸一日記』下巻（東京大学出版会、一九六六年。以下、『木戸幸一日記』）一九四五年八月一五日。

（3）東久邇宮内閣の政治過程については、天川晃「東久邇内閣」（林茂、辻清明編『日本内閣史録』第五巻、第一法規出版、一九八一年）、五百旗頭真『占領期　首相たちの新日本』（読売新聞社、一九九七年）第一章、第二章を参照。

（4）『木戸幸一日記』一九四五年一〇月五日。

（5）天川晃「幣原内閣」（前掲『日本内閣史録』第五巻）四〇～四一頁。

（6）『木戸幸一日記』一九四五年一〇月一〇日。

（7）前掲、五百旗頭真『占領期』一六九～一七八頁。

（8）高松宮宣仁著、細川護貞他編『高松宮日記』第八巻（中央公論社、一九九七年）一九四五年九月一六日。

（9）『木戸幸一日記』一九四五年一一月六日、木下道雄著、高橋紘解説『側近日誌』（文藝春秋、一九九〇年）一九四五年一一月二日。

(10) 前掲、日暮吉延『東京裁判の国際関係』二三九〜二四六頁。

(11) 松浦正孝『「大東亜戦争」はなぜ起きたのか　汎アジア主義の政治経済史』(名古屋大学出版会、二〇一〇年)八四四〜八四五頁。

(12) なお、一九四六年四月三〇日、巣鴨プリズンに収監されていた岡部長景は、前日にA級戦犯として起訴された二八名の被告の想像名簿を東條英機に提出し、意見を求めているが、両者とも二八名の中に平沼を含めている。このことは、日本人の中で、平沼を戦犯とみなす意見が多かったことを示す一例ではないかと思われる(尚友倶楽部・奈良岡聰智・小川原正道・柏原宏紀編『岡部長景巣鴨日記』芙蓉書房出版、二〇一五年、一九四六年四月三〇日)。なお、同日記の性質については、奈良岡聰智「【解説】岡部長景日記(昭和二十年十二月三日〜二十一年八月三十一日)」(同右所収)を参照。

(13) 粟屋憲太郎、吉田裕編集・解説『国際検察局(IPS)尋問調書』全五二巻(日本図書センター、一九九三年。以下、『国際検察局(IPS)尋問調書』)。

(14) 『国際検察局(IPS)尋問調書』第三四巻、六九〜七〇頁。

(15) 同右、六九頁。

(16) 『国際検察局(IPS)尋問調書』第二八巻、一六二〜一六五頁。

(17) 同右、一六七頁。

(18) 前掲、粟屋憲太郎『東京裁判への道』六〇〜六二頁、前掲、粟屋憲太郎『未決の戦争責任』八四〜八五頁。

(19) 『国際検察局(IPS)尋問調書』第二八巻、二一七〜二四〇頁。

(20) 同右、一七九〜一八一頁。

(21) 前掲、日暮吉延『東京裁判の国際関係』二七二〜二八〇頁。

(22) 同右、二八四〜二九〇頁。

(23) なお、成田努(平沼と親しい政治浪人)は平沼が起訴された理由として、アメリカが平沼の不起訴を主張したが、ソ連は平沼が反共主義者であることを理由に起訴を主張した結果、ソ連係官が平沼のもとを訪れ、平沼に共産主義を弾圧するかと問い、平沼は「国体」に反することを理由に弾圧すると答えたことを挙げている（平沼騏一郎先生逸話集刊行会編『平沼騏一郎先生逸話集』平沼騏一郎先生逸話集刊行会、一九五八年、一〇四〜一〇六頁）。しかし、起訴に至る過程を踏まえると、成田の見解は誤りである。

（24）前掲、N・ボイスター、R・クライヤー『東京裁判を再評価する』一〇五頁。

（25）『国際検察局（IPS）尋問調書』第二八巻、二三四〜二三五頁、国際検察局（IPS）尋問調書』第三〇巻、二〇一頁。

（26）『国際検察局（IPS）尋問調書』二四巻、三八三頁。

（27）『国際検察局（IPS）尋問調書』一五巻、三四六頁。

（28）児島襄『東京裁判』下（中央公論社、一九七一年）三三頁。

（29）平沼赳夫「平沼騏一郎邸炎上す」（『文藝春秋』四七巻一〇号、一九六九年九月）二〇〇頁。

（30）極東国際軍事裁判所編『極東国際軍事裁判速記録』第六巻（雄松堂書店、一九六八年。以下、『極東国際軍事裁判速記録』）七一八頁。

（31）なお、一九四七年九月三〇日付のIPSの「被告からリクエストされた証人」として、記されているのは、萱場軍蔵（警視総監、岡山県知事などを歴任）、馬場恒吾、村上恭一（貴族院議員、枢密院書記官長などを歴任）、太田耕造、竹内賀久治、平沼節子、岡田啓介、塩田広重である（ハーバート・P・ビックス、粟屋憲太郎、豊田雅幸編『東京裁判と国際検察局　開廷から判決まで』第四巻、現代史料出版、二〇〇〇年、一五六頁）。このうち、実際に証人として出廷したのは、平沼節子、岡田、塩田のみであった。その理由は不明だが、いずれも政府の政策決定の中枢にいた人物ではなく、平沼に有利となる証言が得られなかったためではないかと考えられる。

（32）『極東国際軍事裁判速記録』第六巻、七一八〜七二一頁。

（33）東京裁判資料刊行会編『東京裁判却下未提出辯護側資料』第六巻（国書刊行会、一九九五年）、二一一一〜二一一三頁。

（34）『極東国際軍事裁判速記録』第六巻、七二一〜七二三頁。

（35）同右、七二三〜七二四頁。

（36）同右、七二四〜七三六頁。

(37) 同右、七三七〜七三八頁。
(38) 『極東国際軍事裁判速記録』第九巻、一三四頁。
(39) なお、未提出に終わった弁護側資料としては、①平沼内閣が第一次近衛内閣によって確立された国策を踏襲するとの予測を報じた『東京朝日新聞』(一九三九年一月五日)の記事、②平沼が首相時代、欧州戦争防止を提案したことを述べたドゥーマンの宣誓供述書、③平沼が国本社を解散し、首相就任後、非民主主義的な綱領を放棄したことなどを記した、クレーギー元駐日英大使の著書『日本人の仮面の背後にあるもの』、などがあった。しかし、これらの資料は新聞や著書からの引用など、提出した資料に比べると、より資料としての価値が低いものであり、仮に提出されたとしても裁判の判決に変化はなかったと考えられる(前掲『東京裁判却下未提出辯護側資料』第六巻、二一一〜二一九頁)。
(40) 『極東国際軍事裁判速記録』第八巻、三九二〜三九三頁。
(41) 『極東国際軍事裁判速記録』第九巻、一三六頁。
(42) 同右、六三八〜六四八頁。
(43) 『極東国際軍事裁判速記録』第一〇巻、六四七頁。
(44) 同右、六九五頁。
(45) 同右、六一三頁、六四六頁。
(46) 同右、六四八〜六五六頁。
(47) 同右、七三六頁。
(48) 同右、七九六頁。なお、判決文では、枢密院副議長在任時についても、「枢密顧問官」と記しているが、これは両者を混同したためだと思われる。
(49) ロンドン海軍軍縮条約締結後の枢密院の政治的影響力の低下については、加藤聖文「枢密院と外交」(由井正臣編『枢密院の研究』吉川弘文館、二〇〇三年)二〇七〜二三七頁、池田順「戦時下の枢密院」(前掲『枢密院の研究』)を参照。
(50) 読売法廷記者著、清瀬一郎閲『25被告の表情』(労働文化社、一九四八年)七〇頁。
(51) 朝日新聞法廷記者団『東京裁判』中(東京裁判刊行会、一九六二年)二四六頁。

(52)重光葵『巣鴨日記』正・続(文芸春秋新社、一九五三年)。
(53)巣鴨遺書編纂会『一三号鉄扉(散りゆきし戦犯)』(巣鴨遺書編纂会、一九五三年)一四五~一四八頁。
(54)前掲、重光葵『巣鴨日記』正、一九四七年一一月一日。
(55)前掲『一三号鉄扉(散りゆきし戦犯)』一四六頁。
(56)「巣鴨獄中談話録　第一二回」(平沼騏一郎回顧録編纂委員会編『平沼騏一郎回顧録』平沼騏一郎回顧録編纂委員会、一九五五年。以下、『平沼騏一郎回顧録』)二〇九頁。
(57)高橋正俊「憲法の制定とその運用」(佐藤幸治、初宿正典、大石眞編『憲法五十年の展望Ⅰ』有斐閣、一九九八年)一〇六~一〇七頁。
(58)「第九〇回帝国議会貴族院本会議第二三号」一九四六年八月二六日(金森徳次郎の答弁)。
(59)前掲、重光葵『巣鴨日記』正、一九四六年九月一一日。
(60)佐藤元英、黒沢文貴編『GHQ歴史課陳述録　終戦史資料』上(原書房、二〇〇二年)九八~九九頁。
(61)「機外会館談話録　第九回(一九四二年五月一九日)」(『平沼騏一郎回顧録』)七八頁。
(62)前掲『一三号鉄扉(散りゆきし戦犯)』一四七頁。
(63)「感恩録一二」一九四六年八月二一日(「鵜澤總明関係文書」千葉県文書館所蔵)。同文書の閲覧・引用を許可して下さった鵜澤東明氏に厚くお礼申し上げる。
(64)前掲、重光葵『巣鴨日記』正、一九四八年七月二二日。
(65)『極東国際軍事裁判速記録』第八巻、七九八~七九九頁、重光葵『巣鴨日記』正、一九四八年二月一八日。
(66)「巣鴨幽囚日記」一九四八年一一月五日(「荒木貞夫文書」東京大学大学院法学政治学研究科附属近代日本法政史料センター原資料部所蔵)。
(67)前掲、重光葵『巣鴨日記』正、一九四八年一一月六日。
(68)同右、一九四八年一一月一一日。
(69)同右、一九四八年一一月一二日。

(70) 日暮吉延『戦犯釈放の政治過程と戦後外交』(文部科学省科学研究費補助金研究成果報告書、二〇〇四年)一八〜二二頁。
(71) 同右、二五〜二六頁。
(72) 前掲、重光葵『巣鴨日記』続、一九五〇年三月一五日、三月二一日。
(73) 同右、一九五〇年六月二八日。なお、連合国軍最高司令官総司令部仮釈放委員会(SCAP PAROLE BOARD)は五月二三日に仮出所の申請を受け取ったが、六月二三日には拒絶の回答を行った(「仮出獄申請に対するSCAP PAROLE BOARDの回答」「平沼騏一郎文書」〔国立国会図書館憲政資料室所蔵〕1640)。
(74) 日暮吉延「『正義』と『慈悲』 講和後の戦犯釈放と日米関係」(『アメリカ研究』第三五号、二〇〇一年)一四二頁。
(75) 立野信之「平沼騏一郎」(山陽放送株式会社編『近代史上の岡山県人 政界』山陽放送、一九七三年)三〇七頁。

## 第Ⅱ部注

### 第一章

(1) 伊藤隆「ロンドン海軍軍縮問題をめぐる諸政治集団の対抗と提携・第1部」(『社會科學研究』第一七巻第四号、一九六六年二月。後に、同『昭和初期政治史研究 ロンドン海軍軍縮問題をめぐる諸政治集団の対抗と提携』東京大学出版会、一九六九年に所収)。
(2) 三谷太一郎「日本における陪審制成立の政治史的意味—司法部と政党との権力関係の展開 (1)〜(3)完」(『国家学会雑誌』第九二巻一・二号、五・六号、九・一〇号、一九七九年二月、一九七九年六月、一九七九年一〇月)。なお、同論文は、後に、同『近代日本の司法権と政党 陪審制成立の政治史』(塙書房、一九八〇年)に収録された。また、二〇〇一年、東京大学出版会より、増補・改題の上、同『政治制度としての陪審制 近代日本の司法権と政治』として刊行された。
(3) 松浦正孝「『帝人事件』考—戦前日本における財界の組織化と政界・財界関係—」(『年報政治学』一九九五年)、駄場裕司「帝人事件から天皇機関説事件へ—美濃部達吉と『検察ファッショ』」(『政治経済史学』第三八九号、一九九九年一月)、菅谷幸浩「帝人事件と斎藤内閣の崩壊—昭和戦前期『中間内閣』期研究の一視角として」(『日本政治研究』第四巻第一号、二〇〇七年一月)。

(4) 伊藤孝夫『大正デモクラシー期の法と社会』(京都大学学術出版会、二〇〇〇年)第一章。

(5) 新井勉「大正・昭和前期における司法省の裁判所支配」(『日本法学』第七七巻第三号、二〇一一年一二月)。

(6) 一九一九年一月一日から一九二四年一二月三一日までは、倉富勇三郎著、倉富勇三郎日記研究会編『倉富勇三郎日記』第1巻~第3巻(国書刊行会、二〇一〇~二〇一五年)として公刊。

(7) 鈴木喜三郎先生伝記編纂会『鈴木喜三郎』(鈴木喜三郎先生伝記編纂会、一九五五年)七五頁。

(8) 雨宮昭一「日糖事件」(我妻栄編集『日本政治裁判史録・明治後』第一法規出版、一九六八年)四八六~五〇四頁、小原直『小原直回顧録』(中央公論社、一九八六年。以下、『小原直回顧録』)三三~三九頁。

(9) 「機外会館談話録 第六回(一九四二年三月三一日)」(平沼騏一郎回顧録編纂委員会編『平沼騏一郎回顧録』平沼騏一郎回顧録編纂委員会、一九五五年。以下、『平沼騏一郎回顧録』)五五頁。

(10) 同右。

(11) 塩野季彦回顧録刊行会『塩野季彦回顧録』(塩野季彦回顧録刊行会、一九五八年。以下、『塩野季彦回顧録』)四三二~四三三頁。

(12) 司法省刑事局『日本社会主義運動史』(司法省刑事局、一九二九年)四六~七五頁。

(13) 『塩野季彦回顧録』四三三頁。

(14) なお、平沼は検事総長時代にも、検事総長の全国の検事に対する命令権を積極的に活用し、それは検事による判事の圧迫の要因となり、弁護士による平沼批判の要因ともなったようである。今村力三郎(弁護士)は、「検事総長は全国の検事に命令権持って居る。然し、此の命令権を実際に活用した人は多くあるまい。夫れが平沼君時代になつて構成法の文面通りに、全国の検事を指揮命令した。何か注目すべき事件があると、大審院の検事局から平沼君の股肱が出張する。判事は独立と称して、誰も命令するものは無いが、其実は孤立だ。検事は、上官の命令に従ふので、非独立であるが、其実は有力なる上官の背景を持つ。平沼君時代に著しく検事の勢力が強くなつて、判事を圧したのは、平沼君が法文通りの指揮命令を実行したことに原因する。在野法曹中には此の検事万能の傾向を認めて、平沼君の長く検事総長たることを欲せぬ一派があつた」と指摘している

（今村力三郎「平沼君と鈴木君」『日本弁護士協会録事』第二六七号、一九二一年一〇月）。
(15)「司法次官更迭す」『日本弁護士協会録事』（第一五六号、一九一一年一二月）。
(16)『法律新聞』一九一三年四月二〇日。
(17)前掲、新井勉「大正・昭和前期における司法省の裁判所支配」七～一七頁。
(18)前山亮吉「大正期の司法行政」（岩谷十郎・村上一博・三阪佳弘〔監修〕『日本弁護士協会録事』別巻）（ゆまに書房、二〇〇八年）二八～三〇頁。
(19)『東京日日新聞』一九一三年五月二三日、二四日。
(20)小田中聰樹『治安政策と法の展開過程』（法律文化社、一九八二年）九六～一〇一頁。
(21)細島喜美『人間山岡万之助伝　わが道をゆく』（日本宗教研究会、一九八八年）六八頁。
(22)『法律新聞』一九二〇年七月八日社説、一九二〇年七月一八日社説。
(23)原奎一郎編『原敬日記』第五巻（福村出版、一九八五年）一九二一年四月一五日、四月二二日、五月二三日。
(24)『法律新聞』一九二一年九月五日。
(25)同右、一九二三年五月一三日。
(26)河原宏「第二次山本内閣」（林茂、辻清明編集『日本内閣史録』第三巻、第一法規出版、一九八一年）四二五頁。
(27)「倉富勇三郎日記」一九三〇年一一月二一日。
(28)『法律新聞』一九二三年一一月一〇日。
(29)同右、一九二四年二月五日。
(30)同右、一九二五年八月二八日。
(31)『東京朝日新聞』一九二五年八月一五日。
(32)『法律新聞』一九二五年八月二八日。
(33)同右、一九二五年八月三〇日。
(34)許世楷「朴烈事件」（我妻栄等編『日本政治裁判史録　大正』第一法規出版、一九六九年）三九〇～四〇四頁。

(35) 岡義武、林茂校訂『大正デモクラシー期の政治　松本剛吉政治日誌』(岩波書店、一九五九年。以下、『松本剛吉日誌』)一九二六年九月一九日。
(36)「倉富勇三郎日記」一九二九年六月一三日。
(37)「国本社役員名簿」一四八九(「平沼騏一郎文書」(国立国会図書館憲政資料室所蔵))。
(38)『国本新聞』一九二六年一一月一〇日。
(39) 小田中聡樹『刑事訴訟法の歴史的分析』(日本評論社、一九七六年)第二篇第四章〜六章、第二篇第七章。
(40) 林弘正『改正刑法假案成立過程の研究』(成文堂、二〇〇三年)四三〜四五頁。
(41)「人心の帰向統一に関する建議案委員の大要」(前掲「平沼騏一郎文書」253―1)。
(42) 例えば、一二月二〇日の委員会で、平沼は牧野英一が刑法改正の必要が少ないと主張したことに反論している(「倉富勇三郎日記」一九二一年一二月二〇日)。
(43) 同右、一九二三年五月二二日。
(44)『法律新聞』一九二二年九月一二日。
(45)「倉富勇三郎日記」一九二四年一〇月二日。なお、小山によると諮問について、泉二と牧野の意見が元来異なっており、「二人にて討論し居りては結局に至ら」ない状況であったという(同右、一九二四年二月一一日)。
(46) 同右、一九二四年九月二七日。
(47)『松本剛吉日誌』一九二六年九月一九日。
(48)『国本新聞』一九二七年六月二〇日。
(49)「倉富勇三郎日記」一九二九年二月五日。
(50) 大島太郎「勲章・鉄道疑獄事件」(我妻栄等編『日本政治裁判史録　昭和・前』第一法規出版、一九六九年)三〇五〜三二〇頁。
(51)「倉富勇三郎日記」一九二九年九月二八日。
(52) 同右、一九三〇年一月一二日。

(53) 『法律新聞』一九二八年七月二五日。
(54) 『塩野季彦回顧録』二三四〜二三七頁。
(55) 『法律新聞』一九二七年一〇月一〇日。
(56) なお、越後鉄道事件の際、倉富・平沼らが、政府が事件をもみ消そうとしたと考え、政府への反感を強めたことについては、伊藤之雄『昭和天皇と立憲君主制の崩壊　睦仁・嘉仁から裕仁へ』（名古屋大学出版会、二〇〇五年）一五一〜一五八頁で既に指摘されている。
(57) 『読売新聞』一九二九年一一月二〇日。
(58) 「倉富勇三郎日記」一九二九年一一月二〇日。
(59) 同右、一九二九年一一月二三日。
(60) 同右、一九二九年一一月二七日。
(61) 前掲、伊藤之雄『昭和天皇と立憲君主制の崩壊』一五三〜一五六頁。
(62) 「倉富勇三郎日記」一九二九年一一月二七日。
(63) 同右、一九二九年一二月四日。
(64) 同右、一九三〇年一月三一日。
(65) 同右、一九三〇年一一月二一日。
(66) ただ、大審院長の選定過程は現在のところ不明であるものの、当時の新聞では順当な人事であると受け止められた（岩切登編『泉二新熊伝』泉二新熊伝編纂会、一九五五年、一二四〜一二五頁）。
(67) 鈴木が「協力内閣」に反対して、「憲政の常道」を掲げ、政友会内閣の成立を模索したことについては、小山俊樹『憲政常道と政党政治―近代日本二大政党制の構想と挫折』（思文閣出版、二〇一二年）第七章を参照。
(68) 古屋哲夫「第六二回帝国議会衆議院解説」（『帝国議会誌』第一二巻、一九七六年）四五六頁。
(69) 原田熊雄述『西園寺公と政局』第二巻（岩波書店、一九五〇年。以下、『西園寺公と政局』）三六九頁。
(70) 原田熊雄述『西園寺公と政局』第三巻（岩波書店、一九五〇年。以下、『西園寺公と政局』）六九頁。

(71) 同右、一五四頁。
(72) 「倉富勇三郎日記」一九三二年六月二九日。
(73) 同右、一九三四年三月一四日。
(74) 村山元理「中島久万吉と帝人事件　財界人から精神指導者へ」(未公刊博士論文、二〇一五年)一〇一頁。
(75) 「倉富勇三郎日記」一九三四年四月一八日。
(76) 前掲『西園寺公と政局』第三巻、二八四頁。
(77) 同右、三〇〇～三〇一頁。
(78) 以上の事件の経緯については、前掲、大島太郎「帝人事件」五二～五九頁、前掲、村山元理「中島久万吉と帝人事件」一〇一～一〇三頁を参照。
(79) 前掲、大島太郎「帝人事件」五九～六〇頁。
(80) 前掲『西園寺公と政局』第三巻、三一五頁。
(81) 同右、三一九頁。
(82) 同右。
(83) 前掲、大島太郎「帝人事件」五九～六〇頁。
(84) 同右、六〇～六一頁。
(85) 堀田慎一郎「平沼内閣運動と斎藤内閣期の政治」(『史林』第七七巻第三号、一九九四年五月)八九～九〇頁。
(86) 菊池は国本社の会員であり、ロンドン条約問題の際には、新聞で平沼らとともに伊豆長岡に投宿したことが報じられた(「倉富勇三郎日記」一九三〇年五月六日)。また、亀井貫一郎は江藤と平沼の関与を示唆している(『亀井貫一郎氏談話速記録』日本近代史料研究会、一九七〇年、七六～七九頁)。
(87) なお、佐々木氏は帝人事件について、一般に平沼の使嗾を受けた若手検事が捏造したものと言われているが、平沼がどこまで関与していたかは不明であり、政友会の内紛に検事や右翼などの様々な思惑が加わり、肥大化したとみるべきであると指摘している(佐々木隆「挙国一致内閣期の枢密院—平沼騏一郎と斎藤内閣—」『日本歴史』第三五二号、一九七七年九月、七七頁)。

筆者も大枠において佐々木氏の見解に同意する。
(88)『小原直回顧録』二〇二～二〇四頁。
(89)『塩野季彦回顧録』二九頁。
(90)「倉富勇三郎日記」一九二九年一二月四日。
(91)『小原直回顧録』一九四～一九五頁。
(92)「所謂『天皇機関説』を契機とする国体明徴運動」(『現代史資料』4、みすず書房、一九六三年)三五五～三六九頁。
(93)原田熊雄述『西園寺公と政局』第四巻(岩波書店、一九五〇年)二〇二～二〇三頁。
(94)同右、二二一、二二五～二二六頁。
(95)伊藤隆他編『真崎甚三郎日記　昭和七・八・九年一月～昭和一〇年二月』(山川出版社、一九八一年)一九三五年二月二六日。
(96)同右、一九三五年四月三日、四月四日。
(97)『東京朝日新聞』一九三五年四月一〇日。
(98)前掲「所謂『天皇機関説』を契機とする国体明徴運動」三九〇～三九四頁。
(99)『東京朝日新聞』一九三五年五月二一日。
(100)前掲『西園寺公と政局』第四巻、二六四～二六五頁。
(101)『東京朝日新聞』一九三五年八月七日(小原直談)。
(102)『小原直回顧録』二一二～二一三頁。
(103)『宮城長五郎小伝』(故宮城元司法大臣建碑実行委員事務所、一九四五年)一〇〇頁。
(104)菅谷幸浩「天皇機関説事件展開過程の再検討―岡田内閣・宮中の対応を中心に」(『日本歴史』第七〇五号、二〇〇七年二月)六一～六三頁。
(105)宮本盛太郎「広田内閣」(前掲『日本内閣史録』第三巻)三九六～三九九頁。
(106)林内閣における平沼及び平沼に近い成田努(政治浪人)の動きについては、筒井清忠『昭和十年代の陸軍と政治　軍部大臣現役武官制の虚像と実像』(岩波書店、二〇〇七年)第四章を参照。

(107)『塩野季彦回顧録』二六九〜二七一頁。
(108)同右、三〇頁。
(109)『大阪朝日新聞』一九三七年一二月二四日。
(110)「小川平吉日記」(小川平吉文書研究会編『小川平吉関係文書』第一巻、みすず書房、一九七三年)一九三七年七月一〇日。
(111)『塩野季彦回顧録』二九三〜二九四頁。
(112)原田熊雄述『西園寺公と政局』第八巻(岩波書店、一九五〇年)六三頁。
(113)前掲『宮城長五郎小伝』四二、九五頁。
(114)『岩村通世伝』(岩村通世伝刊行会(非売品)、一九七一年)一三九〜一五三、三九一頁。
(115)なお、例えば、第二次近衛内閣期、海軍内の極秘情報では松岡洋右外相の政治的台頭を正面から反対しつつあるのは平沼内相系であり、これに柳川平助法相と橋本清吉警保局長・平沼系司法省官吏らが傾倒していると記しており(高木惣吉著、伊藤隆他編『高木惣吉　日記と情報』下、みすず書房、二〇〇〇年、一九四一年四月二六日)、その後の「平沼閥」の存在を示唆する史料もある。ただ、それらが司法部において具体的に行動し、影響力を及ぼしたのかについては、実証的に明らかではない。

## 第二章

(1)伊藤隆「国本社」(国史大辞典編集委員会編『国史大辞典』第一一巻、吉川弘文館、一九九〇年)。
(2)国際検察局による「膨張的超国家主義団体」の捜査については、粟屋健太郎『東京裁判への道』(講談社、二〇一三年)四〇六〜四〇八頁を参照。また、太田耕造の逮捕・釈放の過程については、勝岡寛次「巣鴨プリズンにおける太田耕造―極東国際軍事裁判・国際検察局(ＩＰＳ)尋問調書の分析から」(『大倉山論集』第四八巻、二〇〇二年三月)を参照。
(3)日暮吉延『東京裁判の国際関係　国際政治における権力と規範』(木鐸社、二〇〇二年)二七二〜二八〇頁。
(4)極東国際軍事裁判所編『極東国際軍事裁判速記録』第一〇巻(雄松堂書店、一九六八年)六四七頁。
(5)伊藤隆「ロンドン海軍軍縮問題をめぐる諸政治集団の対抗と提携・第1部」(『社會科學研究』第一七巻第四号、一九六六年二月。後に、同『昭和初期政治史研究　ロンドン海軍軍縮問題をめぐる諸政治集団の対抗と提携』東京大学出版会、一九六九年に所収)。

(6) 前掲、伊藤隆「国本社」。

(7) 榎本勝己「国本社試論」(日本現代史研究会編『1920年代の日本の政治』大月書店、一九八五年)。

(8) クリストファー・W・A・スピルマン「平沼騏一郎の政治思想と国本社─皇室観を中心として─」(伊藤之雄・川田稔編『二〇世紀日本の天皇と君主制　国際比較の視点から一八六七～一九四七』吉川弘文館、二〇〇四年)。後に、同『近代日本の革新論とアジア主義』(芦書房、二〇一五年)に所収。なお、国本社及び平沼の水平運動への認識を分析したものとして、藤野豊「国本社における水平運動観　平沼騏一郎、中央融和事業協会会長就任の背景」(『部落問題研究』第八四号、一九八四年八月)がある。

(9) 「本社の歴史」(『国本新聞』〔国本附録版〕)一九二四年八月一日。

(10) 同右。

(11) なお、現在確認出来る範囲で『国本』の発刊を報じたのは、竹内が会員であった、日本弁護士協会の機関紙『日本弁護士協会録事』のみである。同誌は、『国本』の「主義は実に我国家観念の高調に在り、其目的は道徳的国家の建設の在りと云ふ、吾人大に之を歓迎す」と報じている(『日本弁護士協会録事』第二五九号、一九二一年二月)。

(12) 井上哲次郎「侵略的国家主義と人道的国家主義」(『国本』第一巻第二号、一九二一年二月)。

(13) 平沼騏一郎「尚武の弁」(『国本』第三巻第一号、一九二三年一月)。

(14) 山川健次郎「愛国心と尚武心」(『国本』第三巻第六号、一九二三年六月)。

(15) 深作安文「国際生活上の煩悶」(『国本』第二巻第一号、一九二二年一月)。

(16) 深作安文「力としての国家」(『国本』第一巻第四号、一九二一年四月)。

(17) 蜷川新「太平洋問題に対して米国の反省を促す」(『国本』第一巻第八号、一九二一年八月)。

(18) 伊藤正徳「世界最強海軍の建設　ネーヴリズムの疑と日米難」(『国本』第一巻第八号、一九二一年八月)。

(19) 蜷川新「自ら墓穴を掘りつつある現代日本──軍縮論の弊害に就ての考察──」(第二巻九月号、一九二二年九月)。

(20) カリフォルニア州における排日運動の経過については、簑原俊洋『カリフォルニア州の排日運動と日米関係　移民問題をめぐる日米摩擦　一九〇六～一九二一年』（有斐閣、二〇〇六年）を参照。
(21) 同右、一六二～一六五頁。
(22) 太田耕造「深刻なる人種葛藤劇」（第四巻第五号、一九二四年五月）。
(23) 太田耕造「民族の破壊時代か」（『国本』第三巻第五号、一九二三年五月）。
(24) 綾川の人種論については、木下宏一『近代日本の国家主義エリート　綾川武治の思想と行動』（論創社、二〇一四年）七九～九八頁を参照。
(25) 綾川武治「人種解放問題の真意義と日本」（『国本』第二巻第一号、一九二二年一月）。
(26) 太田耕造「英米への開放戦」（『国本』第四号第六号、一九二四年六月）。
(27) 太田耕造「近東問題に悶ゆる英国」（『国本』第二巻第七号、一九二二年七月）。
(28) ポリス・ネーリン「飢餓に瀕したる労農露西亜」（『国本』第二巻第一号、一九二一年一月）。
(29) 山内封介「労農聯盟国の真相と新経済政策の破綻」（『国本』第四巻第一号、一九二四年一月）。
(30) 太田耕造「岐路に立つ対露策」（『国本』第三巻第六号、一九二三年六月）。
(31) 太田耕造「新々経済政策実施後に於ける労農露国の状勢」（『国本』第七号第四号、一九二七年四月）。
(32) 太田耕造「議会の政戦を辿りみて」（『国本』第一巻第四号、一九二一年四月）。
(33) 井上哲次郎「我国現代の政治」（『国本』第一巻第五号、一九二一年五月）。
(34) 野村淳治「議会改造の基調　選挙界廓清の一方法」（『国本』第一巻第六号、一九二一年六月）。
(35) 斯波貞吉「多数政治の帰趨」（『国本』第一巻第一二号、一九二一年一二月）。
(36) 竹内賀久治「問題の研究」（『国本』第一巻第五号、一九二一年五月）。
(37) 竹内賀久治「問題の研究」（『国本』第三巻第一一号、一九二三年一一月）。
(38) 前掲、榎本勝己「国本社試論」二四八頁。
(39) 同右、二四八～二五一頁。

(40) 太田耕造全集編集委員会編『太田耕造全集』第一巻（亜細亜大学日本経済短期大学、一九八三年）三七三〜三七四頁。
(41) 『国本新聞』一九二五年七月一五日。
(42) 深作安文「真日本に還れ」（『国本』第五巻第一号、一九二五年一月）。
(43) 野口米次郎「真日本主義」（『国本』第八巻第一号、一九二八年一月）。なお、野口が『国本』に投稿した論説、エッセイについては、堀まどか「野口米次郎の一九二〇年代後期の指向性―雑誌『国本』への寄稿を中心に―」（『総研大文化科学研究』四号、二〇〇八年三月）を参照。
(44) 鹽澤昌貞「為政者自ら範を垂れよ」（『国本』第九巻第一〇号、一九二九年一〇月）。
(45) 村川堅固「弛緩せる国家的精神」（『国本』第一〇巻第二号、一九三〇年二月）。
(46) 深作安文「思想問題対策私見」（『国本』第一〇巻第二号、一九三〇年二月）。
(47) 桑原冊次郎「軍事教育と国際関係」（『国本』第六巻第一号、一九二六年一月）。
(48) 桑原冊次郎「英米の今後と日本」（『国本』第七巻第九号、一九二七年九月）。
(49) 桑原冊次郎「決裂を賭して主張せよ」（『国本』第一〇巻第一号、一九三〇年一月）。
(50) 野村吉三郎「軍縮と国民の覚悟」（『国本』第六巻第四号、一九二六年四月）。
(51) 本間雅晴「列強の軍備と軍縮会議」（『国本』第六巻第一二号、一九二六年一二月）。
(52) 桑原冊次郎「英支葛藤問題」（『国本』第六巻第一〇号、一九二六年一〇月）。
(53) 桑原冊次郎「広東政府承認可否論」（『国本』第六巻第一二号、一九二六年一二月）。
(54) 西田敏宏「東アジアの国際秩序と幣原外交―一九二四〜一九二七年（二・完）―」（『法学論叢』第一四九巻第一号、二〇〇一年四月）一〇九〜一一三頁。
(55) 桑原冊次郎「支那革命と我軍事行動の是非吟味」（『国本』第七巻第七号、一九二七年七月）。
(56) 黄自進『蔣介石と日本　友と敵のはざまで』（武田ランダムハウスジャパン、二〇一一年）九六〜一〇九頁。
(57) 桑原冊次郎「満蒙積極策と伊国の国権外交」（『国本』第七巻第一〇号、一九二七年一〇月）。
(58) 桑原冊次郎「支那出兵と排日問題」（『国本』第八巻第六号、一九二八年六月）。

(59) 祷苗代「断頭台上の既成政党」(『国本』第五巻第一〇号、一九二五年一〇月)。
(60) 下位春吉「黒衣宰相ムッソリニ氏」(『国本』第五巻第一〇号、一九二五年一〇月)。
(61) 『東京朝日新聞』一九二八年二月二一日社説、『東京日日新聞』一九二八年二月二一日社説。
(62) 桑原冊次郎「英米の議会を検討して我帝国議会に及ぶ」(『国本』第八巻第四号、一九二八四月)。
(63) 蜷川新「憲法擁護の大義」(『国本』第八巻第四号、一九二八年四月)。
(64) 『守衛長の見た帝国議会』(文藝春秋、二〇一一年)一二九〜一三三頁。
(65) 畝山人「議会の暗黒時代」(『国本』第九巻第五号、一九二九年五月)。
(66) 平沼騏一郎「朋党の弊」(『国本』第一〇巻第一号、一九三〇年一月)。
(67) 福家崇洋「一九二〇年代初期日本におけるイタリア・ファシズム観の考察」(『文明構造論　京都大学大学院人間・環境学研究科現代文明論講座文明構造論分野論集』第三号、二〇〇七年)五〜八頁。
(68) 桑原冊次郎「軍事教育と国際関係」(『国本』第六巻第一号、一九二六年一月)。
(69) 「海外余聞」(『国本』第六巻第一号、一九二六年一月)。
(70) 福岡一「偉大なる労働憲章」(『国本』第七巻第八号、一九二七年八月)。
(71) 本多熊太郎「ウイルソン、レーニン、ムッソリーニ」(『国本』第八巻第八号、一九二八年八月)。
(72) 平沼騏一郎「昭和維新の意義」(『国本』第九巻第一号、一九二九年一月号)。
(73) 「倉富勇三郎日記」一九三〇年一一月二一日。
(74) 前掲、伊藤隆『昭和初期政治史研究』三七九〜三八六頁。なお、この時期の本多の言論活動については、高橋勝浩「本多熊太郎の政治的半生—外交官から外交評論家へ—」(『近代日本研究』二八巻、二〇一一年)一二四〜一二六頁を参照。
(75) 『東京朝日新聞』一九三〇年一一月二一日、「倉富勇三郎日記」一九三〇年一一月二一日。
(76) 『木戸幸一日記』上巻(東京大学出版会、一九六六年)一九三〇年一二月八日、原田熊雄述『西園寺公と政局』第一巻(岩波書店、一九五〇年)二二六頁。
(77) 平沼騏一郎「日本帝国の使命」(『国本』第一二巻第一号、一九三二年一月)。

(78) 桑原冊次郎「日本と満蒙、米国と中米」(『国本』第一一巻第一一号、一九三一年一一月)。
(79) 斎藤良衛「満蒙の重要性を正視せよ」(『国本』第一二巻第一号、一九三二年一月)。
(80) 福家崇洋『日本ファシズム論争　大戦前夜の思想家たち』(河出書房新社、二〇一二年)一〇六～一〇七頁。
(81) 林癸未夫「フワシズムの本質と日本の将来」(『国本』第一二巻第三号、一九三二年三月)。
(82) 中谷武世「ファシズムの本質とその国家観念」(『国本』第一二巻第四号、一九三二年四月)。
(83) 「編集室より」(『国本』第一二巻第四号、一九三二年四月)。
(84) 『国本新聞』一九三二年四月二〇日。
(85) 『東京朝日新聞』一九三二年四月二〇日。
(86) 同右、(平沼騏一郎談)。
(87) 同右、一九三二年五月七日。
(88) 杉森孝次郎「統制経済への展望」(『国本』第一二巻第六号、一九三二年六月)。
(89) 大場喜嘉治「統治原理としての日本主義」(『国本』第一二巻第一一号、一九三二年一一月)。
(90) 「編集室より」(『国本』第一二巻第一二号、一九三二年一二月号)。
(91) 中谷武世「ファッシズムより皇道主義へ」(『国本』第一二巻第一二号、一九三二年一二月)。
(92) 『東京朝日新聞』一九三六年三月一四日。

# あとがき

本書は二〇一五年一月に京都大学大学院法学研究科に提出し、同年三月に博士（法学）（京都大学）を授与された博士学位論文「平沼騏一郎と近代日本政治」の一部を再構成するとともに、大幅な加筆修正を行ったものである。本書を執筆する過程で以下の論文を発表した。既発表論文と各章との関係を示すと、①が第Ⅰ部第一章〜第三章、②が第Ⅰ部第四章二〜第六章、③が第Ⅱ部第二章に対応している。その他はすべて書き下ろしである。ただ、既発表論文は本書の出版に際して、原形を留めないほど加筆修正を行い、解釈を変えた部分もあるため、本書をもって筆者の最新の見解としたい。

①「司法官僚としての平沼騏一郎――立憲政友会との協調と政治的台頭　一八八八〜一九二一年（1）〜（3）・完――」（京都大学法学会『法学論叢』第一七三巻第二号、第一七三巻第六号、第一七四巻第三号、二〇一三年五月、二〇一三年九月、二〇一三年一二月）。

②「両大戦期の政治変動と平沼騏一郎の政治指導――官僚の政治行動と国家体制の変容　一九二四〜一九三九年（1）〜（3）・完――」（京都大学法学会『法学論叢』第一七六巻第四号、第一七七巻第二号、第一七七巻第五号、

二〇一五年一月、二〇一五年五月、二〇一五年八月）。

③「国本社とは何か：思想・平沼騏一郎・イメージ（Ⅰ）〜（Ⅱ）」（日本政治経済史学研究所『政治経済史学』第五八七号、第五八八号、二〇一五年一一月、二〇一五年一二月）。

筆者が日本史研究に興味を持ったのは、学部一回生の終わりに、半藤一利『聖断　天皇と鈴木貫太郎』（文藝春秋、一九八五年）、保阪正康『秩父宮と昭和天皇』（文藝春秋、二〇〇〇年）などを読んだことがきっかけである。それまで暗い、非合理的なイメージしかなかった昭和戦前期が、人物を通じて、活き活きと描かれていたことを新鮮に感じた。そこから、当時の人々がどのように考え、なぜテロ・クーデタが起きたのか。ひいては、なぜ太平洋戦争が起こったのか興味が湧き、研究書・ノンフィクション作品を問わず、乱読していった。学部三回生の時には、法学部の懸賞論文に血盟団事件についての論文を投稿した。以後、昭和戦前期の政治外交と社会についての強い関心は一貫していたように思う。

大学院入学当初、昭和一〇年代の日本外交の研究を志したが、実証研究の蓄積が相当程度なされており、体系的な新しいビジョンを提示することが出来なかった。そこで、体系的な研究がなく、「倉富勇三郎日記」という軸となる史料がある平沼騏一郎に着目した。ただ、実際のところ、平沼という評判の芳しくない人物を、伝記的観点から研究することに相当躊躇した。平沼をテーマとすることを決めたのは、学部時代から国家主義に関心を持っていただけでなく、「倉富勇三郎日記」などを読むと、平沼が各方面に相当程度政治的影響力を持っており、彼の担った歴史的役割を体系的に明らかにすべきだと感じたためであった。

研究に取り掛かると、平沼がしばしば指摘されるような過度に思想的な人物ではなく、彼の行動や政治観の基盤が司法官僚時代にあり、本領は何よりも官僚・政治家にあったことに気付いた。ただ、官僚・政治家としての側面を強調するだけでなく、彼の思想を踏まえた上で、どのように政治史的に位置付けるのか、という点については苦慮した。最終的に、平沼という官僚系の政治家における国家主義とは何か、という問いを掲げることにしたが、あくまでも政治史研究に過ぎず、多様で複雑な国家主義という概念を一括にして論じてよいのか迷いがあった。しかし、平沼という人物を正面から論じるには避けて通れないと考えた。

研究を進めるにあたって、研究者の先生方からなぜ平沼のような右翼がかった人物の研究をするのか、と繰り返し問われた。その際、うまくお答えすることが出来なかったが、研究を進めるうちに、「右翼」というレッテルを張り、思考停止に陥るのではなく、なぜそのような人物が権力を握り、何を考えていたのか、それらはどのような問題があったのかを明らかにすることは、太平洋戦争への道はもちろん、近代日本を考える上できわめて重要だと考えるようになった。また、それらの問題を明らかにすることは、現代のリベラル・デモクラシーの土台をより強固にするものであると信じている。

平沼のオフィシャル・バイオグラフィーは、「資料の蒐集その他に相当の歳月を要する」(『平沼騏一郎回顧録』)との理由で、後回しにされ、現在においても存在していない。また、平沼内閣時に刊行された、岩崎栄『平沼騏一郎伝』は、大学時代までの記述が中心である。戦後では、一九七二年に作家の立野信之氏が『近代史上の岡山県人　政界』の中で平沼をコンパクトに論じているが、その記述はほぼ『平沼騏一郎回顧録』と『平沼騏一郎伝』に依拠したものである。よって、本書は平沼騏一郎の全生涯を論じた初めての著作となる。また、本書が刊行される予定となっている二〇一七年は平沼が生まれてからちょうど一五〇年に当たる。本書が平沼研究のたたき台となれば、幸いである。

本書は拙いものであるが、完成までには実に多くの方々の御世話になった。

まず、誰よりも、大学院入学以来、指導教官であった伊藤之雄先生に御礼申し上げたい。入学当時の伊藤ゼミには、奈良岡聰智先生、森靖夫先生も出席されており、ゼミ報告の要求水準はきわめて高いものであった。それまで書簡や日記を読む訓練を本格的には受けていなかった筆者は、ゼミで交わされるハイレベルな議論に圧倒された。先生は筆者に何度も授業報告と研究報告の機会を設けて下さり、研究者になるための鍛錬の場を与えていただいた。長時間にわたり膝詰めで論文指導をしていただいた。先生の御指導は一切妥協のない、きわめて厳格かつ親身なものであり、先生の御指導、御鞭撻がなければ、本書の出版はもちろん、博士論文の完成も不可能だった。先生から学んだことは数え切れないが、史料を並べるだけでなく、歴史の大きな枠組みや現在との緊張関係を意識し、論理的に一貫して解釈・評価することや専門外の方にもわかる明快な文章を書くことについては、特に厳しい御指導を賜ったように思う。本書がどれだけ先生の御指導を実践出来ているか分からないが、少しでも先生の要求に応えるものであることを祈りたい。

次に、同門の先輩にあたる奈良岡聰智先生と森靖夫先生に御礼申し上げたい。

奈良岡先生からは伊藤ゼミの場などで、筆者の研究に貴重なコメントをいただいた。二〇一五年からは、奈良岡ゼミにも参加をお許し下さり、研究報告の機会を与えていただくのみならず、日本・イギリスなどの最新の研究動向や史料状況を御教示いただいた。また、二〇一五年からは先生が代表を務めておられるＪＳＰＳ科研費（15H03238）に研究分担者の一人として加えて下さり、興味深い研究や貴重な史料に接する機会を与えていただいた。

森靖夫先生は筆者と同様、大正・昭和戦前期を中心に研究を進めておられたことから、伊藤ゼミの場などで貴重なコメントをいただいた。先生は筆者が修士課程の途中、同志社大学法学部に赴任されたが、その後も筆者のことを気にかけ、励まして下さった。

日本政治外交史研究のトップランナーである三人の先生方の謦咳に接し、学問的に数え切れない程の恩恵を賜ったことは、筆者にとって誠に幸運であった。今後とも先生方の御指導を賜ることが出来れば、幸甚の至りである。

博士論文の副査には、中西寛先生、伊藤孝夫先生に務めていただいた。中西先生からは国際政治学的視点、伊藤先生からは法制史的観点から貴重なコメントを賜り、博士論文を異なる視点から考え直すきっかけを与えて下さった。記して両先生に御礼申し上げる。

「二〇世紀と日本」研究会では、本書の構想報告の機会を与えていただいた。報告について、等松春夫先生、瀧井一博先生、野村佳正先生、片山慶隆先生、手嶋泰伸先生から貴重なコメントをいただいた。かけがえのない機会を与えていただいた、研究会オーガナイザーの川田稔先生、伊藤之雄先生、小林道彦先生、中西寛先生、等松先生、井口治夫先生、瀧井一博先生、奈良岡聰智先生に御礼申し上げる。

また、筆者の論文の抜き刷りに対し、的確かつ貴重なコメントを下さった溝部英章先生、清水唯一朗先生、手嶋泰伸先生、矢嶋光先生に御礼申し上げる。

月に一回開かれる吉田清成文書研究会では、代表の山本四郎先生をはじめとする先生方とともに、貴重な文書の整理作業に従事させていただいている。研究会に参加されている先生方からは、古文書を正確に読み、かつそれらを忠実に翻刻するという厳格な歴史研究者としての姿勢を学ばせていただいている。

大学院の先輩・後輩からも多くの有難い支援を受けた。同門の故平松良太さん、齊藤紅葉さん、西山由理花さん、岡田年正さん、学振ＰＤとして伊藤ゼミに参加されていた久保田裕次さん、奈良岡先生門下の呉舒平さん、査卿さん、喬小渓さんに御礼申し上げたい。とりわけ、修士課程・博士課程を通じて苦楽を共にし、私的な勉強会などを含め様々な点で数え切れない学問的恩恵を賜った齊藤さん、久保田さん、西山さんに御礼申し上げたい。また、今後とも切磋琢磨しあう関係であり続けることが出来れば幸いである。

同門以外でも、京都大学において多くの方々の御世話になった。まず、筆者が博士後期課程在籍中に白眉センターに赴任してこられた鈴木多聞先生からは、専門が近いこともあり、折に触れて有益な御助言を賜った。次に、私的な勉強会の場において、筆者の構想報告に対し、吉田武弘さん、藤井崇史さん、大泉陽輔さん、安田貴雅さんから貴重なコメントをいただいた。また、藤井さん、安田さんには本書の校正も手伝っていただいた。記して御礼申し上げる。なお、言うまでもないことだが、本書に残された瑕疵はすべて筆者の責任である。

史料を利用するにあたっては、国立国会図書館憲政資料室、法務省法務図書館、亜細亜大学太田耕造記念館、同志社大学今出川図書館をはじめとする各地の図書館、資料館に度々訪問させていただいた。図書館、資料館の方々に御礼申し上げる。

本書の編集を担当して下さったのは京都大学学術出版会編集長の鈴木哲也さんと編集者の高垣重和さんである。鈴木さんは二〇一五年一二月に初めてお会いした際、あえてこの時代にナショナリズムや政治指導者の問題を取り上げることを評価して下さり、本として出版することを勧めていただいた。また、草稿にも目を通していただき、持論である、自分の研究の「二回り外、三回り外」の研究者にもわかるように、歴史的事象に説明を加えることや章・節のタイトルを工夫することなど、様々な点で貴重な御助言を賜った。記して御礼申し上げる。

本書は様々な方の有難い御助言をいただきながらも、それを活かしきれているか自信がない。また、本書を書き上げてみると、まだまだ不十分な点が残されていることに気付かされる。例えば、「平沼閥」による治安体制の整備・運用は、国際的に見てどのように位置づけられ、内務省の治安政策といかなる点で異なっていたのかについては分析できていない。また、平沼及び国本社の思想が他の国家主義団体といかなる点で異なっていたのかについても踏み込んで分析していない。これらは今後の課題としたい。

本書はＪＳＰＳ科研費（16K16904）の成果の一部である。また、本書の刊行にあたっては、平成二八年度京都大学総長裁量経費として採択された法学研究科若手研究者出版助成事業による補助金をいただいた。関係各位に御礼申し上げる。

最後に、私事になるが、父、母、兄、祖父母に感謝したい。とりわけ、父と母は研究者の道を進むことを許し、学費をすべて出してくれた。また、日夜研究に明け暮れる筆者の面倒を見てくれた。両親の支援がなければ、研究を続けることが出来なかったと思う。なお、二〇一四年二月に祖父、翌年九月に祖母が相次いで死去した。筆者が研究者となることを楽しみにしてくれた祖父と祖母に本書を捧げたい。

筆者は研究者としてスタートを切ったばかりである。今後とも研究に邁進し、少しでも賜った御学恩に報いることができるよう努めたい。

二〇一六年一〇月

萩原　淳

## 事項索引

# 索　引

## 人名索引

［著者紹介］

**萩原　淳**（はぎはら　あつし）

京都大学大学院法学研究科特定助教、三重大学人文学部非常勤講師
京都大学博士（法学）
1987年　滋賀県生まれ
2009年　同志社大学法学部卒業
2015年　京都大学大学院法学研究科博士後期課程修了

主な業績として、「司法官僚としての平沼騏一郎―立憲政友会との協調と政治的台頭（1）～（3）・完」（『法学論叢』173巻2号、173巻6号、174巻3号、2013年5月、2013年9月、2013年12月）、「両大戦期の政治変動と平沼騏一郎の政治指導（1）～（3）・完」（『法学論叢』176巻4号、177巻2号、177巻5号、2015年1月、2015年5月、2015年8月）「国本社とは何か（Ⅰ）～（Ⅱ）」（『政治経済史学』587号、588号、2015年11月、2015年12月）などがある。

（プリミエ・コレクション　83）
平沼騏一郎と近代日本―官僚の国家主義と太平洋戦争への道

2016 年 12 月 26 日　初版第一刷発行

著　者　萩　原　　淳
発行人　末　原　達　郎
発行所　京都大学学術出版会
京都市左京区吉田近衛町 69
京都大学吉田南構内（〒606-8315）
電 話 075(761)6182
FAX 075(761)6190
URL http://www.kyoto-up.or.jp/
印刷・製本　亜細亜印刷株式会社
装　幀　森　華


ISBN978-4-8140-0060-9　定価はカバーに表示してあります